Fachqualifikation für Kaufleute im Gesundheitswesen

von

Monika Rössel
Iris Straßmann
Annegret Wieck

unter Mitarbeit der Verlagsredaktion

Vorwort

Die Inhalte des Buches orientieren sich eng am Rahmenlehrplan der Kultusminister-konferenz für den Ausbildungsberuf **Kaufmann/Kauffrau im Gesundheitswesen.** Dementsprechend deckt es alle 11 dort festgelegten Lernfelder ab. Zu beachten ist, dass das Buch das berufsspezifische Fachwissen vermittelt. Dessen Verständnis setzt in weiten Teilen kaufmännisches Grundlagenwissen voraus. Zur umfassenden Erarbeitung des prüfungsrelevanten Lernstoffes sollten die Auszubildenden deshalb zusätzlich den Band **Basisqualifikation für die neuen Dienstleistungsberufe (Best.-Nr. 5620)** he-ranziehen. Das vorliegende Buch enthält zahlreiche Querverweise auf den genannten Band, die es den Auszubildenden ermöglichen, das jeweils benötigte Grundlagenwissen gezielt zu erschließen und nachzuschlagen.

Die Behandlung der einzelnen Themenbereiche wird durch praxisbezogene Einstiegs-situationen eröffnet, die einen Bezug zum alltäglichen Arbeitsumfeld der Auszubilden-den herstellen. Leitfragen geben die nötige Orientierung, zentrale Fachbegriffe sind hervorgehoben und gesondert definiert, zahlreich eingestreute Beispiele erleichtern das Verständnis des Stoffes. Im Anhang werden grundlegende medizinische Fachbegriffe und deren Bedeutung in Form eines Glossars vorgestellt. Die Übungsaufgaben in die-sem Buch, die zur Festigung des erworbenen Wissens dienen, beziehen sich sowohl auf den grundlegenden Lernstoff als auch auf die fachspezifischen Inhalte.

Zur Wahrung der Aktualität von Richtgrößen, die durch politische Entscheidungen be-einflusst werden, wie zum Beispiel Zuzahlungsregelungen oder Sozialversicherungsbei-tragssätze, ist es sinnvoll und ratsam, sich mithilfe der in diesem Buch angegebenen, weiterführenden Internetlinks zu informieren. Einen kostenlosen Download der aktu-ellen Sozialversicherungsdaten bietet die Website des Verlags www.winklers.de.

Wir sind für Anregungen und konstruktive Kritik dankbar und wünschen den Auszubil-denden viel Spaß und Erfolg.

Winter 2011/2012

Monika Rössel
Iris Straßmann
Annegret Wieck

3., überarbeitete Auflage, 2012
Druck 1, Herstellungsjahr 2012

© Bildungshaus Schulbuchverlage
Westermann Schroedel Diesterweg
Schöningh Winklers GmbH
Postfach 33 20, 38023 Braunschweig
service@winklers.de
www.winklers.de
Lektorat: Dr. Ute Gräber-Seißinger, Bad Vilbel
Redaktion: Katja Becker
Druck: westermann druck GmbH, Braunschweig

ISBN 978-3-8045-**5624**-9

Auf verschiedenen Seiten dieses Buches befinden sich Ver-weise (Links) auf Internetadressen.

56242

Inhaltsverzeichnis

Zur Einleitung: Das Berufsbild Kaufmann/Kauffrau im Gesundheitswesen 7

1 ▸ Den Betrieb erkunden und darstellen

1.1   Profit- und Nonprofit-Unternehmen 8
1.2   Rechtsformen von Unternehmen 9
1.3   Aufbau- und Ablauforganisation 10
1.4   Grundleistungen im Gesundheitssektor 14
1.4.1   Prävention 14
1.4.2   Therapie 15
1.4.3   Rehabilitation 16
1.5   Ambulante, stationäre und teilstationäre Einrichtungen 16
1.5.1   Ambulante Einrichtungen 16
1.5.2   Stationäre Einrichtungen 17
1.5.3   Teilstationäre Einrichtungen/Tageskliniken. 17
1.6   Träger der sozialen Sicherung 18
1.7   Die Präsentation des Ausbildungsbetriebs 20
1.7.1   Die Betriebserkundung 20
1.7.2   Rollenverhalten in der Teamarbeit 20
1.7.3   Präsentation 21
1.7.4   Die Erkundung des eigenen Ausbildungsbetriebs 24

2 ▸ Die Berufsausbildung selbstverantwortlich mitgestalten

2.1   Ausbildungen im Gesundheitswesen 27
2.1.1   Berufsausbildung im Gesundheitswesen 27
2.1.2   Medizinische und nichtmedizinische Berufe im Gesundheitswesen 29
2.1.3   Arbeitsbedingungen im Rahmen der Berufsausbildung 31
2.2   Selbstorganisation des Lernens 31
2.2.1   Kommunikation und Lernen 32
2.2.2   Unterrichts-, Lern- und Arbeitsformen 32

3 ▸ Geschäftsprozesse erfassen und auswerten

3.1   Außenbeziehungen und Abhängigkeiten im Gesundheitssektor 36
3.2   Betriebliche Prozesse 37
3.3   Inventur und Bilanz 39
3.3.1   Inventur 40
3.3.2   Der Kontenrahmen zur Buchführung in Krankenhäusern und Pflegeeinrichtungen 41
3.3.3   Aufbewahrung der Buchführungsunterlagen 42
3.3.4   Bilanz 43
3.4   Bestandsveränderungen 45
3.4.1   Grundsätzliche Bilanzwirkungen 45
3.4.2   Bestandsveränderungen in der Bilanz eines Krankenhauses 46
3.5   Erfolgswirksame Vorgänge 47
3.5.1   Fördermittel nach dem Krankenhausfinanzierungsgesetz 50
3.5.2   Wertminderungen des Anlagevermögens 51
3.6   Umsatzsteuer 53
3.6.1   Grundlagen 53
3.6.2   Umsatzsteuerpflicht 55
3.7   Bewertung des Jahresergebnisses 56
3.7.1   Grundlagen 56
3.7.2   Jahresabschlussanalyse 57

4   Märkte analysieren und Marketinginstrumente anwenden

4.1	Der Rahmen – Marktwirtschaft und Wirtschaftspolitik	72
4.1.1	Der Wirtschaftskreislauf	72
4.1.2	Das ökonomische Prinzip	73
4.1.3	Wirtschaftsordnung	73
4.1.4	Märkte und Preisbildung	73
4.1.5	Wirtschaftspolitische Ziele und Bereiche	74
4.1.6	Angebots- und nachfrageorientierte Wirtschaftspolitik	76
4.1.7	Geldpolitik	77
4.2	Der Gesundheitssektor zwischen Versorgungsauftrag und Markt	77
4.2.1	Kooperationen im Gesundheitswesen	78
4.2.2	Preisgestaltung im Gesundheitswesen	79
4.2.3	Gewicht und Struktur des Gesundheitssektors	81
4.2.4	Steuerliche Belastung von Arzneimitteln	83
4.3	Marktsegmentanalyse	84
4.4	Marketinginstrumente im Gesundheitswesen	86
4.4.1	Kommunikationsformen und -mittel	86
4.4.2	Bedingungen für Werbung im Gesundheitswesen	86
4.5	Marketingmix	91
4.6	Konflikt- und Beschwerdemanagement	91

5   Dienstleistungen und Güter beschaffen und verwalten

5.1	Bedarfsanalyse und Beschaffungsplanung	92
5.2	Bezugsquellenermittlung	94
5.3	Angebotsvergleich	96
5.4	Schriftverkehr im Beschaffungsprozess	98
5.5	Rechts- und Geschäftsfähigkeit	100
5.6	Kaufvertrag	101
5.7	Vertragsstörungen	102
5.8	Zahlungsverkehr	104
5.9	Debitoren- und Kreditorenbuchhaltung	105
5.9.1	Kreditorenbuchhaltung	105
5.9.2	Debitorenbuchhaltung	106
5.10	Lagerwirtschaft	106
5.10.1	Aufgaben und Organisation	107
5.10.2	Lagerkennziffern	108
5.11	Entsorgungs- und Hygienevorschriften	110
5.11.1	Entsorgung	110
5.11.2	Hygiene	113

6   Dienstleistungen anbieten

6.1	Krankenhaus und Versorgungsauftrag	115
6.2	Die Leistungen der Krankenhäuser im Überblick	117
6.3	Grundleistungen im Krankenhaus	118
6.3.1	Vollstationäre Behandlung	118
6.3.2	Teilstationäre Behandlung	119
6.3.3	Vorstationäre Behandlung	119
6.3.4	Nachstationäre Behandlung	119
6.3.5	Ambulante Behandlung	120
6.4	Wahl- und Zusatzleistungen	121
6.4.1	Wahl- und Zusatzleistungen im Krankenhaus	121
6.4.2	Wahl- und Zusatzleistungen in der Arztpraxis	123
6.5	Angebotskalkulation	124
6.5.1	Gesetzliche Pauschalen	124

56244

6.5.2   Freie Kalkulation von Wahl- oder Zusatzleistungen   124
6.6   Kundenbindungskonzepte   125
6.6.1   Kundenbindungskonzepte im Krankenhaus   126
6.6.2   Kundenbindungskonzepte in der Arztpraxis   126
6.6.3   Kundenbindungskonzepte in der Apotheke   126
6.7   Konflikt- und Beschwerdemanagement   127
6.7.1   Konflikt- und Beschwerdemanagement im Krankenhaus   127
6.7.2   Konflikt- und Beschwerdemanagement in der Arztpraxis   127
6.7.3   Konflikt- und Beschwerdemanagement im Pflegeheim   128
6.8   Behandlungsvertrag, Krankenhausvertrag und Haftung   128
6.8.1   Behandlungsvertrag und Krankenhausvertrag   129
6.8.2   Bestimmungsrecht über den Körper   129
6.8.3   Haftung von Ärzten   132
6.8.4   Haftung von Krankenhäusern   138

7 **Dienstleistungen dokumentieren**

7.1   Die medizinische und pflegerische Dokumentation   140
7.1.1   Interne und externe Nutzer   140
7.1.2   Verwendungszwecke   143
7.2   Informations- und Kommunikationssysteme im Gesundheitswesen   144
7.2.1   Technische Voraussetzungen   144
7.2.2   Software im Krankenhaus   147
7.2.3   Software in der Arztpraxis   149
7.2.4   Software für den Physiotherapeuten / Ergotherapeuten   150
7.2.5   Software für den ambulanten Pflegedienst und für Alten- und Pflegeheime   150
7.3   Datentransfer an Kranken-, Pflege-, Renten- und Unfallversicherungträger   150
7.3.1   Das Institutionskennzeichen   151
7.3.2   Datentransfer an die Kostenträger   151
7.3.3   Datenträgeraustausch mittels moderner Technik   153

8 **Dienstleistungen abrechnen**

8.1   Grundlagen: Organisation der gesetzlichen Krankenversicherung   157
8.1.1   Grundlegende Prinzipien der sozialen Sicherung   157
8.1.2   Leistungsabrechnung in der GKV   159
8.1.3   Umbrüche in der GKV   160
8.2   Bewertungsmaßstäbe und Gebührenordnungen für ambulante ärztliche Versorgung . .   167
8.2.1   Das Rechtsverhältnis zwischen Arzt und gesetzlich Krankenversicherten   167
8.2.2   Die Vergütung ärztlicher Leistungen im Überblick   169
8.2.3   Das Rechtsverhältnis zwischen Arzt und Privatpatient   170
8.2.4   Berechnung der Privatliquidation   171
8.3   Leistungsabrechnung und Budgetierung im Krankenhaus.   173
8.3.1   Die Erlöse eines Krankenhauses   173
8.3.2   Die international einheitliche Klassifikation von Krankheiten   175
8.3.3   Das Abrechnungssystem auf der Basis der Diagnosis Related Groups   176
8.3.4   Die Berechnung der Erlöse aus den DRG-Fallpauschalen   183
8.4   Leistungsabrechnung in der Pflege   188
8.4.1   Rechtliche Grundlagen der Pflegeleistungen   188
8.4.2   Leistungen der gesetzlichen Pflegeversicherung   188
8.4.3   Pflegestufen   189
8.4.4   Geldleistungen   190
8.4.5   Sachleistungen   191
8.4.6   Kombinationsleistungen.   191
8.4.7   Weitere Leistungsansprüche aus der Pflegeversicherung   192
8.4.8   Heimgesetz   192

8.5	Pflegediagnosen	194
8.6	Leistungsabrechnung in der Rehabilitation und im Kurwesen	196
8.6.1	Rehabilitation und Kur – Merkmale und Kostenträger	197
8.6.2	Abrechnung von Rehabilitations- und Kurmaßnahmen	198

9 ▸ Geschäftsprozesse erfolgsorientiert steuern

9.1	Kosten- und Leistungsrechnung	201
9.1.1	Grundlagen	201
9.1.2	Kostenartenrechnung	202
9.1.3	Kostenstellenrechnung	206
9.1.4	Kostenträgerrechnung	210
9.1.5	Grundzüge der Deckungsbeitragsrechnung	215
9.2	Controlling	218
9.2.1	Funktionen des Controllings	218
9.2.2	Kaufmännisches Controlling und Medizincontrolling	220
9.3	Budgetierung auf Vollkostenbasis	222
9.3.1	Erstellung des Budgets im Krankenhaus	223
9.3.2	Vollkostenrechnung im Krankenhaus	223
9.4	Benchmarking	224
9.5	Qualitätsmanagement	226
9.5.1	Qualität im Gesundheitswesen	227
9.5.2	Was bedeutet Qualitätsmanagement in der ärztlichen Tätigkeit?	228
9.5.3	Kooperation für Transparenz und Qualität im Gesundheitswesen	229
9.5.4	KTQ in konfessionellen Einrichtungen (proCum Cert)	230
9.5.5	European Foundation for Quality Management (EFQM)	230
9.6	EDV-Unterstützung	232

10 ▸ Personalwirtschaftliche Aufgaben wahrnehmen

10.1	Ziele der Personalwirtschaft	233
10.2	Handlungsfelder des Personalmanagements	234
10.3	Personalbedarfs- und Personaleinsatzplanung	234
10.4	Arbeits- und sozialversicherungsrechtliche Bestimmungen	235
10.4.1	Arbeitsvertrag und Arbeitnehmerschutz	236
10.4.2	Entgeltberechnung	238
10.5	Personalführung	247
10.6	Personalentwicklung	247

11 ▸ Investitionen finanzieren

11.1	Förderung von Krankenhäusern und Pflegeeinrichtungen	249
11.1.1	Das System der dualen Finanzierung	250
11.1.2	Neu- und Ersatzinvestitionen	253
11.2	Eigen- und Fremdfinanzierung	257
11.3	Liquiditätsgrade	258
11.4	Leasing	260
11.5	Kreditkostenvergleich	261
11.6	Gemeinnützigkeit	263

Anhang

Kontenrahmen laut Anlage 4 der KHBV	265
Kontenrahmen laut Anlage 4 der PBV	273
Glossar medizinischer Fachbegriffe	281
Der Kostenstellenrahmen gemäß KHBV (Anlage 5)	283
Grundsätze der Investitionsförderung des KHG	284
Auszug aus dem KHG des Bundeslandes Nordrhein-Westfalen	285
Sachwortverzeichnis	286

56246

Zur Einleitung:
Das Berufsbild Kaufmann/Kauffrau im Gesundheitswesen

Das Gesundheitswesen bewegt sich in einem Spannungsfeld. Auf der einen Seite stehen steigende Bedürfnisse der Anspruchsberechtigten im System sozialer Sicherung, auf der anderen Seite sind die öffentlichen Mittel für die Versorgung mit Gesundheitsdienstleistungen rückläufig. Vor diesem Hintergrund haben sich die Ansprüche an das kaufmännische und verwaltende Personal des Gesundheitswesens – besonders in Krankenhäusern und Pflegeeinrichtungen – in den letzten Jahren gewandelt. Triebfeder dazu sind zahlreiche Gesetze zur Umgestaltung des Gesundheitswesens mit dem Ziel kaufmännischer Betriebsführung und der Herstellung von mehr Wettbewerb.

Gefragt sind heute Ideen zur Erneuerung der Geschäftsprozesse und kaufmännische Dienstleistungen auf der Basis spezieller Rechtskenntnisse. Zudem wird es immer wichtiger, bei der Entwicklung, Bereitstellung und Vermarktung von Gesundheitsdienstleistungen im Hinblick auf Umfang und Qualität auf die Bedürfnisse und Wünsche von Kunden oder Patienten einzugehen. Durch den neuen Ausbildungsberuf Kaufmann/Kauffrau im Gesundheitswesen bekommt das Gesundheits- und Sozialwesen die Chance, gezielt auszubilden und zu fördern. Die Ausbildung kombiniert die beruflichen Qualifikationen für den kaufmännischen und den gesundheitsspezifischen Bereich.

Kaufleute im Gesundheitswesen sind somit innovative Dienstleister in einem wachstumsorientierten und sich stark verändernden Tätigkeitsfeld. Sie tragen wesentlich dazu bei, dass sich berufsübergreifendes wirtschaftliches Denken und Handeln in Gesundheitseinrichtungen durchsetzt, während zugleich die Ansprüche an die Qualität der Gesundheitsdienstleistungen gewahrt werden.

Kaufleute im Gesundheitswesen arbeiten vorwiegend in Krankenhäusern, Pflegeeinrichtungen, Vorsorge- und Rehabilitationseinrichtungen, bei Krankenkassen und medizinischen Diensten, ärztlichen Organisationen und Verbänden sowie in Arztpraxen, bei Rettungsdiensten und Verbänden der freien Wohlfahrtspflege.

Der Beruf eröffnet zahlreiche Einsatzmöglichkeiten in Einrichtungen des Gesundheitswesens:

▶ Kaufleute im Gesundheitswesen planen und organisieren Verwaltungsvorgänge, Geschäftsprozesse und Dienstleistungen in den unterschiedlichen Arbeitsgebieten des Gesundheitswesens.

▶ Hauptsächlich in Krankenhäusern, Rehabilitations- und ambulanten Einrichtungen zählen die Leistungsabrechnung mit Krankenkassen und sonstigen Kostenträgern, das betriebliche Finanz- und Rechnungswesen und die Bearbeitung von personalwirtschaftlichen Vorgängen zu ihrer Hauptaufgabe.

▶ Kaufleute im Gesundheitswesen führen Kalkulationen durch, arbeiten im Einkauf und in der Beschaffung und verwalten Materialien, Produkte und Dienstleistungen.

▶ Auch im betrieblichen Qualitätsmanagement können Kaufleute im Gesundheitswesen wertvolle Arbeit leisten.

Ihre Tätigkeit bildet eine Schnittstelle zwischen den verschiedenen Arbeits- und Aufgabenbereichen innerhalb des Betriebes sowie zu anderen Einrichtungen des Gesundheits- und Sozialwesens.

1 Den Betrieb erkunden und darstellen

Zum Einstieg

Die Auszubildende Susanne Winter hat gerade ihren Ausbildungsvertrag unterschrieben und verbringt ihren ersten Tag im Krankenhaus Am Rande der Stadt. Dort wird sie von ihrem Ausbilder Herr Müller im Haus herumgeführt. Herr Müller zeigt ihr zunächst die Personalabteilung, in der sie zuerst eingesetzt wird. Darüber hinaus findet er es wichtig, dass neue Auszubildende den gesamten Betrieb kennenlernen, um einen Überblick über die Organisation und das Leistungsangebot des Krankenhauses zu gewinnen. Auf dem Weg zur Station 6 der Inneren Medizin berichtet Susanne, dass sie sich im Rahmen ihrer Vorbereitungen auf das Vorstellungsgespräch schon auf der Homepage des Krankenhauses umgesehen und dabei festgestellt hat, dass das Krankenhaus über sehr viele Fachabteilungen verfügt. Herr Müller erklärt ihr des Weiteren, wie die Arbeit im Krankenhaus organisiert ist und welche Behandlungsmöglichkeiten für die Patienten zur Verfügung stehen. Susanne ist sich sicher, bei ihrer Berufswahl die richtige Entscheidung getroffen zu haben. Sie überlegt, ob sie nicht ihren Betrieb in der Berufsschule vorstellen soll.

▶ Welche Rechtsformen sind im Gesundheitswesen verbreitet?

▶ Gibt es im Gesundheitssektor nur Nonprofit-Unternehmen?

▶ Wie sieht die Organisation eines Krankenhauses aus?

▶ Welche Grundleistungen gibt es im Gesundheitswesen?

▶ Wer sind die Träger der sozialen Sicherung?

▶ Welche Möglichkeiten gibt es, sich über einen Betrieb zu erkundigen?

▶ Welche Formen der Präsentation gibt es?

1.1 Profit- und Nonprofit-Unternehmen

Im Gesundheitswesen gibt es in der Praxis eine Reihe verschiedener Unternehmensformen. Die am häufigsten gewählte ist diejenige eines Nonprofit-Unternehmens.

> **Nonprofit-Unternehmen** oder **Nonprofit-Organisationen (NPO)** sind Gesellschaften, Vereine, Stiftungen oder Verbände, die keine kommerziellen (gewinnorientierten) Interessen verfolgen, sondern ihre Existenzgrundlage in der gemeinnützigen sozialen, kulturellen oder wissenschaftlichen Arbeit sehen.

BASISWISSEN Unternehmensformen (GmbH & Co. KG, GmbH, gGmbH) Kapitel 1, Abschnitt 1.2.2

In Deutschland typische Rechtsformen von Nonprofit-Unternehmen sind die gemeinnützige GmbH (gGmbH) und der eingetragene Verein (e. V.). Die gGmbH ist eine Gesellschaft mit beschränkter Haftung, der besondere Steuervergünstigungen gewährt werden. Ihre Vorteile liegen im Steuerrecht, insbesondere in der Befreiung von Körperschaftsteuer und Gewerbesteuer und in der Berechtigung, Zuwendungsbestätigungen für Spenden auszustellen. Die Gewinne einer gGmbH müssen für den gemeinnützigen Zweck verwendet und dürfen grundsätzlich nicht an die Gesellschafter ausgeschüttet werden.

56248

1.2 Rechtsformen von Unternehmen

Ein Unternehmen, das wirtschaftlich tätig werden will, muss sich bei der Gründung für die Rechtsform entscheiden, in der es arbeiten möchte. Die gewählte Rechtsform bestimmt ihrerseits den besonderen gesetzlichen Rahmen, in dem sich das Unternehmen bewegt. Die Rechtsform wird in der Regel im Gesellschaftsvertrag schriftlich festgehalten. Dieser macht auch transparent, wer im Unternehmen die Leitung innehat und an wen sich Gläubiger im Haftungsfall wenden können.

BASISWISSEN
Unternehmensformen
Kapitel 1,
Abschnitt
1.2.2

Unternehmen im Gesundheitssektor können privatrechtlich (zum Beispiel in Form einer AG oder GmbH) oder öffentlich-rechtlich verfasst sein. Betriebe öffentlich-rechtlicher Körperschaften, beispielsweise kommunale Zweckverbände oder Sparkassen, können als organisatorisch und rechtlich unselbstständige Regiebetriebe oder als organisatorisch verselbstständigte Eigenbetriebe geführt werden.

Beispiele ▶ Unternehmensformen im Gesundheitswesen

Privatrechtliche Unternehmensformen sind:

▶ Einzelunternehmen (zum Beispiel Apotheke, Physiotherapeut),

▶ Gesellschaft des bürgerlichen Rechts (zum Beispiel Gemeinschaftspraxis),

▶ Gesellschaft mit beschränkter Haftung (GmbH; § 13 GmbHG; zum Beispiel ambulanter Pflegedienst),

▶ Partnerschaftsgesellschaft (PartGG; Praxisgemeinschaft von Ärzten mit dem Namenszusatz „und Partner"),

▶ Stiftung des privaten Rechts (§ 80 ff. BGB; zum Beispiel Seniorenheim).

Öffentlich-rechtliche Unternehmensformen sind:

▶ eingetragener Verein (e.V.; §§ 21, 55 BGB; zum Beispiel das Deutsche Rote Kreuz),

▶ gemeinnützige Gesellschaft mit beschränkter Haftung (etwa gGmbH; Krankenhaus),

▶ Körperschaft des öffentlichen Rechts (zum Beispiel gesetzliche Krankenversicherungen),

▶ sonstige Körperschaften (zum Beispiel Ärztekammern, Universitätskliniken),

▶ Anstalt des öffentlichen Rechts (AdöR, AöR; zum Beispiel Deutsche Rentenversicherung).

Ein Arzt kann nach dem abgeschlossenen allgemeinen Medizinstudium eine fachärztliche Zusatzqualifikation erwerben, um sich auf ein spezielles Fachgebiet in der Medizin zu konzentrieren. Die bekanntesten Fachrichtungen sind derzeit die Allgemeinmedizin, die Chirurgie und die Gynäkologie. Jeder Arzt kann an solchen Fachweiterbildungen teilnehmen. Durch die große Vielfalt an Fachrichtungen kommt es häufig vor, dass Ärzte gemeinsam praktizieren. Hierbei ist zwischen Praxisgemeinschaften und Gemeinschaftspraxen zu unterscheiden.

▶ Ein **Gebietsarzt** ist ein Arzt, der eine Fachweiterbildung in einem bestimmten Fach (Gebiet) absolviert hat.

▶ Eine **Praxisgemeinschaft** ist eine Gemeinschaft von Ärzten, in der jeder Arzt eine eigene Zulassung von der Kassenärztlichen Vereinigung (KV) hat und individuell mit ihr abrechnet.

▶ Eine **Gemeinschaftspraxis** ist eine Praxis, die mehrere Ärzte miteinander teilen, während für die gesamte Praxis nur eine Zulassung von der KV besteht. Die in der Gemeinschaftspraxis erbrachten Leistungen werden gemeinschaftlich mit der KV abgerechnet. Der Rechnungsausgleich gemäß der individuellen Leistungen der Ärzte erfolgt praxisintern.

Die Vorteile einer Praxisgemeinschaft liegen in der gemeinsamen Nutzung von Ressourcen (Leistungsvoraussetzungen) im Bereich der Verwaltung und der technischen Ausrüstung. So kann ein gemeinsamer zentraler Empfang eingerichtet werden, der die Patienten je nach Fachrichtung weiterleitet und telefonische Anfragen und Termine sachgerecht koordiniert. Die medizinisch-technische Ausrüstung, wie etwa die Laboreinrichtung, ist sehr kostspielig und kann durch die gemeinsame Nutzung besser ausgelastet werden.

Ärzte wählen häufig dann, wenn sie eine gemeinsame Praxis betreiben, die Rechtsform der Partnergesellschaft.

> Die **Partnergesellschaft** ist eine Rechtsform, die nur freiberuflich Tätigen offensteht. Sie ähnelt einer OHG, das heißt, sie ist eine Personengesellschaft. Die Partner haften grundsätzlich unbeschränkt.

Partnergesellschaften sind in das beim zuständigen Amtsgericht geführte Partnerschaftsregister einzutragen. Sie sind nicht gewerbesteuerpflichtig. Die Gesellschafter können – anders als im Fall der GbR – ihre persönliche Haftung für Ansprüche aus Schäden wegen fehlerhafter Berufsausübung auf denjenigen beschränken, der innerhalb der Partnerschaft die Verantwortung für die berufliche Leistung trägt.

AUFGABEN

1. Erkunden Sie Beispiele für die gemeinnützige Gesellschaft mit beschränkter Haftung (gGmbH) im Gesundheitswesen.
2. Kann ein Verein mit fünf Personen gegründet werden?
3. Kann eine gGmbH mit einer Summe von 15.000,00 € gegründet werden?
4. Wozu kann es zweckmäßig sein, eine Stiftung zu gründen?
5. Was sagt der Begriff Corporate Behaviour aus?
6. Erläutern Sie den Begriff Corporate Identity.
7. Was kennzeichnet die strategischen Ziele eines Unternehmens, was seine operativen Ziele?
8. Geben Sie Beispiele für
   – indifferente Ziele,   – komplementäre Ziele,   – konkurrierende Ziele.
9. Nennen Sie die vier Schritte zur Zielerreichung.

1.3   Aufbau- und Ablauforganisation

> Die **Aufbauorganisation** in einem Unternehmen regelt die internen Strukturen in den Kernpunkten
>
> ▶ Hauptverantwortliche/r für das gesamte Unternehmen (oberste Führungsebene),
> ▶ Entscheidungs- und Handlungskompetenzen in den einzelnen Bereichen beziehungsweise Abteilungen des Unternehmens,
> ▶ Weisungsbefugnisse.
>
> Die **Ablauforganisation** regelt die Arbeits- und Informationsprozesse innerhalb eines Unternehmens unter Berücksichtigung der bestehenden Aufbauorganisation.

BASISWISSEN
Unternehmens-
organisation
Kapitel 1,
Abschnitt
1.1.2

Die Aufbauorganisation hilft den Mitarbeitern, ihre Anliegen im Unternehmen dem richtigen Ansprechpartner vorzutragen. Durch die Ablauforganisation werden Vorgehensweisen und die Arbeitsteilung innerhalb des Betriebes deutlich.

BASISWISSEN
Ablauf-
organisation
Kapitel 1,
Abschnitt
1.1.4

Beispiele ► Organisation einer Operation

Herr Petri kommt in die Notfallambulanz. Er vermutet, dass er sich beim Sturz von einer Leiter den Unterschenkel gebrochen hat. Die anwesende Krankenschwester Birgit informiert sofort den diensthabenden Chirurgen Dr. Bein. Dieser untersucht den Patienten und veranlasst eine Röntgenaufnahme des linken Unterschenkels. Schwester Birgit meldet den Patienten telefonisch in der Röntgenabteilung an, damit Herr Petri als Notfall schnell versorgt werden kann. Nach der Röntgenaufnahme informiert Schwester Birgit sofort Dr. Bein. Dieser schaut sich die Aufnahme an und stellt einen Bruch des Wadenbeines fest, der sofort operativ korrigiert werden muss. Dr. Bein erklärt Herrn Petri, dass er sein Einverständnis für die Operation benötigt. Der zuständige Narkosearzt wird ebenfalls unverzüglich herbeigerufen, um mit Herrn Petri die Form der Narkose und deren Risiken zu besprechen. Herr Petri unterschreibt die Einverständniserklärung und wird anschließend von Schwester Birgit in die Operationsschleuse gebracht.

Schaubild 1.1 illustriert die Ablauforganisation aus dem gerade geschilderten Beispiel in Form eines Flussdiagramms.

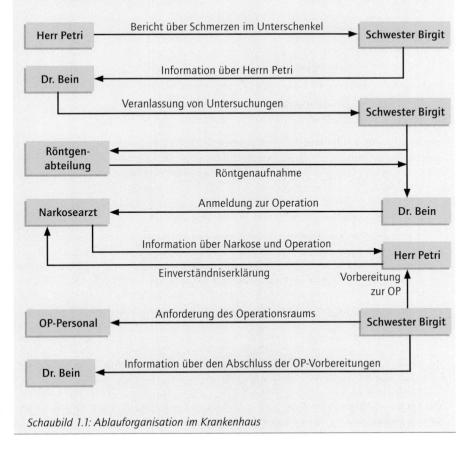

Schaubild 1.1: Ablauforganisation im Krankenhaus

BASISWISSEN
Aufbau-
organisation
Kapitel 1,
Abschnitt
1.1.3

Im Rahmen der hierarchischen Aufbauorganisation muss sich ein Mitarbeiter bei Fragen und Problemen zunächst an seinen direkten Vorgesetzen wenden. Erst wenn er dort keine Lösung findet, wendet er sich an die nächsthöhere Stelle. Es gibt auch die Möglichkeit, Anliegen im Rahmen von Dienstbesprechungen vorzutragen. Allerdings finden diese Sitzungen oft nur in unregelmäßigen Abständen und meist nicht zeitnah zum Problem statt.

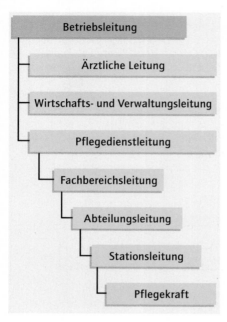

Schaubild 1.2 illustriert eine mögliche Form der Aufbauorganisation im Gesundheitswesen.

Schaubild 1.2: Aufbauorganisation im Krankenhaus

Dienstbesprechungen finden auf allen Ebenen des Unternehmens statt und bieten die Möglichkeit, Informationen zu verbreiten, Erfahrungen auszutauschen und auf dieser Grundlage Entscheidungen zu treffen. Wer an welchen Sitzungen teilzunehmen hat, wird durch die Aufbauorganisation ebenso wie durch die Arbeitsabläufe bestimmt.

Beispiel ▶ Informationsfluss in einer Organisation

In der Düsseldorfer Universitätsklinik soll in eine neue Software investiert werden, um die Pflegedokumentation und die Pflegeplanung zu vereinfachen. Daraufhin lädt die Pflegedienstleitung alle Fachbereichsleiter zu einer Fachleiterkonferenz ein. Dort soll über die Bedürfnisse im Pflegedienst und entsprechend über die Anforderungen an die neue Software diskutiert werden. Während der Konferenz versucht jeder Fachleiter, die Interessen seines Bereichs durchzusetzen. Am Schluss herrscht jedoch Einigkeit darüber, dass vor der Entscheidung über den Leistungsumfang der neuen Software zunächst in allen Fachabteilungen eine Dienstbesprechung notwendig ist, um die Anforderungen und Bedürfnisse des Pflegepersonals zu klären. So werden fachbereichsinterne Dienstbesprechungen veranlasst, an denen die jeweiligen Stationsleitungen teilnehmen. Die Fachkompetenzen der in den einzelnen Fachbereichen Beschäftigten sind enorm wichtig für die Auswahl der Module (Bausteine), die die Software enthalten soll. Nachdem die neue Software ausgesucht wurde, findet für alle Mitarbeiter aus dem Pflegebereich eine obligatorische Schulung statt. Jetzt muss die Software nur noch zeigen, ob sie hält, was sie verspricht.

562412

AUFGABEN

1. Worin liegt der Unterschied zwischen der Aufbauorganisation und der Ablauforganisation?

2. Nennen Sie die vier Organisationsgrundsätze.

3. Was gehört nicht zu den grundlegenden Funktionsbereichen eines Unternehmens?
   a) Leitung und Verwaltung
   b) Hausmeister
   c) Finanzierung
   d) Rechnungswesen und Controlling
   e) Personalmanagement
   f) Fuhrpark
   g) Empfang
   h) Beschaffung
   i) Produktion/Leistungserstellung
   j) Absatz

4. Nennen Sie Beispiele für Stellenbildung.

5. Worin liegt der Unterschied zwischen Stabsstellen und Linienstellen?

6. Was gehört nicht zu einer Stellenbeschreibung?
   - Bezeichnung der Stelle
   - Eingliederung der Stelle in den Betriebsaufbau
   - Nutzung der Mitarbeiterkantine
   - Ziele der Stelle
   - Aufgaben und Tätigkeiten des Stelleninhabers
   - freie Stellflächen für Autos von Mitarbeitern
   - Anforderungen an die Person des Stelleninhabers

7. Warum handelt es sich bei der Organisationsentwicklung um einen Kreislauf?

8. Was gehört nicht zu den Kernbegriffen der Netzplanung?
   a) FAZ
   b) WAZ
   c) FEZ
   d) WEZ
   e) SAZ
   f) SEZ

9. Was sind keine Rechtsquellen?
   - geschriebenes Recht
   - Rechtsempfinden
   - Gewohnheitsrecht
   - Faustrecht
   - Richterrecht

10. Was ist die sogenannte Düsseldorfer Tabelle?

11. Erklären Sie den Unterschied zwischen Rechtsfähigkeit und Geschäftsfähigkeit.

12. Was gehört nicht zur Vertragsfreiheit?
    a) Abschlussfreiheit
    b) Gestaltungs- oder Inhaltsfreiheit
    c) Versammlungsfreiheit
    d) Formfreiheit
    e) Beendigungsfreiheit

13. Nennen Sie die Abstufungen der Geschäftsfähigkeit natürlicher Personen.

14. Welche Institutionen sind nicht mit Gewerbeanmeldungen befasst?
    a) Agentur für Arbeit
    b) Amtsgericht
    c) Ordnungsamt
    d) Einwohnermeldeamt
    e) Finanzamt
    f) Umweltschutzamt
    g) Berufsgenossenschaft
    h) Industrie- und Handelskammer
       oder Handwerkskammer

15. Was kennzeichnet einen Kaufmann im Sinne des Handelsrechts?

16. Welche Firma gehört nicht zu den typischen Arten von Firmen?
    a) Personenfirma   c) Scheinfirma
    b) Sachfima   d) gemischte Firma

17. Was ist das Handelsregister?

18. Was ist eine Unternehmensform? Nennen Sie fünf Beispiele für unterschiedliche Unternehmensformen.

19. Welche Institutionen gehören nicht zu den Organen der GmbH?
    a) Geschäftsführer
    b) Aktionäre
    c) Gesellschafterversammlung
    d) Aufsichtsrat
    e) Kommanditist

1.4 Grundleistungen im Gesundheitssektor

Die Grundleistungen des Gesundheitswesens umfassen vor allem die Bereiche der

▶ Prävention (Vorsorge),
▶ Therapie (Behandlung),
▶ Pflege und Versorgung,
▶ Rehabilitation (Wiederherstellung).

Hier werden alle notwendigen Leistungen erbracht, um körperliches, geistiges und seelisches Leid zu verhindern, zu behandeln oder zu lindern.

1.4.1 Prävention

Prävention umfasst alle Methoden und Maßnahmen, die dazu dienen, Erkrankungen vorzubeugen, die Verschlimmerung von Krankheiten zu verhindern (Gesundheitsförderung) und Verletzungen zu verhüten.

Die Prävention kann in drei Bereiche unterteilt werden:

▶ **Primäre Prävention.** Sie dient der eigentlichen Vorbeugung und umfasst insbesondere Maßnahmen zur gesundheitlichen Aufklärung. Vor allem für Kinder und Jugendliche gibt es zahlreiche Programme, wie zum Beispiel den Schulzahnarzt oder Aids-Kampagnen.

▶ **Sekundäre Prävention.** Sie beinhaltet Maßnahmen zur Früherkennung von symptomlosen Krankheitsvor- und -frühstadien, wie sie vor allem bei jungen Frauen in der gynäkologischen Vorsorge praktiziert werden.

▶ **Tertiäre Prävention.** Sie sorgt für die Verhütung der Verschlimmerung von Erkrankungen und Behinderungen sowie zur Vorbeugung gegen Folgeerkrankungen. Ein Beispiel ist die kontinuierliche Schulung von Diabetikern.

1.4.2 Therapie

In der heutigen Zeit stehen vor allem Herz-, Lungen- und Stoffwechselerkrankungen im Vordergrund.

> ▶ **Therapie** bezeichnet in der Medizin die Methoden und Instrumente, die dem Therapeuten, das heißt dem Behandelnden, zur Verfügung stehen, um Krankheiten und Verletzungen zu behandeln.
>
> ▶ Die **Diagnostik** (Durchforschung) ist die Gesamtheit der einer der Therapie vorgeschalteten Methoden und Instrumente. Die Diagnose (der Befund) ermöglicht dem Therapeuten die Entscheidung über eine wirksame Behandlung. Die Diagnose wird aus den verschiedenen Symptomen (Krankheitszeichen) erhoben, die ein Patient zeigt.

Bei der Diagnose und Behandlung von Krankheiten stehen dem Mediziner verschiedene Methoden zur Verfügung.

Beispiele ▶ Diagnose- und Behandlungsmethoden

▶ Der **Chirurg** (Chirurgie = Handwerk) wendet die Operation als Mittel der Wahl zur Behandlung an.

▶ Der **Internist** (Arzt der Inneren Medizin) verwendet Medikamente, um bei Funktionsstörungen der inneren Organe zu helfen.

▶ Der **Kardiologe** (Herzspezialist) befasst sich in erster Linie mit Diagnoseverfahren rund um das Herz, etwa mit der Untersuchung der Herzkranzgefäße mithilfe von Röntgenaufnahmen (Coronarangiografie).

▶ Der **Gynäkologe** (Frauenarzt) nutzt vor allem die Möglichkeiten der Ultraschalldiagnostik, um zum Beispiel das Wachstum des Embryos zu beurteilen.

▶ Der **Hämatologe** (Facharzt für Blutkrankheiten) befasst sich mit Blutausstrichen oder Knochenmarkspunktionen, um mittels Mikroskop Zellentartungen zu lokalisieren und zu identifizieren.

▶ Der **Onkologe** (Facharzt für Krebserkrankungen) stützt seine Diagnostik und Therapie auf Bilder aus der Computertomografie (Tomografie = Schnitt): Mithilfe von Röntgenstrahlen werden Schichtaufnahmen von Organen angefertigt. Alternativ dazu kann er einen Magnetresonanztomografen einsetzen, das heißt ein physikalisches Verfahren zur Darstellung von Organen.

Bei der Einteilung von Therapien kann man auf ihre jeweils wesentliche Eigenschaft abstellen. Demgemäß kann eine Therapie

▶ kausal (ursächlich),

▶ symptomatisch (nur die Symptome können bekämpft werden),

▶ kurativ (mit heilender Wirkung),

▶ palliativ (lindernd),

▶ supportiv (unterstützend),

▶ kalkuliert (auf Verdacht),

▶ elektiv (auswählbar in Bezug auf den Zeitpunkt),

▶ frustran (erfolglos) und

▶ prophylaktisch (vorbeugend)

sein.

▶ 1.4.3 Rehabilitation

> **Rehabilitation** (vom lateinischen „rehabilitatio" = Wiederherstellung) ist zum einen die Wiederherstellung von Fähigkeiten oder Fertigkeiten für das alltägliche Leben und zum anderen die Wiedereingliederung in den Beruf.

Rehabilitation bezieht sich auf drei verschiedene Bereiche. Die medizinische Rehabilitation umfasst alle medizinischen Maßnahmen und Methoden zur Wiedereingliederung nach Unfällen oder Gesundheitsschäden. Die berufliche Rehabilitation umfasst alle Maßnahmen und Methoden, um den Betroffenen wieder in den beruflichen Alltag zu integrieren. Die soziale Rehabilitation beinhaltet alle Maßnahmen und Methoden zur Teilhabe der Betroffenen am Leben in der Gemeinschaft (zum Beispiel Wohnungshilfe, Haushaltshilfe).

> **Beispiele** ▶ Rehabilitation
>
> ▶ Der Patient, dem ein Bein amputiert wurde, lernt in der medizinischen Rehabilitation den Umgang und das Laufen mit einer Prothese.
>
> ▶ Die Patientin, die nach einem Unfall ihren erlernten Beruf nicht mehr ausüben kann, wird in der beruflichen Rehabilitation umgeschult, damit sie eine neue Beschäftigung aufnehmen kann.
>
> ▶ Der Patient, der nach einem Schlaganfall halbseitig gelähmt ist, bekommt im Rahmen der sozialen Rehabilitation Unterstützung durch eine Haushaltshilfe.

1.5 Ambulante, stationäre und teilstationäre Einrichtungen

1.5.1 Ambulante Einrichtungen

> **Ambulante Pflegeeinrichtungen,** häufig auch Sozialstationen genannt, sind Einrichtungen, die es sich zur Aufgabe gemacht haben, betreuungsbedürftigen Menschen in ihrer gewohnten Umgebung Alten- und Krankenpflege zukommen zu lassen.

Ambulante Pflegeeinrichtungen werden von Trägern der freien Wohlfahrtspflege (zum Beispiel Caritas oder Diakonie), aber auch von privaten Anbietern betrieben. Die häusliche Alten- und Krankenpflege umfasst:

▶ Grundpflege (vor allem Hilfe beim Waschen und Kleiden),

▶ Behandlungspflege nach ärztlicher Verordnung und Versorgung nach operativen Maßnahmen (vor allem Verbandwechsel nach Operationen, Injektionen),

▶ hauswirtschaftliche Versorgung und Betreuungsdienste (Essen auf Rädern),

▶ Beratung in allen Fragen zur Pflegeversicherung und zur Finanzierung der Leistungen (Hilfe bei Anträgen),

▶ Pflegeberatung, Pflegeanleitung und Gesprächskreise für pflegende Angehörige,

▶ seelsorgerische Begleitung,

▶ Erstellung von Pflegegutachten.

562416

1.5.2 Stationäre Einrichtungen

In stationären Einrichtungen werden Menschen behandelt, untergebracht und verpflegt. Das sind gemäß § 107 des fünften Buches des Sozialgesetzbuches (SGB V) unter anderem Krankenhäuser oder Kliniken, in denen medizinische Verfahren und Therapien durchgeführt werden.

In § 71 des elften Buches des Sozialgesetzbuches (SGB XI) werden **stationäre Pflegeeinrichtungen (Pflegeheime)** definiert als „[...] selbstständig wirtschaftende Einrichtungen, in denen Pflegebedürftige

▶ unter ständiger Verantwortung einer ausgebildeten Pflegefachkraft gepflegt werden,

▶ ganztägig (vollstationär) oder nur tagsüber oder nur nachts (teilstationär) untergebracht und verpflegt werden können."

§ 71 SGB XI bringt zum Ausdruck, dass in stationären Pflegeeinrichtungen Menschen gepflegt, untergebracht und verpflegt werden. Diese Einrichtungen werden Pflege-, Alten- oder Seniorenheime genannt. In diesen Heimen werden grundsätzlich alle Leistungen angeboten, die auch Bestandteil der ambulanten Pflege sind. Allerdings können die Bedürftigen nicht in ihrer gewohnten Umgebung bleiben, vielmehr ist ein Umzug unumgänglich. Dieser Eingriff in die Privatsphäre macht eine gezielte und behutsame Einführung in die neue Lebenssituation notwendig. Außer der Pflege und Unterbringung bieten Heime diverse Freizeitbeschäftigungen an, um den Alltag für den Pflegebedürftigen so abwechselungsreich wie möglich zu gestalten.

1.5.3 Teilstationäre Einrichtungen/Tageskliniken

Eine Tagesklinik ist eine Einrichtung der teilstationären Patientenbetreuung. Aufgrund ihrer Ausstattung können hier Patienten über mehrere, das heißt maximal 24 Stunden behandelt und betreut werden.

Tageskliniken etablieren sich fachübergreifend (interdisziplinär) oder im Rahmen einzelner Fachrichtungen. Sie sind einerseits Praxen niedergelassener Ärzte – insbesondere im operativen/diagnostischen Bereich, andererseits – insbesondere im psychotherapeutischen Bereich – an Krankenhäuser angegliedert.

Beispiele ▶ Teilstationäre Einrichtungen

Zu den teilstationären Einrichtungen zählen

▶ ambulante Operationszentren, die interdisziplinär meist von Anästhesisten betrieben oder durch ein operatives Fach wie etwa Chirurgie oder Orthopädie geführt werden;

▶ psychosomatische, neurologische Tageskliniken;

▶ psychotherapeutische Tageskliniken;

▶ internistisch-diagnostische Tageskliniken.

1.6 Träger der sozialen Sicherung

BASISWISSEN
Sozialversi-
cherungsrecht
Kapitel 6,
Abschnitt
6.3

Das System der sozialen Sicherung umfasst alle Maßnahmen, die den Menschen vor existenziellen und finanziellen Risiken schützen sollen. Die Risiken sind vielfältig. Sie bestehen in

Bundesministerium für Arbeit
und Soziales
www.bmas.de

► dem Verlust des Arbeitseinkommens durch Krankheit, Behinderung, Unfall, Alter, Tod des Ernährers oder Entlassung;
► erhöhten Ausgaben durch Mutterschaft, Krankheit, Pflege, Unfall oder Tod.

Kaufleute im Gesundheitswesen können in nahezu allen Bereichen der Sozialversicherung eingesetzt werden. Sie üben dort eine Reihe von unterschiedlichen Tätigkeiten aus.

Einsatzgebiete im krankenversicherungsrechtlich geregelten **Gesundheitswesen** sind:
► Krankenhäuser,
► gesetzliche Krankenkassen,
► Praxen niedergelassener Ärzte jeder Fachrichtung,
► Apotheken,
► ambulante Pflegedienste,
► Praxen für Physiotherapie, Ergotherapie oder Logopädie,
► Sanitätshäuser.

Mögliche Aufgabenbereiche sind:
► Abrechnung von Leistungen an die Versicherten mit dem Leistungserbringer,
► Beitragswesen,
► Kommunikation mit anderen Krankenkassen auf Landes- und Bundesebene,
► Versicherungspflicht,
► Arbeit im beziehungsweise Zusammenarbeit mit dem Medizinischen Dienst der Krankenversicherungen (MDK),
► Finanzbuchhaltung,
► Qualitätsmanagement.

Einsatzgebiete im Zweig der gesetzlichen **Rentenversicherung** sind die verschiedenen Rentenversicherungsträger und deren Rehabilitationseinrichtungen:
► Deutsche Rentenversicherung (DRV),
► die Regionalträger der DRV,
► Deutsche Rentenversicherung Knappschaft-Bahn-See,
► die landwirtschaftlichen Alterskassen.

Einsatzgebiete in der pflegeversicherungsrechtlich geregelten **Pflege** sind:
► Pflegekassen,
► ambulante Pflegedienste,

562418

▶ stationäre Pflegeeinrichtungen,

▶ teilstationäre Pflegeeinrichtungen.

Mögliche Aufgabenbereiche sind:

▶ Abrechnung von Leistungen an die Versicherten mit dem Leistungserbringer,

▶ Versicherungspflicht,

▶ Beitragswesen,

▶ Eingruppierung in Pflegestufen,

▶ Finanzbuchhaltung,

▶ Qualitätsmanagement.

Einsatzgebiete im **Unfallversicherungsrecht** sind im Wesentlichen die Unfallversicherungen (Berufsgenossenschaften), mögliche Aufgabenbereiche sind vor allem die Abrechnung von Leistungen an die Versicherten mit dem Leistungserbringer.

AUFGABEN

1. Ordnen Sie die folgenden Vorgänge den Bereichen Prävention, Therapie und Rehabilitation zu:

   a) Ein Patient mit diabetischem Koma wird behandelt.

   b) Ein Patient lernt den Umgang mit seiner Diabetes-Erkrankung.

   c) Ein Patient nimmt an einem Kurs zur richtigen Ernährung teil.

2. Welche Bereiche gehören nicht zur häuslichen Krankenpflege?

   a) Theaterbesuche

   b) Behandlungspflege

   c) Gehhilfen ausleihen

   d) Pflegeberatung, Pflegeanleitung und Gesprächskreise für pflegende Angehörige

   e) Erstellung von Pflegegutachten

3. Bei welchen Einrichtungen handelt es sich nicht um teilstationäre Einrichtungen?

   a) Operationszentrum Knie und Partner

   b) Tagespflege Am Wildbach

   c) Universitätsklinikum Am Rande der Stadt

4. Welche Institution gehört nicht zu den Säulen der sozialen Sicherung?

   a) AOK Westfalen-Lippe

   b) BG für Gesundheit und Wohlfahrtspflege

   c) IHK Südwestfalen

   d) Seekasse

5. Welche Aufgaben gehören nicht in das Berufsbild des Kaufmanns im Gesundheitswesen?

   a) Abrechnung von Leistungen im Krankenhaus

   b) Qualitätsmanagement einer Apotheke

   c) Blutentnahme in der Arztpraxis

   d) Finanzbuchhaltung im Pflegeheim

1.7 Die Präsentation des Ausbildungsbetriebs

Die Präsentation des Ausbildungsbetriebs erfolgt, wenn der Einzelne oder die Gruppe den Betrieb erkundet hat. Sicherlich werden die Ausbildungsbetriebe, in denen die Schülerinnen und Schüler beschäftigt sind, in verschiedenen Bereichen angesiedelt sein. Deshalb ist es sinnvoll, die jeweiligen Betriebe vorzustellen, um Unterschiede und Gemeinsamkeiten in der Organisation und Arbeitsweise herauszuarbeiten und um einen breiteren Eindruck vom Spektrum der Organisationen zu gewinnen, die als Einsatzorte für Kaufleute im Gesundheitswesen infrage kommen.

1.7.1 Die Betriebserkundung

BASISWISSEN
Unternehmensziele und -leitbild
Kapitel 1, Abschnitt 1.1.1

Zur Betriebserkundung gibt es verschiedene Möglichkeiten. Sie kann erfolgen durch

▶ die gezielte **Führung** durch einen Mitarbeiter, der das Unternehmen gut kennt und die Bereiche und Abteilungen mit dem entsprechenden Personal vorstellt;

▶ **Unternehmensbroschüren,** die in das Unternehmensleitbild einführen und die jeweiligen Unternehmensziele darstellen;

▶ die Erkundung des **Internetauftritts** des Unternehmens;

▶ eine sogenannte **„Betriebsrallye",** in deren Rahmen die wichtigsten „Stationen" beziehungsweise Abteilungen durchlaufen werden, um Informationen über den Betrieb einzuholen.

1.7.2 Rollenverhalten in der Teamarbeit

BASISWISSEN
Führungsstile
Kapitel 6, Abschnitt 6.4.4

Bekommt eine Gruppe einen Auftrag oder muss sie ein Projekt bearbeiten, so stellen sich in der Regel im Lauf der Zusammenarbeit typische Muster der Beziehungen zwischen den Gruppenmitgliedern ein. Sie sind das Ergebnis von Abläufen innerhalb der Gruppe, die in der Fachsprache gruppendynamische Prozesse genannt werden.

Beispielsweise stellt sich innerhalb der Gruppe meist recht schnell heraus, wer bereit ist, Verantwortung dafür zu übernehmen, dass die Aufgabe gelöst wird, und wer sich eher im Hintergrund hält. Dabei ist es unerheblich, ob sich die Gruppenmitglieder bereits kennen oder ob sie zum ersten Mal aufeinandertreffen.

Jedes Mitglied in der Gruppe wird sich entsprechend seiner ihm zugedachten Rolle verhalten. Die Rolle wiederum richtet sich nach den zu übernehmenden Aufgaben. Die Verteilung der Aufgaben soll die Gruppe selbst bestimmen. Dabei kommt es darauf an, in welchem Führungsstil die Gruppe arbeiten will. Der kooperative Führungsstil findet die meiste Anerkennung, da er dadurch, dass Vorgehensweisen gemeinsam erarbeitet werden, die Motivation der Gruppe stärkt und zu meist sehr guten Ergebnissen führt. Der autoritäre Führungsstil bietet dem einzelnen Mitglied des Teams nur wenige Möglichkeiten, bei Entscheidungen mitzuwirken. Der Verzicht auf die – ausdrückliche oder stillschweigende – Benennung einer Person, die die Leitung der Gruppe übernehmen soll („Laisser-faire" = Gewährenlassen), wiederum kann dazu führen, dass sich die Gruppe in endlosen Diskussionen verliert, ohne zu einer Einigung zu gelangen.

Hat sich die Gruppe formiert und für einen bestimmten Führungsstil entschieden, so stellt sie im nächsten Schritt ein Konzept auf, in dem festgehalten wird, welche Aufga-

562420

ben anliegen und wer diese Aufgaben übernimmt. Anschließend wird entschieden, wie die Ergebnisse präsentiert werden sollen.

1.7.3 Präsentation

Eine Präsentation ist die Vermittlung von Informationen an andere. Für die Form der Präsentation ist die Art des Publikums von entscheidender Bedeutung. Handelt es sich beispielsweise um

BASISWISSEN
Präsentation, Kapitel 2, Abschnitt 2.2.2

▶ Auszubildende aus der eigenen oder aus fremden Berufsschulklassen?

▶ Berufsschullehrer?

▶ Besucher eines Tages der offenen Tür der Berufsschule?

▶ Leser eines Zeitungsartikels in der lokalen Presse über neue Berufsbilder?

▶ Besucher eines Messestandes der Industrie- und Handelskammer?

Formen von Präsentationen sind unter anderem

▶ Ausstellung,   ▶ Bericht,
▶ Vortrag,   ▶ Erklärung,
▶ Referat,   ▶ Promotion.

Bei den unterschiedlichen Formen der Präsentation können verschiedene Medien eingesetzt werden. In der heutigen Zeit werden vor allem die digitalen und multimedialen Möglichkeiten der modernen Computerwelt zu Präsentationszwecken eingesetzt.

Inhaltliche Gesichtspunkte

Die sieben wichtigsten inhaltlichen Kriterien der Gestaltung einer Präsentation sind

▶ **der Informationsgehalt.** Hier geht es in erster Linie darum, welche Inhalte in der Präsentation vermittelt werden sollen;

▶ **der Schwierigkeitsgrad.** Der Schwierigkeitsgrad der Informationen ergibt sich aus der Menge und Detailliertheit der Informationen. Das Publikum braucht einen „roten Faden", um komplexen Inhalten folgen zu können;

▶ **die Verständlichkeit für das Publikum.** Die Inhalte der Präsentation sollten dem Vorwissen des Publikums angepasst sein. Fremdwörter, spezielle Begriffe und Abkürzungen sollten also nur dann verwendet werden, wenn sich die Präsentation an ein Fachpublikum richtet. Anderenfalls sollten Fachtermini oder Abkürzungen vermieden oder während der Präsentation erklärt werden;

▶ **die Beschränkung auf das Wesentliche.** Nur die wichtigsten und prägnanten Informationen sollten vermittelt werden. Dabei sollten Fakten und Kernaussagen im Vordergrund stehen;

▶ **ein angemessener Umfang.** Der Umfang einer Präsentation sollte dem Anlass entsprechend angepasst sein. Beispielsweise sollte eine Präsentation für einen Messebesuch nicht länger als zehn Minuten dauern, da Messebesucher in der Regel unter Zeitdruck stehen und an einem einzigen Tag viele verschiedene Informationen sammeln;

▶ **die sachliche Richtigkeit.** Die sachliche Richtigkeit einer Präsentation muss unbedingt gegeben sein. Es kann rechtliche Konsequenzen nach sich ziehen, wenn Unwahrheiten weitergegeben werden. Der seriös handelnde Vortragende muss sich von der Richtigkeit des Inhaltes selbst überzeugen;

▶ **der selbstständige Umgang mit Material.** Der selbstständige Umgang mit Material sollte vorher ausgiebig geübt werden. Es ist unprofessionell, wenn die Präsentation stockt, weil das Material nicht vorbereitet ist oder die Handhabung unsicher wirkt. Es macht beispielsweise keinen guten Eindruck, wenn die Funktionsweise eines Ultraschallgerätes demonstriert wird und der Vortragende nicht weiß, wie es zu handhaben ist.

Visualisierung

Wie gut die Inhalte einer Präsentation vom Publikum aufgenommen werden, hängt ganz wesentlich davon ab, wie die Präsentation über das Auge des Zuhörers wahrgenommen wird. Die sieben wichtigsten optischen Kriterien sind

▶ **die Anschaulichkeit.** Sie wird von der Darstellungsform der Präsentation bestimmt, das bedeutet von der Art und Weise, wie die Informationen präsentiert werden;

▶ **die Symbolik.** Bei der Anwendung von Symbolen geht es darum, bestimmte Inhalte mithilfe von Piktogrammen (Bildern) oder Grafiken herauszustellen. Diese Aufmerksamkeitssignale (auch Eyecatcher genannt) setzen gezielte Effekte, um auf wichtige Informationen aufmerksam zu machen;

▶ **das Layout/Design.** Beim Layout oder Design sind eigene Kreativität und Ideenreichtum gefragt. Denkbar ist auch, dass der Auftraggeber bestimmte Aspekte des Layouts vorgegeben hat. Das kann zum Beispiel ein Firmenlogo sein, das in der gesamten Präsentation zu sehen sein muss, oder die Verwendung bestimmter Farben;

▶ **die Übereinstimmung von Form und Inhalt.** Bei einer Präsentation sollen die Form und der Inhalt zueinander passen. So ist es zum Beispiel sinnvoll, bei Geschäftspräsentationen dezente und warme Farben zu verwenden. Bei einer Messepräsentation kommen dagegen durchaus kräftige und leuchtende Farben infrage, die dazu geeignet sind, auf das Produkt aufmerksam zu machen;

▶ **kontrastreiche Farben.** Der Kontrast zwischen Hintergrundfarbe und Schriftfarbe ist für das Auge wichtig. Damit die Augen beim Lesen nicht über Gebühr beansprucht werden, ist es sinnvoll, helle und dunkle Farbtöne, die sich klar voneinander abgrenzen, zu kombinieren;

▶ **die Lesbarkeit der Schrift.** Die in der Präsentation verwendete Schrift sollte nach Art und Größe gut lesbar sein. Es ist sinnvoll, eine serifenlose (schnörkellose) Schriftart wie zum Beispiel Arial zu verwenden. Die Buchstaben sind klarer gezeichnet und besser zu lesen. Die Schriftgröße ist ebenfalls adäquat auszuwählen, damit auch weit entfernt sitzende Zuschauer die Präsentation verfolgen können;

▶ **die sinnvolle Anordnung der Informationseinheiten.** Der Aufbau der Informationseinheiten sollte klar strukturiert sein. Dies kann durch unterschiedliche Methoden erreicht werden, etwa durch die Verwendung von bestimmten Farbnuancen oder von Illustrationen, wie zum Beispiel Fotos, Flussdiagramme oder Grafiken.

Vortragstechnik

Neben den inhaltlichen und den optischen Kriterien spielt auch die Vortragstechnik eine wichtige Rolle. Sie bestimmt ganz wesentlich, ob die Informationen, die vermittelt werden sollen, auch in der gewünschten Weise beim Publikum ankommen. Zur Vortragstechnik gehören

▶ **die Körperhaltung.** Der Vortragende sollte – unabhängig davon, ob er steht oder sitzt – auf eine gerade und aufrechte Position gegenüber dem Publikum achten;

▶ **der Blickkontakt zum Publikum.** Der Blickkontakt ist das wichtigste Mittel, um in einer Präsentation mit dem Publikum zu kommunizieren. Mit einem gezielten Augenzwinkern an der richtigen Stelle schafft man es, die Zustimmung des Publikums zu bestimmten Sachverhalten zu erhalten, ohne dass man ein Wort sagen muss;

▶ **die Lautstärke.** Die Präsentation muss in einer angemessenen Lautstärke erfolgen. Dabei kommt es vor allem darauf an, wo sie stattfindet. Der Vortragende muss wissen, ob ihm ein Mikrofon zur Verfügung gestellt wird oder ob er ohne Verstärker auskommen muss. Oberstes Gebot ist, dass alle Teilnehmer der Präsentation folgen können;

▶ **die Gestik und Mimik.** Sie bestimmen wesentlich die Lebendigkeit einer Präsentation und damit die Aufrechterhaltung der Aufmerksamkeit des Publikums. Die Gebärden und die Mimik, das heißt Bewegungen der Arme und Hände und Änderungen des Gesichtsausdrucks, sollten das Gesagte und Gezeigte unterstreichen.

Teamauftritt

Wird die Präsentation von mehreren Teammitgliedern gemeinsam durchgeführt, so ist vor allem auf die drei folgenden Punkte zu achten:

▶ **Gleichmäßige Rollenverteilung.** Eine gleichmäßige Verteilung der Rollen macht die Präsentation für das Publikum abwechslungsreicher, ermüdende Monologe (Einzelvorträge) werden vermieden;

▶ **Verhältnis Spezialisten/Alleskönner.** Das Verhältnis zwischen den Spezialisten (Fachleute) und den Alleskönnern (Allrounder) sollte ausgewogen sein. Wenn die Teamstruktur dies allerdings nicht zulässt, muss zumindest darauf geachtet werden, dass nicht nur Alleskönner oder nur Spezialisten im Team sind;

▶ **Abstimmung der Einzelbeiträge.** Die Einzelbeiträge müssen genauestens abgestimmt (synchronisiert) werden, um den Fluss der Präsentation nicht zu gefährden. Gerade dieser Aspekt einer Präsentation muss ständig geübt und wiederholt werden.

Gesamteindruck

Die Präsentation sollte mit einer kurz gefassten Erläuterung des Nutzens für das Publikum abgeschlossen werden.

Das Feedback (Rückmeldung) aus dem Publikum kann

▶ Fragen zum Verständnis oder zum Inhalt enthalten;

▶ der Applaus sein, durch den es seine Wertschätzung für die Präsentation zum Ausdruck bringt;

▶ darin bestehen, dass das Publikum zu Kunden wird und das angebotene Produkt kauft.

BASISWISSEN
Der Ausbildungsbetrieb –
Erkundung und Darstellung
Kapitel 1,
Abschnitt 1.1

1.7.4 Die Erkundung des eigenen Ausbildungsbetriebs

Bei der Erkundung des Ausbildungsbetriebs gilt es, systematisch vorzugehen. Eine Strukturierungshilfe bietet die weiter unten wiedergegebene Checkliste. Diese Liste hilft dabei, das Unternehmen kennenzulernen, sie lenkt den Blick auf unternehmensspezifische Eigenheiten und dient dazu, das Leistungsspektrum des Unternehmens sowie die entsprechenden Tätigkeiten im Unternehmen aufzuzeigen.

Informationsquellen

Der Betrieb wird anhand von Leitfragen analysiert. Zur Beantwortung der Fragen sollten verschiedene Informationsquellen genutzt werden. Mögliche Informationsquellen sind

▶ Internetauftritt,
▶ Informationsbroschüren,
▶ Teilnahme an Veranstaltungen des Hauses (zum Beispiel Tag der offenen Tür),
▶ Tageszeitungen/Illustrierte,
▶ Mitarbeiter des Unternehmens,
▶ Fachzeitschriften.

Checkliste Betriebserkundung

Der Fragenkatalog umfasst eine Reihe von Begriffen, die vielleicht bislang noch unbekannt sind. Die Begriffe werden in diesem Buch beziehungsweise im Band **Basisqualifikation** erläutert. Um sich einen ersten Überblick über ein Unternehmen zu verschaffen, ist es nicht notwendig, alle Details sofort zu beantworten.

Name der Einrichtung: ....

1. *In welcher Rechtsform wird das Unternehmen betrieben?*
   Wem gehört der Betrieb? Was sind seine Aufgaben? Wer entscheidet darüber, wie er seine Aufgaben erfüllt?

2. *Wie ist das Unternehmen aufgebaut (Organisationsstruktur)?*
   Welche Abteilungen/Arbeitsbereiche gibt es (Fachabteilungen/Disziplinen)? Welche Verantwortlichkeiten sind festgelegt und wer ist wem gegenüber weisungsbefugt (Organigramm)?

3. *Wie sehen die Informations- und die Kommunikationswege im Unternehmen aus?*
   Wie wird die Zusammenarbeit abgestimmt (Besprechungen, schriftliche Anweisungen, Rundschreiben)? Welche Kommunikationstechnik wird eingesetzt (Telefon, Intranet, Internet, Outlook, Fax, Hauspost)?

4. *Welche Aufgaben haben die verschiedenen Fachabteilungen?*
   Welche Aufgaben fallen an? Welche Routineaufgaben gibt es? Welche Mitarbeiter erledigen die verschiedenen Aufgaben?

5. *Welcher rechtliche Rahmen ist für die Einrichtung maßgeblich?*
   Welche allgemeinen, welche besonderen Gesetze sind von Bedeutung? Beispiele: Bürgerliches Gesetzbuch (BGB), gesundheitsspezifische Gesetze (Sozialgesetzbuch – SGB, Krankenhausfinanzierungsgesetz – KHG), Bundesdatenschutzgesetz (BDSG), Arbeitsrecht (Jugendarbeitsschutzgesetz – JArbSchG, Mutterschutzgesetz – MuSchG), firmenspezifische Gesetze (Arzneimittelgesetze).

---

6. *Wie fügt sich das Unternehmen in das Gesundheitssystem ein?*
   Welche Aufgaben übernimmt die Einrichtung innerhalb des Gesundheitssystems (Krankenbehandlung, Versorgung mit medizinischem Bedarf)? Welche ergänzenden Dienste sind notwendig, um einen reibungslosen Ablauf zu gewährleisten (Lieferanten von Betriebsmitteln/Vorprodukten, Ärzte, medizinisches Personal)?

7. *Welche wirtschaftliche Bedeutung hat das Unternehmen in seiner Region?*
   Gibt es Mitbewerber vor Ort oder handelt es sich um einen Monopolisten? Wie geht das Unternehmen in der jeweiligen Situation damit um? Wie groß ist das Unternehmen (Beschäftigtenzahl)?

8. *Hat das Unternehmen ein schriftlich festgelegtes Leitbild, das für alle Beschäftigten gültig ist?*
   Gibt es eine Philosophie? Hat sich die Sichtweise des Unternehmens in den letzten Jahren gewandelt?

9. *Welches sind die wirtschaftlichen, sozialen, humanitären und ökologischen Ziele des Unternehmens?*

10. *Gibt es eine Zertifizierung oder Vorkehrungen zur Qualitätssicherung der angebotenen Leistungen?*
    Wenn ja, nach welchem Modell (zum Beispiel EFQM, QM, TQM)? Welche Maßnahmen sind geplant oder getroffen worden, um eine Zertifizierung zu erreichen?

11. *Auf welchem Markt ist das Unternehmen tätig?*
    Zielmarkt(-segmente), Vermarktung der Produkte/Dienstleistungen? Welche Kommunikationsformen und -mittel stehen im Unternehmen zur Verfügung (zum Beispiel Einschränkung von Werbung im Gesundheitswesen)?

12. *Welche Verträge werden im Unternehmen geschlossen?*
    Mit Beschäftigten, Lieferanten, Kunden/Patienten/Leistungsempfängern? Dienstverträge/Werkverträge? Dienstleistungsverträge? Was geschieht bei Vertragsstörungen? Wie wird mit dem Vertragspartner eine Einigung geschaffen?

13. *Wie werden für den Betrieb beschaffte Waren gelagert?*
    Gibt es besondere Lagerungsvorschriften (Medikamente, gefährliche Stoffe und so weiter)? Wie wird das Lager organisiert und gepflegt? Arbeitet das Unternehmen mit Lagerkennziffern? Sind Entsorgungs- und Hygienevorschriften einzuhalten?

14. *Wie ist das Leistungsangebot im Hinblick auf Qualität und Kundenzufriedenheit zu bewerten?*
    Gibt es ein Beschwerdemanagement? Gibt es Kundenbindungskonzepte?

15. *Welche Grund-, Zusatz- und Wahlleistungen gibt es?*

16. *Wer haftet, wenn es im Unternehmen zu Rechtsverstößen kommt?*
    Wofür haftet der Träger, für welche Schäden haftet er den Mitarbeitern gegenüber und für welche den Kunden/Patienten/Leistungsempfängern gegenüber? Wer trägt die Beweislast?

17. *Welche Daten werden im Unternehmen gebraucht?*
    Wie werden Personen- und Behandlungsdaten erfasst? Wie werden diese Daten archiviert und gesichert/geschützt (vor unbefugtem Zugriff, vor Naturgefahren)? Wie werden die Daten den Versicherungsträgern übermittelt?

18. *Wie werden die Daten verschlüsselt?*
    Wird die International Statistical Classification of Diseases and Related Health Problems (ICD) angewandt? Wie wird das DRG-System (DRG = Diagnosis Related Groups) umgesetzt?

19. *Wie sieht das Dokumentationssystem aus?*
Wird eine spezielle Software verwendet? Werden alle Leistungen genau dokumentiert? Gibt es Pflegediagnosen? Wo werden diese dokumentiert?

20. *Gibt es bereits Beobachtungen im Unternehmen, die auf eine wachsende Eigenverantwortung/Eigenleistung des Versicherten hinweisen?*
Muss der Versicherte/Patient/Bewohner Zuzahlungen leisten? Müssen die Betroffenen an speziellen Therapien oder Präventionsmaßnahmen teilnehmen?

21. *Wie ist das Qualitätsmanagement in der Einrichtung beschaffen?*
In welchem Gesetz ist die Verpflichtung des Unternehmens zur Qualitätssicherung fixiert? Welche Maßnahmen werden durchgeführt, um der gesetzlichen Verpflichtung nachzukommen?

22. *Wie funktioniert die Personalabteilung im Unternehmen?*
Welches sind die Aufgaben der Personalabteilung? Welchen tariflichen Bestimmungen unterliegt das Unternehmen? Wie werden Arbeitsverhältnisse beendet? Gibt es Fort- und Weiterbildungsangebote für die Mitarbeiter?

23. *Wie finanziert sich das Unternehmen?*
Gibt es Unterstützung vom Land oder vom Bund (Förderungsgrundsätze)? Stammen die Finanzmittel überwiegend von den Eigentümern des Unternehmens oder überwiegend von Fremdkapitalgebern?

24. *Feedback aus der Sicht des/der Auszubildenden!*
Entspricht das Unternehmen meinen Erwartungen? Was gefällt mir? Was ist zu verbessern? Verbesserungsvorschläge!

AUFGABEN

1. Welche Punkte sollten im Zusammenhang mit Präsentationen im Team beachtet werden?

2. Welche Vorteile bietet die Arbeit in einem Team?

3. Diskutieren Sie, warum Betriebe die „Teamfähigkeit" als Schlüsselqualifikation fordern.

4. Welche Präsentationsform ist für Sie die am besten geeignete, um die Ergebnisse zu vermitteln, die Sie erarbeitet haben? Begründen Sie Ihre Wahl.

5. Suchen Sie ein Krankenhaus in Ihrer Nähe aus, das eine Homepage besitzt, und wenden Sie den Fragenkatalog zur Unternehmenserkundung an.

562426

2 Die Berufsausbildung selbstverantwortlich mitgestalten

Zum Einstieg

Katrin ist im zweiten Jahr ihrer Ausbildung zur Kauffrau im Gesundheitswesen im Krankenhaus Am Rande der Stadt. Sie wird in die Station M6 der Inneren Medizin geschickt. Dort soll sie eine Patientenakte abholen. In der Station angekommen, wendet sich Katrin an die Krankenpflegeschülerin Sabine. Während diese die Akte heraussucht, unterhalten die beiden sich über ihre Ausbildungsberufe. Dabei entdecken sie viele Gemeinsamkeiten, aber auch gravierende Unterschiede.

► Wo liegt im Bereich der Pflegeberufe der Unterschied zwischen einer dualen Ausbildung und einer monobetrieblichen Ausbildung?

► Welche Berufsausbildungsgänge gibt es im Gesundheitswesen?

► Welche Voraussetzungen müssen erfüllt sein, um die verschiedenen Berufe zu erlernen?

► Welche gesetzlichen Bestimmungen regeln die Arbeitsbedingungen im Rahmen der Berufsausbildung?

2.1 Ausbildungen im Gesundheitswesen

2.1.1 Berufsausbildung im Gesundheitswesen

Kaufleute im Gesundheitswesen haben mit verschiedenen Berufsgruppen innerhalb und außerhalb des Gesundheitswesens zu tun. Das Pflegepersonal bildet die größte Berufsgruppe im Gesundheitswesen.

In den meisten Ausbildungsberufen gilt das System der dualen Ausbildung. Bei der Berufsausbildung zum/zur Kranken-/Gesundheitspfleger/-in ist hingegen die Ausbildung anders organisiert. Kranken-/Gesundheitspfleger/-innen werden in von den Krankenhäusern eigens eingerichteten Krankenpflegeschulen ausgebildet. Dabei richten sich die Ausbilder nach den Vorgaben des Krankenpflegegesetzes. Die Ausbildungsinhalte sind sachlich und zeitlich gegliedert, wie in jeder anderen Berufsausbildung auch.

> **BASISWISSEN**
> Das duale Ausbildungssystem
> Kapitel 1, Abschnitt 1.3.1
> Das Berufsbildungsgesetz
> Kapitel 1, Abschnitt 1.3.3

Gerade in der Ausbildung zum/zur Kranken-/Gesundheitspfleger/-in ist der Betrieb (in der Regel ein Krankenhaus) auf die Kooperation mit anderen Einrichtungen angewiesen, da nicht in jedem ausbildenden Krankenhaus alle praktischen Einsatzgebiete vorzufinden sind, die laut Ausbildungsordnung abzudecken sind.

Beispiel ► Einsatzgebiet

In der Ausbildungsordnung ist als Einsatzgebiet unter anderem der ambulante Pflegedienst festgelegt. Ist einem ausbildenden Krankenhaus kein ambulanter Pflegedienst angegliedert, so muss dieses seinen Auszubildenden den Zugang zu diesem Einsatzgebiet in einer anderen Einrichtung ermöglichen.

Die Prüfung am Ende der Ausbildung findet nicht vor der Industrie- und Handelskammer statt, sondern vor Vertretern der Bezirksregierung. Sie besteht aus drei Teilen, einem theoretischen (schriftlichen), einem praktischen und einem mündlichen Teil.

AUFGABEN

1. Welche Aussage trifft zu?
   Das Berufsbildungsgesetz gilt in der Bundesrepublik Deutschland für alle
   a) Berufsverbände.
   b) Betriebe der Wirtschaft und berufsbildenden Schulen.
   c) Bildungseinrichtungen.
   d) wirtschaftlichen Unternehmen, jedoch nicht für berufsbildende Schulen.
   e) öffentlich-rechtlichen Dienstverhältnisse.

2. In welchem Jahr trat in der Bundesrepublik Deutschland das Berufsbildungsgesetz in Kraft?
   a) 1949
   b) 1953
   c) 1969
   d) 1972
   e) 1986

3. Der Berufsausbildungsvertrag hat den Zweck, die
   a) Teilnahme am Berufsschulunterricht zu bestätigen.
   b) Eintragung des Auszubildenden in das Verzeichnis der IHK zu begründen.
   c) Rechte und Pflichten der Vertragspartner zu regeln.
   d) Anmeldung bei den Sozialversicherungsträgern zu gewährleisten.
   e) Ausbildungsordnung zu ergänzen.

4. Unter welchen Bedingungen ist das Ausbildungsverhältnis innerhalb der Probezeit kündbar?
   a) Jederzeit unter Angabe von Gründen.
   b) Jederzeit ohne Angabe von Gründen.
   c) Bei Zahlung von Schadensersatz.
   d) Aus wichtigem Grund ohne Einhaltung der Kündigungsfrist.
   e) Nur mit vierwöchiger Frist.

5. Der Ausbildungsplan ist nach dem Berufsbildungsgesetz vom Ausbildenden
   a) bei der Berufsschule zu hinterlegen.
   b) dem Ausbildungsvertrag beizufügen.
   c) dem Auszubildenden auf Verlangen zu zeigen.
   d) der Gewerkschaft zur Prüfung vorzulegen.
   e) im Betrieb auszuhängen.

562428

2.1.2 Medizinische und nichtmedizinische Berufe im Gesundheitswesen

Zu der klassischen Berufsgruppe im Gesundheitswesen, dem Pflegepersonal, kommen weitere medizinische, aber auch nichtmedizinische Berufsgruppen hinzu (Tabelle 2.1).

Medizinische Berufe	Nichtmedizinische Berufe

▶ Pflegepersonal, z. B.
  – examinierte Pflegekräfte
  – Pflegehelfer
  – Zivildienstleistende und Mitarbeiter im Freiwilligen Sozialen Jahr (FSJ)
  – Diätassistent/-in
  – Hebamme/Entbindungspfleger
 	
▶ ärztliches Personal
 	
▶ Medizinisch-technische/r Assistent/-in für Funktionsdiagnostik (z. B. EKG, Ultraschall)
 	
▶ Pharmazeutisch-technische/r Assistent/-in (PTA), z. B. Labor-Assistent/-in
 	
▶ Medizinisch-technische/r Radiologieassistent/-in, z. B. Röntgen-Assistent/-in
 	
▶ Humanmedizinisch-technische/r Assistent/-in (HMT), z. B. Arzthelfer/-in
	▶ Mitarbeiter in den Verwaltungen, z. B.
	  – Betriebswirt/-in
	  – Kaufmann/-frau im Gesundheitswesen
	  – DRG-Controller/-in
	  – Finanzbuchhalter/-in
	  – Mitarbeiter/-in am Empfang/Pforte
	
	▶ Psychologe/Psychologin
	
	▶ Sozialarbeiter/-in
	
	▶ Pädagoge/Pädagogin
	
	▶ hauswirtschaftliche Kräfte
	
	▶ Seelsorger/-in

Tabelle 2.1: Übersicht über verschiedene Berufe im Gesundheitswesen

Wer einen Beruf im Gesundheitswesen erlernen will, für den gelten die in Tabelle 2.2 aufgeführten Voraussetzungen und Bedingungen.

	Berufsausbildung	Studium
Abschluss	▶ Hauptschule oder Realschule	▶ Fachabitur, Abitur
Alter	▶ in der Regel keine Altersbeschränkung	▶ in der Regel keine Altersbeschränkung
Lernort	▶ Besuch einer Berufsschule oder speziellen Schule, praktische Ausbildung im Betrieb	▶ Universität, eventuell Praktika
Prüfung	▶ vor der jeweiligen Kammer/dem jeweiligen Ausschuss	▶ Examen
Dauer	▶ in der Regel drei Jahre, Verkürzungen sind unter bestimmten Voraussetzungen möglich	▶ je nach Studiengang vier bis zehn Semester
Vergütung	▶ je nach Tarif	▶ keine Vergütung

Tabelle 2.2: Voraussetzungen und Bedingungen für Berufsausbildung und Studium

AUFGABE

Erstellen Sie eine Tabelle, in der Sie die Unterschiede und Gemeinsamkeiten zwischen der Ausbildung zum Kaufmann/-frau im Gesundheitswesen und einer Ausbildung im Pflegeberuf gegenüberstellen. Verwenden Sie das Internet als Informationsquelle und dort die Schlagwörter Berufsbildungsgesetz und Krankenpflegegesetz. Nutzen Sie die folgende Tabelle als Ausgangspunkt:

	Duale Ausbildung	Mono-betriebliche Ausbildung
Beruf		
Bezeichnung während der Ausbildungszeit	?	?
Dauer der Ausbildung	?	?
Lernort	?	?
Selbstorganisation des Lernens	?	?
Prüfungsort	?	?
Zeugnisse	?	?
Berichtsheft	?	?
Rechtsgrundlage	?	?
Vertrag		
Beginn der Ausbildung	?	?
Ende der Ausbildung	?	?
Ausbildungsvergütung	?	?
Jugendarbeitsschutz	?	?
Dauer der Arbeitszeit	?	?
Ruhepausen und Nachtruhe	?	?
Samstags-/Sonntags- und Feiertagsruhe	?	?
Urlaub	?	?
Ärztliche Untersuchungen	?	?
Geltung gesetzlicher Bestimmungen		
Kundigungsschutz	?	?
Arbeitszeitgesetz (ArbZG)	?	?
Mutterschutz	?	?
Schutz personenbezogener Daten im Betrieb	?	?
Beteiligungsrechte der Arbeitnehmer (je nach Einrichtung)	?	?
Besondere Regelungen in Tendenzbetrieben	?	?
Schwerbehindertenrecht	?	?
Erziehungsgeld und Elternzeit	?	?
Arbeitsplatzgestaltung, Arbeitsraumgestaltung	?	?
Bildschirmarbeitsplatzverordnung	?	?
Gesundheitsschutz/Impfungen	?	?
Weiterbildungsmöglichkeiten		
ohne Studium (Beispiele)	?	?
mit Studium (Beispiele)	?	?

2.1.3 Arbeitsbedingungen im Rahmen der Berufsausbildung

AUFGABEN

1. In welchem Gesetz sind die Arbeitsbedingungen jugendlicher Beschäftigter geregelt?
   a) Jugendwohlfahrtsgesetz
   b) Gesetz zum Schutze der Jugend in der Öffentlichkeit
   c) Ausbildungsförderungsgesetz
   d) betriebliche Arbeitszeitordnung
   e) Gesetz zum Schutze der arbeitenden Jugend

2. Wer muss zustimmen, damit ein Minderjähriger ein Arbeitsverhältnis eingehen kann?
   a) Die gesetzlichen Vertreter
   b) Der Betriebsrat
   c) Die Jugend- und Auszubildendenvertretung
   d) Die Agentur für Arbeit
   e) Die Industrie- und Handelskammer

3. Ab welchem Alter darf ein Betriebsangehöriger an der Betriebsratswahl teilnehmen?
   a) 16 Jahre
   b) 18 Jahre
   c) 21 Jahre
   d) 27 Jahre
   e) 40 Jahre

4. Betrachten Sie die folgenden Regelwerke:
   – Arbeitsförderungsgesetz
   – Betriebsvereinbarung
   – Betriebsverfassungsgesetz
   – Gewerbeordnung
   – Tarifvertrag

   In welchen von diesen sind die folgenden Punkte geregelt?
   a) Mitbestimmung der Arbeitnehmer in Betrieben der gewerblichen Wirtschaft
   b) Arbeitszeit eines Facharbeiters
   c) Stellung des Betriebsrates
   d) Beziehungen zwischen Arbeitgebern und Arbeitnehmern
   e) Akkorddurchführungsbestimmungen
   f) Lohn- und Gehaltszahlungstermine

> **BASISWISSEN**
> Jugend-arbeits-schutzgesetz
> Kapitel 1, Abschnitt 1.3.4
> Arbeitnehmer-schutzgesetze
> Kapitel 1, Abschnitt 1.3.6
> Interessen-vertretung der Arbeitnehmer
> Kapitel 1, Abschnitt 1.3.9
> Mitbestimmung
> Kapitel 1, Abschnitt 1.3.10

2.2 Selbstorganisation des Lernens

Zum Einstieg

Die Zwillinge Anna und Kevin haben vor einigen Wochen ihre Berufsausbildung begonnen. Anna ist in der Ausbildung zur Kauffrau im Gesundheitswesen in der Praxisgemeinschaft Knebel und Partner. Kevin will Veranstaltungskaufmann werden, er hat bei der Kachelmann-Eventagentur einen Ausbildungsplatz gefunden. Nachdem nun auch die Berufsschule angefangen hat, unterhalten sich die beiden über ihre Schulen und darüber, wie der Unterricht dort aufgebaut ist. Dabei stellt sich heraus, dass Kevin viele Themen im Rahmen von Projekten gemeinsam mit Mitschülern erarbeitet und die Ergebnisse mit seinem Team präsentiert. Anna ist mit dieser Form des Unterrichts gar nicht vertraut, bei ihr findet nur Frontalunterricht statt. Sie überlegt, ob es nicht sinnvoller wäre, wenn diese Unterrichtsform auch in ihrer Klasse praktiziert würde.

▶ Welche Unterrichtsformen werden in der Berufsausbildung eingesetzt?

▶ Welche Grundregeln muss man bei der Kommunikation, der Teamarbeit und der Präsentation von Projektergebnissen beachten?

2.2.1 Kommunikation und Lernen

Ausbildungsinhalte werden nicht nur vermittelt, sondern müssen auch verstanden und verinnerlicht werden. Dazu gibt es verschiedene Möglichkeiten, die im Idealfall bereits in der Grundschule eingeübt werden. Jeder muss für sich selbst entscheiden, wie er am besten lernt. Das sture Aufnehmen und Auswendiglernen von Fakten ist nicht jedermanns Sache. Das Lernen in der Gruppe fällt in der Regel leichter, als allein zu lernen. So finden wir eine bunte Mischung aus verschiedenen Methoden. Oft helfen Eselsbrücken oder Merksätze, um sich bestimmte Inhalte leichter zu merken. Wenn die Eselbrücken allerdings aus persönlichen Erinnerungen bestehen, sind sie nur Einzelnen dienlich.

BASISWISSEN
Kommuni-
kation
Kapitel 2,
Abschnitt 2.2

Je nachdem, für welche Methode sich eine Schule oder eine Lehrkraft entschieden hat, liegt es an dem Lernenden, die Inhalte aufzunehmen, zu verstehen und zu vertiefen. Grundsätzlich gilt jedoch, dass die Lernmotivation gestärkt wird, wenn verschiedene Unterrichtsmethoden abwechselnd eingesetzt werden.

AUFGABEN

1. Was bedeutet der Begriff Kommunikation?

2. Erklären Sie das Grundmodell der Kommunikation.

3. Erklären sie, was bei der Sendung einer Nachricht passiert.

4. Oftmals scheitert die Kommunikation und es kommt zu Missverständnissen oder Streit, die die Verständigung und das Lernen behindern. Nennen Sie die elf Todsünden der Kommunikation.

2.2.2 Unterrichts-, Lern- und Arbeitsformen

Allgemein lassen sich einige wichtige Unterrichts- und Lernmethoden beschreiben. Zuerst muss der Lerninhalt strukturiert werden. Hierzu bietet der Ausbildungsrahmenplan ein grobes Konzept. Er ist sachlich und zeitlich gegliedert. Dann liegt es an den Lehrkräften, die Inhalte zu vermitteln. Dies geschieht in unterschiedlicher Form:

1. Frontalunterricht,
2. handlungsorientiertes Lernen,
3. Teamarbeit,
4. Einzelprojekt.

Frontalunterricht

Beim Frontalunterricht kommt es vor allem darauf an, so viel wie möglich mitzuschreiben und sich bei Verständnisfragen an die Lehrkraft zu wenden. Schwierig ist oft die Kombination von Zuhören, Mitschreiben und Nachdenken/Fragen stellen. Erleichterungen schaffen hier schriftliche Unterrichtsmaterialien und die Arbeit mit Schaubildern.

562432

Der Vorteil des Frontalunterrichts besteht darin, dass die Vermittlung der Unterrichts-inhalte einer klaren Gliederung folgen kann und dass zeitliche Vorgaben eingehalten werden können. Nachteilig ist der hohe Anspruch an Aufmerksamkeit und Konzentrati-onsfähigkeit der Zuhörer.

Handlungsorientiertes Lernen

Handlungsorientiertes Lernen gibt sehr viel Raum für praktische Anschauung. Es wird eine Lernsituation dargestellt, in der ein Problem zu lösen ist oder eine Aufgabe ge-stellt wird. Von Vorteil für die Lernenden ist es, dass sie ihre Fähigkeiten einsetzen und eigene Erfahrungen mit in die Problemlösung einfließen lassen können. Nachteilig an dieser Form des Lernens ist die hohe Vorbereitungszeit des Lehrenden. Darüber hinaus ist es oft schwer, die Wissensvermittlung klar sachlich und zeitlich zu gliedern. Andere Themenbereiche greifen in die Problemlösung mit ein und sind, gerade bei heterogenen Gruppen, mitunter schwer zu integrieren.

Teamarbeit

Zur gemeinsamen Erarbeitung eines Themas werden Teams gebildet, die aus zwei oder mehr Personen bestehen können. Diese Lernmethode schafft in der Regel eine lockere, lernfreundliche Atmosphäre und verlangt eine hohe Eigenverantwortung der Lernen-den. Nachteilig ist, dass die Schüler nur beschränkt individuelle Leistungsnachweise erbringen können. Einzelne können sich in der Gruppe der Arbeit entziehen, ohne dass es dem Lehrenden auffällt.

> **BASISWISSEN**
> Teambildung und Team-arbeit Kapitel 2, Abschnitt 2.4
> Projekt-management Kapitel 2, Abschnitt 2.3

Einzelprojekt

Im Rahmen der Arbeit an einem Einzelprojekt kann jeder seine Fähigkeiten und seinen Leistungswillen zeigen, insbesondere indem er der Lerngruppe nach Abschluss des Pro-jekts die Ergebnisse seiner Projektarbeit präsentiert. Dies schafft für die Lehrkraft eine gute Grundlage zur Leistungsbeurteilung. Andererseits fehlt dem Lernenden die Mög-lichkeit zur Auseinandersetzung mit anderen Teilnehmern und deren Meinungen. Er ist auf sich allein gestellt und steht auch bei Problemen alleine da.

> **BASISWISSEN**
> Präsentation Kapitel 2, Abschnitt 2.2.2
> Präsenta-tionen am Beispiel von PowerPoint Kapitel 2, Abschnitt 2.1.2

AUFGABEN

1. Was bedeutet der Begriff Präsentation?

2. Welche Schritte gehören zu den Vorüberlegungen zur Erarbeitung einer Präsentation?

3. Nennen Sie den Unterschied zwischen Hauptinformation und Begleitinformation.

4. Zur Gestaltung des Ablaufs einer Präsentation gibt es grundsätzlich vier verschiedene Möglichkeiten, die in der nachfolgenden Tabelle aufgeführt sind. Wie lassen sich diese kurz bezeichnen? Vervollständigen Sie die Tabelle, indem Sie jeder Vorgehensweise die korrekte Bezeichnung zuordnen. Verwenden Sie dazu die folgenden Bezeichnungen:

steigende Reihe	fallende Reihe
dramatisierende Reihe	Pro und Kontra

?	Begonnen wird mit dem zweitstärksten Argument, dann werden alle weiteren Argumente in einer ansteigenden Reihe angeordnet. Den Abschluss bildet das stärkste Argument (Köderprinzip).
?	Zwei Argumente stehen sich gegenüber. Sie werden gegeneinander abgewogen, aus der vergleichenden Bewertung der Argumente wird das Fazit gezogen.
?	Es wird mit dem stärksten Argument begonnen und die weiteren Argumente schließen sich in einer fallenden Reihe an.
?	Es wird mit dem schwächsten Argument begonnen und alle anschließenden Argumente werden hinsichtlich ihrer Bedeutung in aufsteigender Folge angeordnet. Die Präsentation schließt mit dem stärksten Argument ab.

5. Nennen Sie die sechs wichtigsten Regeln für den Vortrag eines Referats.

6. Ordnen Sie folgenden Medien Sportgerät, DVD, Tafel und CD den in der folgenden Tabelle genannten Mediengruppen zu.

Auditive Medien	?
Haptische Medien	?
Audiovisuelle Medien	?
Visuelle Medien	?

7. Was ist ein Projekt?

8. Nennen Sie die Merkmale eines Projekts nach DIN 69901.

9. Ordnen Sie die folgenden Projektphasen gemäß ihrer korrekten zeitlichen Reihenfolge:
   a) Planungsphase
   b) Durchführungsphase
   c) Kontroll- und Abschlussphase
   d) Definitionsphase

10. Beschreiben Sie die drei Ebenen des Projektmanagements.

11. Was ist Projektmanagement?

12. Was kennzeichnet interne Projekte, was im Vergleich dazu externe Projekte?

13. Nennen Sie Anforderungen, die ein Projektziel erfüllen muss.

14. Wofür steht die Abkürzung PSP?

15. Was ist ein Netzplan?

16. Welche Aufgaben fallen in der Kontroll- und Abschlussphase eines Projekts an?

17. Was versteht man unter einem Team?

18. Ordnen Sie die Entwicklungsphasen eines Teams in der richtigen zeitlichen Abfolge:
   a) Leistungsphase
   b) Organisationsphase
   c) Konfliktphase
   d) Orientierungsphase

19. Was ist ein Kick-off-Meeting?

20. Nennen Sie typische Rollen der Mitglieder eines Teams.

21. Diskutieren Sie, warum bei der Kommunikation im Internet Sicherheitsaspekte eine wichtige Rolle spielen.

22. Betrachtet man die Fähigkeiten eines Menschen, so kann man zwischen seiner sozialen und seiner methodischen Kompetenz unterscheiden. In welche der beiden Kategorien fallen die folgenden Fähigkeiten?
    a) Kommunikationsfähigkeit
    b) Selbstsicherheit
    c) Moderationsmethoden
    d) situationsgerecht reagieren
    e) Visualisierungstechniken
    f) Präsentationstechniken
    g) Rhetorik
    h) nonverbale Kommunikation

3 Geschäftsprozesse erfassen und auswerten

3.1 Außenbeziehungen und Abhängigkeiten im Gesundheitssektor

Zum Einstieg

Der Auszubildende Kai wundert sich, dass der Patient Horst Holderbaum auf der chirurgischen Abteilung verpflegt wird, das Essen aber nicht mit dem Patienten direkt abgerechnet wird. Er selbst muss schließlich in der Krankenhauskantine sein Essen sofort bezahlen. Er fragt seinen zuständigen Ausbilder Fred Fertig, weshalb Horst Holderbaum nicht direkt zur Kasse gebeten wird. Dieser erklärt ihm daraufhin, dass die Verpflegung und die Unterkunft der Patienten zu den Leistungen des Krankenhauses gehören, die mit der Krankenkasse abgerechnet werden.

▶ Wie verlaufen die Güter- und Geldströme im Gesundheitswesen?

▶ Was ist das ökonomische Prinzip?

BASISWISSEN
Die Außenbeziehungen des Unternehmens
Kapitel 5, Abschnitt 5.1.1

Aufgrund der volkswirtschaftlichen Arbeitsteilung ist jedes Unternehmen mit einer Vielzahl von anderen Wirtschaftseinheiten – Kunden, Lieferanten, Mitarbeitern, staatlichen Behörden – verflochten (Schaubild 3.1). Aus diesen Beziehungen resultieren Güter- und Geldströme.

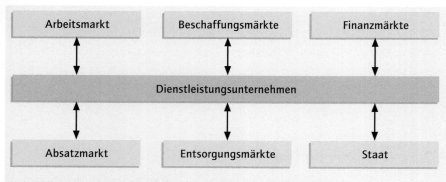

Schaubild 3.1: Die Außenbeziehungen des Dienstleistungsunternehmens

BASISWISSEN
Gemeinnützige Gesellschaft mit beschränkter Haftung
Kapitel 1, Abschnitt 1.2.2

Dies gilt auch für Einrichtungen des Gesundheitswesens, für gewinnorientierte Unternehmensformen wie Apotheken, Arztpraxen, Sanitätshäuser, Privatkliniken und Privatpraxen ebenso wie für gemeinnützige Einrichtungen. Allerdings besteht das Ziel der betrieblichen Leistungserstellung bei gemeinnützigen Einrichtungen nicht darin, Gewinne zu machen, sondern kostendeckend zu arbeiten und den gemeinnützigen Zweck bestmöglich zu verwirklichen.

Im Gesundheitswesen herrscht eine Art Dreiecksbeziehung: Zwischen dem Kunden, das heißt etwa dem krankenversicherten Patienten, und dem Leistungserbringer, das heißt beispielsweise dem Arzt oder dem Krankenhaus, steht die Krankenversicherung. Der Leistungsstrom fließt direkt zwischen dem Leistungserbringer und dem Kunden. Die damit verbundenen Geldströme verlaufen dagegen indirekt (Schaubild 3.2).

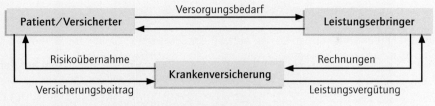

Schaubild 3.2: Dreiecksbeziehung in der Gesundheitsbranche

Im Gesundheitswesen lassen die Verhandlungen mit dem Kostenträger der gesetzlichen Sozialversicherung nicht viel Spielraum. Hier gilt das Optimumprinzip. Es ist als Kombination des Maximal- und Minimalprinzips zu verstehen. Unter mehreren Alternativen ist diejenige zu wählen, die innerhalb eines vorgegebenen Rahmens für das Ergebnis und den Mitteleinsatz die beste ist.

> BASISWISSEN
> Das ökono-
> mische Prinzip
> Kapitel 3,
> Abschnitt
> 3.1.2

Beispiel ▶ Optimumprinzip

Ein Krankenhaus erhält nach Antragstellung einen bestimmen Betrag an Fördermitteln zur Beschaffung von Spezialbetten. Den Zuschlag erhält der Anbieter mit dem im Verhältnis zur Qualität seiner Ware günstigsten Preis.

AUFGABEN

1. Was ist die Hauptaufgabe des betrieblichen Rechnungswesens?

2. Nennen Sie die drei Funktionen des betrieblichen Rechnungswesens.

3. Wozu dient das Rechnungswesen in seiner Eigenschaft als Informationssystem?

4. Was wird benötigt, damit das Rechnungswesen zur Steuerung der Tätigkeit der Organisation genutzt werden kann?

3.2 Betriebliche Prozesse

Zum Einstieg

> BASISWISSEN
> Daten
> betrieblicher
> Prozesse
> Kapitel 5,
> Abschnitt
> 5.1.2

Die Auszubildende Lena erhält aus der Intensivstation einen Anruf. Die EKG-Elektroden seien verbraucht und sie solle schnell neue besorgen. Lena weiß schon, dass sie nun im Materiallager den Bestand prüfen und gegebenenfalls neue Ware beim Lieferanten bestellen muss. Der betriebliche Prozess wurde durch den Anruf der Intensivstation eingeleitet.

▶ Was ist ein betrieblicher Prozess oder Geschäftsprozess?

▶ Wie lässt sich ein Geschäftsprozess darstellen?

▶ Was ist Prozessmanagement?

Geschäftsprozesse oder betriebliche Prozesse sind funktionsübergreifende Verflechtungen wertschöpfender Tätigkeiten, die von Kunden erwartete Leistungen erzeugen und deren Ergebnisse strategische Bedeutung für die Organisation haben. Die Prozesse erstrecken sich über die Grenzen des Unternehmens hinaus und beziehen Aktivitäten von Kunden, Lieferanten und Partnern ein.

Ein Geschäftsprozess wird durch den Auftrag eines Kunden in Gang gesetzt und endet mit der Übernahme eines vereinbarten Ergebnisses durch den Kunden.

Beispiel ▸ Geschäftsprozess

Ein Kunde bestellt über das Internet Aspirin. Die Ausführung des Auftrags lässt sich als Prozesskette mit zehn Schritten darstellen (siehe auch Schaubild 3.3):

1. Der Kunde gibt eine Bestellung auf.
2. Die Bestelldaten werden automatisch in das EDV-System eingepflegt.
3. Die Lagerhaltung des Arzneimittels wird geprüft.
4. An den Versand wird eine Lieferanweisung übermittelt.
5. Das Arzneimittel wird aus dem Lager geholt.
6. Die Lagerbestandsliste wird aktualisiert.
7. Im Versand werden ein Lieferschein und eine Rechnung ausgestellt.
8. Das Arzneimittel wird zusammen mit der Rechnung verpackt und verschickt.
9. Der Versand kennzeichnet die Ausführung des Auftrags als abgeschlossen.
10. Der Kunde bezahlt nach Erhalt der Ware die Rechnung.

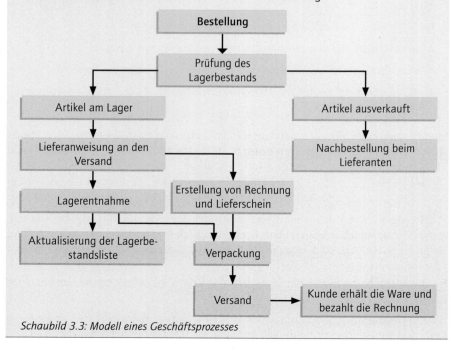

Schaubild 3.3: Modell eines Geschäftsprozesses

562438

Weitere Geschäftsprozesse im Gesundheitswesen sind zum Beispiel der Austausch von Befunddaten, die Onlineabrechnung gegenüber dem Kostenträger oder die Beschaffung neuer Krankenhausbetten.

> Ein **Kernprozess** ist ein Geschäftsprozess, der das Leistungsprogramm einer Organisation darstellt und der einen Wert für einen Kunden erzeugt. Zur Unterstützung des Kernprozesses sind weitere Geschäftsprozesse notwendig, zum Beispiel Produktentwicklung oder Marktforschung.

Der Idee des Prozessmanagements wurde bereits 1932 von F. Nordsieck in folgendem Zitat aufgegriffen: „Der Betrieb ist in Wirklichkeit ein fortwährender Prozess, eine ununterbrochene Leistungskette. [...] anzustreben ist in jedem Fall eine klare Prozessgliederung." Damit wird der Betriebsprozess als maßgeblich für die Struktur der Aufbauorganisation erkannt.

AUFGABEN

1. Welchem Ziel dient die Erfassung der Geschäftsprozesse einer Organisation?

2. Ist es sinnvoll, wenn in einer Organisation jeder Bereich oder jede Abteilung isoliert betrachtet wird?

3. Im Zusammenhang mit der Gestaltung betrieblicher Prozesse fallen immer wieder die Begriffe Lean Management, Total Quality Management (TQM) und Supply Chain Management. Was versteht man darunter?

4. Welche Leitgedanken liegen der Verbesserung von betrieblichen Prozessen zugrunde?

3.3 Inventur und Bilanz

Zum Einstieg

BASISWISSEN
Inventur und Bilanz
Kapitel 5, Abschnitt 5.1.3

Der Auszubildende Frank erhält von seinem Vorgesetzten Fritz Fleißig einen Stapel Inventurlisten aus dem Materiallager für Pflegebedarf. Herr Fleißig erklärt Frank, dass er nun die in den Inventurlisten aufgeführten Werte mit den vorhandenen Artikeln abgleichen muss. Für ihn heißt es nun messen, zählen und wiegen – aber warum ist das notwendig? Herr Fleißig erklärt, welchen Zwecken Franks Arbeit dient.

▶ Welche Vorschriften gelten im Gesundheitswesen für die Inventur?

▶ Gibt es im Gesundheitswesen besondere Bestimmungen zur Buchführung?

Für die Buchführung in den einzelnen Bereichen des Gesundheitswesens kommen verschiedene Bestimmungen zur Anwendung.

Die Krankenhausbuchführungsverordnung (KHBV) gilt für Krankenhäuser, unabhängig davon, ob die Einrichtung Kaufmann im Sinne des Handelsgesetzbuches (HGB) ist.

Die KHBV gilt nicht für

▶ Krankenhäuser, auf die das Krankenhausfinanzierungsgesetz (KFG) § 3 Satz 1 Nr. 1–4 keine Anwendung findet;

▶ Krankenhäuser, die nach § 5 Abs. 1 Nr. 2, 4 oder 7 des KFG nicht gefördert werden, es sei denn, dass diese Krankenhäuser aufgrund des Landesrechts nach § 5 Abs. 2 des KFG gefördert werden;

▶ Bundeswehrkrankenhäuser und die Krankenhäuser der gesetzlichen Unfallversicherung.

Ein Krankenhaus führt die Bücher nach den Regeln der kaufmännischen Buchführung. Viele Bestimmungen der KHBV sind in Anlehnung an das HGB formuliert worden.

Auch für ambulante sowie voll- und teilstationäre Pflegeeinrichtungen gelten die Prinzipien der kaufmännischen Buchführung. Alle diesbezüglichen Regelungen sind in der Pflegebuchführungsverordnung (PBV) zusammengefasst. Von den Vorschriften befreit sind die folgenden Einrichtungen:

▶ Pflegedienste mit bis zu sechs Vollzeitkräften,

▶ teilstationäre Pflegeeinrichtungen und Einrichtungen der Kurzzeitpflege mit bis zu acht Pflegeplätzen und

▶ vollstationäre Pflegeeinrichtungen mit bis zu 20 Pflegeplätzen.

Andere Bereiche des Gesundheitswesens wie Arztpraxen, Apotheken und Sanitätshäuser unterliegen denselben handels- und steuerrechtlichen Bestimmungen wie die freie Wirtschaft.

3.3.1 Inventur

Die körperliche (mengenmäßige) Bestandsaufnahme muss sorgfältig vorbereitet und durchgeführt werden, damit alle Vermögensteile und Schulden vollständig erfasst und Doppelzählungen ausgeschlossen werden. Zudem sollte der alltägliche Betriebsablauf möglichst nicht gestört werden. Die körperliche Bestandsaufnahme ist nur ein Bereich der Inventur, Vermögensgegenstände wie Forderungen und Schulden ergeben sich aus Belegen und Buchungen und werden in Form einer Buchinventur ermittelt.

Die Inventurpflichten, Inventurfristen, Bewertungsvereinfachungsverfahren wie Festbewertung, Gruppen- und Sammelbewertung oder Inventurvereinfachungsverfahren sind laut § 3 der Krankenhausbuchführungsverordnung (KHBV) an die allgemeinen Vorschriften für Inventur und Inventar der §§ 240, 241 Handelsgesetzbuch (HGB) angelehnt. Für den Fall, dass es aus organisatorischen Gründen nicht möglich ist, den Zeitpunkt der Inventur auf den Bilanzstichtag zu legen, gibt es gemäß den vergleichbaren steuer- und handelsrechtlichen Vorschriften (Einkommensteuer-Richtlinien Nr. 30 und 31 beziehungsweise §§ 240 und 241 HGB) folgende Möglichkeiten:

▶ Austausch der körperlichen Bestandsaufnahme zum Bilanzstichtag durch die permanente Inventur (durchlaufende, ständige Bestandsführung),

▶ Durchführung der Stichtagsinventur im Zeitraum von zehn Tagen vor oder nach dem Bilanzstichtag,

▶ Vor- oder Nachverlegung der Stichtagsinventur auf einen Tag innerhalb der letzten drei Monate vor oder innerhalb der letzten beiden Monate nach Abschluss des Geschäftsjahres.

3.3.2 Der Kontenrahmen zur Buchführung in Krankenhäusern und Pflegeeinrichtungen

§ 3 der KHBV und § 3 der Verordnung über die Rechnungs- und Buchführungspflichten der Pflegeeinrichtungen (PBV) verlangen verbindlich, dass die Buchführung der Krankenhäuser und Pflegeeinrichtungen den Anforderungen der §§ 238 bis 241 des Handelsgesetzbuches (HGB) genügen muss. Daraus folgt die Pflicht zur Aufstellung einer doppelten Buchführung unter Beachtung der Grundsätze ordnungsmäßiger Buchführung (GoB).

Die Anlage 4 der KHBV legt für die Krankenhäuser einen bindenden Kontenrahmen fest. (Der ausführliche Kontenrahmen ist im Anhang dieses Buches wiedergegeben.) Auf der Basis des Kontenrahmens können entsprechend den Erfordernissen der Praxis nach Differenzierung und Transparenz Unterkonten gebildet werden. Aus den tatsächlich für die Buchungen verwendeten Konten ergibt sich der Kontenplan.

Beispiel ▶ Kontenrahmen und Kontenplan

	Kontenrahmen Anlage 4 KHBV		Kontenplan Krankenhaus Am Rande der Stadt
0	Ausstehende Einlagen und Anlagevermögen	0	Ausstehende Einlagen und Anlagevermögen
1	Umlaufvermögen, aktive Rechnungsabgrenzung	1	Umlaufvermögen aktive Rechnungsabgrenzung
		1.1	Vorräte
		1.2	Forderungen
		1.3	Bank
2	Eigenkapital, Sonderposten, Rückstellungen	2	Eigenkapital, Sonderposten, Rückstellungen
3	Verbindlichkeiten, passive Rechnungsabgrenzung	3	Verbindlichkeiten, passive Rechnungsabgrenzung
4	Betriebliche Erträge	4	Betriebliche Erträge
		4.1	Umsatzerlöse
5	Andere Erträge	5	Andere Erträge
6	Aufwendungen	6	Aufwendungen
		6.1	Personalaufwendungen
7	Aufwendungen	7	Aufwendungen
		7.6	Abschreibungen
8	Eröffnungs- und Abschlusskonten, Abgrenzungskonten, kalkulatorische Konten, freibleibende Konten	8	Eröffnungs- und Abschlusskonten, Abgrenzungskonten, kalkulatorische Konten, freibleibende Konten

Tabelle 3.1: Kontenrahmen und Kontenklassen

Konto 761   Abschreibungen auf Sachanlagen

Konto 7611   Abschreibungen auf Grundstücke

Konto 7612   Abschreibungen auf Gebäude

Konto 7613   Abschreibungen auf technische Anlagen

Der direkte Übertrag der Kontenabschlusspositionen in den Jahresabschluss ist möglich, da der vorgegebene Kontenrahmen (Anlage 4) dem Prinzip der Abschlussgliederung folgt. Die Kontenbezeichnungen resultieren aus entsprechenden Positionen der Bilanz und der Gewinn- und Verlustrechnung (GuV-Rechnung). Der Abschluss der Kontenklassen 0 bis 3 endet in der Bilanz, der Abschluss der Kontenklassen 4 bis 7 in der GuV-Rechnung.

Die Hierarchie des Kontenrahmens ist vierstufig (Schaubild 3.4).

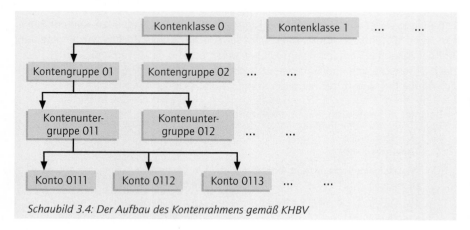

Schaubild 3.4: Der Aufbau des Kontenrahmens gemäß KHBV

Beispiel ► Kontengliederung nach dem Kontenrahmen der KHBV

Kontenklasse	7	Aufwendungen
Kontengruppe	72	Instandhaltung
Kontenuntergruppe	720	pflegesatzfähige Instandhaltung
Konto	7201	Instandhaltung Medizintechnik

Gerade in Großkliniken hat sich eine tiefere Gliederung als zweckmäßig erwiesen, die nicht nur mehr Informationen bereitstellt, sondern auch rechtlich zulässig ist.

3.3.3 Aufbewahrung der Buchführungsunterlagen

Die KHBV bezieht sich im Hinblick auf die Vorschriften zur Aufbewahrung und Vorlage von Unterlagen auf die allgemeinen Regelungen der §§ 257 ff. HGB. Tabelle 3.2 fasst die Vorschriften zur Art und zu den Fristen der Aufbewahrung zusammen.

	Aufbewahrungsart	Aufbewahrungsfrist
Handelsbücher	Darstellung auch auf einem Bild- oder Datenträger möglich	mindestens 10 Jahre
Inventare	Darstellung auch auf einem Bild- oder Datenträger möglich	mindestens 10 Jahre

562442

	Aufbewahrungsart	Aufbewahrungsfrist
Eröffnungsbilanzen	Original	mindestens 10 Jahre
Jahresabschlüsse einschließlich Anlagennachweise	Original	mindestens 10 Jahre
Lageberichte (bei nicht kleinen Kapitalgesellschaften)	Darstellung auch auf einem Bild- oder Datenträger möglich	mindestens 10 Jahre
Konzernabschlüsse und Konzernlageberichte	Original	mindestens 10 Jahre
Buchungsbelege	Darstellung auch auf einem Bild- oder Datenträger möglich	10 Jahre
notwendige Arbeitsanweisungen und sonstige Organisationsunterlagen (zum Verständnis der Handelsbücher, Jahresabschlüsse und Inventare)	Darstellung auch auf einem Bild- oder Datenträger möglich	mindestens 10 Jahre

Tabelle 3.2: Vorschriften zur Aufbewahrung der Buchführungsdokumente

Die Darstellung der Unterlagen auf einem Bild- oder Datenträger muss den Grundsätzen ordnungsmäßiger Buchführung entsprechen.

Die Aufbewahrungsfrist beginnt immer am Ende desjenigen Kalenderjahres, in dem

▶ die Eintragung in das Handelsbuch erfolgt ist,

▶ das Inventar oder der Abschluss aufgestellt wurde,

▶ der Buchungsbeleg ausgefertigt wurde.

3.3.4 Bilanz

Die Bilanz ist ein kurz gefasstes Inventar in Kontenform, bei dem die Vermögensteile und die Schulden nach Art und Wert ausgewiesen werden (Tabelle 3.3). Sie ist also das Ergebnis einer Zeitpunktbetrachtung.

Bilanz	
Aktiva	**Passiva**
I. Anlagevermögen II. Umlaufvermögen	I. Eigenkapital II. Fremdkapital

Tabelle 3.3: Der grundlegende Aufbau der Bilanz

Die Bewertung der Aktiva und Passiva ergibt sich aus den Vorschriften des HGB und der Steuergesetze. Insbesondere zum Schutz der Gläubiger gilt das Prinzip der kaufmännischen Vorsicht.

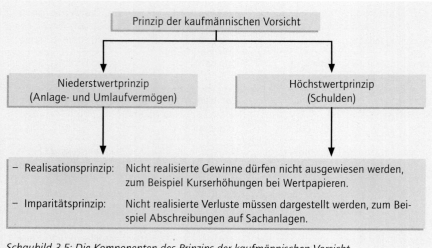

Schaubild 3.5: Die Komponenten des Prinzips der kaufmännischen Vorsicht

Die meisten Vermögensgegenstände sind mit den Anschaffungskosten zu aktivieren. Das gilt auch für das immaterielle Vermögen, also zum Beispiel für Software. Für selbst erstellte Software galt bis Ende 2008 ein Aktivierungsverbot. Mit dem Inkrafttreten des Bilanzmodernisierungsgesetzes im April 2009 besteht für diese Vermögenspositon ein Aktivierungswahlrecht zu den Herstellungskosten. Abweichend vom bisherigen Handelsrecht umfassen die Herstellungskosten die Einzelkosten und die variablen Gemeinkosten.

Beispiel ► Ermittlung der Herstellungskosten

Einzelkosten (zum Beispiel Entwicklungskosten für eine ganz bestimmte Software)	4.500,00 €
variable Gemeinkosten (zum Beispiel Gehälter, Raumkosten, Bürobedarf)	2.900,00 €
Herstellungskosten	**7.400,00 €**

Diese Berechnung ergibt einen aktivierungspflichtigen Betrag von 7.400,00 €.

Weitere Neuerungen auf der Basis des Bilanzmodernisierungsgesetzes sind beispielsweise:

► Der entgeltlich erworbene Firmenwert muss aktiviert werden.

► Einige Aufwandsrückstellungen sind nicht mehr zulässig.

► Sonstige Rückstellungen sind künftig mit dem Erfüllungsbetrag unter Berücksichtigung von Preis- und Kostensteigerungen zu passivieren.

AUFGABEN

1. Nennen Sie die Rechtsgrundlagen, auf denen die Buchführungsvorschriften für Krankenhäuser und Pflegeeinrichtungen beruhen.

2. Was versteht man unter den Begriffen Inventur und Inventar?

3. Erläutern Sie die folgenden Begriffe:
Bestandsermittlung, permanente Inventur, Stichtagsinventur, zeitlich versetzte Inventur.

4. Nennen Sie die Aufgaben der Inventur.

5. Prüfen Sie die folgenden Aussagen. Sind sie richtig oder falsch?

   a) Die permanente Inventur ist nur bei klein- und mittelständischen Betrieben anwendbar.

   b) Bei der Waren-Nettomethode wird der Wareneinsatz bei der Entnahme im Gewinn- und Verlustkonto gebucht.

   c) Für immaterielle Vermögensgegenstände gibt es im Zusammenhang mit der jährlichen Inventur keine Bestandsaufnahme.

   d) Im Zusammenhang mit der jährlichen Inventur unterliegen auch immaterielle Vermögensgegenstände der Bestandsaufnahme.

3.4 Bestandsveränderungen

Zum Einstieg

Die Auszubildende Silke erfasst die Rechnung für die Warensendung des Sanitätshauses Reinlich. Die Lieferung umfasst 1 000 Einweg-Unterlagen und diverse Pflegemittel. Die Erfassung erhöht den Bestand des Kontos „Vorräte". Ein Auftrag aus der Inneren Abteilung führt dazu, dass der Bestand vermindert und die Kostenstelle der Abteilung belastet wird. Alle Geschäftsvorfälle werden durch Belege bestätigt und erfasst.

> **BASISWISSEN**
> Bestandsveränderungen und deren Erfassung auf Konten
> Kapitel 5, Abschnitt 5.1.4

▶ Wie wirken sich die Bestandsveränderungen auf die Bilanz aus?

▶ Welche Arten von Bestandsveränderungen gibt es?

3.4.1 Grundsätzliche Bilanzwirkungen

Im Laufe eines Geschäftsjahres kommt es durch die verschiedensten Aktivitäten zu Veränderungen der in der Bilanz ausgewiesenen Werte. Aufgabe der Finanzbuchführung ist es, diese Veränderungen zu erfassen. Alle Geschäftsvorfälle werden durch Belege angezeigt und erfasst.

Je nachdem, wie sich ein Geschäftsvorfall auf die Bilanz auswirkt, unterscheidet man zwischen Aktivtausch, Passivtausch und Bilanzverlängerung/-verkürzung. Beim Aktivtausch kommt es nur zu Änderungen innerhalb der Aktivseite der Bilanz. Beim Passivtausch kommt es zu Änderungen innerhalb der Passivseite der Bilanz. Eine Bilanzverlängerung oder Aktiv-Passiv-Mehrung bedeutet, dass eine Aktiv- und zugleich eine Passivposition erhöht werden. Umgekehrt wird von einer Bilanzverkürzung oder Aktiv-Passiv-Minderung gesprochen, wenn sich eine Aktiv- und eine Passivposition zugleich mindern.

3.4.2 Bestandsveränderungen in der Bilanz eines Krankenhauses

Beispiel ▶ Bilanzveränderungen

	Aktiv-tausch	Passiv-tausch	Bilanzver-längerung	Bilanzver-kürzung
Kauf eines medizinisch-technischen Geräts auf Ziel			X	
Begleichung der Rechnung für das medizinisch-technische Gerät				X
Zahlungseingang entsprechend der den Krankenkassen in Rechnung gestellten Leistungsentgelte	X			
Verwendung von Fördermitteln		X		

AUFGABEN

1. Welchen Vorgang bezeichnet man als Aktivtausch, welchen im Unterschied dazu als Passivtausch?

2. Was ist eine Bilanzverlängerung?

3. Betrachten Sie die nachfolgenden Geschäftsvorfälle und geben Sie an,
   - ob es sich um einen Aktivtausch, einen Passivtausch, eine Bilanzverkürzung oder eine Bilanzverlängerung handelt;
   - ob sie erfolgswirksam sind oder nicht (vernachlässigen Sie dabei eine eventuell anfallende Umsatzsteuer).

	Aktiv-tausch	Passiv-tausch	Bilanzver-kürzung	Bilanzver-längerung	erfolgsneutral/-wirksam
					(N/W)
Begleichen eines Bankkredits per Überweisung vom Konto	?	?	?	?	?
Verkauf einer Dienstleistung auf Ziel	?	?	?	?	?
Aussortieren von verdorbenen Waren	?	?	?	?	?
Umschuldung, Verwandlung eines kurzfristigen in einen langfristigen Bankkredit	?	?	?	?	?
Vorschuss einer Gehaltszahlung an einen Angestellten	?	?	?	?	?

562446

	Aktiv-tausch	Passiv-tausch	Bilanzver-kürzung	Bilanzver-längerung	erfolgsneutral/-wirksam
					(N/W)
Überweisung der ver-einnahmten Lohnsteuer an das Finanzamt	?	?	?	?	?
Verbrauch von Verbandmaterial	?	?	?	?	?
Bareinlage eines Gesell-schafters	?	?	?	?	?

4. Prüfen Sie die folgenden Aussagen. Sind sie richtig oder falsch?

   a) Aus einem aktiven Bestandskonto wird ein passives Bestandskonto, wenn Anfangs- und Schlussbestand auf der gleichen Seite stehen.

   b) Bestandserhöhungen von unfertigen Leistungen sind erfolgsneutral.

   c) Ein Buchungssatz benennt zuerst das Bestandskonto und dann das Erfolgskonto.

   d) Lagerbestandsabnahmen zu Herstellungskosten erscheinen beim Gesamtkostenverfahren auf der Soll-Seite des Betriebsergebniskontos.

   e) Passive Bestandskonten weisen den Anfangsbestand im Haben aus.

   f) Passive Bestandskonten weisen den Anfangsbestand im Soll aus.

3.5   Erfolgswirksame Vorgänge

Zum Einstieg

Der Auszubildende Peter erhält den Auftrag, Rechnungen an die Krankenkassen über die an den Patienten erbrachten Leistungen zu erstellen. Dazu benötigt er die Patientendokumentationen. Aus diesen gehen die Daten der Patienten, die Krankenkassen, bei denen diese versichert sind, sowie die Leistungen hervor, die im Krankenhaus erbracht wurden.

▶ Was kennzeichnet einen erfolgswirksamen Vorgang?

▶ Wo werden erfolgswirksame Vorgänge verbucht?

▶ Wie wirken sich erfolgswirksame Vorgänge auf den Gewinn aus?

Im System der doppelten Buchführung berührt jeder Geschäftsvorfall zwei oder auch mehr Bereiche, die durch je ein Konto vertreten werden. Daher wird jeder Geschäftsvorfall auf allen angesprochenen Konten verbucht. Jedes Konto hat, wie die Bilanz, zwei Seiten. Bei jeder Buchung wird ein Konto auf der linken Seite – der Soll-Seite – und das andere auf der rechten Seite – der Haben-Seite – bebucht. Die Summe aller Soll-Buchungen ist also immer gleich der Summe aller Haben-Buchungen.

> **BASISWISSEN**
> Erfolgs-wirksame
> Vorgänge
> Kapitel 5,
> Abschnitt
> 5.1.4

Im Hinblick auf den Erfolg sind zwei Arten von Geschäftsvorfällen zu unterscheiden:

▶ erfolgsunwirksame Geschäftsvorfälle – das Eigenkapital bleibt unberührt,

▶ erfolgswirksame Geschäftsvorfälle – das Eigenkapital wird erhöht oder gemindert.

Beispiel ▶ Verbuchung und Erfolgswirkung von Geschäftsvorfällen

▶ Am Ende des Monats Februar werden per Banküberweisung Löhne ausgezahlt. Die gezahlten Beträge werden auf der linken Seite des Lohnkontos (Aufwandsvergrößerung, Eigenkapitalminderung) und auf der rechten Seite des Bankbestandskontos (Vermögensverringerung) verbucht.

▶ Beim Kauf von Verbandmaterial und Einzug des Rechnungsbetrags vom Bankkonto wird der Warenbestand vergrößert, gleichzeitig der Bestand auf dem Bankkonto verkleinert. Der verbuchte Geldbetrag wird auf der linken Seite des Warenkontos (Vermögensvergrößerung) und auf der rechten Seite des Bankkontos (Vermögensverringerung) addiert. Das Eigenkapital bleibt unberührt.

▶ Es werden Reinigungsmittel verbraucht. Der Verbrauch wird auf der linken Seite des Kontos „Materialaufwand" (Eigenkapitalminderung) und auf der rechten Seite des Kontos „Wirtschaftsbedarf" (Vermögensminderung) gebucht.

▶ Es werden gegen Barzahlung Telefonkarten verkauft. Hier werden die linke Seite des Kassenkontos (Vermögensvergrößerung) und die rechte Seite des Erlöskontos (Erlösvergrößerung, Eigenkapitalerhöhung) erhöht.

BASISWISSEN
Buchung auf Erfolgskonten Kapitel 5, Abschnitt 5.1.5

Erfolgswirksame Geschäftsvorfälle werden auf Erfolgskonten gebucht. Sie sammeln, getrennt nach Aufwands- und Ertragsarten, sämtliche Aufwendungen und Erträge einer Abrechnungsperiode. Der Saldo eines Erfolgskontos wird auf das Gewinn- und Verlustkonto (GuV-Konto) gebucht.

In den Aufwandskonten werden auf der Soll-Seite die Aufwendungen des Unternehmens erfasst, zum Beispiel Löhne, Gehälter, Abschreibungen, Büromaterial, Aufwendungen für Material, Betriebsstoffe und Werbung. Aufwendungen werden immer auf der Soll-Seite des Kontos gebucht. In den Ertragskonten werden auf der Haben-Seite die Erträge aufgrund von Leistungen verbucht, zum Beispiel Erlöse aufgrund der Behandlung von Patienten, Zinserträge und Mieterträge.

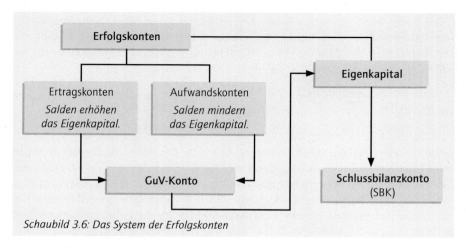

Schaubild 3.6: Das System der Erfolgskonten

Das Eigenkapitalkonto wird in Erfolgskonten aufgegliedert (Schaubild 3.6), damit nicht alle betreffenden Geschäftsvorfälle auf dem Eigenkapitalkonto verbucht werden müssen, was einen enormen Verlust an Übersichtlichkeit bedeuten würde. Am Ende des Jahres werden diese Konten mit dem GuV-Konto als Gegenkonto saldiert. Jeder Saldo wird auf die entgegengesetzte Seite des GuV-Kontos übertragen. Im Anschluss wird das GuV-Konto saldiert, dessen Gegenkonto nun das Eigenkapitalkonto ist.

Im Hinblick auf den Erfolg gilt:

▶ Neutrales Ergebnis (Gewinn = 0): Das Eigenkapital am 31. Dezember 2011 ist gegenüber dem Eigenkapital am 1. Januar 2011 unverändert.

▶ Positives Ergebnis (Gewinn > 0): Das Eigenkapital ist am 1. Januar 2011 niedriger als am 31. Dezember 2011.

▶ Negatives Ergebnis (Gewinn < 0): Das Eigenkapital ist am 1. Januar 2011 höher als am 31. Dezember 2011.

Das **Ergebnis** einer wirtschaftlichen Leistung ist der aus der wirtschaftlichen Leistung resultierende Ertrag. Betriebswirtschaftlich gesehen stellt der Ertrag eine Mehrung des Unternehmenserfolgs durch die Erstellung, die Bereitstellung und den Absatz von Gütern oder Dienstleistungen dar.

Beispiele ▶ **Erfolgs- und bestandswirksame Vorgänge**

▶ Einkauf von Büromaterial
▶ Verbrauch von Lebensmitteln
▶ Rechnungsstellung an die Krankenkassen
▶ Überweisung der Gehälter
▶ Abschreibungen des Sachanlagevermögens
▶ Bildung einer Rückstellung

Bei der Erstellung der Gewinn- und Verlustrechnung ist zu beachten, dass Aufwand und Ertrag entsprechend dem Abrechnungszeitraum erfasst werden, dem sie zuzurechnen sind. Vorgänge sind einem Geschäftsjahr entsprechend ihrer wirtschaftlichen Verursachung zuzuordnen.

Eine **transitive Rechnungsabgrenzung** ist dann erforderlich, wenn eine Zahlung im laufenden Jahr für eine Leistung erfolgt, deren Verursachung sich bis ins Folgejahr erstreckt. Bezieht sie sich auf eine Aufwandsposition (zum Beispiel Vorauszahlung von Miete für die Monate Oktober bis März), so erfolgt die Rechnungsabgrenzung auf der Aktivseite, bezieht sie sich auf eine Ertragsposition (zum Beispiel Erhalt von Miete für die Monate Oktober bis März), so erfolgt die Rechnungsabgrenzung auf der Passivseite.

Eine **antizipative Rechnungsabgrenzung** ist erforderlich, wenn eine Zahlung im Folgejahr für eine Leistung vorgenommen wird, die im laufenden Jahr verursacht wurde. Bezieht sie sich auf eine Aufwandsposition (zum Beispiel Zahlung von Miete für die Monate Oktober bis März im Folgejahr), so wird der anteilige Betrag unter „Sonstige Verbindlichkeiten" gebucht. Handelt es sich dagegen um eine Ertragsposition (zum Beispiel Erhalt von Miete für die Monate Oktober bis März im Folgejahr), wird der anteilige Betrag unter „Sonstige Forderungen" verbucht.

Schaubild 3.7 fasst die verschiedenen möglichen Abgrenzungsfälle zusammen.

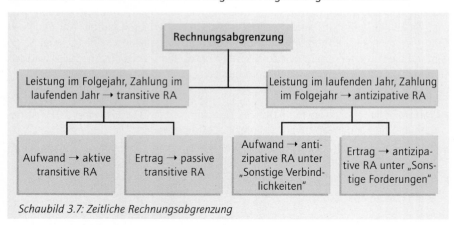

Schaubild 3.7: Zeitliche Rechnungsabgrenzung

Die folgende Übersicht fasst den grundlegenden Ablauf bei der Verbuchung aller Geschäftsvorfälle in einem Unternehmen von der Eröffnungs- bis zur Schlussbilanz zusammen:

▶ Aufstellung der Bilanz per 1. Januar 20..,

▶ Eröffnung der Bestandskonten laut Kontenplan,

▶ Eröffnung der Erfolgskonten laut Kontenplan,

▶ Buchungen im Grundbuch/Journal,

▶ Buchungen im Hauptbuch,

▶ Abschluss der Erfolgskonten über das GuV-Konto,

▶ Abschluss des GuV-Kontos über das Konto „Eigenkapital",

▶ Abschluss der Bestandskonten über das Schlussbestandskonto (SBK),

▶ Aufstellung der Schlussbilanz zum 31. Dezember 20.. .

3.5.1 Fördermittel nach dem Krankenhausfinanzierungsgesetz

Fördermittel nach dem Krankenhausfinanzierungsgesetz beziehungsweise die damit verbundenen Aufwendungen und Erträge werden erfolgsneutral verbucht.

Beispiel ▶ Erfolgsneutrale Darstellung der Pauschalförderung
nach § 9 Abs. 3 KHG

Dem im Krankenhausplan verzeichneten Krankenhaus Am Rande der Stadt wurden Fördermittel als pauschale Abgeltung bewilligt. Im Rahmen der Zweckbindung werden die Mittel zur Wiederbeschaffung kurzfristiger Anlagegüter eingesetzt. Dies zieht die folgenden Buchungsvorgänge nach sich:

▶ Der Bewilligungsbescheid führt zu einer Erhöhung der „Forderungen nach KHG" und der „Erträge aus Fördermitteln". Im Anschluss daran erfolgt die aufwandswirksame Erfassung des gleichen Betrags mit Bildung einer „Verbindlichkeit nach KHG".

▶ Bei Eingang der Fördermittel erhöht sich das Bankkonto, während die „Forderungen nach KHG" ausgeglichen werden.

562450

▶ Bei Anschaffung der Anlagegüter werden diese aktiviert und bezahlt. Die „Verbindlichkeiten nach KHG" können aufgelöst werden, verbunden mit der Bildung eines „Sonderpostens aus Fördermitteln nach KHG".

▶ Nach Ablauf des Jahres, in dem der Kauf erfolgt ist, beginnen die Abschreibungen auf der Basis der AfA-Tabelle. Zugleich wird der „Sonderposten aus Fördermitteln nach KHG" entsprechend der Nutzungsdauer ertragswirksam aufgelöst.

Weitere Fälle, in denen Erfolgsneutralität gewahrt werden muss, sind:

▶ Ein Investitionsgut wird nur teilweise gefördert.

▶ Ein Investitionsgut wird rückwirkend gefördert.

▶ Ein Investitionsgut wird aus Zuschüssen der öffentlichen Hand gefördert.

▶ Ein Investitionsgut wird aus Zuweisungen und Zuschüssen Dritter (Spenden) gefördert.

▶ Das Krankenhaus erhält eine Förderung im Einzelfall.

3.5.2 Wertminderungen des Anlagevermögens

Die vom Krankenhaus zum langfristigen Gebrauch angeschafften Vermögensgegenstände (zum Beispiel Gebäude, Geräte, Fuhrpark) verlieren in der Regel durch ihren Einsatz in der Leistungserstellung an Wert. Die Buchhaltung erfasst diese Wertminderungen als Eigenkapitalminderungen auf dem Aufwandskonto „Abschreibungen".

Bei Grundstücken sind Abschreibungen nicht zulässig, es sei denn, es tritt eine ungewöhnliche Wertminderung ein. In diesem Fall dürfen außerplanmäßige Abschreibungen vorgenommen werden. Andere Positionen des Anlagevermögens wie Gebäude, medizintechnische Geräte oder der Fuhrpark können über die Dauer ihrer Nutzung planmäßig und im Fall ungewöhnlicher Wertminderungen auch außerplanmäßig abgeschrieben werden.

Das HGB und das Einkommensteuergesetz sehen verschiedene Abschreibungsmethoden vor.

Lineare Abschreibung

Bei der linearen Abschreibung werden periodisch gleichbleibende Abschreibungen von den Anschaffungskosten vorgenommen. Die Höhe des Abschreibungsbetrags hängt bei gegebenen Anschaffungskosten von der betriebsüblichen Nutzungsdauer ab, die sich aus der AfA-Tabelle (AfA steht für „Absetzung für Abnutzung) ersehen lässt.

Beispiel ▶ Lineare Abschreibung

Anschaffungskosten eines Fahrzeugs	40.000,00 €
Nutzungsdauer laut AfA-Tabelle	8 Jahre
Abschreibungsbetrag pro Jahr	5.000,00 €

Degressive Abschreibung

Die steuerrechtlichen Bestimmungen zur Anwendung dieser Methode wurden in den letzten Jahren mehrmals geändert. Im Jahr 2008 setzte der Gesetzgeber die Möglichkeit der degressiven Abschreibung außer Kraft. Im Herbst desselben Jahres wurde sie konjunkturpolitisch bedingt wieder eingeführt. Befristet auf die Jahre 2009 und 2010 ist nunmehr eine jährliche Abschreibung nach Maßgabe des 2,5-Fachen des linearen Abschreibungssatzes, jedoch von maximal 25 % der Anschaffungskosten beziehungsweise des Restbuchwerts möglich.

Die degressive Abschreibungsmethode führt im Vergleich mit der linearen in den ersten Jahren zu höheren Abschreibungsbeträgen. Zudem besteht die Freiheit, in dem Jahr, in dem der lineare Betrag höher wird als der degressive, von der degressiven zur linearen Methode zu wechseln.

Beispiel ▶ Degressive Abschreibung

Anschaffungskosten eines Fahrzeuges	40.000,00 €
Nutzungsdauer laut AfA-Tabelle	8 Jahre
Linearer Abschreibungssatz	12,5 %
Linearer Abschreibungssatz · 2,5	31,25 %
Maximal möglicher Satz	25 %
Abschreibungsbetrag im ersten Jahr (25 % der Anschaffungskosten)	10.000 €
Buchwert nach dem ersten Jahr	30.000 €
Abschreibungsbetrag nach dem zweiten Jahr (25 % des Restbuchwerts)	7.500,00 €
Buchwert nach dem zweiten Jahr	22.500,00 €

Seit dem 1. Januar 2011 ist die degressive Abschreibung ausgesetzt.

▶ Abschreibung geringwertiger Wirtschaftgüter

Im Wirtschaftsrecht sind **geringwertige Wirtschaftgüter** Gegenstände, die selbstständig nutzbar, abnutzbar und bewertbar sind, zum Beispiel ein Telefonapparat.

Seit dem 1. Januar 2010 kann für geringwertige Wirtschaftgüter pro Jahr ein Sammelposten gebildet werden, der über fünf Jahre linear abzuschreiben ist. Die Wertgrenze liegt zwischen 150,01 € und 1.000,00 € netto.

Beispiel ▶ Abschreibung von geringwertigen Wirtschaftsgütern

Bürostuhl	260,00 €
Lampe	160,00 €
PC	580,00 €
aktivierungspflichtiger Posten	1.000,00 €
Abschreibungsbetrag pro Jahr	200,00 €

AUFGABEN

1. Was ist der Unterschied zwischen einem sachlichen und einem wirtschaftlichen Ziel?

2. Erläutern Sie schriftlich den Prozess der Leistungserstellung.

3. Nennen Sie mindestens drei Produktionsfaktoren, die im Dienstleistungssektor eingesetzt werden, und erläutern Sie diese ausführlich.

4. Begründen Sie, warum in der Dienstleistungswirtschaft vermehrt Fremdleistungen bezogen werden.

562452

5. Begründen Sie die Notwendigkeit interner und externer Rechenschaftslegung eines Unternehmens.

6. Welches sind die wichtigsten gesetzlichen Vorschriften zur Buchführung?

7. Wie werden Aktiva und Passiva in der Bilanz ausgeglichen?

8. „Gewinn ist nicht Geld/Liquidität." Nehmen Sie zu dieser Aussage Stellung.

9. Handelt es sich bei allen drei im Folgenden genannten Vorgängen um erfolgswirksame Vermögensänderungen durch Aufwendungen und Erträge?
   ▶ Warenverkauf auf Ziel (Einkaufspreis der Ware 200,00 €, Verkaufspreis 250,00 €),
   ▶ Barzahlung einer Lieferantenrechnung unter Abzug von 2 % Skonto,
   ▶ Verkauf mit Verlust.

10. Prüfen Sie die folgenden Aussagen. Sind sie richtig oder falsch?
    a) Der Gewinn ist der Zuwachs des Eigenkapitals.
    b) Der Gewinn ist die Differenz zwischen Aufwendungen und Erträgen einer Periode.
    c) Der Gewinn wird durch „erfolgswirksame Vorgänge" erzielt.
    d) Der Gewinn ist der Erfolgsfaktor Nummer eins.
    e) Der Gewinn ist das oberste Ziel jedes privaten Unternehmens.
    f) Der Gewinn ist das oberste Ziel eines gemeinnützigen Unternehmens.
    g) Der Gewinn mindert die Schulden.
    h) Der Gewinn erhöht die Schulden.
    i) Gewinn = Umsatz minus Kosten.
    j) Erfolgskonten erfassen erfolgswirksame Zahlungen.
    k) Bestandskonten erfassen erfolgswirksame Zahlungen.
    l) Aufwandskonten und Ertragskonten sind Erfolgskonten.
    m) Aufwendungen bucht man auf Aufwandskonten, Erträge auf Ertragskonten.

3.6   Umsatzsteuer

Zum Einstieg

Der Auszubildende Peter überprüft die im Krankenhaus-Informations-System erstellten Rechnungen für die Krankenkassen. Er wundert sich, dass auf den Rechnungen keine Umsatzsteuer ausgewiesen wird. Er weiß, dass es unterschiedliche Steuersätze gibt, aber wieso taucht auf den Rechnungen keiner dieser Sätze auf? Peter beschließt, seinen Ausbilder zu fragen.

> **BASISWISSEN**
> Die Umsatzsteuer
> Kapitel 5,
> Abschnitt
> 5.1.5 ○

▶ Seit wann gibt es die Umsatzsteuer?
▶ Wofür wird die Umsatzsteuer verwendet?
▶ Gibt es die Umsatzsteuer weltweit?
▶ Wird die Umsatzsteuer immer erhoben?

3.6.1   Grundlagen

Die Einnahmen aus der Umsatzsteuer werden auf den Bund, die Länder und die Gemeinden verteilt. Der Vorläufer der heutigen Umsatzsteuer war der Warenumsatzstempel von 1916. Er wurde am 1. Januar 1968 von der Umsatzsteuer abgelöst. Nach der

Einkommensteuer, die jeder arbeitende Bürger bezahlen muss, ist die Umsatzsteuer die wichtigste Einkommensquelle des Staates.

In den Ländern der Europäischen Union ist die Umsatzsteuer unterschiedlich hoch, ihre allgemeinen Sätze reichen von 15 % bis 25 %. In Deutschland beträgt die Umsatzsteuer seit Januar 2007 19 %. Tabelle 3.4 zeigt die Entwicklung der Umsatzsteuersätze seit 1968.

Von	bis	allgemeiner Satz	ermäßigter Satz
1. Januar 1968	30. Juni 1968	10 %	5 %
1. Juli 1968	31. Dezember 1977	11 %	5,5 %
1. Januar 1978	30. Juni 1979	12 %	6 %
1. Juli 1979	30. Juni 1983	13 %	6,5 %
1. Juli 1983	31. Dezember 1992	14 %	7 %
1. Januar 1993	31. März 1998	15 %	7 %
1. April 1998	31. Dezember 2006	16 %	7 %
1. Januar 2007		19 %	7 %
Tabelle 3.4: Entwicklung der Umsatzsteuersätze in Deutschland			

Das deutsche Umsatzsteuergesetz kennt derzeit vier Steuersätze: 5 %, 7 %, 9 % und 19 %. Auf forstwirtschaftliche Produkte werden 5 % Umsatzsteuer erhoben, auf landwirtschaftliche Produkte 9 %. Dem ermäßigten Steuersatz von 7 % unterliegen Lebensmittel, der Personennahverkehr (Bus, Bahn und Taxifahrten unter 50 km), Bücher und Zeitungen (solange sie keine jugendgefährdenden Inhalte haben) sowie Leitungs- oder Quellwasser (das nicht abgefüllt verkauft wird). Die Versicherungswirtschaft ist als Branche vollständig von der Umsatzsteuer ausgenommen, wie auch der Umsatz weiterer Berufsgruppen, wie zum Beispiel Ärzte, Krankengymnasten oder Hebammen.

Zum 1. Januar 2004 wurden die formellen Voraussetzungen für einen Vorsteuerabzug, das heißt für die Verrechnung der gezahlten mit den eingenommenen Umsatzsteuerbeträgen, verschärft. Demnach muss ein Unternehmer für Leistungen an einen anderen Unternehmer für dessen Unternehmen immer eine Rechnung ausstellen (für Leistungen an einen privaten Empfänger hingegen nur, sofern es sich um eine Leistung im Zusammenhang mit einem Grundstück handelt). Die Rechnung muss die folgenden Angaben enthalten:

▶ vollständiger Name und Anschrift des leistenden Unternehmers und des Leistungsempfängers,

▶ Steuernummer oder Umsatzsteueridentifikationsnummer,

▶ Ausstellungsdatum der Rechnung,

▶ fortlaufende Rechnungsnummer,

▶ Menge und handelsübliche Bezeichnung der gelieferten Gegenstände oder die Art und den Umfang der sonstigen Leistung,

▶ Zeitpunkt der Lieferung/Leistung,

▶ nach Steuersätzen und -befreiungen aufgeschlüsseltes Entgelt,

▶ im Voraus vereinbarte Minderungen des Entgelts,

562454

▶ Entgelt und hierauf entfallender Steuerbetrag sowie Hinweis auf Steuerbefreiung,

▶ gegebenenfalls Hinweis auf Steuerschuld des Leistungsempfängers,

▶ gegebenenfalls bei Leistungen im Zusammenhang mit einem Grundstück an Private einen Hinweis auf die Aufbewahrungspflicht von zwei Jahren.

3.6.2 Umsatzsteuerpflicht

Die Umsatzsteuerpflicht ist in § 1 Abs. 1 Satz 1 des Umsatzsteuergesetzes formuliert. Hier heißt es: „Der Umsatzsteuer unterliegen Lieferungen und sonstige Leistungen, die ein Unternehmer im Inland gegen Entgelt im Rahmen seines Unternehmens ausführt."

Beispiel ▶ Umsatzsteuer und Vorsteuerabzug auf den einzelnen Wertschöpfungsstufen

1. Der Hersteller liefert an die Zentralapotheke Ware für 100,00 € zuzüglich 19,00 € Umsatzsteuer (USt). Die Zentralapotheke zahlt 119,00 € an den Hersteller. Der Hersteller zahlt 19,00 € an das Finanzamt.

2. Die Zentralapotheke verkauft die Ware an den Apotheker Peter Pillendreher für 150,00 € zuzüglich 28,50 € USt und bekommt vom Finanzamt die Vorsteuer, das heißt die im Preis der bezogenen Vorleistung enthaltene Umsatzsteuer von 19,00 €, erstattet.

3. Der Apotheker Peter Pillendreher verkauft die Ware an seinen Kunden Willi Wehleidig für 200,00 € zuzüglich 38,00 € USt. Der Apotheker erhält auch hier aufgrund des Vorsteuerabzugs die gezahlte Vorsteuer, in diesem Fall 28,50 €, zurück.

4. Der Kunde Willi Wehleidig hat nicht die Möglichkeit, die Steuer abzuziehen, und so trägt er 38,00 € Steuern, die von den Händlern an das Finanzamt abgeführt werden.

Wie der Apotheker Peter Pillendreher über die Buchhaltung seine Umsatzsteuer ermittelt, zeigt das folgende Beispiel.

Beispiel ▶ Ermittlung der individuellen Umsatzsteuerzahllast

Peter Pillendreher kauft bei der Zentralapotheke Waren im Wert von 150,00 € zuzüglich 19 % Umsatzsteuer ein (Vorgang Nr. 1). Anschließend verkauft er sie zu 238,00 € an seinen Kunden Willi Wehleidig (Vorgang Nr. 2).

S	Vorräte Waren	H		S	Verbindlichkeiten	H
(1)	150,00 €				(1)	178,50 €

S	Umsatzerlöse	H		S	Kasse	H
	(2)	200,00 €		(2)	238,00 €	

S	Vorsteuer	H		S	Umsatzsteuer	H
(1)	28,50 €	Saldo 28,50 € →		VSt 28,50 €	(2)	38,00 €
				Zahllast 9,50 €		
				38,00 €		38,00 €

Die Verbindlichkeit des Apothekers gegenüber dem Finanzamt beträgt also 9,50 €. Aufgrund der Verrechnung der gezahlten mit der eingenommenen Umsatzsteuer belastet die Umsatzsteuer nur den Endverbraucher Willi Wehleidig nach Maßgabe des sogenannten Mehrwerts, das heißt der Differenz zwischen Ein- und Verkaufspreis der Ware.

Die Umsatzsteuer hat keine Auswirkungen auf den Gewinn oder Verlust eines Unternehmens. Die Buchungen erfolgen ausschließlich auf Bestandskonten.

In § 4 des Umsatzsteuergesetzes sind die Befreiungen von der Umsatzsteuerpflicht aufgeführt. Dazu gehören grundsätzlich die Umsätze aus der medizinischen Versorgung für Patienten im Krankenhaus. Hiervon gibt es jedoch Ausnahmen.

Beispiel ▶ Umsatzsteuerpflichtige Leistungen im Krankenhausbetrieb

▶ Entgeltliche Überlassung von Telefon- und Fernsehgeräten an Patienten

▶ Entgeltliche Abgabe von Getränken an Patienten

▶ Betrieb eines Parkhauses/Vermietung von Parkraum

▶ Betrieb eines Kiosks/Verkauf von Bedarfsartikeln

AUFGABEN

1. Nennen Sie die Rechtsgrundlagen für die Erhebung und Berechnung der Umsatzsteuer.

2. Warum wird die Mehrwertsteuer auch als Nettoumsatzsteuer bezeichnet?

3 Wie wird die beim Wareneinkauf gezahlte Umsatzsteuer bezeichnet?

4. Welche Steuersätze gelten bei der Berechnung der Umsatzsteuer?

5. Nennen Sie mindestens zwei Beispiele, für die der ermäßigte Steuersatz gilt.

6. Was versteht man unter der Umsatzsteuerzahllast eines Unternehmens?

7. Wo kann im Krankenhaus Umsatzsteuer anfallen? Nennen Sie Beispiele.

3.7 Bewertung des Jahresergebnisses

Zum Einstieg

Der Auszubildende Ralf hat gerade im Unterricht den Jahresabschluss durchgenommen. Er fragt seinen Ausbilder Herrn Richtig, ob dieser ihm anhand der Bilanz des Krankenhauses Am Rande der Stadt erklären kann, wie man die Informationen, die der Jahresabschluss vermittelt, beurteilen sollte.

▶ Was ist das Jahresergebnis?

▶ Wie wird das Jahresergebnis bewertet?

▶ Welchen Zweck hat die Bewertung des Jahresergebnisses?

▶ Welchen Nutzen haben Kennzahlen zum Jahresabschluss?

3.7.1 Grundlagen

BASISWISSEN

Bewertung des Jahresergebnisses Kapitel 5, Abschnitt 5.1.6

Im betriebswirtschaftlichen Rechnungswesen ist der Jahresabschluss eines Unternehmens der buchhalterische Abschluss des Geschäftsjahres. Dabei werden alle Bestands-, Erfolgs- und auch die Privatkonten abgeschlossen. Der Jahresabschluss stellt den finanziellen Erfolg des abgelaufenen Geschäftsjahres und die Vermögenslage des Unternehmens zum

562456

Bilanzstichtag fest. Mit ihm legt die Unternehmensführung den Gesellschaftern des Unternehmens Rechenschaft über die Geschäftstätigkeit im abgelaufenen Jahr ab.

> Die **Gesellschafterversammlung** ist das oberste Organ der Gesellschaft. Sie wird in der Regel durch die Geschäftsführung einberufen. Jeder Gesellschafter kann im Rahmen der Gesellschafterversammlung durch sein Stimmrecht auf die Entscheidungen der Gesellschaft Einfluss nehmen. Die Gesellschafterversammlung stellt das Jahresergebnis fest und beschließt über dessen Verwendung. Ihr obliegt auch die Bestellung und Abberufung der Geschäftsführung.

Der Jahresabschluss eines Krankenhauses besteht gemäß § 4 KHBV aus

► der Bilanz (Anlage 1 KHBV),

► der Gewinn- und Verlustrechnung (Anlage 2 KHBV),

► dem Anhang einschließlich des Anlagennachweises (Anlage 3 KHBV).

Bei Kapitalgesellschaften wird der Jahresabschluss um einen aufschlussreichen Anhang erweitert und große Kapitalgesellschaften sind sogar verpflichtet, einen Lagebericht zu veröffentlichen. Börsennotierte Aktiengesellschaften fügen zusätzlich noch eine Kapitalflussrechnung, eine Segmentberichterstattung und den Eigenkapitalspiegel hinzu.

Die Prüfung des Jahresabschlusses erfolgt prinzipiell durch einen Wirtschaftsprüfer, eine Wirtschaftsprüfungsgesellschaft, einen vereidigten Buchprüfer oder eine Buchprüfungsgesellschaft. Geprüft werden der Jahresabschluss, der Lagebericht, die Einhaltung der Gesetze und die Einhaltung der Satzung oder des Gesellschaftsvertrags. Die Prüfung wird je nach Ergebnis durch einen Bestätigungs- oder Versagungsvermerk endgültig abgeschlossen.

3.7.2 Jahresabschlussanalyse

> Die **Jahresabschlussanalyse** oder Bilanzanalyse ist die Analyse der Bilanz und der Gewinn- und Verlustrechnung eines Unternehmens mit dem Ziel, Aufschluss über die derzeitige und künftige finanzielle und wirtschaftliche Lage des Unternehmens zu gewinnen.

Interessenten der Jahresabschlussanalyse sind die Eigentümer des Unternehmens, seine Gläubiger und Konkurrenten, seine Beschäftigten, Lieferanten und Abnehmer sowie die Öffentlichkeit. Im Rahmen der Analyse werden verschiedene Kennzahlen ermittelt, die über die Liquidität und die Erfolgsaussichten des Unternehmens Auskunft geben sollen. Die Jahresabschlussanalyse kann vom Unternehmen selbst (intern) oder von einem außenstehenden professionellen Analysten (extern) durchgeführt werden. Wird sie vom Unternehmen selbst durchgeführt, so ist sie oft nur eine Vorstufe für die interne Steuerung (das Controlling). Dabei können zum Beispiel Zeitvergleiche, Soll-Ist-Vergleiche oder Benchmarks eingesetzt werden. Die Jahresabschlussanalyse eignet sich ebenfalls zur Vorbereitung auf eine Unternehmensbewertung.

> **BASISWISSEN**
> Der Regelkreis des Controllings
> Kapitel 5, Abschnitt 5.2.4

Die Analyse erfolgt nach finanzwirtschaftlichen, erfolgswirtschaftlichen und strategischen Gesichtspunkten:

▶ Gegenstand der finanzwirtschaftlichen Analyse ist die Kapital- und Vermögensstruktur des Unternehmens. Sie soll unter anderem Aufschluss über die Liquidität des Unternehmens geben.

▶ In der erfolgswirtschaftlichen Analyse wird die Ertrags- und Aufwandsstruktur des Unternehmens betrachtet. Sie vermittelt ein Bild von der Ertragskraft des Unternehmens.

▶ Die strategische Analyse ist auf das Erfolgspotenzial des Unternehmens gerichtet, das heißt auf seine Gewinn- und Wachstumsaussichten.

Die gängigsten Kennzahlen

Der Cashflow gibt Auskunft über die Kreditwürdigkeit des Unternehmens und lässt damit die Finanzkraft des Unternehmens erkennen (Innen- oder Selbstfinanzierungskraft). Je größer der Cashflow, desto besser ist die Liquiditätslage des Unternehmens.

BASISWISSEN
Cashflow,
Innen-
finanzierung
Kapitel 4,
Abschnitt
4.2.1
Operatives
Controlling
Kapitel 5,
Abschnitt
5.2.4

Die **Eigenkapitalquote** ist eine Maßzahl der Kapitalstruktur. Sie drückt den Anteil des Eigenkapitals am Gesamtkapital aus.

$$\text{Eigenkapitalquote} = \frac{\text{Eigenkapital}}{\text{Gesamtkapital}} \cdot 100$$

Die **Fremdkapitalquote** gibt an, wie hoch der Anteil des Fremdkapitals am Gesamtkapital ist.

$$\text{Fremdkapitalquote} = \frac{\text{Fremdkapital}}{\text{Gesamtkapital}} \cdot 100$$

Die **Anlagenintensität** zeigt an, wie hoch der Anteil des Anlagevermögens am Gesamtvermögen ist. Diese Kennziffer ist stark branchenabhängig.

$$\text{Anlagenintensität} = \frac{\text{Anlagevermögen}}{\text{Gesamtvermögen}} \cdot 100$$

Die **Anlagendeckung I** zeigt, wie hoch der durch Eigenkapital finanzierte Anteil des Anlagevermögens ist.

$$\text{Anlagendeckung I} = \frac{\text{Eigenkapital}}{\text{Anlagenvermögen}} \cdot 100$$

Beispiel ▶ Anlagendeckung I

Ein Deckungsgrad (Anlagendeckung I) von 65 % bedeutet, dass einem Euro Anlagevermögen 65 Cent Eigenkapital gegenüberstehen; der restliche Teil von 35 Cent ist also fremdfinanziert.

Die **Liquidität ersten Grades** (Barliquidität) ist das Verhältnis zwischen den liquiden Mitteln und den kurzfristigen Verbindlichkeiten des Unternehmens. Sie zeigt an, ob ein Unternehmen fähig ist, seinen kurzfristigen Verbindlichkeiten nachzukommen.

$$\text{Liquidität 1. Grades} = \frac{\text{liquide Mittel}}{\text{kurzfristige Verbindlichkeiten}} \cdot 100$$

Die liquiden Mittel bestehen hauptsächlich aus den Positionen Bankguthaben, Kasse und Schecks, das kurzfristige Fremdkapital umfasst Verbindlichkeiten aus Lieferungen und Leistungen, sonstige Verbindlichkeiten, Kredite und Darlehen mit einer Laufzeit von weniger als einem Jahr und kurzfristige Rückstellungen.

Die **Liquidität zweiten Grades** (einzugsbedingte Liquidität) zeigt, wie hoch die innerhalb von drei Monaten fälligen Forderungen und die flüssigen Mittel im Verhältnis zum kurzfristigen Fremdkapital sind.

$$\text{Liquidität 2. Grades} = \frac{\text{liquide Mittel + kurzfristig fällige Forderungen}}{\text{kurzfristige Verbindlichkeiten}} \cdot 100$$

Die **Liquidität dritten Grades** (umsatzbedingte Liquidität) bezeichnet die Deckung des kurzfristigen Fremdkapitals durch das Umlaufvermögen, das heißt durch die Mittel, die durch den künftigen Umsatzprozess liquide gemacht werden können.

$$\text{Liquidität 3. Grades} = \frac{\text{Umlaufvermögen}}{\text{kurzfristige Verbindlichkeiten}} \cdot 100$$

Die Ertragskraft oder Rentabilität des Unternehmens wird anhand der Rendite gemessen.

> Die **Rendite** ist der Gewinn im Verhältnis zum eingesetzten Kapital oder im Verhältnis zum Umsatz des Unternehmens.

Die **Eigenkapitalrendite** gibt das Verhältnis zwischen Gewinn und Eigenkapital an. Diese Kennzahl liefert die Verzinsung des eingesetzten Kapitals und ist vor allem für die Eigentümer des Unternehmens von Interesse.

$$\text{Eigenkapitalrendite} = \frac{\text{Gewinn}}{\text{Eigenkapital}} \cdot 100$$

Die **Gesamtkapitalrendite** gibt die Verzinsung des gesamten im Unternehmen investierten Kapitals an. Sie entspricht dem Verhältnis zwischen dem Gewinn zuzüglich Schuldzinsen und der Summe aus Eigen- und Fremdkapital.

$$\text{Gesamtkapitalrendite} = \frac{\text{Gewinn + Fremdkapitalzinsen}}{\text{Gesamtkapital}} \cdot 100$$

Die Gesamtkapitalrendite gibt Auskunft über die Ertragskraft des Unternehmens unabhängig von der Herkunft des eingesetzten Kapitals. Sie ist daher aussagekräftiger als die Eigenkapitalrendite. Bedeutsam ist auch ein Vergleich der beiden Kennzahlen: Ist die Gesamtkapitalrendite geringer als die Eigenkapitalrendite, so wird das Fremdkapital niedriger verzinst als das Eigenkapital, und durch die Aufnahme zusätzlichen Fremdkapitals ließe sich die Rendite für die Eigentümer bei im Übrigen gleichbleibenden Bedingungen erhöhen.

Die **Umsatzrendite** gibt das Verhältnis zwischen Gewinn plus Fremdkapitalzinsen und Umsatz an. Sie verdeutlicht, welchen Anteil am Umsatz das Unternehmen für die Kapitalgeber erwirtschaftet hat. Eine steigende Umsatzrendite deutet auf eine zunehmende Kapitalproduktivität im Unternehmen hin, während ein nachlassender Wert einen Anstieg der Kapitalkosten im Vergleich mit anderen Kostenarten signalisiert.

$$\text{Umsatzrendite} = \frac{\text{Gewinn} + \text{Fremdkapitalzinsen}}{\text{Umsatz}} \cdot 100$$

Die **Materialintensität** oder auch Materialaufwandsquote zeigt den Anteil des Materialaufwands am Umsatz des Unternehmens an.

$$\text{Materialintensität} = \frac{\text{Materialaufwand}}{\text{Umsatz}} \cdot 100$$

Die **Personalintensität** oder auch Personalaufwandsquote gibt den Anteil der Personalkosten am Umsatz des Unternehmens wieder.

$$\text{Personalintensität} = \frac{\text{Personalaufwendungen}}{\text{Umsatz}} \cdot 100$$

Die **Umschlagshäufigkeit** gibt Auskunft über die Beziehung zwischen Materialverbrauch und Lagerbestand. Ein Rückgang der Umschlagshäufigkeit weist darauf hin, dass die Verweildauer des Materials im Lager und somit die Kapitalbindung zugenommen hat. Dies ist bei unverändertem Zins gleichbedeutend mit einer Erhöhung der Kapitalkosten.

$$\text{Umschlagshäufigkeit} = \frac{\text{Materialaufwand}}{\text{durchschnittlicher Lagerbestand}} \cdot 100$$

Der Kreditorenumschlag gibt Aufschluss über das Zahlungsverhalten des eigenen Unternehmens.

$$\text{Kreditorenumschlag} = \frac{\text{Materialaufwand} + \text{MWSt}}{\text{durchschnittliche Verbindlichkeiten}} \cdot 100$$

Der Verschuldungsgrad ist das Verhältnis zwischen Fremd- und Eigenkapital.

$$\text{Verschuldungsgrad} = \frac{\text{Fremdkapital}}{\text{Eigenkapital}} \cdot 100$$

Durch die Aufnahme von Krediten erhöht sich der Verschuldungsgrad. Je höher der Verschuldungsgrad, desto geringer ist der finanzielle Spielraum des Unternehmens, da Fremdkapital zu festgelegten Terminen verzinst und zurückgezahlt werden muss. Für die Fremdkapitalgeber steigt mich wachsendem Verschuldungsgrad das Risiko von Zahlungsausfällen.

562460

Musterbilanz und Muster-Gewinn- und Verlustrechnung

Anhand des im Folgenden wiedergegebenen Jahresabschlusses lassen sich die oben aufgeführten Kennzahlen beispielhaft berechnen.

KRANKENHAUS AM RANDE DER STADT gGmbH

Musterstraße 100
40500 Bonn

Telefon: 0228 123-450
Telefax: 0228 123-500

BETEILIGUNGSVERHÄLTNIS

Das gezeichnete Kapital beträgt	1.500.000,00 €
Die Beteiligung der Stadt Bonn beträgt	1.500.000,00 € = 100 %

GESELLSCHAFTSZWECK

Zweck der Gesellschaft ist die Förderung des öffentlichen Gesundheitswesens unter anerkannten ethischen Grundsätzen. Sie dient im Rahmen ihrer sachlichen Möglichkeiten der stationären, teilstationären und ambulanten Untersuchung, Behandlung und Versorgung von Patienten sowie der ambulanten, teilstationären und vollstationären Pflege, Betreuung und Versorgung von in der Regel alten Menschen, insbesondere den Menschen in Bonn.

Gegenstand der Gesellschaft ist insbesondere der Betrieb und die Unterhaltung des städtischen Krankenhauses Am Rande der Stadt, Bonn, nach Maßgabe der jeweiligen Ausweisung im Krankenhausplan des Landes Nordrhein-Westfalen. Zu dem städtischen Krankenhaus gehören auch Nebenbetriebe und flankierende Einrichtungen sowie Aus- und Weiterbildungseinrichtungen.

ORGANE DER GESELLSCHAFT

Aufsichtsrat
    acht Vertreter der Stadt Bonn
    vier Vertreter der bei der Gesellschaft beschäftigten Arbeitnehmer

Geschäftsführung
    Dr. Willi Wolkenschieber
    Dipl.-Kfm. Zacharias Zahlenknecht

Gesellschafterversammlung
    Oberbürgermeister Bernd Bonn oder ein von ihm benannter Vertreter

---

Bilanz							
Aktiva				**Passiva**			
	2011	Ände-rung 2011–2010	2010		2011	Ände-rung 2011–2010	2010
	T€	T€	T€		T€	T€	T€
A. Anlagevermögen	50.464	2.384	48.080	A. Eigenkapital	12.784	803	11.981
Immaterielle Vermögens-gegenstände	612	44	568	Gezeichnetes Kapital	1.500	0	1.500
Sachanlagen	49.852	2.340	47.512	Kapitalrücklage	12.220	0	12.220
				Gewinnrücklage	– 2.793	– 3.236	443
				Jahresüber-schuss/-fehl-betrag	1.857	4.039	– 2.182
B. Umlaufver-mögen	29.396	900	28.496	B. Sonderposten	30.295	366	29.929
Vorräte	1.847	488	1.359				
Forderungen und sonstige Vermögens-gegenstände	24.583	1.036	23.547				
Schecks/Bank-guthaben	2.966	107	2.859				
C. Ausgleichs-posten nach dem KHG	1.966	18	1.948	C. Rückstellungen	7.975	489	7.486
D. Rechnungsab-grenzungsposten	13	0	3	D. Verbindlich-keiten	26.970	1.483	25.487
				E. Ausgleichs-posten aus Darlehens-forderung	3.650	103	3.547
				F. Rechnungsab-grenzungspos-ten	165	68	97
Bilanzsumme	81.839	3.312	78.527	Bilanzsumme	81.839	3.312	78.527

562462

Gewinn- und Verlustrechnung		2011	Änderung 2011–2010	2010
		T€	T€	T€
1.	Umsatzerlöse	80.250	4.657	75.593
2.	Bestandserhöhung/-minderung	500	500	0
3.	Zuweisungen und Zuschüsse der öffentlichen Hand soweit nicht unter Nr. 7	1.820	312	1.508
4.	Sonstige betriebliche Erträge	5.000	625	4.375
	Gesamterträge	**87.570**	**6.094**	**81.476**
5.	Materialaufwand	17.650	354	17.296
6.	Personalaufwand	56.500	1.540	54.960
7.	Erträge aus Zuwendungen zur Finanzierung von Investitonen	– 1.450	1.197	– 2.647
8.	Erträge aus der Einstellung von Ausgleichsposten	– 6	0	- 6
9.	Erträge aus der Auflösung von Sonderposten/Verbindlichkeiten nach dem KHG und aufgrund sonstiger Zuwendungen zur Finanzierung des Anlagevermögens	– 4.000	150	– 4.150
10.	Erträge aus der Auflösung von Ausgleichsposten für Darlehensförderung	– 292	7	– 299
11.	Aufwendungen aus der Zuführung von Sonderposten/Verbindlichkeiten nach dem KHG und aufgrund sonstiger Zuwendungen zur Finanzierung des Anlagevermögens	2.681	78	2.603
12.	Aufwendungen aus der Zuführung zu Ausgleichsposten aus Darlehensförderung	0	0	0
13.	Abschreibungen	5.790	161	5.629
14.	Sonstige betriebliche Aufwendungen	8.519	– 1.445	9.964
15.	Erträge aus Beteiligungen	– 30	– 30	0
16.	Sonstige Zinsen und ähnliche Erträge	– 39	22	– 61
17.	Zinsen und ähnliche Aufwendungen	368	5	363
18.	**Ergebnis der gewöhnlichen Geschäftstätigkeit**	**1.879**	**4.055**	**– 2.176**
19.	Sonstige Steuern	22	16	6
20.	**Jahresüberschuss/-fehlbetrag**	**1.857**	**4.039**	**– 2.182**

ANHANG ZUM JAHRESABSCHLUSS 2011

ALLGEMEINES

Der Jahresabschluss der KRANKENHAUS AM RANDE DER STADT gGmbH ist entsprechend der KHBV und den Vorschriften des HGB aufgestellt und gegliedert worden.

Für die Gewinn- und Verlustrechnung wurde das Gesamtkostenverfahren angewendet, das heißt, es wurden die im Jahr 2011 erbrachten Leistungen (Umsatzerlöse, Bestandsveränderungen, andere aktivierte Eigenleistungen) den Aufwendungen gegenübergestellt.

BILANZIERUNGS- UND BEWERTUNGSMETHODEN

1) Aktivseite

Immaterielle Vermögensgegenstände und Sachanlagen des Anlagevermögens sind zu Anschaffungs- oder Herstellungskosten, vermindert um die planmäßigen Abschreibungen, bewertet. Die Abschreibung erfolgt linear, bezogen auf die voraussichtliche Nutzungsdauer.

Die Abschreibungen bei Gebäuden werden über die Nutzungsdauer von 50 Jahren vorgenommen. Die Nutzungsdauer der technischen Anlagen und Maschinen beträgt maximal 15 Jahre, bei anderen Anlagen sowie bei Gegenständen der Betriebs- und Geschäftsausstattung drei bis zehn Jahre.

Bei Anschaffungen des beweglichen Sachanlagevermögens wurde die ratierliche Abschreibung angewendet. Vermögensgegenstände mit einem Wert zwischen 150,01 € und 1.000,00 € wurden in einem Sammelposten aktiviert und mit einem Fünftel abgeschrieben. Im Anlagennachweis ist die Entwicklung dargestellt.

Anteile an verbundenen Unternehmen: Anteile an verbundenen Unternehmen werden zu Anschaffungskosten bewertet.

Vorräte: Die bestandsgeführten Hilfs- und Betriebsstoffe des Krankenhauses wurden mit dem gleitenden Durchschnittspreis bewertet. Die nicht über das Materialwirtschaftssystem geführten Artikel sind mit dem letzten Einstandspreis angesetzt.

Die unfertigen Leistungen sind Leistungen an Patienten, die über den 31. Dezember 2011 hinaus stationär behandelt wurden und die über Fallpauschalen abgerechnet werden. Sie sind mit anteiligen Herstellungskosten, unter Berücksichtigung der Hauptleistung (Operation) und bemessen nach dem Verweildaueranteil, bewertet.

Bei den Forderungen, sonstigen Vermögensgegenständen, dem Kassenbestand und den Guthaben bei Kreditinstituten erfolgte die Bilanzierung zu Nennwerten.

Die Forderungen aus Lieferungen und Leistungen wurden entsprechend ihrer Altersstruktur wertberichtigt. Dieses Verfahren wird unter dem Begriff „pauschale Einzelwertberichtigung" zusammengefasst. Dabei erfolgte eine Wertberichtigung in den Krankenhäusern zu 100 % für Forderungen, die älter als zwei Jahre sind. Forderungen bis zu zwei

Jahren wurden zu 50 % und Forderungen, die ein Jahr alt sind, zu 25 % wertberichtigt. Des Weiteren erfolgte eine Wertberichtigung von 5 % bei Forderungen, die älter als fünf Monate sind.

Der Ausgleichsposten für Eigenmittelförderung nach § 5 Abs. 5 KHBV betrifft Vermögensgegenstände des Anlagevermögens, die vor Beginn der Förderung mit Eigenmitteln des Krankenhausträgers finanziert wurden und für die, nach Ausscheiden aus dem Krankenhausbedarfsplan, ein Ausgleich für die Abnutzung in der Zeit ab Beginn der Förderung verlangt werden kann. Der Anspruch kann frühestens bei Ausscheiden des Krankenhauses aus dem Krankenhausbedarfsplan des Landes Nordrhein-Westfalen und auf Antrag realisiert werden. Der Zeitpunkt des Ausscheidens ist nicht bekannt, eine Abzinsung des Anspruchs ist nicht erfolgt. Wirtschaftlich stellt der Ausgleichsposten für Eigenmittelförderung eine Bilanzierungshilfe dar und ist als Korrekturposten zum Eigenkapital anzusehen.

2) Passivseite

Gemäß Gesellschaftsvertrag beträgt das Stammkapital der gGmbH 1.500.000,00 €.

Die Kapitalrücklage beträgt unverändert zum Vorjahr 12.220.000,00 €.

Sonderposten: Sonderposten aus Fördermitteln gemäß § 9 Abs. 1 KHG i. V. m. § 21 LKHG NRW und § 9 Abs. 3 KHG i. V. m. § 25 LKHG NRW, Sonderposten aus Zuweisungen und Zuschüssen der öffentlichen Hand sowie der Stadt und Sonderposten aus Zuweisungen von Dritten bestehen in Höhe des Restbuchwertes des mit Zuwendungen finanzierten Anlagevermögens.

Rückstellungen für Pensionen: Für die Zusatzversorgung der Angestellten und Arbeiter werden von den Kliniken im Umlageverfahren Beiträge an die Rheinische Zusatzversorgungskasse Bonn geleistet. Der Umlagesatz des Arbeitgebers betrug im Berichtsjahr 4,25 %. Daneben waren ein Sanierungsgeld von 1 % sowie ein Nachteilsausgleich von 750.000,00 € zu entrichten.

Sonstige Rückstellungen wurden nach vernünftiger kaufmännischer Beurteilung gebildet.

Die Verbindlichkeiten sind mit ihren Rückzahlungsbeträgen angesetzt worden.

Der Ausgleichsposten aus Darlehensförderung wird seit dem Inkrafttreten des KHG jährlich in Höhe der Differenz zwischen den Erträgen aus der Förderung von Tilgungsleistungen für nach § 28 KHG NRW geförderte Darlehen und der Abschreibung auf die mit diesen Mitteln finanzierten Anlagegüter aufgestockt oder aufgelöst.

Der Passive Rechnungsabgrenzungsposten beinhaltet Zahlungen aus dem Dezember 2010, die erst im Januar 2011 erfolgswirksam wurden.

ANGABEN ZU DEN EINZELNEN POSTEN DER BILANZ UND DER GEWINN- UND VERLUSTRECHNUNG

1) Bilanz

Anlagevermögen: Die Entwicklung des Anlagevermögens ergibt sich aus dem Anlagenspiegel.

Anlagenspiegel zum 31. Dezember 2011

	Abschreibungen				Nettobuchwerte	
	1. Jan. 2011	Zugänge	Abgänge	31. Dez. 2011	31. Dez. 2011	31. Dez. 2010
	€	€	€	€	€	€
Immaterielle Sachanlagen	568.400,00	98.000,00	54.010,00	612.390,00	612.390,00	568.400,00
Grundstücke ... mit Betriebsbauten	28.500.470,00	570.280,00	120.000,00	28.950.750,00	28.950.750,00	28.500.470,00
Grundstücke ... mit Wohnbauten	2.650.780,00	305.070,00	125.000,00	2.830.850,00	2.830.850,00	2.650.780,00
Grundstücke ... ohne Bauten	0,00	0,00	0,00	0,00	940.500,00	778.580,00
Technische Anlagen	4.049.900,00	770.775,00	320.000,00	4.500.675,00	4.500.675,00	4.049.900,00
Einrichtungen und Ausstattungen	10.850.450,00	1.590.250,00	1.450.250,00	10.990.450,00	10.990.450,00	10.850.450,00
Geleistete Anzahlungen ... im Bau	0,00	0,00	0,00	0,00	2.250.800,00	1.250.000,00
	46.051.600,00	3.236.375,00	2.015.250,00	47.272.725,00	50.464.025,00	48.080.180,00

Rückstellungen: Bei den Sonstigen Rückstellungen handelt es sich im Wesentlichen um noch nicht genommenen Urlaub, unterlassene Instandhaltung, Aufwandsrückstellungen und Rückstellungen nach dem Altersteilzeitgesetz.

Verbindlichkeiten – Aufstellung der Restlaufzeiten

Bilanzposition	Gesamt	bis 1 Jahr	bis 5 Jahre	über 5 Jahre
	T€	T€	T€	T€
Verbindlichkeiten gegenüber Kreditinstituten	6.970	246	895	5.813
Erhaltene Anzahlungen	590	590	0	0

562466

Bilanzposition	Gesamt	bis 1 Jahr	bis 5 Jahre	über 5 Jahre
	T€	T€	T€	T€
Verbindlichkeiten aus Lieferungen und Leistungen	1.645	1.645	0	0
Verbindlichkeiten gegenüber der Stadt	6.335	7.135	0	0
Verbindlichkeiten nach dem KHG	6.505	6.170	1.335	0
Verbindlichkeiten gegenüber verbundenen Unternehmen	55	55	0	0
Sonstige Verbindlichkeiten	4.870	3.233	517	1.120
Summe	26.970	19.074	2.747	6.933

2) Gewinn- und Verlustrechnung

Periodenfremde Aufwendungen und Erträge: In den Jahresabschluss sind periodenfremde Aufwendungen von 2.350.000,00 € und periodenfremde Erträge von 2.775.000,00 € eingeflossen.

Jahresüberschuss: Der Jahresüberschuss von 1.857.000,00 € wird auf das Geschäftsjahr 2012 übertragen.

3) Sonstige Angaben

Die Belegschaft (Jahresdurchschnittszahlen) setzt sich wie folgt zusammen:

	Anzahl
Arbeiter	115
Angestellte	1 195
Auszubildende	75
Gesamt	1 385

LAGEBERICHT FÜR DAS GESCHÄFTSJAHR 2011

Das Jahr 2011 war durch eine unverändert starke Reglementierung des Gesundheitswesens gekennzeichnet. Dem Grundsatz der Beitragssatzstabilität wurde weiterhin Vorrang vor einer leistungsgerechten Vergütung eingeräumt. Dies führte dazu, dass die Steigerungsrate bei den Personal- und Sachkosten wiederum höher als die der beitragspflichtigen Einnahmen aller Krankenkassen lag. Maßgeblichen Einfluss auf die Entwicklung des Gesundheitswesens hat die Neuordnung der Krankenhausfinanzierung. Seit dem Jahr 2004 erfolgt die Finanzierung der Betriebskosten der Kliniken durch ein vollständiges Fallpauschalensystem (DRGs). Am Behandlungsende werden jedem Patienten auf der Basis der dokumentierten Daten eine DRG und somit auch ein (im Allgemeinen) verweildauerunabhängiger Erlös zugeordnet. Am 1. August 2003 traten die Änderungen des Landespflegegesetzes Nordrhein-Westfalen in Kraft. Das

Gesetz enthält Ausführungsbestimmungen zum Pflegeversicherungsgesetz (SGB IX).

Entwicklung des Krankenhauses

Im Krankenhaus wurden im Jahr 2008 24 595 Patienten behandelt. Diese Fallzahl ergibt sich aus den DRG-Abrechnungen inklusive Wiederkehrer. Eine vergleichbare Fallzahl des Vorjahres würde sich auf 25 138 Fälle belaufen. Hieraus resultiert ein Fallzahlrückgang von 543 Fällen.

Die durchschnittliche Verweildauer reduzierte sich von 9,2 Tage auf 8,6 Tage. Dadurch ging auch die Auslastung von 82,3 % im Jahr 2007 auf 79,8 % im Jahr 2008 zurück.

Am 21. August 2010 wurden Pflegesatzvereinbarungen für den Zeitraum vom 1. Oktober 2010 bis zum 31. März 2011 abgeschlossen. Die Heimentgelte für die Pflegeleistungen sowie Unterkunft und Verpflegung wurden um 4,3 % erhöht.

Investitionen und Instandhaltung

Der mit finanzieller Hilfe des Landes Nordrhein-Westfalen bewilligte zweite Bauabschnitt am Krankenhaus wurde im Jahr 2007 als Rohbau fertiggestellt. Die Inbetriebnahme ist für den Jahreswechsel 2011/2012 geplant. Mit dem Chefarztwechsel in der Gynäkologie und Geburtshilfe im Krankenhaus wurde die Pflegestation der Wöchnerinnen renoviert. Dabei erhielten alle Zimmer ein eigenes Bad. Im Krankenhaus wurde ferner eine Kurzzeitpflegestation mit 15 Betten eingerichtet. Die Aufnahmestation wurde ebenfalls erweitert und saniert. Die Räume für den Kassenbereich und die Patientenabrechnung wurden umgebaut und die vorhandene Dialyseabteilung erweitert.

Energie

Auch im Berichtsjahr sind aufgrund der gesetzlichen Abgaben die Energiepreise um rund 4 % gestiegen. Die Kosten für die Betriebsführung stiegen um 6,5 %.

Betriebsergebnis, Vermögens-, Finanz- und Ertragslage

Das Betriebsergebnis hat sich gegenüber dem Vorjahr deutlich verbessert. Ursächlich hierfür war die Steigerung der Erlöse um 3,8 %, während sich der Betriebsaufwand um lediglich 1,3 % erhöhte.

Vermögenslage

Aktiva	31. Dez. 2011		31. Dez. 2010		Veränderung	
	T€	%	T€	%	T€	%
Anlagevermögen	50.464	69,6	48.080	69,2	2.384	5,0
Umlaufvermögen/ RAP	22.046	30,4	21.370	30,8	676	3,2
	72.510	100	69.450	100	3.060	4,4

Passiva	31. Dez. 2011		31. Dez. 2010		Veränderung	
	T€	%	T€	%	T€	%
Eigenkapital	10.818	14,9	9.694	14,0	1.124	11,6
Sonderposten	30.295	41,8	30.812	44,4	− 517	− 1,7
Fremdkapital	27.747	38,3	25.397	36,6	2.350	9,3
Ausgleichsposten	3.650	5,0	3.547	5,1	103	2,9
	72.510	100,00	69.450	100	3.060	4,4

Finanzlage

	2011 T€
Cashflow	3.931
Zahlungswirksame Veränderungen des Finanzmittelfonds	1.292
Finanzmittelfonds am Anfang der Periode	− 5.561
Finanzmittelfonds am Ende der Periode	− 4.269

Zusammensetzung des Finanzmittelfonds

	31. Dez. 2011 T€	31. Dez. 2010 T€
Kassenbestände, Bankguthaben	2.966	2.859
jederzeit fällige Verbindlichkeiten (−) gegenüber	− 7.175	− 8.321
Stadtkasse abzüglich Verwahrgelder	− 60	− 99
Summe	− 4.269	− 5.561

Ertragslage

	2011 T€	2010 T€	Veränderung T€
Betriebsleistung	87.570	81.476	3.019
Personalaufwand	56.500	54.960	1.599
Materialaufwand	17.650	17.296	341
Andere Aufwendungen	13.070	11.420	− 897
Betriebsaufwand	87.220	83.676	2.073
Betriebsergebnis	350	− 2.200	2.550
Ergebnis Investitionsförderung	67	101	− 34
Zinsergebnis	450	− 373	823
Neutrales Ergebnis	990	290	700
Jahresüberschuss	1.857	− 2.182	4.039

Wirtschaftliche Risiken

Der Krankenhausbereich wird weiterhin, trotz grundlohnsummengebundener Budget-entwicklungen und deutlich höherer Steigerungsraten der Preise und Löhne, kosten-deckend zu betreiben sein.

Mit dem Verband der privaten Krankenversicherung konnte keine Einigung über die Höhe der Zuschläge für das Ein- und Zweibettzimmer erzielt werden. Eine gerichtliche Klärung wird von beiden Seiten betrieben.

Unternehmenskennzahlen

Kennzahlen	2009	2010	2011
Eigenkapitalquote (%)	8,90	15,26	15,62
Fremdkapitalquote (%)	91,10	84,74	84,38
Anlagenintensität (%)	58,20	61,23	61,66
Anlagendeckung I (%)	15,70	24,92	25,33
Liquidität ersten Grades (%)	4,90	12,30	15,55
Eigenkapitalrentabilität (%)	8,56	− 18,16	14,53
Gesamtkapitalrentabilität (%)	− 6,90	− 2,23	2,77
Materialintensität (%)	20,30	21,23	20,16
Personalintensität (%)	66,90	67,46	64,52
Cashflow (T€)	995	− 382	3.931

AUFGABEN

1. Nennen Sie die Unterschiede zwischen der Handels- und der Steuerbilanz.

2. Aus wie vielen Teilen besteht der Jahresabschluss einer Kapitalgesellschaft?

3. Nennen Sie drei handelsrechtliche Bewertungsgrundsätze.

4. Was besagt das Vorsichtsprinzip?

5. Was besagt das Niederstwertprinzip?

6. Was besagt der Grundsatz der zeitlichen Abgrenzung?

7. Welche Ziele hat die Bewertung eines Unternehmens?

8. Unterteilen Sie die Ihnen bekannten Kennzahlen nach ihrem Charakter. Handelt es sich jeweils um eine Kennzahl der Vermögensstruktur, der Kapitalstruktur, der Anlagenfinan-zierung, der Zahlungsbereitschaft oder der Ertragskraft?

9. Betrachten Sie den Muster-Jahresabschluss des Krankenhauses Am Rande der Stadt. Wie werden die im Lagebericht aufgeführten Kennzahlen berechnet? Nennen Sie die Bere-chungsformeln und rechnen Sie die Werte für die Jahre 2007 und 2008 nach. Zur Berech-nung des Cashflows wurden aus dem Controlling die folgenden Zahlen geliefert:

	2010	2011
Abschreibungen	5.790 T€	5.629 T€
Mehrung/Minderung der langfristigen Rückstellungen	− 3.716 T€	− 3.065 T€

10. Berechnen und interpretieren Sie die Liquidität ersten, zweiten und dritten Grades. Legen Sie dabei die folgenden Werte zugrunde (in €):

Grundstücke	1.200.000,00	Kasse 1	1.450,00
Maschinen	690.200,00	Kasse 2	12.200,00
Vorräte	770.000,00	Gewinn	920.000,00
Forderungen	850.000,00	kurzfristige Verbindlichkeiten	545.000,00
Girokonto	457.000,00	langfristige Verbindlichkeiten	380.000,00

11. Ermitteln Sie die Kennzahlen zur Auswertung des Jahresabschlusses. Legen Sie dabei die folgende Bilanz zugrunde:

Aufbereitete Bilanz

Aktiva	€	Passiva	€
Anlagevermögen	1.230.000	Eigenkapital	1.500.000
Umlaufvermögen		Jahresüberschuss	200.000
– Vorräte	600.000	Fremdkapital	
– kurzfristige Forderungen	850.000	– langfristig	795.000
– liquide Mittel	165.000	– kurzfristig	350.000
Bilanzsumme	2.845.000	**Bilanzsumme**	2.845.000

12. Ermitteln Sie die Kennzahlen zur Auswertung des Jahresabschlusses. Legen Sie dabei die folgende Bilanz zugrunde:

Aufbereitete Bilanz

Aktiva	€	Passiva	€
Anlagevermögen	4.300.000	Eigenkapital	2.895.000
Umlaufvermögen		Jahresüberschuss	750.000
– Vorräte	1.450.000	Fremdkapital	
– kurzfristige Forderungen	2.500.000	– langfristig	4.500.000
– liquide Mittel	20.000	– kurzfristig	125.000
Bilanzsumme	8.270.000	**Bilanzsumme**	8.270.000

13. Prüfen Sie die folgenden Aussagen. Sind sie richtig oder falsch?
   a) Rechnungsabgrenzungsposten ziehen (antizipieren) die Zahlungsvorgänge des kommenden Jahres vor.
   b) Der Jahresüberschuss ist immer größer als der Bilanzgewinn.
   c) Der Grundsatz der Klarheit ist ein Grundsatz der ordentlichen Buchführung.
   d) Das Niederstwertprinzip ist aus dem Grundsatz der Wahrheit entstanden.
   e) Grundsätzlich gilt: Was handelsrechtlich zu aktivieren ist, ist auch steuerrechtlich zu aktivieren.
   f) Grundsätzlich gilt: Was handelsrechtlich zu passivieren ist, muss auch in der Steuerbilanz auf der Passivseite erscheinen.
   g) Es gibt keine Abweichung zwischen Handelsbilanz und Steuerbilanz.
   h) Sachanlagen werden dem Umlaufvermögen zugeschrieben.

4 Märkte analysieren und Marketinginstrumente anwenden

4.1 Der Rahmen – Marktwirtschaft und Wirtschaftspolitik

Zum Einstieg

Die Auszubildenden Regina und Susanne, beide im zweiten Ausbildungsjahr zur Kauffrau im Gesundheitswesen, sprechen in der Unterrichtspause über den gerade gelernten Stoff. Das Thema lautete „Marktwirtschaft und Wirtschaftspolitik". Regina ist in einem Krankenhaus beschäftigt, Susanne macht ihre Ausbildung in einer Apotheke. Beide überlegen, wie in ihrem jeweiligen Bereich die Marktsituation aussieht. Dabei stellen sie fest, dass es für beide Bereiche Gemeinsamkeiten gibt, zum Beispiel spezielle gesetzliche Vorgaben, an die sie sich halten müssen. Sie stellen aber auch fest, dass es in dem jeweiligen Bereich Chancen gibt, Kunden Angebote zu unterbreiten, die nicht von gesetzlichen Auflagen abhängig sind. Sie versuchen nun herauszufinden, welche Strategien sie anwenden können, um den jeweiligen Markt dahingehend zu untersuchen.

▶ Wie lassen sich die Beziehungen zwischen den wirtschaftenden Menschen und Institutionen beschreiben?

▶ Was bedeutet Wirtschaften?

▶ Nach welchen Prinzipien lässt sich eine arbeitsteilige Wirtschaft ordnen?

▶ Wie funktionieren Märkte?

▶ Welche Probleme treten in einer Marktwirtschaft auf und welche Möglichkeiten hat der Staat, um sie zu bewältigen?

BASISWISSEN
Der Wirtschaftskreislauf
Kapitel 3,
Abschnitt
3.1.1

4.1.1 Der Wirtschaftskreislauf

AUFGABEN

1. Erklären Sie in eigenen Worten den einfachen Wirtschaftskreislauf.

2. Was versteht man unter dem Begriff Faktoreinkommen?

3. Was verbirgt sich hinter dem Begriff Transfer? Nennen Sie Beispiele.

4. Erklären Sie die Vorgänge beim Import und beim Export von Waren oder Dienstleistungen.

5. Welchem Sektor werden im Wirtschaftskreislauf die folgenden Akteure zugeordnet? Barmer Ersatzkasse, Patientin, städtisches Krankenhaus, orthopädische Arztpraxis, private Krankenversicherungsgesellschaft. Zeigen Sie auch, wie diese Akteure im Wirtschaftskreislauf miteinander verbunden sind.

4.1.2   Das ökonomische Prinzip

BASISWISSEN
Das ökono-
mische Prinzip
Kapitel 3,
Abschnitt
3.1.2

AUFGABEN

1. Nennen Sie Beispiele für freie Güter.

2. Worin besteht der Unterschied zwischen freien Gütern und wirtschaftlichen Gütern?

3. Begründen Sie die folgende Aussage: Rein ökonomisch betrachtet ist die Rezeptur für ein neues Medikament, ist sie erst einmal entwickelt, ein freies Gut. Andererseits darf ein Medikamentenhersteller diese Rezeptur nur dann für ein Nachahmerprodukt nutzen, wenn er zuvor vom Urheber das Recht dazu erworben hat.

4. Was sagt das Maximalprinzip aus und was im Unterschied dazu das Minimalprinzip?

4.1.3   Wirtschaftsordnung

BASISWISSEN
Wirtschafts-
ordnungen
Kapitel 3,
Abschnitt
3.1.4

AUFGABEN

1. Welche zwei grundlegenden Wirtschaftsordnungen gibt es?

2. Welche Aufgaben hat der Staat in der sozialen Marktwirtschaft?

3. Inwiefern unterscheidet sich die Leistungserbringung im Rahmen der gesetzlichen Krankenversicherung von den Tauschbeziehungen zwischen Verkäufern und Käufern in freien Märkten? Wie werden die Unterschiede begründet?

4.1.4   Märkte und Preisbildung

BASISWISSEN
Märkte –
Funktionen,
Preisbildung,
Marktformen
Kapitel 3,
Abschnitt
3.1.3

AUFGABEN

1. Nachfolgend sind vier Tätigkeiten beschrieben, die auf bestimmten Märkten durchgeführt werden. Wie nennt man diese Märkte?

Markt	Tätigkeit
?	(1) Erbringung und Verwertung von Arbeitsleistungen. Anbieter sind Arbeitswillige, Nachfrager Unternehmen und die öffentliche Hand.
?	(2) Handel mit Grundstücken und Gebäuden; Anbieter und Nachfrager sind Privatpersonen, Unternehmen und die öffentliche Hand.
?	(3) Handel mit Produktionsgütern für Unternehmen
?	(4) Handel mit Konsumgütern für Endverbraucher (private Haushalte)

2. Welche vier grundlegenden Funktionen erfüllt der Markt?

3. Wie wird der Gleichgewichtspreis ermittelt?

BASISWISSEN
Ziele und
Bereiche der
Wirtschafts-
politik
Kapitel 3,
Abschnitt
3.1.5

4.1.5 Wirtschaftspolitische Ziele und Bereiche

AUFGABEN

1. Nennen Sie die wichtigsten Träger der Wirtschaftspolitik.

2. Beschreiben Sie die unterschiedlichen Formen der Inflation.

3. Berechnen Sie den Preisindex für folgendes Beispiel:

Ware	Durchschnittlicher Preis pro Einheit in €			Verbrauchsein-heiten pro Monat
	April	Mai	Juni	
Äpfel	0,31	0,34	0,29	11
Musik-CD	11,52	11,58	11,69	0,4
Dosensuppe	0,63	0,59	0,59	2,3
Jeans	43,30	43,50	43,30	0,6

4. Bei einer Gemeinschaftspraxis für Physiotherapie haben sich verschiedene Personen um eine Stellung beworben. Viele von ihnen haben bereits in anderen Berufen oder in anderen Firmen gearbeitet und sind aus den unterschiedlichsten Gründen auf Arbeitssuche.

   ▶ Ebbe S. (33) ist in den Wintermonaten beschäftigungslos, während er im Sommer in einem Freibad als Bademeister arbeitet.

   ▶ Sina S. (25) hat ihre Stelle in Berlin aufgegeben, weil sie geheiratet und gemeinsam mit ihrem Mann hier in der Stadt eine neue Wohnung bezogen hat.

   ▶ Der Arbeitsplatz von Tomaz W. (35) wurde durch den Einsatz einer neuen Maschine überflüssig.

   ▶ Anni F. (22) hat bereits lange Jahre in der Branche gearbeitet. Leider musste ihr Betrieb vor einiger Zeit aus wirtschaftlichen Gründen schließen.

   ▶ Sören L. (17) hat die Schule abgeschlossen und sucht nun einen Ausbildungsplatz. Bedauerlicherweise sind Ausbildungsplätze momentan sehr knapp. Bisher haben erst drei seiner ehemaligen Klassenkameraden einen Ausbildungsplatz gefunden.

   ▶ Gerald A. (26) war bisher in der Buchhaltung eines Medikamentenherstellers beschäftigt. Leider wurde dort zuletzt ein Drittel der Arbeitsplätze abgebaut. Er sucht nach einer Umschulungsmöglichkeit zum Kaufmann im Gesundheitswesen.

   a) Die genannten Bewerber sind alle aus unterschiedlichen Gründen ohne Arbeitsplatz. Ordnen Sie die jeweiligen Gründe für die Arbeitslosigkeit passenden Oberbegriffen zu.

   b) Jeder aktuelle Arbeitslose kann einen oder mehrere ähnliche Gründe für seine Arbeitslosigkeit nennen. Versuchen Sie ähnliche Beispiele in Ihrer Umgebung zu finden und erläutern Sie diese.

5. Welches Ziel gehört nicht zu den im Stabilitäts- und Wachstumsgesetz von 1967 aufgeführten?

   a) Soziale Gerechtigkeit
   b) Vollbeschäftigung
   c) Preisniveaustabilität
   d) Außenwirtschaftliches Gleichgewicht
   e) Wirtschaftswachstum

6. Stellen Sie dar, was man unter Wirtschaftswachstum versteht und wie man Wirtschaftswachstum messen kann.

7. Erläutern Sie, was man unter einem angemessenen Wirtschaftswachstum in qualitativer und quantitativer Hinsicht versteht.

8. Kennzeichnen und benennen Sie anhand von Schaubild 4.1 den typischen Konjunkturverlauf und erläutern Sie die entsprechenden Indikatoren.

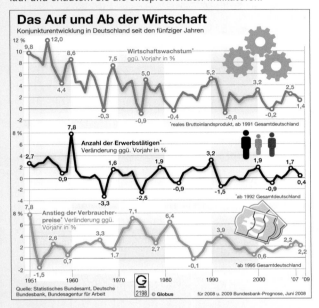

Schaubild 4.1:
Die konjunkturelle
Entwicklung in der
Bundesrepublik
Deutschland seit
1951

9. Erklären Sie anhand von Schaubild 4.2, inwiefern Beschäftigung und Wirtschaftswachstum sich gegenseitig bedingen.

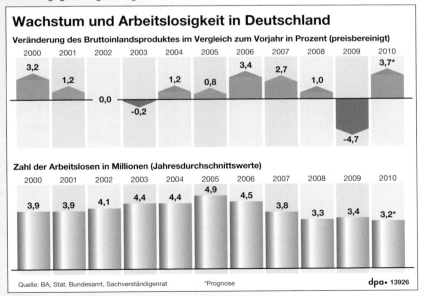

Schaubild 4.2: Wirtschaftswachstum und Beschäftigung in Deutschland 2000 bis 2010

10. Die Einkommens- und die Vermögensverteilung sind eng miteinander verbunden. Derjenige, der wenig Einkommen hat, wird auch nicht viel Vermögen bilden können. Angesichts der hohen Arbeitslosigkeit ist es nicht auszuschließen, dass immer mehr Menschen in Deutschland an die Armutsgrenze geraten. Wie kann der Staat darauf einwirken, dass die Zahl der in Armut lebenden Menschen sinkt?

BASISWISSEN
Wirtschafts-
politische
Grundkon-
zeptionen
Kapitel 3,
Abschnitt
3.1.6

4.1.6 Angebots- und nachfrageorientierte Wirtschaftspolitik

AUFGABEN

1. Stellen Sie die Ursachen der Arbeitslosigkeit nach Keynes in Form einer Wirkungskette dar.

2. Stellen Sie die Ursachen der Arbeitslosigkeit nach Friedman in Form einer Wirkungskette dar.

3. Auf der Website der Tagesschau der ARD wurden im November 2002 die wichtigsten Koalitionsvereinbarungen der damaligen neuen Bundesregierung zusammengefasst:

Finanzen: Der Bund spart im kommenden Jahr 11,6 Mrd. € ein. Zusammen mit einer um 2,6 Mrd. € höheren Neuverschuldung soll damit ein Haushaltsloch von 14,2 Mrd. € gestopft werden. Für 2004 sind Kredite im Umfang von 13 Mrd. € vorgesehen.

Steuern: Vergünstigungen und Subventionen werden im Umfang von 4,2 Mrd. € gestrichen. Eingeführt wird eine Mindeststeuer für Unternehmen, erweitert die Steuerpflicht für Veräußerungsgewinne der Kapitalgesellschaften. Über eine weitere Erhöhung der Ökosteuer wird erst 2004 entschieden.

Rente: Die Rentenbeiträge sollen 2003 von 19,1 auf 19,3 % steigen. Die Beitragsbemessungsgrenze wird heraufgesetzt: im Westen von derzeit 4.500,00 € auf 5.000,00 €, im Osten von 3.750,00 € auf 4.170,00 €. Entscheidend ist das Bruttoeinkommen. Dies würde Expertenangaben zufolge Besserverdienende und ihre Arbeitgeber zusammen rund 100,00 € im Monat mehr kosten als bisher. Aufgrund der bereits zuvor beschlossenen Anhebung des sogenannten Berechnungsfaktors für die Bemessungsgrenze von derzeit 1,8 auf 2,0 steigt ab Januar die Beitragsbemessungsgrenze noch einmal: im Westen auf 5.100,00 €, im Osten auf 4.275,00 €. Damit einher geht eine Erhöhung der Beiträge zur Arbeitslosenversicherung, weil diese gesetzlich an die Entwicklung der Rentenversicherung gekoppelt sind.

Kinder und Familie: Beruf und Familie sollen besser vereinbar werden. 4 Mrd. € werden für die Kinderbetreuung, unter anderem für den Ausbau von Ganztagsschulen, ausgeben. Jedes fünfte Kind unter drei Jahren soll künftig einen Krippenplatz bekommen. Dafür werden den Gemeinden ab 2004 jährlich 1,5 Mrd. € aus der Umsatzsteuer zur Verfügung gestellt.

Arbeit: Das Hartz-Konzept zur rascheren Vermittlung von Arbeitslosen soll am 1. März in Kraft treten. Vorgezogen auf Januar wird das Arbeitslosengeld für arbeitsfähige Sozialhilfeempfänger. Die Höchstgrenze für Minijobs wird zunächst nur für haushaltsnahe Dienstleistungen von 325,00 € auf 500,00 € angehoben. Auf diese geringfügigen Beschäftigungsverhältnisse wird pauschal eine zehnprozentige Sozialabgabe erhoben.

Umwelt: Deutschland setzt sich in der EU dafür ein, bis 2020 den Ausstoß klimaschädigender Gase um 30 % zu verringern. Wenn diese Zielsetzung gelingt, wird Deutschland die Emissionen sogar um 40 % im Vergleich zu 1990 senken. Zum Hochwasserschutz entfallen Staustufen in Donau und Saale. Die Elbe wird nicht weiter ausgebaut.

Bildung: Sprachtests vor der Einschulung sollen gezielte Hilfen von Anfang an möglich machen. Die Zahl der Studenten soll erhöht und die Forschungsförderung verstärkt werden. Geplant ist ferner die Festlegung nationaler Bildungsstandards.

Innen und Recht: Bund und Länder sollen sich über eine Neuaufteilung von Kompetenzen einigen. Volksentscheide auf Bundesebene werden angestrebt. Bei den Streitthemen Kronzeugenregelung, Cannabis-Konsum und Geheimdienstreform wurden Kompromissformeln vereinbart.

Verbraucher und Landwirtschaft: Die Bundesregierung will den Verbraucherschutz als Querschnittsaufgabe in alle relevanten Politikbereiche einbeziehen. Gentechnisch veränderte Lebensmittel sollen genau gekennzeichnet werden.

Verkehr: 90 Mrd. € sind für Erhalt und Ausbau der Verkehrswege vorgesehen. Das Schienennetz bleibt bei der Bahn. Das Fluglärmgesetz wird novelliert.

Bau: Die Eigenheimförderung in der bisherigen Form wird gestrichen. Stattdessen wird das heutige Baukindergeld von 764,00 € auf 1.200,00 € je Kind erhöht. Andererseits werden die Einkommensgrenzen, von denen an der Anspruch erlischt, von 81.807,00 € auf 70.000,00 € für Ledige und für Verheiratete von 163.614,00 € auf 140.000,00 € gesenkt.

Wirtschaft: Die Meisterpflicht für Handwerker soll mittelfristig abgeschafft werden. In einem Übergangszeitraum sollen Gesellen schon jetzt Handwerksbetriebe übernehmen können, wenn sie einen Meister einstellen.

Ostdeutschland: Durch den Solidarpakt II finanziell abgesichert, soll der Aufbau Ost weiter unterstützt werden.

Bundeswehr: Die Bundeswehrreform wird fortgesetzt. Noch in dieser Legislaturperiode „muss erneut überprüft" werden, ob die Wehrpflicht erhalten werden soll.

Außenpolitik: Die freundschaftlichen Beziehungen zu den USA und Kanada werden vertieft und verstärkt. Der Kampf gegen Terrorismus wird nicht nur militärisch geführt. Auch die zivile Krisenprävention und die Durchsetzung der Menschenrechte gehören dazu.

Entwicklungszusammenarbeit: Das Entwicklungsministerium bleibt ein eigenständiges Ressort. Die Mittel für Entwicklungshilfe werden erhöht – von heute 0,27 % am Bruttosozialprodukt auf 0,33 % im Jahr 2006.

Quelle: www.tagesschau.de, abgerufen am 15. Mai 2006

Untersuchen Sie, welche der oben genannten einzelnen Punkte der Koalitionsvereinbarungen von 2002 dem angebots- und welche dem nachfrageorientierten Ansatz der Wirtschaftspolitik entsprechen.

4.1.7 Geldpolitik

> BASISWISSEN
> Geldpolitik
> Kapitel 3,
> Abschnitt
> 3.1.7

AUFGABEN

1. Wofür steht die Abkürzung EZB?

2. Was versteht man unter einem Leitzinssatz?

4.2 Der Gesundheitssektor zwischen Versorgungsauftrag und Markt

Zum Einstieg

Im Krankenhaus Am Rande der Stadt stehen Verhandlungen mit den gesetzlichen Krankenkassen über die Anzahl der Betten in der urologischen Abteilung an. Die Auszubildende Eva, Auszubildende im ersten Lehrjahr, darf der Sitzung beiwohnen und ist sehr daran interessiert, warum eine andere Institution darüber entschei-

den darf, wie viele Betten auf der Fachabteilung des Krankenhauses notwendig sind. Sie hat schließlich im Unterricht gelernt, dass die Nachfrage das Angebot regelt.

BASISWISSEN
Sozialver-
sicherungs-
recht
Kapitel 6,
Abschnitt 6.3
Die gesetz-
liche Kranken-
versicherung
Kapitel 6,
Abschnitt
6.3.2

▶ Nach welchen Regeln werden Gesundheitsleistungen erbracht? Inwiefern spielen dabei Märkte eine Rolle?

▶ Wie werden im Gesundheitswesen Preise bestimmt?

▶ Wie lassen sich im Gesundheitssektor Märkte definieren?

Zugelassene Krankenhäuser, Ärzte und Apotheker stehen nicht in einem vergleichbaren Wettbewerb wie Unternehmen der freien Wirtschaft. Sie sind vielmehr in hohem Maß vom Versorgungsauftrag (siehe dazu Lernfeld 6) und insofern von den Krankenkassen abhängig.

4.2.1 Kooperationen im Gesundheitswesen

BASISWISSEN
Kooperation
Kapitel 3,
Abschnitt
3.1.3

Krankenhäuser und Ärzte gehen horizontale Kooperationen ein, um ihr Leistungsangebot zu verbreitern und um Größenvorteile zu nutzen.

Für Krankenhäuser kommen folgende Formen der Zusammenarbeit infrage:

▶ gemeinsame Anschaffung und Nutzung teurer medizinischer Geräte (zum Beispiel besonderer Röntgenapparate)

▶ Bündelung und gemeinsame Nutzung von Know-how (spezielles Wissen auf einem besonderen Fachgebiet)

▶ Einkaufsgemeinschaften

Ärzte kooperieren in

▶ Ärztegesellschaften (Gemeinschaftspraxis, § 23 a Musterberufsordnung für Ärzte; MBO),

▶ medizinischen Kooperationsgemeinschaften (§ 23 b MBO),

▶ Praxisverbünden (Praxisgemeinschaft; § 23 d MBO).

AUFGABEN

1. Welche Arten von Kooperationen gibt es?

2. Nachfolgend sind vier Formen der Kooperation beschrieben. Wie lauten die jeweiligen Bezeichnungen?

Bezeichnung	Form der Kooperation
?	(1) Verbund zum gemeinsamen Absatz der produzierten Güter
?	(2) Informell oder formell (vertraglich) abgestimmte Verhaltensweisen zwischen rechtlich selbstständigen Unternehmen mit dem Ziel, den Wettbewerb im Markt zu beschränken
?	(3) Zeitliche und auf ein bestimmtes Projekt beschränkte Zusammenarbeit von Unternehmen
?	(4) Von Unternehmen getragener Verbund zur Förderung der wirtschaftlichen Interessen der Mitglieder

3. Benennen Sie die Vorteile von einer Kooperation für Unternehmen.

4. Worin liegt der Unterschied zwischen Kooperation und Konzentration?

5. Berichten Sie, mit welchen Partnern außerhalb seines Betriebs Ihr Arbeitgeber zusammenarbeitet. Welche Beweggründe hat er für seine Kooperationen?

4.2.2 Preisgestaltung im Gesundheitswesen

Die Vergütung der Leistungen zugelassener Krankenhäuser, Ärzte und Apotheker wird nicht nach Preisen bestimmt, die sich am Markt bilden, sondern zum größten Teil durch die Budgets der gesetzlichen Krankenkassen.

Administrierte Preise für Krankenhausleistungen

Leistungen, die im Krankenhaus erbracht werden, werden nach der Gebührenordnung für Ärzte (GOÄ) mit den entsprechenden Multiplikatoren abgerechnet oder sind im Rahmen der DRG-Berechnung abgegolten (siehe dazu Lernfeld 8, Abschnitte 8.2 und 8.3).

Administrierte Preise für ärztliche Leistungen

Ärztliche Leistungen werden nur dann von den Krankenkassen bezahlt, wenn sie medizinisch notwendig sind, das heißt, wenn sie dazu dienen, Krankheiten zu verhüten, zu behandeln oder deren Verschlimmerung zu verhindern. Die Vergütung erfolgt nach den Einheitlichen Bewertungsmaßstäben (EBM) und der GOÄ. Die Punktwerte für die Vergütungssysteme der GOÄ und EBM werden zwischen den Spitzenverbänden der Krankenkassen und der kassenärztlichen Bundesvereinigung ausgehandelt und jeweils für einen gewissen Zeitraum neu festgesetzt.

Die Preispolitik für individuelle Gesundheitsleistungen (IGeL) richtet sich ebenfalls nach der GOÄ.

> **Individuelle Gesundheitsleistungen (IGeL)** sind medizinische Leistungen, die nicht medizinisch notwendig sind und deren Kosten daher nicht von den gesetzlichen Krankenversicherungen übernommen werden. Die Kosten für solche Leistungen müssen vom Patienten selbst getragen werden.

Beispiel ▶ Individuelle Gesundheitsleistungen

Zu den individuellen Gesundheitsleistungen (IGeL) zählen zum Beispiel

▶ Untersuchungen der Tauglichkeit für bestimmte Sportarten, wie etwa Tauchen,

▶ differenzierte Behandlungsmöglichkeiten, wie etwa die HOT = Hämatogene Oxidationstherapie®,

▶ spezielle Untersuchungen zur Krebsfrüherkennung,

▶ Ultraschalluntersuchungen ohne medizinische Indikation.

Für Untersuchungen und Behandlungen, die unter die IGeL fallen, werden je nach ihrer Art Punktwerte festgelegt, die mit einem bestimmten Faktor multipliziert werden. Da es sich bei den IGeL um privatärztliche Leistungen handelt, darf der Arzt den Faktor von 1,0 auf 2,3 oder auch 3,5 erhöhen. Es können aber auch Festpreise erhoben werden.

Beispiel ▶ Preise für eine IGeL-Leistung

Carsten hat im Rahmen seiner Ausbildung zum Sport- und Fitnesskaufmann, die er im Sport- und Wellness-Hotel Seemöwe auf Sylt macht, die Möglichkeit, an einem Tauchkurs teilzunehmen. Für diesen Tauchkurs benötigt er eine Tauglichkeitsbescheinigung. Er erkundigt sich bei verschiedenen Ärzten über die Preise und stellt fest, dass das günstigste Angebot vom Sportmediziner Dr. Knüppel kommt. Bei diesem kosten die Untersuchung und die Tauglichkeitsbescheinigung 100,00 €. Das teuerste Angebot stammt von Prof. Dr. Kraft, ebenfalls Sportmediziner an der Universität in Greifswald: Es beläuft sich auf 300,00 €.

Administrierte Preise für Arzneimittel

Seit dem Gesundheits-Modernisierungs-Gesetz (GMG) vom 1. Januar 2004 gelten für die Apotheken neue Preismodelle. Der Apotheker muss seine Arzneimittel in zwei Kategorien einteilen:

1. verschreibungspflichtige Arzneimittel,
2. nicht verschreibungspflichtige Arzneimittel.

Die Preise für **verschreibungspflichtige Fertigarzneimittel** berechnet der Apotheker nach § 3 der Arzneimittelpreisverordnung (AMPreisV) wie folgt:

	Apothekeneinkaufspreis
+	3 % Aufschlag
+	8,10 €
=	Netto-Apothekenabgabepreis
+	19 % Umsatzsteuer
=	Apothekenabgabepreis

Der Aufschlag von 3 % dient zur Deckung der Kosten der Warenbewirtschaftung und Bevorratung der Arzneimittel. Der Betrag von 8,10 € ist ein Festzuschlag.

Die gesetzlichen Krankenkassen erhalten einen Apothekenrabatt, weil sie gegenüber der Apotheke die Rolle eines Großkunden einnehmen. Sie erhalten von der Apotheke einen Rabatt von 2,00 € je verschreibungspflichtiges Fertigarzneimittel.

Die Preise für **unbearbeitet abgegebene Stoffe** – zum Beispiel für eine Packung Schmerztabletten – berechnet der Apotheker nach § 4 der AMPreisV wie folgt:

	Apothekeneinkaufspreis
+	Apothekeneinkaufspreis für das Abgabegefäß
+	100 % Zuschlag auf den Einkaufspreis für Stoff und Verpackung
=	Netto-Apothekenabgabepreis
+	19 % Umsatzsteuer
=	Apothekenabgabepreis

Die Preise für **Zubereitungen aus Stoffen** (zum Beispiel Sonderanfertigungen von Cremes, Tee-Zubereitungen) werden nach § 5 der AMPreisV wie folgt berechnet:

	Apothekeneinkaufspreis
+	Apothekeneinkaufspreis für die Verpackung
+	90 % Zuschlag auf den Einkaufspreis für Stoff und Verpackung
+	Herstellungsaufwand (je nach Anfertigung 2,50 € oder 5,00 € oder 7,00 €)
=	Netto-Apothekenabgabepreis
+	19 % Umsatzsteuer
=	Apothekenabgabepreis

562480

Die Preise für **nicht verschreibungspflichtige Arzneimittel** werden vom Apotheker frei berechnet. Er unterliegt hierbei keinen gesetzlichen Bestimmungen, sondern nur dem allgemeinen Wettbewerb und kann sich an den unverbindlichen Preisempfehlungen der Hersteller orientieren.

In der Abrechnung der Kosten für Medikamente zwischen Apotheken und Patienten einerseits und den gesetzlichen Krankenkassen andererseits kommen **Festbeträge** oder Festpreise zum Ansatz. Die jeweils für Gruppen vergleichbarer Arzneimittel geltenden Festbeträge werden von den Krankenkassen festgelegt. Sie erstatten die Medikamenten-kosten maximal in Höhe der Festbeträge. Überschreitet der Abgabepreis des Medika-ments den Festpreis, so trägt der Patient die Differenz zusätzlich zur gesetzlichen Zu-zahlung. Die Differenz ist auch bei Zuzahlungsbefreiung zu entrichten.

Seitdem im April 2007 weitere Reformen des Gesundheitswesens in Kraft getreten sind, sollen alle gesetzlichen Krankenkassen künftig mit ausgewählten Pharmafirmen **Rabattverträge** abschließen. Die Versicherten sollen künftig nicht mehr generell Arznei-mittel der verschiedensten auf dem Arzneimittelmarkt vertretenen Hersteller verordnet bekommen, sondern, wann immer möglich, Medikamente von Herstellern, die mit den Kassen Rabattverträge geschlossen haben. Die beteiligten Pharmaunternehmen ge-währen den Kassen im Gegenzug Rabatte auf die Verkaufspreise, sodass die Kassen künftig für gleichartige Medikamente weniger zahlen müssen als zuvor.

AUFGABEN

1. Berechnen Sie die Apothekenabgabepreise für die folgenden Medikamente:
   - Medikament A ist ein verschreibungspflichtiges Fertigarzneimittel (Apothekeneinkaufs-preis: 100,00 €).
   - Medikament B ist ein unbearbeitet abgegebener Stoff (Apothekeneinkaufspreis: 90,00 €, für das Abgabegefäß und für die Verpackung berechnet der Apotheker jeweils 5,00 €).
   - Medikament C ist eine Zubereitung aus Stoffen (Apothekeneinkaufspreis: 100,00 €, 9,00 € Verpackung, höchster Zuschlag für den Herstellungsaufwand).

2. Berechnen Sie den Nettoabgabepreis für die folgenden verschreibungspflichtigen Arznei-mittel:

Medikament	Apothekeneinkaufspreis	Nettoabgabepreis
A	1,30 €	?
B	4,00 €	?
C	8,00 €	?
D	13,00 €	?
E	20,00 €	?
F	30,00 €	?
G	100,00 €	?
H	550,00 €	?
I	1.000,00 €	?

4.2.3 Gewicht und Struktur des Gesundheitssektors

Schaubild 4.3 vermittelt einen Überblick über das wirtschaftliche Gewicht und die Struktur des Gesundheitssektors in Deutschland, gemessen an den Gesamtausgaben der gesetzlichen Krankenversicherung (GKV) und ihrer Verteilung.

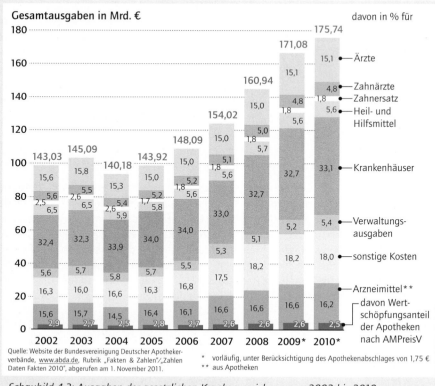

Schaubild 4.3: Ausgaben der gesetzlichen Krankenversicherungen 2002 bis 2010

Im Jahr 2010 beanspruchten die Krankenhäuser ein rundes Drittel der Ausgaben der GKV. Auf Leistungen der Ärzte und Zahnärzte entfielen knapp 20 %, auf Heil- und Hilfsmittel sowie Arzneimittel 21,8 %.

Schaubild 4.4 zeigt, wie sich im Jahr 2010 die Ausgaben der GKV für Arzneimittel auf die Industrie, den Großhandel und die Apotheken verteilten. (Der Gesamtbetrag von rund 28,56 Mrd. € enthält nicht die Zuzahlungen der Patienten.)

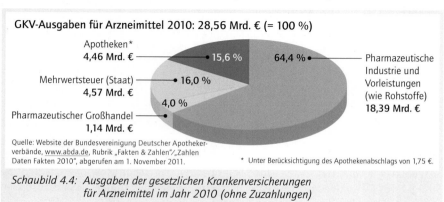

Schaubild 4.4: Ausgaben der gesetzlichen Krankenversicherungen
für Arzneimittel im Jahr 2010 (ohne Zuzahlungen)

4.2.4   Steuerliche Belastung von Arzneimitteln

Betrachtet man die Besteuerung von verschreibungspflichtigen Arzneimitteln (Tabelle 4.1), so kann man feststellen, dass in Deutschland im europäischen Vergleich der dritthöchste Mehrwertsteuersatz gilt. Gemessen am allgemeinen Mehrwertsteuersatz steht Deutschland hingegen auf einem mittleren Rang. Die vergleichsweise hohe Mehrwertsteuerbelastung von Arzneimitteln in Deutschland schafft einen Anreiz, Arzneimittel aus dem europäischen Ausland zu beziehen – umso mehr, als das Internet eine bequeme Bezugsquelle ist, wenn es um verschreibungspflichtige Medikamente oder OTC-Präparate geht.

Land	Steuersatz für Arzneimittel in %		allgemeiner Mehr- wertsteuersatz in %
Belgien	6,0		21,0
Bulgarien	20,0		20,0
Dänemark	25,0		25,0
Deutschland	19,0		19,0
Estland	9,0		20,0
Finnland	9,0		23,0
Frankreich	2,1	(erstattungsfähige Arzneimittel)	19,6
	5,5	(nicht erstattungsfähige Arzneimittel)	
Griechenland	6,5		23,0
Großbritannien	0,0	(Arzneimittel im Rahmen des Nationalen Gesundheitsdienstes)	20,0
	20,0	(nicht verschreibungspflichtige Arzneimittel)	
Irland	0,0	(Arzneimittel der oralen Anwendung)	21,0
	21,0	(Arzneimittel der nicht-oralen Anwendung)	
Italien	10,0		20,0
Lettland	12,0		22,0
Litauen	5,0	(erstattungsfähige Arzneimittel)	21,0
	21,0	(nicht erstattungsfähige Arzneimittel)	
Luxemburg	3,0		15,0
Malta	0,0		18,0
Niederlande	6,0		19,0
Österreich	10,0		20,0
Polen	8,0		23,0
Portugal	6,0		23,0
Rumänien	9,0	(verschreibungspflichtige Arzneimittel)	24,0
	24,0	(nicht verschreibungspflichtige Arzneimittel)	
Schweden	0,0	(verschreibungspflichtige Arzneimittel)	25,0
	25,0	(nicht verschreibungspflichtige Arzneimittel)	
Slowakei	10,0		20,0
Slowenien	8,5		20,0
Spanien	4,0		18,0
Tschechische Republik	10,0		20,0
Ungarn	5,0		25,0
Zypern	5,0		15,0

Stand: 2010

Tabelle 4.1: Steuern auf Arzneimittel in der EU

Quelle: Website der Bundesvereinigung Deutscher Apothekerverbände, www.abda.de, Rubrik „Fakten & Zahlen"/„Zahlen Daten Fakten 2010", abgerufen am 1. November 2011.

BASISWISSEN
Marktsegment-
analyse
Kapitel 3,
Abschnitt
3.2.1

4.3 Marktsegmentanalyse

Der Wellness- und Fitnessbereich ist ein Wirtschaftszweig, der mehr und mehr zum Tragen kommt. Dies ist unter anderem darauf zurückzuführen, dass die Leistungen der gesetzlichen Krankenkassen beschränkt werden und dass die Eigenverantwortung der Menschen für ihre Gesundheit und auch ihre finanzielle Eigenbeteiligung mehr und mehr gefordert sind. So verstehen es die Anbieter von Gesundheitsleistungen immer besser, besondere Angebote für definierte Zielgruppen zu entwickeln und diese in den Augen ihrer Kunden unverzichtbar zu machen. Dabei setzen sie vor allem auf die Personengruppen mit hohem Einkommen und einem entsprechenden Bedarf an Wellnessprodukten.

Krankenhäuser, Ärzte und Apotheker bieten spezielle Leistungen für eine kaufkraftstarke Klientel an. Wenn es um den stationären Aufenthalt im Krankenhaus geht, bieten Krankenhäuser schon seit Langem Zusatz- und Wahlleistungen an. Der Patient muss nicht privat versichert sein oder eine Zusatzversicherung abgeschlossen haben, um die Option auf ein Einbett- oder Zweibettzimmer zu haben. Darüber hinaus bieten viele Krankenhäuser weitere Services an, wie zum Beispiel einen Internetanschluss auf dem Zimmer. Diese zusätzlichen Angebote machen das Krankenhaus attraktiv und es kann und darf mit solchen Angeboten öffentlich werben.

Bei den Ärzten gewinnen mehr und mehr die nicht über die Kassen finanzierten IGeL an Bedeutung. Bei der Frage, was über die medizinische Notwendigkeit hinaus sinnvoll und möglich ist, kann sich die Medizin an der freien Marktwirtschaft orientieren: Was der Kunde wünscht, kann er bekommen, wenn er dafür zahlt. Im Bereich der Zahnmedizin ist dieser Leitsatz schon länger etabliert. Dort werden von den Patienten schon seit langem mehr Eigenbeteiligungen verlangt als in den anderen Gesundheitszweigen.

Beispiel ▶ Eigenbeteiligung in der Zahnmedizin

Ein Patient steht vor der Notwendigkeit, seinen defekten Zahn mit einer Füllung richten zu lassen. Der Zahnarzt kann verschiedene Optionen anbieten. Entscheidet sich der Patient für eine Amalgamfüllung, so werden die Material- und die Behandlungskosten von der Krankenkasse übernommen. Zieht er hingegen eine Goldfüllung vor, so hat er die mit dieser Option verbundenen zusätzlichen Kosten selbst zu tragen. Die Füllung ist zweifelsohne medizinisch notwenig. Die Wahl des Materials hängt hingegen von der finanziellen Situation des Patienten ab. Wählt er die günstigere Amalgamfüllung, so muss er sich an den Behandlungskosten nicht beteiligen. Entscheidet es sich aber für das teurere Material, so muss er für diesen „Luxus" eine Eigenbeteiligung in Kauf nehmen.

Alle Anbieter von Gesundheitsleistungen sollten sich an dem Katalog der Segmentierungskriterien orientieren, insbesondere an den sozioökonomischen Merkmalen. Vor allem die Ärzte, die ihre Patienten und deren Umfeld genau kennen, können einschätzen, welche Leistungen sinnvoll zusätzlich angeboten werden können.

Für Krankenhäuser bietet sich eine Patientenbefragung an, um die Wünsche und Anregungen der Patienten entgegenzunehmen und demgemäß zusätzliche Angebote zu schaffen.

Apotheker haben es leichter, wenn es darum geht, sich direkt an die Kunden zu wenden. Sie haben täglich direkten Kontakt zu ihnen und können ihnen auf diese Weise viele zusätzliche Angebote machen. Der Weg des Kunden zum Apotheker führt zum einen über den Arzt, der ihm ein verschreibungspflichtiges Arzneimittel verordnet oder ein apothekenpflichtiges Arzneimittel empfohlen hat. Zum anderen sucht der Kunde die Apotheke auf, wenn er ein nicht verschreibungspflichtiges Medikament braucht. Dieses kann er erwerben, ohne dass er zuvor einen Arzt konsultiert.

> Ein **OTC-Präparat** (OTC = Over the Counter, über die Ladentheke) ist ein nicht verschreibungspflichtiges Arzneimittel.

Egal aus welchem Grund der Kunde die Apotheke aufsucht: Der Apotheker nimmt sich seiner Probleme und Fragen an und versucht, ihm adäquat zu helfen. Ein geschäftstüchtiger Apotheker kann seinen Kunden Tipps geben und hat dadurch die Chance, seinen Kunden weitere Produkte zu verkaufen. Sogenannte Produktfamilien dienen dazu, den Verkauf zu forcieren.

Beispiel ▶ Verkaufsfördernde Produktfamilie

Ein Kunde betritt die Apotheke und verlangt ein Tube Bepanthen®-Salbe. Der Apotheker tut gut daran, zu fragen, wozu er diese Salbe benötigt, denn in seiner Apotheke hat er eine ganze Familie von Bepanthen®-Produkten vorrätig. Er könnte dem Kunden außer der Salbe auch die Pflegelotion oder die Waschemulsion anbieten. Der Kunde kannte vielleicht bis dahin diese Produkte gar nicht und wird erst jetzt durch den Apotheker auf sie aufmerksam gemacht.

Der Apotheker hat nicht nur die Möglichkeit des direkten Verkaufs an den Kunden, er kann bestimmte Arzneimittel auch über das Internet anbieten und vertreiben. Der Versandhandel nimmt gerade im Bereich der OTC-Präparate mehr und mehr an Bedeutung zu. Der Apotheker kann nicht nur Arzneimittel anbieten, sondern auch sein Know-how vermarkten.

Beispiel ▶ Verkaufsförderndes Know-how

Eine Apotheke kann zusätzliche Umsätze erzeugen, indem sie

▶ innerhalb von Internetforen Gesundheitsberatung betreibt,

▶ im Schaufenster Tipps des Tages vorstellt,

▶ ihr Produktangebot um Kosmetika oder Nahrungsergänzungsmittel wie zum Beispiel Power-Riegel oder isotonische Getränke erweitert.

AUFGABEN

1. Nennen Sie Merkmale zur Segmentierung der Nachfrage.

2. An welche Kunden/Patienten richtet sich das Leistungsangebot Ihres Ausbildungsbetriebs? Welche Merkmale sind diesen gemeinsam?

4.4 Marketinginstrumente im Gesundheitswesen

Zum Einstieg

Die beiden Auszubildenden Gerd und Harald unterhalten sich in der Pause über ihre Ausbildungsstätten. Gerd ist im Krankenhaus Am Rande der Stadt Auszubildender, Harald beim Apotheker Dr. Pille. Die beiden Einrichtungen liegen in unmittelbarer Nachbarschaft zueinander und in beiden wird ein Tag der offenen Tür vorbereitet. Sowohl Gerd als auch Harald sind an den Planungen dazu beteiligt. Die beiden versuchen zu ergründen, welche Unterschiede und Gemeinsamkeiten es zwischen ihren Ausbildungsstätten im Hinblick auf die Möglichkeiten der Werbung gibt.

▶ Welche Formen des Marketings lassen sich grundsätzlich unterscheiden?

▶ Welche Formen der Werbung und PR gibt es im Gesundheitswesen?

▶ Welche speziellen Rechtsvorschriften müssen Organisationen im Gesundheitswesen bei ihrer Werbung beachten?

▶ Wie wirbt ein Krankenhaus, wie ein Arzt und wie ein Apotheker?

BASISWISSEN
Kommunikationsformen und -mittel
Kapitel 3, Abschnitt 3.2.2

4.4.1 Kommunikationsformen und -mittel

AUFGABEN

1. Ordnen Sie die nachfolgend aufgeführten Werbemittel den geeigneten Werbeträgern zu.
   Werbeträger: Postversand, Zeitung/Fachzeitschrift, Rundfunk, Kino/Fernsehen, Internet, Fassade/Bande, Litfaßsäule, mobile Werbeträger (zum Beispiel Kraftfahrzeuge).
   Werbemittel: Website/Anzeige/Animation/Preisausschreiben, Werbeaufdruck, Plakat, Werbespot, Werbefilm, Banner, Anzeige/Preisausschreiben, Werbebrief/Prospekt/Werbegeschenk/Preisausschreiben.

2. Was besagt die AIDA-Formel?

3. Sie wollen eine Werbemaßnahme planen. Wie gehen Sie vor?

4. Welche Art der Werbung erscheint Ihnen für Ihren Ausbildungsbetrieb besonders geeignet?

5. Erklären Sie den Unterschied zwischen Salespromotion und Verkaufsförderung.

6. Was verbirgt sich hinter der Abkürzung PR?

4.4.2 Bedingungen für Werbung im Gesundheitswesen

Der Versorgungsauftrag und die sozialversicherungsrechtliche Regulierung der Leistungserbringung und -vergütung im Gesundheitswesen zwingen Krankenhäuser, Ärzte und Apotheken angesichts der stark gestiegenen Kosten, besonders wirtschaftlich zu handeln. Um unter diesen Bedingungen wirtschaftlich bestehen zu können, müssen sie versuchen, nicht nur die Kosten der Leistungserbringung im Zaum zu halten, sondern darüber hinaus auch andere Erlösquellen zu erschließen. Dabei passen sie sich immer

562486

mehr den modernen Markt- und Wettbewerbsbedingungen an, aber gerade im Bereich des Wettbewerbs sind besondere Rahmenbedingungen zu beachten.

Die Werbung im Gesundheitswesen richtet sich zunächst nach den allgemeinen Rechtsvorschriften, die im Gesetz gegen den unlauteren Wettbewerb zusammengefasst sind.

Es gibt jedoch für Organisationen im Gesundheits- und Sozialwesen darüber hinaus spezielle Vorschriften. Diese finden sich

> im Heilmittelwerbegesetz (HWG),

> in der Musterberufsordnung (MBO) für Ärzte,

> in der Berufsordnung für Apotheker.

Diese Vorschriften richten sich vor allem an Krankenhäuser, Ärzte und Apotheken.

| BASISWISSEN |
| Grenzen der Werbung Kapitel 3, Abschnitt 3.2.2 |

Krankenhäuser und Werbung

Um am Markt bestehen zu können, müssen Krankenhäuser auf sich aufmerksam machen. Dazu reicht die übliche regionale Mundpropaganda in der Regel nicht aus. Wichtig ist, dass die Kliniken es verstehen, sich professionell zu vermarkten. Dies gilt sowohl innerhalb als auch außerhalb des Krankenhauses.

Prinzipiell sind Imagebroschüren ein geeignetes Mittel, um Patienten zu gewinnen. Für deren Inhalte ist die Einhaltung der entsprechenden Rechtsvorschriften von enormer Bedeutung, um nicht in Regress genommen zu werden. Wichtige Informationen sind diejenigen, die das Image des Krankenhauses aufbessern.

Beispiel ▶ Inhalt der Imagebroschüre eines Krankenhauses

Zur Förderung des Ansehens eines Krankenhauses ist es hilfreich, in einer Imagebroschüre die positiven Eigenschaften des Krankenhauses hervorzuheben und eventuelle Forschungsschwerpunkte darzustellen.

Eine Imagebroschüre sollte ansprechend aufgemacht sein und Elemente wie das Logo, das Leitbild des Krankenhauses und eine Darstellung der medizinischen und sozialen Kompetenz des Personals beinhalten. Sie sollte nicht nur informieren, sondern durch die Art der Information auch die Aufmerksamkeit auf das Krankenhaus lenken und Patienten, Einweisern (niedergelassenen Ärzten, Fachärzten) und Kostenträgern (Krankenversicherungen, Unfallversicherungen) Argumente liefern, die die Krankenhauswahl erleichtern.

Angesichts der Verbreitung von Computern und Internetanschlüssen ist eine Website des Krankenhauses unerlässlich. Die Gestaltung des Internetauftritts muss sich ebenfalls an den gesetzlichen Rahmenbedingungen orientieren und den allgemeinen datenschutz- und urheberrechtlichen Bestimmungen entsprechen. Die allgemeinen Informationen aus der Imagebroschüre können Bestandteile auch der Website sein. Darüber hinaus ist jedoch im Rahmen einer Website eine weit ausführlichere Vorstellung des Krankenhauses möglich. Hier kann das Spektrum der Untersuchungs- und Behandlungsverfahren detailliert dargestellt werden. Hinweise auf Veranstaltungen wie etwa Tage der offenen Tür oder Informationsabende zu bestimmten Erkrankungen und Behandlungsmethoden sollten jederzeit abrufbar sein und von der Aktualität der Website zeugen.

BASISWISSEN
Einige
Schlüssel-
begriffe zum
Internet/Such-
maschine
Kapitel 2,
Abschnitt
2.1.2

Es zeigt sich mehr und mehr, dass sogenannte medizinische Portale oder Informationsportale an Bedeutung gewinnen. Deshalb integrieren einige Krankenhäuser diese auf ihrer Website. Das erfordert zwar einen gewissen Zeitaufwand, bietet aber zusätzliche Möglichkeiten zur Hervorhebung der Kompetenzen und der Qualität des Personals. Es gibt inzwischen eine Reihe von Firmen, die sich auf die Einrichtung und Betreuung solcher Informationsportale spezialisiert haben, sodass das Krankenhaus diese Dienste nutzen kann und selbst Zeit und Kosten spart. Es ist sinnvoll, Verweise auf andere Websites zu setzen (Hyperlinks), insbesondere dann, wenn das Krankenhaus kein eigenes Gesundheitsportal hat. Dabei ist im Vorfeld sicherzustellen, dass es sich um seriöse Websites handelt. Schließlich kann sich das Krankenhaus in eine Suchmaschine eintragen lassen und durch verschiedene Schlüsselwörter (Keywords) auf sich aufmerksam machen.

www.netdoktor.de
www.medizininfo.de

Ärzte und Werbung

Mit der Änderung der Musterberufsordnung (MBO) für Ärzte von 2000 wurden die Bestimmungen zur Werbung für Ärzte in Bezug auf Werbemittel und Werbeträger erheblich gelockert. So dürfen Ärzte mit im Inland erworbenen Titeln und Zertifizierungen werben. Das Praxisschild, das mit Informationen ähnlich derjenigen auf einer Visitenkarte als Außenwerbung dient, kann durch eine eigene Arzt-Website ergänzt werden. Außerdem kann der Arzt auf Ortstafeln für seine Praxis werben und ein eigenes Praxislogo einsetzen.

Ein Arztpraxisschild sollte mindestens die folgenden Informationen enthalten:

▶ Name,

▶ Facharztbezeichnung,

▶ Sprechzeiten,

▶ gegebenenfalls die Zugehörigkeit zu einer Berufsausübungsgemeinschaft (Organisationsgemeinschaft oder Praxisverbund).

In Arztpraxen wird häufig für die folgenden Leistungen/Angebote geworben:

▶ individuelle Gesundheitsleistungen (IGeL),

▶ Tage der offenen Tür,

▶ Sozial-Sponsoring,

▶ Ausstellungen innerhalb der Praxis (zum Beispiel Kunstausstellungen).

BASISWISSEN
Sponsoring
Kapitel 4,
Abschnitt
4.2.2

Sponsoring ist nicht nur aus der Sicht der Mitteleinwerbung von Bedeutung, sondern für Ärzte auch als Mittel zur Herausstellung eigener Aktivitäten zur Förderung des Gemeinwohls.

Demgegenüber sind Ärzten folgende Formen der Werbung verboten:

▶ Darstellungen des medizinischen Personals der Arztpraxis in Arbeitskleidung,

▶ anpreisende, irreführende oder vergleichende Werbung.

562488

Tabelle 4.2 fasst die Bestimmungen zur Werbung gemäß den Gesetzen für Krankenhäuser und den Berufsordnungen für Ärzte und Apotheker zusammen.

Gesetz/Berufsordnung	zulässige Werbemaßnahmen	unzulässige Werbemaßnahmen
§ 3 HWG Irreführende Werbung § 11 HWG Verbot der Werbung mit Äußerungen Dritter, insbesondere mit Dank-, Anerkennungs- oder Empfehlungsschreiben; mit Gutachten, wissenschaftlichen Zeugnissen; mit Angaben, dass eine Behandlung oder ein Arzneimittel ärztlich empfohlen oder geprüft oder abgewendet wird	sachliche Darstellung, „Imagewerbung" im Krankenhaus, Informationen über neue Untersuchungs- und Behandlungsmethoden ▶ Wartezimmer-TV ▶ Zeitungsanzeige ▶ Werbspot/Kurzfilm ▶ Tag der offenen Tür ▶ Sponsoring ▶ Kunstausstellung ▶ Ortstafel ▶ Broschüre ▶ Poster	anpreisende Darstellung, Verwendung von Superlativen, Blickfangwerbung, Eigenlob, unangemessenes Vergleichen Verweise oder Links auf Empfehlungsschreiben, Gutachten, wissenschaftliche oder Fachveröffentlichungen, Zeugnisse, Produkte, Gewinnspiele, Freizeitangebote gewerblich tätiger Firmen aus dem Gesundheitsbereich (ggf. damit auch virtuelle Gästebücher)
§ 9 HWG Werbung für Fernbehandlung	allgemeine Tipps an einen unbestimmten Personenkreis	Ferndiagnosen, Therapieberatung ohne persönlichen Kontakt
§ 11 Nr. 4 HWG Verbot der bildlichen Darstellung von Personen in Berufskleidung oder bei der Ausübung der Tätigkeit von Angehörigen der Heilberufe	Abbildungen von Räumlichkeiten, Gebäuden Abbildung eines Arztes ausschließlich in Form eines Porträtfotos in Zivilkleidung	„Weißkittelverbot": Fotos von Ärzten oder medizinischem Hilfspersonal, insbesondere bei der Ausübung ihrer Tätigkeit (zum Beispiel mit OP-Kittel, Mundschutz, Haube, bei der Arbeit im Labor, im Patientengespräch, als OP-Team) Diese Vorschrift soll verhindern, dass die Suggestivwirkung der fachlich-medizinischen Autorität auf das Laienpublikum ausgenutzt wird. Sie ist Anlass zahlreicher Abmahnungen!
§ 11 HWG Verbot der Werbung mit Krankengeschichten	Darstellung des Leistungsspektrums (zum Beispiel einer Klinik)	Veröffentlichung von Krankengeschichten oder Danksagungen
§ 11 Nr. 6 HWG Verbot der Werbung mit fremd- oder fachsprachlichen Bezeichnungen	Schwerpunktbezeichnungen, Qualifikationen	Irreführung durch fachfremde Titel, Bezeichnung etwa als „ärztlicher Spezialist", Verwendung von aus der Sicht von Laien unbekannten fremd- oder fachsprachlichen Begriffen

Gesetz/Berufsordnung	zulässige Werbemaßnahmen	unzulässige Werbemaßnahmen
§ 27 MBO	Interviews; wenn in einem Presseartikel die sachliche Unterrichtung im Vordergrund steht, so ist ein werblicher Nebeneffekt für den jeweiligen Arzt oder das jeweilige Krankenhaus im Interesse der allgemeinen Informationsfreiheit der Presse hinzunehmen; die Person des Arztes darf nicht in den Vordergrund treten. freie Meinungsäußerung (Urteil des Europäischen Gerichtshofes)	Umgehung der Werbeverbote durch Einschaltung der Presse (Drittveröffentlichungen), Veröffentlichung von Interviews, Manuskripten oder Berichten ohne vorherige Prüfung von medizinischen Aussagen Weitergabe von Patientendaten
UWG	unaufgefordertes oder aufgefordertes Zusenden von Infomaterial an Patienten per Post Postwurfsendungen Verteilung von Handzetteln	Kundenfang, Ausnutzen von Gefühlen oder Vertrauen („Angstwerbung"), Belästigung, zum Beispiel durch unaufgeforderte Telefon-, Fax- oder E-Mail-Werbung (Spam) generell vergleichende oder irreführende Werbung (zum Beispiel generische bzw. „irreführende" Domains mit regionalem Alleinstellungsmerkmal)
§ 11 HWG	Website, sachliche Information, passive Darstellungsform, keine „reißerische" Gestaltung oder Verlinkung auf solche Angebote	kein Hinweis auf das Impressum auf der Startseite der Website Weglassen der Pflichtangaben (Name, Anschrift, inhaltlich Verantwortlicher, E-Mail-Adresse, zuständige Aufsichtsbehörde, Handelsregister, Vereinsregister, Umsatzsteueridentifikationsnummer, Angaben zur Kammer, gesetzliche Berufsbezeichnung und der Staat, in dem die Berufsbezeichnung verliehen worden ist, Bezeichnung der berufsrechtlichen Regelungen)
§ 12 HWG § 6 Teledienstegesetz (TDG)	sachliche Bannerwerbung mit Fachbezug auf der eigenen Website	Pop-up-Fenster, sonstige aufdringliche Werbeformen

Tabelle 4.2: Bestimmungen zur Werbung im Gesundheitswesen

Quelle: www.dkgev.de, abgerufen am 15. Mai 2006.

AUFGABEN

1. Wodurch ist Werbung generell eingeschränkt?

2. Apotheken dürfen nur unter bestimmten Voraussetzungen Werbung treiben. Dabei gilt es, neben den allgemeinen Vorschriften auch spezielle Vorschriften für Anbieter von Gesundheitsprodukten und -leistungen zu beachten. Ermitteln Sie die gesetzlichen Bestimmungen, nach denen für Arzneimittel und Medizinprodukte geworben werden darf.

4.5 Marketingmix

> **BASISWISSEN**
> Marketingmix
> Kapitel 3,
> Abschnitt
> 3.2.3

AUFGABEN

1. Aus welchen Elementen besteht der Marketingmix?

2. Erläutern Sie, welche Marketinginstrumente in Ihrem Ausbildungsbetrieb kombiniert werden.

4.6 Konflikt- und Beschwerdemanagement

> **BASISWISSEN**
> Konflikt- und
> Beschwerde-
> management
> Kapitel 3,
> Abschnitt
> 3.2.4

AUFGABEN

1. Erläutern Sie, warum es für ein Unternehmen im Gesundheitssektor wichtig ist, ein gut funktionierendes Konflikt- und Beschwerdemanagement zu haben oder einzurichten.

2. Gibt es in Ihrem Ausbildungsbetrieb schriftliche Regeln, durch die festgelegt ist, wie das Personal vorgehen soll, wenn Konflikte mit Kunden/Patienten auftreten? Schildern Sie den Umgang mit Beschwerden in Ihrem Ausbildungsbetrieb.

5 Dienstleistungen und Güter beschaffen und verwalten

5.1 Bedarfsanalyse und Beschaffungsplanung

Zum Einstieg

Silke ist Auszubildende im Krankenhaus Am Rande der Stadt. Sie erhält den Auftrag zu prüfen, ob bei der Beschaffung von chirurgischen Implantaten ein Sparpotenzial vorhanden ist und wie hoch dieses ausfällt. Dazu benötigt sie einige Kennzahlen, zum Beispiel den Jahresverbrauch, den Lagerbestand, die Lieferzeit sowie die Reichweite des Sicherheitsbestandes. Ihr Ausbilder erklärt ihr, wo und wie sie an diese Informationen gelangt.

▶ Wie wird eine Bedarfsanalyse vorgenommen?

▶ Welche Phasen gibt es bei der Bedarfsanalyse?

▶ Wie wird eine Umfrage vorbereitet?

▶ Was muss bei der Planung der Beschaffung beachtet werden?

BASISWISSEN
Planung der
Beschaffung
Kapitel 4,
Abschnitt
4.1.1

Die Bedarfsanalyse hilft, Entscheidungen über die Art und Menge der Dienstleistungen und Produkte zu treffen, die zur Leistungserstellung benötigt werden. Sie greift auf Informationen aus der Planung der Leistungserstellung und zu den Beziehungen zwischen Leistung und Einsatzfaktoren zurück.

Beispiel ▶ Auszug aus dem Leistungsprogramm der Klinik Am Rande der Stadt

In der chirurgischen Abteilung werden unter anderem Herzklappenoperationen durchgeführt. Pro Woche werden 100 Operationen vorgesehen, die mit einem Vorlauf von drei bis vier Wochen terminiert werden. Aus langjähriger Erfahrung wissen die Chirurgen, dass in jeder Woche zusätzlich bis zu zehn Notfalloperationen durchgeführt werden müssen. Die Klinik hat daher ihre Kapazitäten – Operationssäle, Operationsbestecke, Chirurgen, Anästhesisten, OP-Assistenz, Pflegepersonal – auf 110 Operationen pro Woche ausgerichtet. Da auch das Material (Herzklappen) sehr kostspielig ist, wird auf die Beschaffung große Sorgfalt verwandt. Aus dem Materiallager muss sich der wöchentliche Bedarf stets abdecken lassen. Die Einkaufsabteilung übernimmt die Information aus der OP-Planung und nimmt in den Materialbeschaffungsplan 110 Herzklappen pro Woche auf. Ihre Aufgabe ist es, dafür zu sorgen, dass die wöchentliche Mindestmenge nicht unterschritten wird. Andererseits muss sie die Beschaffungs- und die Lagerkosten kontrollieren und sich deshalb genau überlegen, in welchen Abständen und in welchen Mengen sie die notwendigen Nachbestellungen vornehmen muss.

Aus dem Leistungsprogramm wird der Bedarf an Sachgütern und Dienstleistungen abgeleitet, die für die Leistungserstellung benötigt werden. Die Bedarfsanalyse bildet die Grundlage für die Beschaffungsplanung und gliedert sich in fünf aufeinanderfolgende Schritte.

562492

Die fünf Schritte der Bedarfsanalyse sind:

1. Ziele und Aufgaben definieren,
2. Informationsbedarf darlegen,
3. planen und Daten erheben,
4. Daten auswerten,
5. Ergebnisse interpretieren und darstellen.

Im Gesundheitswesen hatte die Bedarfsanalyse bislang einen eher untergeordneten Stellenwert. Niedergelassene Ärzte und Krankenhäuser sahen nur selten die Notwendigkeit, ihre Leistungen im Hinblick auf die Patientenzufriedenheit zu untersuchen, was allerdings von den aktuellen Trends widerlegt wird. Heute greifen Krankenhäuser im Rahmen des Qualitätsmanagements zur Messung der Qualität mehr und mehr auf die Analyse der Patientenzufriedenheit zurück. Ein Instrument dazu sind Patientenbefragungen.

Damit sich die Einrichtung ein ausreichendes Bild von der Zufriedenheit der Patienten und damit vom Erfolg der eigenen Leistungen machen kann, müssen Patientenbefragungen regelmäßig durchgeführt werden. Die Patientenbefragung dient aber nicht nur der Überprüfung der Qualität der Leistungen, sondern sie vermittelt auch Anregungen zur Qualitätsverbesserung, wenn die Patienten die Möglichkeit nutzen, eigene Wünsche und Ideen zu äußern.

Da die Patientenzufriedenheit kein absoluter Wert ist, gibt es auch keine Maßeinheit, die einen bestimmten Wert oder Grad nennt, wie es beispielsweise beim Fiebermessen möglich ist. Die Patientenzufriedenheit wird am besten durch einen Soll-Ist-Vergleich ermittelt: Vor dem Beginn der Behandlungen werden die Patienten zu ihren Erwartungen befragt, nach Abschluss der Behandlung zu ihrer Bewertung der Behandlungsleistung. Der Vergleich erfolgt häufig über Fragebögen. Der Fragebogen muss einfach gehalten sein, zum Beispiel durch Multiple-Choice-Antworten oder Fragen mit Schulnotenbewertung (1 = sehr gut, ..., 6 = ungenügend), da lange und komplizierte Bögen häufig nur unzureichend oder auch gar nicht beantwortet werden.

Beispiel ▶ Bedarfsanalyse mithilfe einer Patientenumfrage

Ein großes Klinikum mit einer Kapazität von 600 Betten benötigt im Rahmen seines Qualitätsmanagements Informationen für die Zertifizierung, die über Umfragen bei seinen Patienten erhoben werden sollen. Hierfür wurde ein Fragebogen entwickelt. Die Umfrage erfolgt kontinuierlich und in regelmäßigen Intervallen. Für die erste Befragung setzt das Klinikum eine Dauer von drei Wochen an. Nach vier Monaten sind die Befragungen abgeschlossen. Da die Dateneingabe parallel erfolgt ist, liegen die ersten Ergebnisse schon drei Wochen nach Ende der Befragungen vor. Bei der Umfrage wurde häufig Kritik an den Krankenhausmahlzeiten geäußert, insbesondere da sie beim Servieren nur noch lauwarm waren. Nach einer gründlichen Ursachenforschung steht fest, dass die Essensbehälter nicht dicht schließen. Die Konsequenz ist der Wechsel des Lieferanten und die Beschaffung von neuen Behältern.

AUFGABEN

1. Nennen Sie Vor- und Nachteile einer Patienten-/Kundenbedarfsanalyse, die sich auf Umfragen stützt.

2. Nennen Sie mindestens drei Methoden zur Analyse des Patienten-/Kundenbedarfs.

3. Erläutern Sie Einflussgrößen der Beschaffungsplanung.

4. Unterscheiden Sie die Begriffe Primärbedarf, Sekundärbedarf und Tertiärbedarf und geben Sie jeweils ein Beispiel.

5. Welche Überlegung steht hinter der folgenden Aussage: „Alle Bedarfe sind zeitpunktbezogen."?

6. Welche vier Faktoren sind bei der Beschaffung zu beachten?

7. Welche Funktion hat ein Bedarfsmeldeschein?

BASISWISSEN
Die sechs „Ws"
der Beschaffung
Kapitel 4,
Abschnitt
4.1.2

5.2 Bezugsquellenermittlung

Zum Einstieg

Die Auszubildende Silke ist seit Kurzem in der Abteilung Einkauf tätig. In der Eingangspost findet sie einen Bedarfsmeldeschein von der Abteilung Materialwirtschaft. Sie fragt ihren Ausbilder, was sie bei der Beschaffung der auf dem Schein angegebenen Positionen beachten müsse. Dieser erklärt ihr die Abfolge der Arbeitsschritte bei der Bestellung. Im ersten Schritt wird ein passender Lieferant gesucht.

▶ Welche Arten von Bezugsquellen gibt es?
▶ Was ist strategisches Einkaufsmanagement?
▶ Wo können Bezugsquellen gefunden werden?
▶ Welche Auswahlkriterien müssen beachtet werden?
▶ Was ist ein Beschaffungsmarktplatz?

Schaubild 5.1 fasst die fünf Schritte der Beschaffung von der Lieferantenauswahl bis zur Bestellung zusammen.

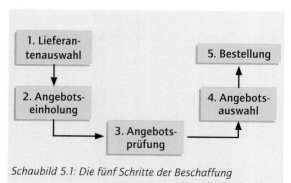

Schaubild 5.1: Die fünf Schritte der Beschaffung

In der gewerblichen Wirtschaft ist strategisches Einkaufsmanagement ein bewährtes Mittel zur Kostenreduktion. Auch Krankenhäuser können in den Bereichen der Beschaffung, die sich standardisieren lassen (zum Beispiel in der Arzneimittelbeschaffung), durch geschickte Beschaffung und Prozessverbesserungen Einsparungen realisieren.

562494

Der schnelle Zugriff auf explizite Informationen ist Grundvoraussetzung für eine erfolgreiche Bezugsquellenermittlung. Für viele Unternehmen ist die Suche nach Lieferanten nach wie vor ein manueller Prozess, bei dem hauptsächlich Telefon, Fax und Kataloge zum Einsatz kommen. Ob ein Lieferant geeignet ist, kann schon bei der Festlegung der Auswahlkriterien sichtbar werden. Durch eine effektive Bewertung und Auswahl von Lieferanten können die Beschaffungskosten gesenkt und sowohl bei geplantem als auch bei plötzlich entstehendem Bedarf schnell geeignete Bezugsquellen ausgewählt werden.

Elektronische Marktplätze können im Krankenhaus helfen, die Qualität der Dienstleistungen und der Prozesse zu ihrer Beschaffung zu erhöhen und die Kosten zu senken. Der erste umfangreiche Beschaffungsmarktplatz im deutschen Gesundheitswesen soll die

www.barmer.de

neue Plattform BARMER Online Business (BOB) werden, die die Zusammenarbeit zwischen Lieferanten, medizinischen Leistungserbringern, Versicherten und der Krankenkasse auf eine generelle elektronische Basis stellt. Das Ziel ist, zeit- und kostenintensive Prozesse zu straffen, Beschaffungskosten einzusparen und die Qualität des Kundenservices zu erhöhen.

Einkaufssysteme unterstützen den Einkäufer bei der Ermittlung möglicher Bezugsquellen unter Berücksichtigung vergangener Bestellungen oder bestehender Vereinbarungen. Dies beschleunigt die Erstellung von Anfragen oder Bestellungen (bei vorliegenden aktuellen Angeboten), die dann an den gewünschten Lieferanten übermittelt werden können.

Die Beschaffung von Dienstleistungen stellt im Vergleich zur Sachgüterbeschaffung umfassendere Anforderungen. Sie steht vor allem vor dem Problem der geringen Transparenz der Preis- und Leistungsstrukturen. Oft fehlt es an Leistungsverzeichnissen, die eine hinreichende Detailtreue zeigen (zum Beispiel bei Festpreisen).

AUFGABEN

1. Gehen Sie in das Lager Ihres Ausbildungsbetriebs und fertigen Sie eine ABC-Analyse der gelagerten Büromaterialien an.

2. Erklären Sie den Unterschied zwischen internen und externen Informationsquellen.

3. Suchen Sie im Internet vier verschiedene Versender für Medikamente und erstellen Sie daraus eine Bezugquellendatei.

4. Welche Abteilung ermittelt die Bezugsquelle?

5. Nennen Sie mindestens drei Beispiele für Medien, aus denen sich Informationen über Bezugsquellen entnehmen lassen.

6. Was ist eine Lieferantendatei?

7. Was ist eine Warenkartei?

8. Nennen Sie Kriterien, die Einfluss auf die Warenbestellung ausüben.

9. Erklären Sie die alte Kaufmannsweisheit „Im Einkauf liegt der Gewinn".

10. Sammeln Sie möglichst viele anschauliche Beispiele für Kosten, die über den Preis der Fremdleistung hinaus in der Beschaffung relevant sind.

5.3 Angebotsvergleich

Zum Einstieg

In der Abteilung Einkauf liegen drei Angebote für den Kauf von 50 Krankenbetten vor. Der Auszubildende Jan erhält den Auftrag herauszufinden, welches der Angebote das günstigste ist. Er überlegt sich, dass er am besten eine tabellarische Übersicht erstellt, damit er alle wichtigen Daten der einzelnen Angebote im Auge hat.

> BASISWISSEN
> Angebots-
> und Bezugs-
> kalkulation
> und Ange-
> botsvergleich
> Kapitel 4,
> Abschnitt
> 4.1.3

▶ Wie kommt ein Angebot zustande?

▶ Wie werden Angebote verglichen?

▶ Ist das günstigste Angebot auch immer das beste?

▶ Was ist der Unterschied zwischen günstig und billig?

▶ Was sind Betriebskosten?

▶ Was sind qualitative, was quantitative Auswahlkriterien?

Beispiel ▶ Quantitativer Angebotsvergleich im Krankenhaus

Jan hat aufgrund der Angebote der drei Lieferanten die folgende Tabelle erstellt, die einen direkten Vergleich der Preise ermöglicht:

Lieferant	Gesamtpreis (€)	Preis pro Stück (€)
Liegegut	100.000,00 €	2.000,00 €
Federleser	87.500,00 €	1.750,00 €
Stofflich	75.000,00 €	1.500,00 €

Gemessen am Stückpreis besteht kein Zweifel: Die Entscheidung liegt bei 50 Betten zu 1.500,00 €, da der Preis des Lieferanten Stofflich der niedrigste ist. Bei diesem Lieferanten könnte man bei einem Budget von 100.000,00 € zusätzlich 16 Reservebetten besorgen.

Neben dem Preis müssen bei der Lieferantenwahl allerdings auch qualitative Gesichtspunkte berücksichtigt werden, wie etwa die folgenden:

▶ Wie groß ist die Reparaturanfälligkeit der Betten?

▶ Wie zeitaufwendig ist die Reinigung?

▶ Kann das Modell auf allen Stationen eingesetzt werden?

▶ Wie hoch ist der Wartungsaufwand?

▶ Wie komfortabel sind die Betten in der Handhabung/bei der Patientenpflege?

▶ Wie schnell werden die Betten geliefert?

▶ Ist es sinnvoll, Reservebetten anzuschaffen?

562496

Die Ermittlung des nach den qualitativen Kriterien gewichteten Einkaufspreises erfolgt anhand des Vergleichs der qualitativen Gesichtspunkte. Der gewichtete Einkaufspreis ist der Maßstab, den Jan bei einem Angebotsvergleich anlegen sollte. Hier werden je nach Modell die vom Hersteller versprochenen und die intern festgelegten und geprüften Produkteigenschaften und deren Auswirkungen auf die Betriebs- und Folgekosten berücksichtigt. Ausschlaggebend sind also die errechneten Betriebskosten für Aufwandsarten wie zum Beispiel Energie, Wartung und Reparaturen und die nicht so leicht abschätzbaren Folgekosten – zum Beispiel der Aufwand für Instandhaltung und Reinigung oder der Aufwand in der Patientenversorgung. Je günstiger etwa der Hygienefaktor eines Modells aufgrund seiner Bauweise ist, desto schneller durchläuft es die zentrale und dezentrale Bettenaufbereitung – und je mehr ein Bett dem Patienten bei der Eigenmobilisierung hilft, umso weniger muss das Pflegepersonal helfen.

Die Gesamtkosten ergeben sich, wenn die Betriebs- und Folgekosten den Angebotspreisen produktspezifisch und auf die Nutzungsdauer ausgelegt zugerechnet werden. Daraus kann dann ein gewichteter Einkaufspreis je Bett abgeleitet werden, der den ersten günstigen Eindruck eines Angebotes korrigieren kann.

Nicht immer ist das billigste Angebot das beste, denn ein höherer Einkaufspreis kann durch geringere Betriebs- und/oder Folgekosten ausgeglichen werden. Ein eingehender Angebotsvergleich lohnt sich nicht nur bei einmaligen, teuren Anschaffungen, sondern auch bei laufenden Einkäufen.

AUFGABEN

1. Sie haben Angebote von mehreren Lieferern eingeholt und wollen das preislich günstigste Angebot ermitteln. Welche Preise müssen Sie miteinander vergleichen?

   a) Rechnungspreise

   b) Bareinkaufspreise

   c) Bezugspreise

   d) Zieleinkaufspreise

   e) Listenpreise

2. Wie lange ist ein Verkäufer an sein verbindliches Angebot gebunden?

3. Welche Aussage zum Angebot ist richtig?

   a) Ein Angebot ist immer unverbindlich.

   b) Ein Angebot ist immer verbindlich.

   c) Ein Angebot muss, damit es verbindlich ist, immer schriftlich unterbreitet werden.

   d) Ein Angebot ist an keine Form gebunden.

4. Ihnen liegen drei Angebote vor. Welches der Angebote ist preislich das günstigste?

   a) Erstellen Sie einen tabellarischen Angebotsvergleich.

   b) Wie hoch sind die Einstandspreise?

   c) Wie hoch sind die Einstandsstückpreise?

   d) Errechnen Sie die Bareinkaufspreise.

	Angebot 1	Angebot 2	Angebot 3
Bestellmenge (Stück)	1 000	1 000	1 000
Listenpreis (€)	54,00	58,00	52,00
Rabatt (%)	12	15	10
Zuschläge (%)	8	6	5
Skonto (%)	3	2	2
Kosten für Verpackung (€)	150,00	50,00	150,00
Kosten für Transport (€)	420,00	500,00	0,00

5. Sie erhalten ein Angebot mit folgenden Bedingungen. Welche der Bedingungen wird als Rabatt bezeichnet?

   a) brutto für netto
   b) Lieferung erfolgt „frei Haus".
   c) 5 % Nachlass am Jahresende bei einem Mindestumsatz von 50.000,00 €
   d) 15 % Nachlass bei Abnahme von 600 Stück
   e) 30 Tage netto Kasse, 2 % Nachlass bei Zahlung innerhalb von 10 Tagen

6. Welches der folgenden Beispiele ist ein Angebot?

   a) Postwurfsendung mit genauer Preisliste
   b) Ware ist im Schaufenster ausgestellt.
   c) Übersendung einer Preisliste an unseren Kunden Otto Müller persönlich
   d) Zeitungsinserat mit genauer Preisangabe

7. Welche Bedeutung hat die Anfrage für den Abschluss eines Kaufvertrags?

   a) Der Verkäufer ist nach HGB verpflichtet, ein Angebot abzugeben.
   b) Sie ist eine Erklärung des Käufers ohne rechtliche Wirkungen.

8. Erläutern Sie den Inhalt eines Angebots.

9. Nennen Sie Beschränkungen der Verbindlichkeit von Angeboten.

BASISWISSEN
Schriftverkehr
im
Beschaf-
fungsprozess
Kapitel 4,
Abschnitt
4.1.4

5.4   Schriftverkehr im Beschaffungsprozess

Zum Einstieg

Die Auszubildende Silke konnte letzte Woche nicht am Berufsschulunterricht teilnehmen, da sie zu Hause mit Grippe im Bett lag. Deshalb muss sie das Thema „Schriftverkehr im Beschaffungsprozess" nun nacharbeiten. Sie findet heraus, dass es zwischen ihrer privaten Korrespondenz und einem Geschäftsbrief Unterschiede gibt und dass für den Aufbau und die Druckgestaltung von Geschäftsbriefen sogar – teilweise gesetzliche – Bestimmungen existieren.

▶ Was sind die Merkmale eines Geschäftsbriefs?

▶ Was ist der Unterschied zwischen einem privaten Brief und einem Geschäftsbrief?

▶ Welche Vorschriften und Richtlinien gelten für den Geschäftsbrief?

▶ Welche Arten von Geschäftsbriefen können unterschieden werden?

Der geschäftliche Schriftverkehr, das heißt der Schriftverkehr zwischen Geschäftspartnern oder zwischen Geschäftsleuten und Privatpersonen, vollzieht sich über Geschäftsbriefe oder Handelsbriefe. Bei der Gestaltung von Geschäftsbriefen gelten besondere Richtlinien, die in Deutschland durch das Deutsche Institut für Normung (DIN) in der DIN 5008 und in der DIN 676 zusammengefasst sind.

Der inhaltliche Aufbau eines Geschäftsbriefs ist in der DIN 5008 festgelegt. Bestandteile sind:

▶ Absender,
▶ Empfänger,
▶ Datum, Anlage,
▶ Verteiler,
▶ Betreff,
▶ Anrede und
▶ Gruß.

Bei der Gestaltung des Drucks hilft die DIN 676. Sie umfasst die Maßangaben für die Aufteilung von A4-Blättern. Die Hauptbestandteile einer Seite sind der Briefkopf, der Text und die Fußzeile.

Arten von Geschäftsbriefen sind:

▶ Anfrage
▶ Angebot
▶ Bestellung
▶ Rechnung
▶ Reklamation oder Mängelrüge
▶ Mahnung

AUFGABEN

1. Was ist ein Brief?

2. Was ist der Unterschied zwischen einem Brief und einem Werbeschreiben?

3. Was ist der Unterschied zwischen einem Brief und einer Postkarte?

4. Nennen Sie die drei gestalterischen Kernbestandteile eines Geschäftsbriefs.

5. Welche Norm gilt für Geschäftsbriefe in Deutschland?

6. Was ist ein Musterbrief?

7. Gibt es unterschiedliche Formen für einen Brief?

8. Was ist ein Handelsbrief?

9. Welche Schriftstücke gehören zur Kategorie „Handelsbrief"?
   a) Briefpost
   b) Telefax-Nachricht
   c) E-Mail mit elektronischer Signatur

10. Welche gesetzlichen Bestimmungen gelten für die Aufbewahrung von Geschäftsbriefen?

11. Gilt die Aufbewahrungspflicht auch für E-Mails?

5.5 Rechts- und Geschäftsfähigkeit

Zum Einstieg

In der Berufschule hat der Auszubildende Matthias den Unterschied zwischen Rechtsfähigkeit und Geschäftsfähigkeit kennengelernt. Da er zum Zeitpunkt seiner Unterschrift unter dem Ausbildungsvertrag erst 17 Jahre alt war, stellt er sich die Frage, ob er dies ohne seine Eltern machen durfte und ob der Vertrag rechtskräftig ist. Er beschließt, seinen Ausbilder zu fragen.

- ▶ Was ist Rechtsfähigkeit?
- ▶ Was ist Geschäftsfähigkeit?
- ▶ Wer ist rechtsfähig?
- ▶ Wann beginnen und wann enden die Rechtsfähigkeit und die Geschäftsfähigkeit?

BASISWISSEN
Rechts-
fähigkeit und
Handlungs-
fähigkeit
Kapitel 1,
Abschnitt
1.2.1

Die gesetzlichen Vertreter von Geschäftsunfähigen sind im Fall von
- ▶ ehelichen Kindern gemeinschaftlich die beiden Elternteile,
- ▶ nichtehelichen Kindern die Mutter,
- ▶ Minderjährigen, die nicht unter elterlicher Sorge stehen oder deren Eltern nicht zu ihrer Vertretung berechtigt sind, der Vormund,
- ▶ Volljährigen, die aufgrund einer psychischen Krankheit oder einer körperlichen, geistigen oder seelischen Behinderung ihre Angelegenheiten ganz oder teilweise nicht besorgen können, ein Betreuer.

Bei besonders bedeutsamen Geschäften, zum Beispiel bei einem Grundstücksgeschäft oder bei der Aufnahme eines Kredits, benötigt der gesetzliche Vertreter die Zustimmung des Vormundschaftsgerichts.

AUFGABEN

1. Definieren Sie die Begriffe Rechts- und Geschäftsfähigkeit.

2. Erklären Sie die Stufen der Geschäftsfähigkeit und ihre Wirkung auf die Gültigkeit von Verträgen.

3. Was ist ein Delikt?

4. Definieren Sie die Deliktsfähigkeit.

5. Was gilt für die Willenserklärung von Kleinstkindern, Geisteskranken und Betrunkenen?

6. Der elfjährige Tim bekommt von seiner Mutter 50,00 €, von denen er sich neue Turnschuhe kaufen soll. Er kauft jedoch für das Geld drei Gameboy-Spiele.
   a) Kann die Mutter das Geld vom Kaufhausinhaber zurückverlangen?
   b) Wer ist Eigentümer der Gameboy-Spiele?

5.6   Kaufvertrag

BASISWISSEN
Kaufvertrag,
Dienstvertrag
und Werk-
vertrag
Kapitel 4,
Abschnitt
4.1.6

Zum Einstieg

Der Auszubildende Matthias ist im Chefarzt-Sekretariat von Herrn Prof. Dr. Knauser beschäftigt. Dort stellt ein Außendienstmitarbeiter der Firma Braun ein neues Infusionsgerät vor. Dieses Gerät wird mit einem Akku betrieben und besitzt eine Infrarotschnittstelle. Es würde daher die Arbeit auf der Intensivstation sehr erleichtern. Sowohl der Chefarzt als auch sein Stellvertreter Dr. Münze möchten das Gerät zwei Wochen lang ausprobieren. Sollte ihnen die Handhabung effektiv erscheinen, wird dieses Gerät für den Einsatz auf der Intensivstation und im OP gekauft. Matthias wird aufgetragen, die Papiere für die Bestellung vorzubereiten und anschließend Prof. Knauser vorzulegen.

▶ Wie kommen Kaufverträge zustande?

▶ Welche verschiedenen Arten des Kaufvertrags gibt es?

▶ Welche rechtlichen Wirkungen haben Kaufverträge?

Ein Kaufvertrag kommt durch ein Angebot und dessen Annahme zustande, wenn das Angebot vom Adressaten fristgerecht angenommen wurde. Die Annahme ist gültig, wenn durch die Annahme das Einverständnis zum Vertragsabschluss ausgedrückt und dieses Einverständnis gegenüber dem Anbieter auch erklärt wird.

Jeder Arbeitsvertrag ist ein Dienstvertrag gemäß § 611 BGB. Die Parteien des Dienstvertrags sind der Dienstberechtigte (der Gläubiger) und der Dienstverpflichtete (Schuldner). Der Dienstverpflichtete schuldet die Leistung, aber anders als beim Werkvertrag nicht den Erfolg. Ein Dienstvertrag begründet ein Dauerschuldverhältnis.

AUFGABEN

1. Wie kommt ein Kaufvertrag zustande?

2. Welche Anforderungen muss ein wirksames Kaufangebot erfüllen?

3. Besteht bereits bei Kaufvertragsverhandlungen ein Schuldverhältnis?

4. Kann für die Annahme eines Kaufangebots eine Frist gesetzt werden?

5. Wann gilt der Kaufvertrag als zustande gekommen?

6. Ist es möglich, dass Schweigen auf ein Kaufangebot die Annahme des Angebots zur Folge hat?

7. Nennen Sie die wichtigsten Bestandteile eines Kaufvertrags.

8. Wann wird die Beschaffenheit der Kaufsache Vertragsinhalt?

9. Welche Pflichten entstehen den Vertragspartnern durch einen Kaufvertrag?

10. Welche Folgen hat die Übergabe der Kaufsache an den Käufer?

11. Wer hat die Kosten der Übergabe der Kaufsache an den Käufer zu tragen?

12. In welcher Form ist der Kaufpreis zu zahlen, wenn vertraglich nichts geregelt ist?

13. Muss der Käufer den Kaufpreis zahlen, bevor ihm die Kaufsache vom Verkäufer übereignet und übergeben wurde?

14. Besteht für den Käufer ein gesetzliches Recht, die gekaufte Sache umzutauschen?

15. Was ist ein bürgerlicher Kauf?

16. Was ist ein Handelskauf?

17. Was ist ein Fixkauf?

18. Nennen Sie Beispiele für einen Stück- und einen Gattungskauf.

19. Was ist der Unterschied zwischen einem Mietvertrag und einem Leihvertrag?

20. Nennen Sie Rechte, die käuflich erworben werden können.

21. Welche Bedeutung hat der Begriff Verjährung im Zusammenhang mit einem Kaufvertrag?

22. Muss der Empfänger unverlangt zugeschickter Waren diese aufzubewahren, auch wenn er das Kaufangebot nicht annehmen will?

BASISWISSEN
Vertrags-
störungen
Kapitel 4,
Abschnitt
4.1.7

5.7 Vertragsstörungen

Zum Einstieg

Auf der Intensivstation sollte am 4. August ein Monitor für die Herz-Kreislauf-Überwachung angeliefert werden. Inzwischen ist der Monat September angebrochen und der Monitor ist noch immer nicht eingetroffen. Die Auszubildende Martina hat den Lieferanten schon zweimal angerufen, um die Anlieferung anzumahnen. Sie kommt zu dem Schluss, dass es besser sein wird, das Warten aufzugeben und den Monitor bei einer anderen Firma zu bestellen. Deshalb geht sie zu ihrer Ausbilderin und erkundigt sich bei ihr, welche Möglichkeiten es gibt, um vom Kaufvertrag zurückzutreten.

▶ Was ist eine Vertragsstörung?

▶ Was ist ein Mangel?

▶ Welche Rechte hat der Käufer, wenn die gelieferten Waren mangelhaft sind?

▶ Was geschieht, wenn der Verkäufer nicht liefert?

▶ Wann gerät der Käufer in Zahlungsverzug?

▶ Was ist der Unterschied zwischen Garantie und Gewährleistung?

AUFGABEN

1. Wann ist die Kaufsache mangelhaft?

2. Im BGB wird zwischen zwei Arten von Mängeln unterschieden. Nennen Sie beide Arten und erläutern Sie diese mit jeweils einem Beispiel.

3. Nennen Sie Beispiele für einen Sachmangel.

4. Welche Arten von Mängeln werden je nach ihrer Erkennbarkeit unterschieden? Nennen Sie jeweils ein Beispiel.

5624102

5. Nennen Sie die Rechte des Käufers bei Mängeln.

6. Schildern Sie anhand eines Beispiels, welche Rechte der Käufer im Fall einer Zu-wenig-Lieferung hat.

7. Wann liegt eine Falschlieferung vor?

8. Unter welchen Voraussetzungen kommt es zum Verzug des Käufers, ohne dass der Verkäufer eine Mahnung aussprechen muss?

9. Nennen Sie Zahlungsvereinbarungen, bei der ein Käufer auch ohne Mahnung in Verzug kommt.

10. Ein Käufer will vom Vertrag zurücktreten. Unter welchen Voraussetzungen ist er nicht verpflichtet, dem Verkäufer zuvor eine angemessene Nachfrist zu setzen?

11. Nennen Sie ein Beispiel aus dem Gesundheitswesen für einen Lieferverzug.

12. Wann kann sich ein in Verzug geratener Lieferant zur Begründung des Verzugs auf höhere Gewalt berufen?

13. Wann verjährt die Haftung des Verkäufers für eine mangelhafte Kaufsache?

14. Wodurch unterscheidet sich die Garantie von der Gewährleistung?

15. Erklären Sie anhand von Beispielen aus dem Gesundheitswesen die Anfechtbarkeit von Kaufverträgen wegen
    a) Inhaltsirrtum,   b) Erklärungsirrtum,   c) arglistiger Täuschung.

16. Erläutern Sie den Unterschied zwischen Nichtigkeit und Anfechtbarkeit von Rechtsgeschäften.

17. Unter welchen Umständen kann ein Kaufvertrag nichtig sein?

18. Welche gesetzlichen Verbote bewirken die Nichtigkeit des Kaufvertrags?

19. Wann liegt ein Wuchergeschäft vor?

20. Wann verstößt ein Kaufvertrag gegen die guten Sitten?

21. Die Auszubildende Silke kauft einen CD-Player. Zu Hause stellt sie fest, dass der Startknopf herausfällt. Welches Recht kann sie geltend machen?

22. Melanie Mutig bestellt zu ihrer Silvesterparty ein Büfett. Leider trifft die Lieferung erst am Neujahrsmorgen ein. Welches Recht kann sie geltend machen?

23. Fritz Fuchtig hat zu seiner Geburtstagparty für 19 Uhr ein Büffet bestellt. Da seit 18 Uhr heftige Schneefälle herrschen, trifft der Lieferant erst um 23 Uhr ein. Ist es rechtens, wenn Herr Fuchtig nun vom Vertrag zurücktritt?

24. Die Klinik Am Rande der Stadt erhält am 8. April eine Lieferung. Es wurden keine besonderen Zahlungsbedingungen vereinbart und es ist nicht nachvollziehen, ob eine Rechnung bei der Klinik am Rande der Stadt angekommen ist. Wann gerät die Klinik in Zahlungsverzug?

25. Die Klinik Am Rande der Stadt kauft ein neues Röntgengerät. Das Gerät arbeitet fehlerhaft und die Klinik möchte es sofort zurückgeben. Hat sie das Recht dazu?

26. Der Chefarzt Prof. Dr. Knauser hat einen Neuwagen bestellt. Die Lieferung sollte bis Ende April erfolgen, aber der Wagen ist noch nicht eingetroffen. Knauser hat ärgerlicherweise sein altes Auto schon verkauft und fährt jetzt mit dem Taxi. Welche Rechte kann er geltend machen?

27. Erklären Sie den Unterschied zwischen Nachbesserung und Nachlieferung.

BASISWISSEN
Zahlungs-
verkehr
Kapitel 4,
Abschnitt
4.1.8

5.8 Zahlungsverkehr

Zum Einstieg

Der Chefarzt Prof. Dr. Knauser hatte nun zwei Wochen lang Gelegenheit, das Infusionsgerät der Firma Braun auszuprobieren. Er spricht mit Dr. Münze und die
beiden kommen zu der Ansicht, dass das Gerät auf der Intensivstation verblei-
ben soll. Der Auszubildende Matthias erhält den Auftrag, mit dem Außendienstmitarbeiter des Lieferanten Kontakt aufzunehmen, um mit diesem alle weiteren
Schritte zu klären, die notwendig sind, um den Kauf abzuschließen. Matthias ruft
bei der Firma an, bittet um Zusendung der Rechnung und erkundigt sich nach der
gewünschten Zahlungsweise.

▶ Welche Zahlungsarten gibt es?
▶ Welche Möglichkeiten der bargeldlosen Zahlung gibt es?

AUFGABEN

1. In wie vielen Ländern ist die mittelbare Übertragung von Bargeld möglich?

2. Welche Arten von Zahlungsverkehr können unterschieden werden?

3. Nennen Sie für die unmittelbare Bargeldzahlung mindestens ein Beispiel aus dem Gesundheitswesen.

4. Was ist Buchgeld?

5. Was sind die Kernbestandteile des bargeldlosen Zahlungsvorgangs?

6. Erklären Sie das Lastschriftverfahren.

7. Was ist der Unterschied zwischen einem Verrechnungs- und einem Barscheck?

8. Betrachten Sie die nachfolgenden Fälle und entscheiden Sie, ob es hierbei um eine Barzahlung, eine halbbare Zahlung oder eine bargeldlose Zahlung geht.
   a) Kasseneinzahlung   d) Barscheck
   b) Überweisung per Bank e) Postbanküberweisung
   c) Verrechnungsscheck   f) Einzug des Zahlbetrags durch die Bank des Empfängers

9. Was ist der Unterschied zwischen unmittelbarer und mittelbarer Barzahlung?

10. Nennen Sie drei Gesellschaften, die in Deutschland Kreditkarten ausgeben.

11. Worauf sollte der Zahler bei der Barzahlung aus Sicherheitsgründen achten?

12. Was ist Voraussetzung für die halbbare Zahlung?

13. Nennen Sie drei Möglichkeiten, die ein Zahler mit Girokonto bei der halbbaren Zahlung
hat.

14. Beschreiben Sie den Vorgang bei der Zahlungsanweisung „zur Verrechnung".

15. Erklären Sie den Unterschied zwischen Lastschriftverfahren und Dauerauftrag.

16. Bei welchen Zahlungen greift man üblicherweise auf den Dauerauftrag zurück? Nennen
Sie drei Beispiele.

5.9 Debitoren- und Kreditorenbuchhaltung

Zum Einstieg

Die Auszubildende Hannah verbringt heute ihren ersten Tag in der Buchhaltung des Krankenhauses Am Rande der Stadt und wird von ihrem Ausbilder Peter Pfennig über das Aufgabengebiet der Abteilung informiert. Hannah weiß, dass es in der Buchhaltung Kreditoren und Debitoren gibt. Da sie die beiden Begriffe immer verwechselt, hofft sie, durch den praktischen Einsatz endlich die Begriffe unterscheiden zu können. Herr Pfennig ist sicher, dass sie das hier schnell lernen wird.

▶ Was ist ein Kreditor?

▶ Was ist ein Debitor?

▶ Welche Unterschiede gibt es?

Die Debitoren- und Kreditorenbuchhaltung ist ein Teil der Finanzbuchhaltung (Hauptbuchhaltung). Die Forderungen und die Verbindlichkeiten (Überwachung der Zahlungsströme aufgrund der Eingangs- und Ausgangsrechnungen), die in der Debitoren-/Kreditorenbuchhaltung dokumentiert sind, sind auch in der Finanzbuchhaltung belegt. Jeder Debitor und jeder Kreditor erhält ein eigenes Konto, auf dem alle Umsätze verbucht werden.

▶ Ein **Kreditor** (aus dem Lateinischen von „credere", glauben, vertrauen) ist im weiteren Sinne ein Gläubiger von Lieferungen und Leistungen. In der Kreditorenbuchhaltung werden die finanziellen Verpflichtungen gegenüber den Kreditgebern (Lieferanten) als Kreditoren bezeichnet.

▶ Ein **Debitor** (aus dem Lateinischen von „debet", er schuldet) ist im Gegensatz dazu ein Schuldner von Lieferungen und Leistungen. In der Debitorenbuchhaltung werden die ausstehenden Rechnungsbeträge beziehungsweise die Forderungen gegenüber den Abnehmern von Lieferungen und Leistungen als Debitoren bezeichnet.

5.9.1 Kreditorenbuchhaltung

Die Kreditorenbuchhaltung lenkt und verwaltet die Daten aller Kreditoren. Hier werden eingehende Rechnungen geprüft, gewährte Skonti gegen die Ausnutzung der Lieferantenkredite (Zahlungsfristen) aufgerechnet und Zahlungsabzüge oder Verzugszinsen berechnet und überwacht. Die Erfassung der Lieferungen oder Leistungen geschieht auf der Haben-Seite, die eigenen Zahlungen, eventuelle Abzüge, Skonti, Minderungen oder Verzugszinsen stehen auf der Soll-Seite des Kreditorenkontos.

Beispiel ▶ Ein Vorgang in der Kreditorenbuchhaltung

Die Rechnung des Lieferanten von Blutkonserven wird in der Kreditorenbuchhaltung erfasst und kontrolliert. Dabei stellt die Mitarbeiterin fest, dass der Zeitraum, innerhalb dessen Skonto gewährt wird, noch nicht verstrichen ist. Sie überweist den um das Skonto reduzierten Rechnungsbetrag umgehend.

5.9.2 Debitorenbuchhaltung

In der Debitorenbuchhaltung werden die offenen Forderungen des Unternehmens erfasst und verwaltet (Forderungsmanagement). Neben der reinen Erfassung der Gegebenheiten liefert die Debitorenbuchhaltung Informationen zur Verbesserung der finanziellen Lage des Unternehmens. So werden regelmäßig Außenstände ab einer bestimmten Laufzeit (zum Beispiel länger als 30 Tage) erfasst, damit diese Informationen für das betriebliche Mahnwesen bereitstehen und eine Bewertung des finanziellen Risikos vorgenommen werden kann. Erfolgt ein Ausgleich der Forderung auch nach dem betrieblichen Mahnweg – erste Mahnung, zweite Mahnung mit Kündigungsandrohung, letzte Mahnung – nicht, wird der Fall an die Rechtsabteilung übergeben, die dann gerichtliche Schritte einleitet. Ist ein Schuldner zahlungsunfähig (insolvent), so werden Forderungen im Rahmen der Debitorenbuchhaltung ausgebucht. Der Erfolg und der Arbeitsaufwand in der Debitorenbuchhaltung hängen von der wirtschaftlichen Konjunktur und der Schuldnerstruktur ab.

AUFGABEN

1. Was ist der Unterschied zwischen einem Debitor und einem Kreditor?

2. Wo werden Buchungen erfasst?

3. Was ist der Unterschied zwischen dem Hauptbuch und dem Nebenbuch?

5.10 Lagerwirtschaft

Zum Einstieg

Der Auszubildende Michael wird während seiner Ausbildung auch im Lager für Arzneien und Pflegemittel eingesetzt. Er erhält eine Bedarfsmeldung von der Inneren Medizin für mehrere Pflegemittel (Waschlotion und Hautgel). Diese soll er aus dem Lager holen und zusammenpacken, damit die Mittel schnellstmöglich in die Abteilung geschickt werden können. Da er mit der Organisation des Lagers noch nicht vertraut ist, fragt er seinen Ausbilder, wie und wo er die Mittel möglichst schnell finden kann. Außerdem möchte er gerne wissen, wer für Nachbestellungen verantwortlich ist und wann eigentlich Nachbestellungen aufgegeben werden.

▶ Welche Aufgaben hat die Lagerhaltung?

▶ Was ist bei der Lagerhaltung im Krankenhaus zu beachten?

▶ Was sind Lagerkennziffern und wozu dienen sie?

▶ Welche Vorschriften und Richtlinien existieren für die Lagerhaltung von Medikamenten?

5.10.1 Aufgaben und Organisation

BASISWISSEN
Lager-
organisation
Kapitel 4,
Abschnitt
4.1.9

Das Lager sichert die Behandlung der Patienten gegen Störungen in der Beschaffung ab. Verzögerungen und Fehllieferungen würden zum Stillstand oder zu Wartezeiten im OP- und Stationsablauf führen, wenn kein Lager gebildet würde. Durch die Lagerhaltung erhält das Krankenhaus also die notwendige Unabhängigkeit gegenüber Lieferzeiten.

Der Begriff „Logistik" beschreibt alle Vorgänge von der Anforderung bis zur letzten Verwendung von Waren, das heißt Beschaffungs-, Transport- und Lagervorgänge. Dieser Prozess umfasst also den gesamten Materialfluss vom Lieferanten bis zum Kunden. Die Logistik im Krankenhaus, das heißt der Materialfluss zwischen den Stationen und Funktionsbereichen, muss sowohl den betriebswirtschaftlichen als auch den funktionellen Anforderungen entsprechen. Die interne Materiallogistik wird in vier Bereiche eingeteilt:

▶ Beschaffungslogistik (Wirtschaftsgüter),
▶ Lager- und Transportlogistik,
▶ Entsorgungslogistik,
▶ Funktionslogistik mit veredelnden Aufgabenanteilen (zum Beispiel Sterilgut-, Speisen-, Wäsche- und Bettenversorgung).

Die Logistik in deutschen Krankenhäusern hat ein großes Optimierungspotenzial. Dieses Potenzial kann zum Beispiel durch eine zentrale Koordination der Materiallogistik oder durch die Einführung eines umfassenden Logistikkonzepts erschlossen werden.

Die dezentrale Versorgungsstruktur ist oft sehr unübersichtlich. Deshalb kommt es häufig vor, dass das Pflegepersonal administrative Tätigkeiten und Transportaufgaben übernimmt. Weitere Probleme der im Krankenhaus verteilten Lagerstätten sind die langen Lieferzeiten, zu hohe Lagerbestände und sachfremde und unübersichtliche Lagerungen.

In Tabelle 5.1 sind Logistikprobleme im Krankenhaus und Einsparpotenziale zusammengefasst.

Probleme im Krankenhaus	Maßnahmen mit Einsparpotenzial
Belastung der Pflege durch artfremde Tätigkeiten	Reduzierung der Personalkosten durch die Vermeidung von artfremden, logistischen Tätigkeiten
Überhöhte Lagerbestände	Verringerung der Flächen- und Ausstattungskosten für vermiedene Lagerflächen
Hohes Obsoleszenzrisiko (Ablauf der Mindesthaltbarkeitsdauer)	Weniger Materialaufwand durch Kontrolle der Restlaufzeiten beziehungsweise durch optimale Lagerabgänge
Hoher Beschaffungsaufwand durch wiederholte Beschaffung nur kleiner Mengen	Senkung des Beschaffungsaufwands durch ein zentrales Lager und die Bestellung größerer Mengen
Fehlende Informationen über Bestands- und Bestellmengen	Gläserne Mengenplanung: Einsicht in die Lagerbestände durch KIS oder SAP
Undurchsichtige Kostenzuordnungen	Transparente Kostendatenverwaltung durch KIS und SAP

Tabelle 5.1: Logistikprobleme im Krankenhaus

Aktuelle Trends beziehungsweise wünschenswerte Entwicklungen in der Lagerlogistik sind zum Beispiel

▶ eine zentrale und übersichtliche Abstimmung aller Transportaufträge, von der Postverteilung bis zum Transport aller Warengruppen inklusive der Patienten- und Probentransporte,

▶ eine Reduzierung des Warenbestandes und dadurch eine Entlastung des Pflegepersonals,

▶ eine unternehmensübergreifende Bestandsverwaltung und Nachschubdisposition und

▶ die Einrichtung eines zentralen Lagers.

Logistische Dienstleistungsunternehmen bieten Krankenhäusern integrierte Komplettlösungen an. Diese Komplettlösungen übernehmen außer der Logistik auch das Beschaffungsmanagement und die elektronische Prozessabwicklung. Die informationstechnologische Prozessunterstützung bewirkt unter anderem eine höhere Versorgungsqualität, eine Senkung der Kosten und eine umgehende Verfügbarkeit von Daten.

AUFGABEN

1. Was ist der Unterschied zwischen Eigen- und Fremdlager?

2. Nennen Sie die Aufgaben der Lagerhaltung.

3. Welche Anforderungen werden an die Lagerhaltung gestellt?

4. Welche Aufgaben hat die Lagerbestandskontrolle?

5. Erklären Sie den Unterschied zwischen zentraler und dezentraler Lagerhaltung.

6. Nennen Sie unterschiedliche Lagerarten.

7. Wovon hängt die Größe eines Lagers ab?

8. Welche Schwierigkeiten sind in der Lagerhaltung zu erwarten? Erläutern Sie mögliche Konflikte.

9. Welche Arbeiten fallen in einem Lager an?

10. Erläutern Sie den Begriff Lagerorganisation.

BASISWISSEN
Lagerführung, Lagerkennziffern Kapitel 4, Abschnitt 4.1.9

5.10.2 Lagerkennziffern

Lagerkennziffern sind für die Lagerverwaltung im Krankenhaus genauso notwendig wie in der freien Wirtschaft. Durch die regelmäßige Erfassung der Lagerbestände und des Lagerumschlags und die Umsetzung der Lagerdaten in Lagerkennziffern ist eine Übersicht über die Kosten und die Wirtschaftlichkeit der Lagerhaltung schnell möglich.

Es ist wichtig, immer genug Waren am Lager zu haben, damit sichergestellt werden kann, dass das Krankenhaus immer seinen Versorgungsauftrag erfüllt. Durch einen zu hohen Lagerbestand werden dem Krankenhaus finanzielle Mittel entzogen, die an anderen Stellen sinnvoller eingesetzt werden könnten. Zudem steigt die Gefahr, dass

Medikamente verderben, gestohlen oder beschädigt werden. Zu kleine Lagermengen ziehen andererseits teure Nachbestellungen und möglicherweise für den Patienten lebensbedrohlich lange Lieferzeiten nach sich.

AUFGABEN

1. Warum werden Lagerkennziffern berechnet?

2. Was ist der eiserne Bestand? Wozu dient er?

3. Erklären Sie den Begriff Meldebestand.

4. Warum wird in einem Lager ein Höchstbestand festgelegt?

5. Ein Krankenhaus benötigt pro Tag 2000 Infusionsbestecke. Die Lieferzeit ab dem Nachbestellungszeitpunkt beträgt sechs Tage. Es sollen stets mindestens 15000 Infusionsbestecke im Lager sein. Berechnen Sie den Meldebestand.

6. Betrachten Sie die Angaben aus der Lagerführung in der folgenden Tabelle und ermitteln Sie die fehlenden Werte.

Wareneinsatz pro Jahr in €	Ø Lagerbestand in €	Umschlagshäufigkeit	Ø Lagerdauer in Tagen
500.000,00	50.000,00		
800.000,00	40.000,00		
1.500.000,00		17	
	153.846,00		28
8.500.000,00			16

7. Berechnen Sie den jahresdurchschnittlichen Lagerbestand.

Bestand in Stück zum 1. Jan. 20..	Bestand in Stück zum 31. Dez. 20..	Summe Monatsbestände in Stück	Ø Lagerbestand in Stück
20000	80000	756002	
50000	75000	825085	
100000	225000	1320254	

8. Errechnen Sie die Umschlagshäufigkeit und die durchschnittliche Lagerdauer.

Gesamtmenge	Ø Lagerbestand in Stück	Umschlagshäufigkeit	Ø Lagerdauer in Tagen
500000	35000		
880000	75000		
1111111	111111		

9. Die Lieferzeit von OP-Bestecken beträgt zehn Tage. Der Mindestbestand ist auf 150 OP-Bestecke festgelegt.
   a) Wie hoch ist der Meldebestand, wenn täglich 28 Bestecke benötigt werden?
   b) Wie hoch ist die maximale Bestellmenge, wenn sich der Höchstbestand auf 600 Stück belaufen soll und die eiserne Reserve am Bestelltag schon um 55 unterschritten ist?

5.11 Entsorgungs- und Hygienevorschriften

Zum Einstieg

Die Auszubildende Sarah erhält die Mitteilung, dass die Abfallbehälter aus dem OP geleert werden müssen. Ihr Ausbilder erklärt ihr, dass dieser Müll getrennt entsorgt werden muss, weil das Krankenhaus verpflichtet ist, seine Abfälle ordnungsgemäß nach den Bestimmungen des Abfall-, Infektionsschutz-, Arbeitsschutz-, Chemikalien- und Gefahrgutrechts zu entsorgen. Das Krankenhaus ist also verpflichtet, Abfälle wie zum Beispiel Kanülen oder Skalpelle, die das Risiko von Schnitt- oder Stichverletzungen mit sich bringen, in stich- und bruchfesten Einwegbehältern zu sammeln, verschlossen und sicher zu lagern und zu entsorgen, damit sich niemand daran verletzt.

▶ Welche Bestimmungen für die Entsorgung von Abfall gibt es?

▶ Was ist bei der Entsorgung zu beachten?

▶ Was sind Gefahrensymbole und wofür werden sie eingesetzt?

▶ Welche Hygienemaßnahmen gibt es?

▶ Was beinhalten die Hygienegrundsätze?

5.11.1 Entsorgung

Die Abfallentsorgung muss so erfolgen, dass weder die Gesundheit des Menschen, noch die Umwelt, noch die öffentliche Sicherheit und Ordnung gefährdet ist. Die richtige Entsorgung des Abfalls betrifft schon das Sammeln, Verpacken, Bereitstellen, Lagern, Transportieren, Behandeln, Verwerten und Beseitigen inner- und außerhalb der Einrichtung bis zur endgültigen Verwertung oder Beseitigung. Dabei sind insbesondere die Anforderungen der Infektionsprävention zu beachten.

Das Inkrafttreten des Kreislaufwirtschafts- und Abfallgesetzes (KrW-/AbfG) und die Einführung des Europäischen Abfallverzeichnisses haben bewirkt, dass die Entsorgung der Abfälle aus Einrichtungen des Gesundheitsdienstes europarechtskonform geregelt wird. Seit Anfang 2002 gilt zum Beispiel die neue Bestimmung des Robert-Koch-Instituts zur Reinigung und Sterilisation von Medizinprodukten (OP-Instrumente, OP-Material). Die Richtlinie über die ordnungsgemäße Abfallentsorgung aus Einrichtungen des Gesundheitsdienstes gibt Ratschläge für die Abfallentsorgung aus allen Einrichtungen des Gesundheitsdienstes, die im Rahmen der humanmedizinischen und tierärztlichen Versorgung und Forschung anfallen. Das Ziel der Richtlinie ist es, eine sichere und ordnungsgemäße Abfallentsorgung unter Berücksichtigung der wirtschaftlichen Zumutbarkeit zu gewährleisten und Krankheitsübertragungen sowie Umweltbelastungen zu vermeiden.

Als Einrichtungen des Gesundheitsdienstes gelten unter anderem Krankenhäuser, Dialysezentren, Vorsorge- und Rehabilitationseinrichtungen, Sanatorien und Kurheime, Pflege- und Krankenheime, Praxen von Ärzten, Zahnärzten

Kreislaufwirtschafts- und Abfallgesetz
bundesrecht.juris.de/krw-_abfg/

und Heilpraktikern sowie Betriebsärzten, Gesundheitsämter, Sozialstationen, tierärztliche Praxen und Kliniken, veterinärmedizinische Institute und Forschungseinrichtungen sowie Versuchstierhaltung mit infizierten Tieren, Blutbanken und Blutspendedienste sowie pathologische Institute und Apotheken.

Die Richtlinie soll in Einrichtungen oder auch nur Bereichen der Einrichtungen angewendet werden, in denen Menschen medizinisch untersucht, behandelt oder gepflegt, Rettungs- und Krankentransporte ausgeführt, Tiere veterinärmedizinisch untersucht oder behandelt, Körpergewebe, -flüssigkeiten und -ausscheidungen von Menschen oder Tieren untersucht oder gehandhabt, Arbeiten mit Krankheitserregern erledigt, infektiöse oder infektionsverdächtige Gegenstände und Stoffe desinfiziert und Medikamente gehandhabt oder auch nur in geringen Mengen zubereitet werden.

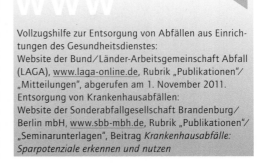

Vollzugshilfe zur Entsorgung von Abfällen aus Einrichtungen des Gesundheitsdienstes:
Website der Bund/Länder-Arbeitsgemeinschaft Abfall (LAGA), www.laga-online.de, Rubrik „Publikationen"/ „Mitteilungen", abgerufen am 1. November 2011.
Entsorgung von Krankenhausabfällen:
Website der Sonderabfallgesellschaft Brandenburg/ Berlin mbH, www.sbb-mbh.de, Rubrik „Publikationen"/ „Seminarunterlagen", Beitrag *Krankenhausabfälle: Sparpotenziale erkennen und nutzen*

Im Krankenhaus entstehen gesundheitliche Gefährdungen durch
- ▶ Verletzungsmöglichkeiten durch scharfe oder spitze Gegenstände,
- ▶ Krankheitserreger wie infektiöse Abfälle,
- ▶ radioaktive Substanzen aus der Röntgenabteilung,
- ▶ biologisch wirksame Stoffe wie Arzneimittel oder Zytostatika,
- ▶ den Umgang mit Abfällen inner- und außerhalb der Einrichtung (Transport, Deponierung, Entsorgung).

Die Gefahren der einzelnen Stoffe werden durch Gefahrensymbole bezeichnet, die einen ersten und sofort erkennbaren Hinweis auf den erforderlichen Umgang mit den gekennzeichneten Stoffen geben. Die Gefahrensymbole sind innerhalb der Europäischen Union vereinheitlicht. Tabelle 5.2 gibt die Symbole, ihre jeweilige Bedeutung und entsprechende Schutzmaßnahmen wieder.

	Ätzend	Lebendes Gewebe und viele Materialien werden bei Kontakt mit diesen Stoffen zerstört. ▶ **Dämpfe nicht einatmen, Kontakt mit Augen, Haut und Kleidung vermeiden**
	Biogefährdend	krebserregende, fruchtschädigende oder erbgutverändernde Substanzen oder virulente Krankheitserreger ▶ **Jeglichen Kontakt vermeiden**
	Brandfördernd	Kann brennbare Stoffe entzünden, ausgebrochene Brände fördern oder deren Löschung erschweren. ▶ **Kontakt mit brennbaren Stoffen vermeiden**
	Explosionsgefährlich	Substanz kann unter bestimmten Bedingungen explodieren. ▶ **Schlag, Stoß, Reibung, Funkenbildung und Hitzeeinwirkung vermeiden**

	Giftig	Nach Einatmen, Verschlucken oder Aufnahme durch die Haut treten meist Gesundheitsschäden erheblichen Ausmaßes oder gar der Tod ein. ▶ **Jeglichen Kontakt mit dem menschlichen Körper vermeiden und bei Unwohlsein sofort den Arzt aufsuchen**
	Entzündlich	Selbstentzündliche Stoffe, brennbare Gase oder Flüssigkeiten mit einem Flammpunkt unter 23 °C. Gase bzw. Dämpfe können entzündliche Gas-Luft-Gemische bilden. ▶ **Zündquellen (offene Flammen, Wärmequellen, Funken) fernhalten, ggf. Maßnahmen gegen elektrostatische Aufladung treffen**
	Radioaktiv	Kernbrennstoffe oder Substanzen, die ionisierende Strahlen spontan aussenden ▶ **Jeglichen Kontakt vermeiden, nur in geeigneten Schutzgefäßen handhaben oder transportieren**
	Umweltgefährlich	Stoffe, die selbst oder deren Zersetzungsprodukte aufgrund geringer Abbaubarkeit, Akkumulationsfähigkeit oder Mobilität in der Umwelt auftreten bzw. sich anreichern können und Menschen, Tiere, Pflanzen, Mikroorganismen, die natürliche Beschaffenheit von Wasser, Boden oder Luft schädigen, die Beziehungen unter ihnen oder den Naturhaushalt stören oder erhebliche Gefahren oder Nachteile für die Allgemeinheit herbeiführen können. ▶ **Diese Substanzen dürfen nicht unkontrolliert freigesetzt und in die Natur ausgebracht werden, sondern sind einer Wiederverwendung zuzuführen oder als Sondermüll zu entsorgen.**
	Gas	Bei unsachgemäßem Umgang kann Gas ausströmen. Bei Kontakt des Gases mit offenem Feuer oder Zündfunken entsteht eine Stichflamme, die sich zu einem Brand ausweiten und bewirken kann, dass die Gasflasche explodiert. Schwere Verbrennungen und Verletzungen drohen. ▶ **Produkte mit dem Piktogramm „Gasflasche" niemals in die Nähe von offenem Feuer bringen. Bei Verwendung einer Gasflasche auf die vorschriftsmäßige Installation achten. Zuleitungsschläuche und Dichtungen regelmäßig überprüfen.**

Schwerwiegende Gefahr	Bereits bei einer einmaligen und kurzzeitigen Verwendung können Gesundheitsschäden auftreten. Es kann auch eine besonders große Gefahr vorliegen, dann allerdings erst bei länger andauerndem oder wiederholtem Kontakt. In jedem Fall ist besondere Aufmerksamkeit geboten, da der Stoff schon beim ersten Kontakt eine Hautreizung oder Hautallergie hervorrufen, die Atemwege reizen und entzünden, betäubend wirken oder die Augen reizen kann. In Kombination mit dem Piktogramm „Ätzwirkung" oder „Gesundheitsgefahr" bedeutet das Ausrufezeichen, dass beim Einatmen oder Verschlucken die akute Gefahr von Atemwegsreizungen, -verätzungen oder -sensibilisierungen besteht.
Gesundheitsgefahr	Durch Schlucken, Einatmen oder über den direkten Kontakt mit der Haut rufen bestimmte chemische Stoffe unter Umständen akute oder chronische Gesundheitsschäden hervor. Manchmal reagiert der Körper sehr schnell (zum Beispiel mit Atembeschwerden), manchmal treten die Folgen aber auch erst nach Jahren ein, etwa in Form einer Krebserkrankung. ▶ **Das Produkt nur für den auf der Verpackung angegebenen Zweck verwenden, gegebenenfalls Schutzhandschuhe und/oder Atemmaske tragen.**

Quelle: www.chemie.uni-ulm.de/experiment/gs-symbol.html, abgerufen am 17. Februar 2009; Bayerisches Saatsministerium für Arbeit und Sozialordnung, Familie und Frauen: *Die neu(e)n Zeichen für Ihre Sicherheit;* abrufbar als PDF-Dokument auf der Website des Staatsministeriums, www.verwaltung.bayern.de, Rubrik „Servicecenter"/„Broschüren"; abgerufen am 1. November 2011.

Tabelle 5.2: Symbole für Gesundheits- und Umweltgefahren

5.11.2 Hygiene

Die Hygiene (vom Griechischen „hygieinos"; gesund, heilsam) ist die Lehre von der Vorbeugung gegen Krankheiten und der Erhaltung und Kräftigung der Gesundheit.

Ebenso wie zur Entsorgung von Abfällen existieren auch für die Hygiene in Einrichtungen des Gesundheitsbereichs zahlreiche Vorschriften, Forderungen, Richtlinien und Empfehlungen von Arbeitsgruppen und Kommissionen.

Beispiel ▶ Gesetze und Richtlinien zur Hygiene

▶ Bundesseuchengesetz (BSeuchG)

▶ Krankenhaushygiene-Verordnungen der Länder

▶ Abfallbeseitigungsgesetz (AbfG)

▶ Unfallverhütungsvorschriften (UVV)

▶ Richtlinie für Krankenhaushygiene und Infektionsprävention der Kommission für Krankenhaushygiene.

Die Krankenhaushygiene ist ein Teilgebiet der Hygiene, das sich mit der Feststellung und Untersuchung aller im Krankenhaus auftretenden Ursachen für eine mögliche Schädigung der Gesundheit von Patients und Personal befasst. Die Erkennung, Verhütung und Bekämpfung von Krankenhausinfektionen wird durch den Öffentlichen Gesundheitsdienst überwacht. Die Richtlinie für Krankenhaushygiene und Infektionsprä-

www.hygiene-klinik-praxis.de/
www.wernerschell.de,
Rubrik Rechtsalmanach/
Infektionsschutzrecht

vention beschreibt die Anforderungen an die Krankenhaushygiene, zum Beispiel an Händewaschen und Händedesinfektion, an Schutzkleidung, bei Injektionen und Punktionen, bei Infusionstherapie und Katheterisierung von Gefäßen, an Wundverband und Verbandwechsel und in der operativen Medizin. Sie ist folgendermaßen aufgebaut:

▶ Definition der Krankenhausinfektion
▶ Rechtliche Grundlagen
▶ Erkennung von Krankenhausinfektionen
▶ Verhütung und Bekämpfung von Krankenhausinfektionen durch funktionell-bauliche Maßnahmen
▶ Verhütung und Bekämpfung von Krankenhausinfektionen durch betrieblich-organisatorische Maßnahmen
▶ Verhütung und Bekämpfung von Krankenhausinfektionen durch hygienische Maßnahmen in Versorgungs- und technischen Bereichen
▶ Durchführung der Sterilisation und Desinfektion

AUFGABEN

1. Woher stammt der Begriff Hygiene?

2. Wer überwacht die Einhaltung der Hygienevorschriften in Einrichtungen des Gesundheitswesens?

3. Wozu werden Desinfektionsmittel benötigt?

4. Warum sollen Spritzen nur einmal verwendet und nicht in den Hausmüll geworfen werden?

5. Nennen Sie mindestens drei Materialien, die nicht unkontrolliert weggeworfen werden dürfen.

6. Welche Bestimmungen muss das Krankenhaus bei der Entsorgung von Krankenhausabfall befolgen?

7. Nennen Sie mindestens zwei für die Krankenhaushygiene bedeutsame Vorschriften oder Gesetze.

8. Wer veröffentlicht Hygienevorschriften in Deutschland? Welchem Bundesministerium ist diese Institution zugeordnet?

9. Wofür werden Gefahrensymbole genutzt?

6 Dienstleistungen anbieten

6.1 Krankenhaus und Versorgungsauftrag

Zum Einstieg

Die Auszubildende Miriam ist im ersten Ausbildungsjahr im Krankenhaus Am Rande der Stadt. Bevor sie dort ihre Ausbildung zur Kauffrau im Gesundheitswesen begann, hat sie sich Informationen über die Krankenhaus-Homepage beschafft. Bei ihrer Recherche hat sie entdeckt, dass es unterschiedliche Leistungsbereiche im Krankenhaus gibt. Miriam hatte sich unter einigen Leistungsbereichen, wie etwa teilstationäre Behandlung, nichts Konkretes vorstellen können. Sie hat sich vorgenommen, ihre Wissenslücke mithilfe ihres Ausbilders Herrn Schlau, der in der Abteilung Leistungsabrechnung arbeitet, zu schließen.

▶ Was kennzeichnet sozialversicherungsrechtlich ein Krankenhaus?

▶ Worauf beruht die Arbeit der im Krankenhaus Beschäftigten?

▶ Welche Leistungen werden in den Krankenhäusern erbracht?

▶ Was ist ambulante, was ist teilstationäre und was vollstationäre Behandlung?

Die elementaren Rechtsgrundlagen für die Behandlung in Krankenhäusern finden sich im fünften Buch des Sozialgesetzbuches (SGB V).

> Ein **Krankenhaus** ist krankenversicherungsrechtlich eine Einrichtung, in der medizinische Verfahren und Therapien zum Wohl von Patienten durchgeführt werden.

Im Krankenhaus muss immer ein Arzt anwesend sein, um die medizinische Betreuung zu gewährleisten. Der Arzt wird durch das medizinisch-technische Personal – wie zum Beispiel die Röntgenassistenten oder Laborassistenten – und das Pflegepersonal unterstützt. In einem Krankenhaus werden die Patienten medizinisch betreut. Darüber hinaus erhalten sie je nach Bedarf Unterkunft und Verpflegung.

Die Größe eines Krankenhauses wird nach der Zahl der Betten bemessen, die es gemäß dem Versorgungsauftrag zur Verfügung stellt. Die Verantwortung für eine angemessene Versorgung mit Krankenhausbetten und Krankenhausleistungen liegt bei den Länderregierungen. Aus den Krankenhausplänen der Länder werden die regionalen Betten- und Leistungskapazitäten abgeleitet, die der Sicherstellung der stationären Gesundheitsversorgung dienen. Die gesetzlichen Grundlagen dieser Planungen sind das Krankenhausfinanzierungsgesetz (KHG) sowie landeseigene Krankenhausgesetze.

Zur Ermittlung des zukünftigen Bettenbedarfs eines Bundeslandes sind die mit der Aufstellung des Krankenhausplans beauftragten Landesministerien auf Prognosen angewiesen. Eine der bekanntesten und am längsten verwendeten Methoden ist die Hill-Burton-Formel.

Beispielsweise in Baden-Württemberg und Nordrhein-Westfalen wird der Bedarf mithilfe der sogenannten Hill-Burton-Formel berechnet. Die Faktoren, die in diese Formel zur Berechnung des Bettenbedarfs eingesetzt werden, sind

▶ die Verweildauer (VD),

▶ die Krankenhaushäufigkeit (KH), die jeweils berechnet wird in Bezug auf 100 000 Einwohner beziehungsweise 100 000 Kinder und Jugendliche unter 15 Jahren,

▶ die Kopfzahl der zu versorgenden Bevölkerung (E) und

▶ der Bettennutzungsgrad (BN).

Die Hill-Burton-Formel lautet:

$$\text{Bettenbedarf} = \frac{\text{VD} \cdot \text{KH} \cdot \text{E}}{\text{BN} \cdot 365}$$

Aus fachlicher Sicht gilt eine jahresdurchschnittliche Bettennutzung von 85 % als angemessen. Bei höheren Werten ist anzunehmen, dass das Krankenhaus Bedarfsspitzen nicht mehr auffangen kann, ohne dass es zu Überbelegungen kommt.

Beispiel ▶ Ermittlung des Bettenbedarfs eines Krankenhauses

Der Versorgungsauftrag eines Krankenhauses sieht vor, dass pro Jahr 150 000 Patienten stationär behandelt werden. Diese Zahl wurde aus der Einwohnerzahl im Einzugsbereich des Krankenhauses und aus der geschätzten Häufigkeit von Krankenhausaufenthalten im Zeitraum eines Jahres pro Einwohner errechnet. Die durchschnittliche Verweildauer liegt bei zehn Tagen, die Auslastung bei 85 %.

Daraus folgt:

$$\text{Bettenbedarf} = \frac{10 \cdot 150\,000}{365 \cdot 0,85} = 4\,834,81$$

Der Bettenbedarf liegt bei einer Auslastung von 85 % bei 4 835 Betten. Würde die Auslastung auf 100 % hochgesetzt, so läge er bei rund 5 688 Betten.

Der **Versorgungsauftrag** eines Krankenhauses legt fest, wie viele Patienten ein Krankenhaus in einem festgelegten Versorgungsgebiet behandeln und welche Behandlungsmethoden es dabei einsetzen kann.

www

Website des Bayerischen Staatsministeriums für Umwelt und Gesundheit, www.stmug.bayern.de, Krankenhausplan_2011.pdf, abrufbar über den Pfad „Gesundheit"/ „Krankenhaus"/„Krankenhausplanung"/„doc", abgerufen am 1. November 2011.

Der dem Versorgungsauftrag entsprechende Versorgungsvertrag gemäß § 109 f. SGB V wird zwischen dem Krankenhausträger und den Krankenkassen jeweils auf Landesebene geschlossen und umfasst die Zulassung des Krankenhauses zur stationären Versorgung von Patienten und zur Abrechnung mit den Krankenkassen. Somit ist er die Rechtsgrundlage, auf der das Krankenhaus die von ihm erbrachten Leistungen mit den Krankenkassen abrechnen kann. Die Länder haben das Entscheidungsrecht über die Zulassung eines Krankenhauses. Der Ausschluss eines Krankenhauses kann von der Krankenkasse beim Land beantragt werden. Die Bundesländer sind laut § 7 KHG verpflichtet, bei der Austeilung von Fördermitteln und der Fortschreibung der Krankenhauspläne eine Einigung mit den Krankenhausgesellschaften und den Krankenversicherungen zu suchen.

Im Versorgungsvertrag ist auch festgehalten, ob das Krankenhaus nur Leistungen zur Regel- oder Grundversorgung erbringen darf oder ob es der Maximalversorgung dient.

Beispiele ▶ Grundversorgung und Maximalversorgung

▶ Ein Krankenhaus der Grundversorgung stellt Diagnosen und wendet Therapien bei Patienten an, die in die Fachgebiete Innere Medizin, Chirurgie und Anästhesie fallen. Das Krankenhauspersonal ist nicht auf ein bestimmtes medizinisches Fachgebiet spezialisiert.

▶ Eine Universitätsklinik ist ein Krankenhaus der Maximalversorgung, das in allen medizinischen Fachgebieten Patienten behandelt. Sie besteht aus den allgemeinen Fachabteilungen wie Innere Medizin und Chirurgie sowie aus speziellen Abteilungen der Intensivmedizin. Letztere sind nach Fachrichtungen gegliedert (beispielsweise kardiologische Intensivstation, neurochirurgische Intensivstation und Kinder-Intensivstation).

AUFGABEN

1. Suchen Sie im Internet die Bettenanzahl nach dem Versorgungsauftrag für ein Krankenhaus Ihrer Wahl.

2. Betrachten Sie das Beispiel von S. 116 (Ermittlung des Bettenbedarfs eines Krankenhauses). Wie ändert sich die benötigte Bettenzahl, wenn die durchschnittliche Verweildauer der Patienten um einen Tag sinkt?

3. Regelt der Versorgungsauftrag für ein Krankenhaus, wie der Einsatz der Ärzte und des Pflegepersonals vonstatten geht?

6.2   Die Leistungen der Krankenhäuser im Überblick

Die Leistungen in einem Krankenhaus können vollstationär, teilstationär oder ambulant erbracht werden. Sie umfassen grundsätzlich

▶ Geburtshilfe;

▶ die Anwendung diagnostischer Verfahren, um Krankheiten der Patienten zu erkennen oder ihre Verschlimmerung zu verhüten;

▶ die Anwendung von therapeutischen Verfahren, um Krankheiten der Patienten zu heilen, ihre Verschlimmerung zu verhüten oder Krankheitsbeschwerden zu lindern;

▶ die Unterkunft und Verpflegung der Patienten.

Damit diese Leistungen bestmöglich erbracht werden können, sind in einem Krankenhaus die folgenden Berufsgruppen beschäftigt:

▶ ärztliches Personal,

▶ Pflegepersonal,

▶ Personal der Funktionsabteilungen (zum Beispiel Mitarbeiter im Bereich Elektrokardiografie oder in der Sonografie),

▶ medizinisch-technisches Personal (zum Beispiel Röntgenassistenten, Laborassistenten),

▶ Physiotherapeuten und Masseure,

▶ Logopäden (Sprachtherapie),

▶ Ergotherapeuten (Arbeitstherapie).

Krankenhäuser unterhalten oft nicht alle Fachrichtungen mit angestellten Ärzten. Beispielsweise wird in der Hals-Nasen-Ohren-Heilkunde oder in der Frauenheilkunde die Behandlung der Patienten häufig nicht von Krankenhausärzten, sondern von Belegärzten durchgeführt.

> ▶ Ein **Krankenhausarzt** ist ein Arzt mit abgeschlossener Weiterbildung und Liquidationsberechtigung. Krankenhausärzte sind in der Regel Chef- oder Oberärzte. Sie können Leistungen an privat Versicherte nach den Regularien der GOÄ (siehe Lernfeld 8, Abschnitt 8.2) abrechnen.
>
> ▶ Ein **Belegarzt** ist ein Arzt mit einer eigenen Praxis außerhalb des Krankenhauses, der aber seine Patienten im Krankenhaus kleineren Eingriffen unterziehen kann. Dazu werden ihm vom Krankenhaus für die Unterbringung der Patienten Belegbetten zur Verfügung gestellt. Auch die Verpflegung sowie die pflegerische Betreuung der Patienten des Belegarztes werden vom Krankenhaus gewährt. Für die Inanspruchnahme der Einrichtungen und des Personals des Krankenhauses zahlt er dem Krankenhausträger eine Vergütung (Nutzungsentgelt). Der Belegarzt rechnet direkt mit dem Patienten oder den Sozialleistungsträgern ab.

6.3 Grundleistungen im Krankenhaus

> Eine **Krankenhausbehandlung** ist die Behandlung eines Patienten im Rahmen des Versorgungsauftrags des Krankenhauses, die alle Leistungen umfasst, die im Einzelfall nach Art und Schwere der Krankheit für die medizinische Versorgung des Patienten im Krankenhaus notwendig sind, insbesondere ärztliche Behandlung, Krankenpflege, Versorgung mit Arznei-, Heil- und Hilfsmitteln, Unterkunft und Verpflegung.

Eine Krankenhausbehandlung nach § 39 Abs. 1 S. 1 SGB V wird in zugelassenen Krankenhäusern nach § 107 SGB V durchgeführt, in denen vorwiegend durch ärztliche und pflegerische Hilfeleistung Krankheiten, Leiden oder Körperschäden festgestellt, geheilt oder gelindert werden sollen oder Geburtshilfe geleistet wird und in denen die zu versorgenden Personen untergebracht und verpflegt werden können. Sie wird vollstationär, teilstationär, vor- und nachstationär (§ 115 a SGB V) oder ambulant (§ 115 b SGB V) erbracht. Zugelassene Krankenhäuser sind Hochschulkliniken, Krankenhäuser, die in den Krankenhausplan eines Landes aufgenommen sind, oder Krankenhäuser, für die ein Versorgungsvertrag gemäß § 109 Abs. 1 SGB V abgeschlossen ist.

6.3.1 Vollstationäre Behandlung

Eine vollstationäre Behandlung in einem zugelassenen Krankenhaus setzt voraus, dass die Aufnahme nach Prüfung durch den zuständigen Arzt des Krankenhauses erforderlich ist, weil das Behandlungsziel nicht durch teilstationäre, vor- und nachstationäre oder ambulante Behandlung einschließlich häuslicher Krankenpflege erreicht werden kann.

6.3.2 Teilstationäre Behandlung

Eine teilstationäre Behandlung in einem zugelassenen Krankenhaus ist zulässig, wenn die Aufnahme nach Prüfung durch den zuständigen Arzt des Krankenhauses erforderlich ist, weil das Behandlungsziel nicht durch vor- und nachstationäre oder ambulante Behandlung einschließlich häuslicher Krankenpflege erreicht werden kann und die teilstationäre Behandlung zum Versorgungsauftrag des Krankenhauses gemäß § 109 SGB V gehört.

Eine teilstationäre unterscheidet sich im Wesentlichen von einer vollstationären Behandlung durch eine regelmäßige, aber nicht zeitlich durchgehende Anwesenheit des Patienten im Krankenhaus. Im Rahmen der teilstationären Behandlung kann Unterkunft und Verpflegung gewährt werden.

6.3.3 Vorstationäre Behandlung

Eine vorstationäre Behandlung ist in medizinisch geeigneten Fällen ohne Unterkunft und Verpflegung zulässig, um die Erforderlichkeit einer vollstationären Krankenhausbehandlung zu klären oder die vollstationäre Krankenhausbehandlung vorzubereiten. Die vorstationäre Behandlung ist auf längstens drei Behandlungstage innerhalb von fünf Tagen vor Beginn der stationären Behandlung begrenzt.

6.3.4 Nachstationäre Behandlung

Eine nachstationäre Behandlung ist in medizinisch geeigneten Fällen ohne Unterkunft und Verpflegung zulässig, um im Anschluss an eine vollstationäre Krankenhausbehandlung den Behandlungserfolg zu sichern oder zu festigen. Die nachstationäre Behandlung darf sieben Behandlungstage innerhalb von 14 Tagen nicht überschreiten.

Über die Aufnahme in stationäre Krankenhausbehandlung und über die Art der Behandlung entscheidet der Krankenhausarzt.

www.kvwl.de/arzt/recht/kbv/
richtlinien/richtl_krankenhaus.pdf

Tabelle 6.1 fasst die Vergütungsformen im Rahmen der vollstationären Behandlung zusammen.

Behandlung	Zeitrahmen	Vergütung
vorstationär	maximal 3 Tage innerhalb von 5 Tagen	fachabteilungsbezogene Abrechnungspauschale pro Behandlungsfall
stationär	Grenzverweildauer (= Dauer des Aufenthaltes im Krankenhaus)	Überschreitungen werden mit Zuschlägen, Unterschreitungen mit Abschlägen versehen
nachstationär	maximal 7 Tage innerhalb von 14 Tagen	fachabteilungsbezogene Abrechnungspauschale pro Behandlungstag
Tabelle 6.1: Vergütungsformen im Rahmen der vollstationären Behandlung		

Für die Abrechnung der vor- und nachstationären Behandlung ist es wichtig, zu wissen, ob die Behandlung des Patienten mit einer Fallpauschale (siehe Lernfeld 8, Abschnitt 8.3) abgerechnet wird. Ist dies der Fall, so kann keine vorstationäre, sondern lediglich eine nachstationäre Pauschale abgerechnet werden.

6.3.5 Ambulante Behandlung

> **Ambulante Versorgung** in einem Krankenhaus umfasst Leistungen an einem Patienten, der das Krankenhaus nur zur Behandlung aufsucht, dieses nach der Behandlung wieder verlässt und anschließend hausärztlich weiter betreut wird.

Ambulante Krankenhausleistungen wie zum Beispiel Untersuchungen oder kleinere operative Eingriffe werden im Krankenhaus von den dazu befugten Krankenhausärzten erbracht. Die Leistungen werden nach den Grundsätzen der vertragsärztlichen Gesamtvergütung entlohnt. Für das Krankenhaus bedeutet das, dass die allgemeinen Praxiskosten, die durch die Anwendung von ärztlichen Geräten entstehenden Kosten und die sonstigen Sachkosten aus der Gesamtvergütung beglichen werden, soweit in den einheitlichen Bewertungsmaßstäben (EBM; siehe dazu Lernfeld 8, Abschnitt 8.2) nichts Abweichendes bestimmt ist. Der ermächtigte Krankenhausarzt erhält die ihm zustehende Vergütung vom Krankenhausträger. Dieser Krankenhausträger rechnet zuvor mit der Kassenärztlichen Vereinigung ab und behält von der Gesamtvergütung die anteiligen Verwaltungskosten sowie die im Krankenhaus entstandenen Kosten (zum Beispiel Materialkosten) ein. Anders als die Krankenhausärzte rechnen Belegärzte im Fall von ambulanten Eingriffen, die sie im Krankenhaus vornehmen, selbst mit den Krankenkassen ab, und zwar im Rahmen der Behandlung des Patienten in der Praxis (Praxisbudget).

BASISWISSEN
Dienstvertrag
Kapitel 4,
Abschnitt
4.1.6

Damit ein Krankenhaus ambulante Operationen (AOP) durchführen darf, muss ein Vertrag zwischen dem Krankenhausträger, den Krankenkassen sowie der Kassenärztlichen Vereinigung abgeschlossen werden. Das Krankenhaus kann und darf also nicht allein entscheiden, ob es ambulante Eingriffe oder stationsersetzende Eingriffe durchführt. Die Arten von Eingriffen, die ein Krankenhaus ambulant durchführen darf, werden in einem speziellen Katalog festgehalten, dem Katalog der ambulant durchführbaren Operationen und stationsersetzenden Eingriffe. Die Wirtschaftlichkeit und Qualität der in diesem Katalog beschriebenen Maßnahmen wird regelmäßig überprüft. Auf dieser Grundlage wird der Katalog ständig aktualisiert.

Schaubild 6.1 fasst die Rechtsgrundlagen der ambulanten Behandlung von Patienten in einem Krankenhaus zusammen.

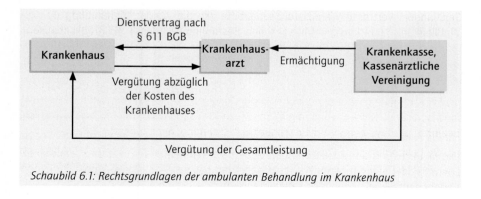

Schaubild 6.1: Rechtsgrundlagen der ambulanten Behandlung im Krankenhaus

5624120

AUFGABEN

1. Herr Meier muss sich am 15. Januar einer Operation unterziehen. Für notwendige Untersuchungen im Vorfeld der stationären Aufnahme soll ein Termin vereinbart werden. Wann muss Herr Meier unter Beachtung der Vergütungsregeln für die vollstationäre Behandlung zur Voruntersuchung eingeladen werden?

2. Frau Müller hat am 15. Januar eine Operation hinter sich gebracht und war anschließend acht Tage lang im Krankenhaus. Am 2. Februar sollen die Fäden an der Operationswunde entfernt werden. Kann diese Leistung im Krankenhaus als poststationäre Leistung abgerechnet werden?

6.4 Wahl- und Zusatzleistungen

Zum Einstieg

Frau Reich soll sich demnächst zur stationären Aufnahme im Krankenhaus Am Rande der Stadt einfinden. Sie leidet an Diabetes mellitus und ihr Hausarzt ist der Meinung, dass sie dringend auf ein neues Insulin eingestellt werden müsse. Frau Reich besteht darauf, während ihres Aufenthaltes in einem Einzelzimmer untergebracht zu werden. Sie erkundigt sich bei der Aufnahme, ob dies möglich sei. Die Mitarbeiterin in der Aufnahme stellt daraufhin Frau Reich Wahl- und Zusatzleistungen des Krankenhauses vor.

▶ Was sind Wahl- und Zusatzleistungen?

▶ Welche Wahl- und Zusatzleistungen werden im Krankenhaus angeboten?

▶ Welche Wahl- und Zusatzleistungen werden in der Arztpraxis angeboten?

▶ Wie werden die Angebote kalkuliert?

6.4.1 Wahl- und Zusatzleistungen im Krankenhaus

Als (medizinische) **Wahlleistungen** werden solche Krankenhausleistungen angeboten, die nicht zu den allgemeinen Krankenhausleistungen zählen und auf die der Patient keinen Leistungsanspruch gegenüber seiner Krankenversicherung hat.

Seit langem vertraute Wahlleistungsangebote wie die Wahlarztbehandlung und die Wahlleistung Unterkunft unterliegen den Bestimmungen des § 17 Krankenhausentgeltgesetz (KHEntgG), der seit dem 1. Januar 2005 auch im Anwendungsbereich der Bundespflegesatzverordnung gilt.

Nach § 17 KHEntgG dürfen andere als die allgemeinen Krankenhausleistungen als Wahlleistungen gesondert *neben* den Entgelten für die voll- und teilstationäre Behandlung berechnet werden, wenn die allgemeinen Krankenhausleistungen hierdurch nicht beeinträchtigt werden und die gesonderte Berechnung vereinbart ist.

Die Finanzierung der Wahlleistungen erfolgt im Rahmen einer privaten Krankenversicherung oder einer privaten Zusatzversicherung des gesetzlich versicherten Patienten, gegebenenfalls auch durch den Patienten selbst (Selbstzahler).

Ärztliche Wahlleistungen

Ärztliche Wahlleistungen werden persönlich durch den Chefarzt der betreffenden Abteilung oder durch dessen Stellvertreter erbracht. Die Abrechnung der ärztlichen Wahlleistung, die sogenannte Chefarztbehandlung, erfolgt gesondert nach der GOÄ. Dies gilt auch für alle die Chefarztbehandlung begleitenden ärztlichen Wahlleistungen, wie zum Beispiel die Leistungen der Anästhesie oder Laboruntersuchungen, das heißt, auch diese Leistungen werden separat in Rechnung gestellt.

Nichtärztliche Wahlleistungen

Nichtärztliche Wahlleistungen umfassen eine Vielzahl von Service- und Zusatzleistungen, die ein Patient während seines Krankenhausaufenthaltes in Anspruch nehmen kann. Die Preise dafür können die Krankenhäuser frei bestimmen.

Beispiel ▶ Nichtärztliche Wahlleistungen im Krankenhaus

Zimmerausstattung, Verpflegung und Serviceleistungen:

▶ Komfortables Ein- oder Zweibettzimmer (elektrisch verstellbare Betten),

▶ geräumiges Badezimmer mit Bademantel,

▶ täglich frische Handtücher,

▶ Haartrockner,

▶ Körperpflegeset,

▶ täglich frisches Obst, Frühstücks- und Abendbüfett, Auswahl an Mittagsmenüs,

▶ Minibar mit einer Auswahl an alkoholfreien Getränken und Süßigkeiten,

▶ Wechsel der Bettwäsche im Zweitagesrhythmus,

▶ Wäscheservice für eigene Kleidungsstücke.

Kommunikation/Unterhaltung:

▶ Telefon (ohne Grundgebühr),

▶ Fernsehen mit Pay-TV-Sendern,

▶ Tages- und Fernsehzeitung,

▶ CD-Player,

▶ Internetzugang,

▶ Schreibset,

▶ kostenfreie Nutzung eines Faxgerätes,

▶ Bücherwagen mit Bücherlieferung direkt ans Krankenbett.

5624122

6.4.2 Wahl- und Zusatzleistungen in der Arztpraxis

In der Arztpraxis ist ebenfalls eine Reihe von Wahl- und Zusatzleistungen denkbar. Vor allem im Bereich der Labordiagnostik werden dem Patienten Leistungen angeboten, die außerhalb des medizinisch notwendigen Leistungskatalogs der gesetzlichen Krankenkassen angesiedelt sind (sogenannte IGeL – individuelle Gesundheitsleistungen; siehe dazu Lernfeld 4, Abschnitt 4.2.2).

Beispiel ▶ IGeL-Angebote

1. Die Angebotspalette

ENDOKRINOLOGIKUM
LABORE HAMBURG

0025006201

Geschlecht ☒ M

Auftragszettkatt Ü-Schein hier einkleben!

Laborarzt / Ü-Schein

16 12248678

Name, Vorname des Patienten

Patienten-Nr. für Datenfernübertragung

Datum

Tagesnummer Labor

Ich bitte, die angeforderte(n) Untersuchung(en) aus der mir entnommenen Probe im Labor durchzuführen und mir die Ergebnisse anschließend in einer Beratung zu erläutern.
Ich werde die angegebenen Kosten der angeforderten Untersuchung(en) selbst tragen.
Mit der Abrechnung nach der Gebührenordnung für Ärzte (GoÄ) bin ich einverstanden.
Mit dem Inkasso für die mich behandelnde Arztpraxis durch die Medivision Betriebsgesellschaft mbH sowie der eventuellen Rechnungsabwicklung über eine Privatärztliche Verrechnungsstelle (PVS), einschließlich der dazu erforderlichen Weitergabe aller Rechnungsdaten, bin ich einverstanden.
Ich wurde im Sinne des Gendiagnostikgesetzes über die Untersuchung aufgeklärt und gebe meine Einwilligung. Im Falle eines Widerrufs wird das Labor unverzüglich informiert.
Ich wurde darauf aufmerksam gemacht, dass diese Kosten weder voll noch anteilig von meiner gesetzlichen Krankenkasse übernommen werden.

Praxisstempel

Ort, Datum, Unterschrift des Patienten

ERST-TRIMESTER- UND ZWEIT-TRIMESTER-SCREENING

Untersuchungen (Hinweise a. d. Rückseite beachten)

Erst-Trimester-Screening (SSW 11+1 - 13+6, SSL 45-84 mm)
☐ PAPP-A, freies β-hCG, ggf. US-Marker (€ 52,46)
Analytik inkl. Risikoberechnung
☐ PAPP-A, freies β-hCG (€ 34,97)
Analytik ohne Risikoberechnung, Bericht in MoM

Integriertes/Sequentielles Screening
☐ Integriertes Screening
☐ Sequentielles Screening

Erstuntersuchung PAPP-A: SSW 10+0 - 13+6
(NT-Wert kann 11+0 - 13+6 gemessen und nachgereicht werden)
Folgeuntersuchung AFP, hCG, uE3, Inhibin A: SSW 14+0 - 17+6

☐ mit NT ☐ ohne NT
☐ Erstuntersuchung PAPP-A (€ 20,40)
☐ Folgeuntersuchung (€ 87,43)
AFP, hCG, uE3, Inhibin A

Zweit-Trimester-Screening (SSW 14+0 - 17+6)
☐ Quadruple-Test (€ 87,43)
AFP, hCG, uE3, Inhibin A
☐ Triple-Test (€ 43,71)
AFP, hCG, uE3
☐ Isolierte AFP-Messung (€ 14,57)
Neuralrohrdefekt-Screening

Klinische Angaben (für alle Untersuchungen)

Datum/Zeit der Blutentnahme
Tag Monat Jahr Std. Min.

Anzahl der Feten

SSL (CRL) mm

Datum US
Tag Monat Jahr

SSW am Tag der Blutabnahme (US) Woche Tag

Gewicht der Schwangeren kg

☐ Raucherin ☐ Diabetes
☐ Status nach in-vitro-Fertilisation (IVF)
Ethnische Herkunft
☐ kaukasisch, z. B. mitteleuropäisch
☐ andere:
Vorangegangene Schwangerschaft
☐ Trisomie 21 ☐ Trisomie 13
☐ Trisomie 18 ☐ Neuralrohrdefekt
☐ andere:
☐ Anzahl Paritäten
Besonderheiten in Anamnese

Klinische Angaben (testspezifisch)

Integriertes Screening
NT , mm
Datum US
Tag Monat Jahr
Erst-Trimester-Screening
NT , mm
Datum US
Tag Monat Jahr

Die Berücksichtigung der Risikomarker NT, Nasenbein und Trikuspidalklappenregurgitation ist nur bei entsprechender Zertifizierung möglich.

Nasenbein
☐ darstellbar ☐ fehlend
☐ Triskuspidalklappenregurgitation

Sequentielles Screening (Risiko nach Erst-Trimester-Screening)
Vorbefundnummer

Zweit-Trimester-Screening
BPD (falls frühe SSL nicht verfügbar) mm
Datum US
Tag Monat Jahr

Individuelles Angebot (Inkasso für Arztleistungen)

☐ Beratung (GoÄ-Ziffer 1) (€ 10,72)
☐ Ausführliche Beratung (GoÄ-Ziffer 3) (€ 20,11)
☐ Blutentnahme (GoÄ-Ziffer 250) (€ 4,20)
☐ Gutachten (GoÄ-Ziffer 80) ☐ 1,0 (€ 17,49) ☐ 2,3 (€ 40,22)
GoÄ-Ziffer: Faktor:
GoÄ-Ziffer: Faktor:

Ultraschall (GoÄ-Ziffer 415) ☐ 1,0 (€ 17,49) ☐ 1,8 (€ 31,48)
☐ 2,3 (€ 40,22) ☐ 3,5 (€ 61,20)
Ultraschall (GoÄ-Ziffer A 1006) ☐ 1,0 (€ 110,75)
Zuschl. US (GoÄ-Ziffer 403) ☐ 1,0 (€ 8,47) ☐ 1,8 (€ 15,73)
GoÄ-Ziffer: Faktor:
GoÄ-Ziffer: Faktor:

Rechnung an (bitte in Druckschrift) / Mitteilung (z.B. Angabe Untersucher)
☐ Praxis
☐ sonst. Empfänger
☐ Mitteilungen

Auftrag für individuelle Gesundheitsleistungen – ERST- UND ZWEIT-TRIMESTER-SCREENING

Blatt 1 Labor · Blatt 2 Patient · Blatt 3 Praxis

Quelle: ENDOKRINOLOGIKUM LABORE HAMBURG: Website der MediVision Trägergesellschaft mbH, www.endokrinologikum.com, Pdf-Dokument, abrufbar über den Pfad „Informationen für Ärzte"/„Diagnostik"/„Individuelle Gesundheitsleistungen"/„IGeL-Anforderungsformuare", abgerufen am 1. November 2011.

Schaubild 6.2: Wahlleistungen in der Labordiagnostik

AUFGABEN

1. Bei welchen der folgenden Leistungen handelt es sich um eine Kassenleistung, bei welchen um eine Wahlleistung?

   ▶ Verpflegung, Chefarztbehandlung, Einbettzimmer, Blutdruckkontrolle

2. Herr Hansa ist Mitglied einer gesetzlichen Krankenkasse. Er möchte seinen nächsten Urlaub in Kenia verbringen. Zu seinen Urlaubsvorbereitungen gehört die Kontrolle seines Impfpasses. Er bemerkt, dass seine letzte Tetanusimpfung schon mehr als zehn Jahre zurückliegt. Herr Hansa geht zu seinem Hausarzt, um sich für die Fernreise impfen zu lassen. Dr. Fux empfiehlt für die Fernreise eine Malaria-Schutzimpfung.

   ▶ Bei welcher Leistung handelt es sich um eine sogenannte IGeL-Leistung?

   ▶ Welche Leistung übernimmt Herrn Hansas Krankenversicherung?

6.5 Angebotskalkulation

6.5.1 Gesetzliche Pauschalen

Im Gesundheitswesen werden die Leistungen durch die Kostenträger, sprich die Krankenversicherungen, oder durch die Versicherten selbst beglichen. Die Kostenträger, insbesondere die gesetzlichen Krankenkassen, handeln mit den Leistungserbringern Pauschalen aus, um die Kosten niedrig zu halten. Durch diese Pauschalen ist der Handlungsspielraum der Leistungserbringer im Hinblick auf die Bemessung der Vergütung erheblich eingeschränkt.

Beispiel ▶ Pauschale Vergütung

▶ Die Krankenhäuser handeln mit den Krankenkassen Pflegesätze aus. Diese Sätze werden für einen bestimmten Zeitraum festgelegt. Die Krankenhäuser müssen mit den danach bestimmten Pauschalen bestmöglich haushalten, das heißt, diese müssen ausreichen, um die Kosten der entsprechenden Leistungen zumindest zu decken (zum Beispiel Psychiatrische Kliniken, Rehabilitationskliniken).

▶ Für Ärzte gelten entsprechende Regelungen, die in den jeweiligen Gebührenordnungen (GOÄ, EBM 2008 plus) festgehalten sind. Diese werden zwischen Vertretern der Kassenärztlichen Vereinigung und der Krankenkassen ausgehandelt.

BASISWISSEN
Angebots-
kalkulation
Kapitel 4,
Abschnitt
4.1.3

6.5.2 Freie Kalkulation von Wahl- oder Zusatzleistungen

Im Gesundheitswesen können die Angebote von Wahl- oder Zusatzleistungen nach den üblichen Verfahren kalkuliert werden.

Beispiel ▶ Kalkulation einer Wahlleistung im Krankenhaus

Die Berechnung der Vergütung für ein Einbett- oder Zweibettzimmer hängt von den Kosten dieser Zusatzleistung ab, das heißt von der Zimmerausstattung und dem damit verbundenen Service. Die entsprechenden Kosten sind je nach Krankenhaus unterschiedlich hoch.

5624124

Die Krankenhäuser A und B setzen die folgenden Mehrkosten pro Tag für ein Einbett- beziehungsweise Zweibettzimmer an:

	Krankenhaus A	Krankenhaus B
Einbettzimmer	122,40 €	95,82 €
Zweibettzimmer	63,27 €	50,57 €

Aus der Sicht des Patienten ist es grundsätzlich sinnvoll, vor einem geplanten Krankenhausaufenthalt einen Angebotsvergleich durchzuführen. Dies gilt besonders dann, wenn er gesetzlich krankenversichert ist und keine Zusatzversicherung abgeschlossen hat oder wenn der jährliche Eigenanteil im Rahmen einer bestehenden Zusatzversicherung (der zurzeit bei rund 300,00 € liegt) noch nicht oder noch nicht voll geleistet ist.

AUFGABE

Sie sind im Krankenhaus Am Rande der Stadt in der Abteilung Marketing beschäftigt. Sie haben die Aufgabe bekommen, die Preise für die Wahlleistungen Einbettzimmer und Zweibettzimmer neu festzusetzen. Wie gehen Sie vor?

www.dkgev.de/dkg.php/cat/71/
aid/3574/title/Wahlleistungen

6.6 Kundenbindungskonzepte

Zum Einstieg

Im zweiten Jahr des Ausbildungsgangs für angehende Gesundheitskaufleute steht in der Berufschule das Thema „Kunde und Kundenbeziehungen" auf dem Lehrplan. Die Auszubildenden diskutieren darüber, was in ihren Betrieben getan wird, damit Kunden wiederkommen. Die Auszubildende Heike erzählt, dass es in ihrem Krankenhaus erst seit Kurzem eine Projektgruppe gibt, die sich mit diesem Thema beschäftigt. Sie berichtet, dass es in letzter Zeit sehr viele Beschwerden seitens der Patienten gegeben habe und dass die Zahl der Patienten enorm zurückgegangen sei. Das Krankenhaus habe daraufhin ein Beschwerdemanagement eingerichtet und Anstrengungen zur Kundenbindung unternommen. Erste Erfolge ließen sich an den wieder steigenden Patientenzahlen erkennen.

► Wie sehen Kundenbindungskonzepte im Krankenhaus aus?

► Wie versuchen Ärzte, ihre Kunden zu binden?

► Wie binden Apotheker ihre Kunden an sich?

6.6.1 Kundenbindungskonzepte im Krankenhaus

Bei einem Unfall oder Notfall bleibt für den Patienten kein Spielraum in der Krankenhauswahl: Er lässt sich in das nächstgelegene Krankenhaus bringen, oder aber der Notarzt entscheidet, in welches Krankenhaus er eingewiesen wird.

Konzepte zur Kundenbindung sind hingegen unmittelbar dort von Bedeutung, wo es um planbare Eingriffe geht. In diesem Bereich können die Krankenhäuser versuchen, auf sich aufmerksam zu machen, Patienten zu gewinnen und sie an das Haus zu binden, indem sie Wahl- und Zusatzleistungen anbieten und ihre fachliche Kompetenz unter Beweis stellen (siehe auch Lernfeld 4, Abschnitte 4.3 bis 4.5).

6.6.2 Kundenbindungskonzepte in der Arztpraxis

In der Arztpraxis gibt es ebenfalls eine Reihe von Möglichkeiten, um die Patienten durch zusätzliche Angebote an die Praxis zu binden. Diese Angebote können aus zusätzlichen Leistungen (IGeL) speziell für bestimmte Patientengruppen bestehen, die sich im Rahmen von Beratungsbroschüren oder Informationsveranstaltungen vorstellen lassen. Freundliches Personal und ein Geburtstagsgruß wirken ebenfalls positiv auf die Arzt-Patienten-Beziehung.

6.6.3 Kundenbindungskonzepte in der Apotheke

Für Apotheken wird es durch die verstärkte Eigenbeteiligung der Patienten an den Kosten für Arzneimittel zunehmend wichtiger, ihre Kunden zu binden. Deshalb bieten viele Apotheken den Kunden, die rezeptpflichtige Arzneimittel erwerben, einen besonderen Service an. Per EDV erfassen sie für diese die Zuzahlungen zu den Arzneimitteln und bei Bedarf stellen sie eine Sammelquittung aus.

Ein traditionelles Mittel stellen die monatlich erscheinenden Apothekenmagazine (zum Beispiel „Die Apothekenrundschau") dar, die der Kunde beim Einkauf als Zugabe erhält und die ihn über Produkte, Krankheitsbilder und Möglichkeiten der Gesundheitsvorsorge informieren. Damit der Kunde weiß, von wem er dieses Magazin erhalten hat und an wen er sich zum Bezug von Produkten oder Informationen wenden kann, kann der Apotheker das Magazin mit seinem Apothekenstempel versehen.

AUFGABEN

1. Welche Kundenbindungskonzepte wendet Ihr Unternehmen an?

2. Welchen Service könnte Ihr Unternehmen anbieten, um Kunden zu binden?

3. Vergleichen Sie die Kundenbindungskonzepte verschiedener Unternehmen derselben Sparte (Krankenhäuser untereinander, Physiotherapiepraxen, Arztpraxen, Pflegeheime und so weiter). Wo liegen Gemeinsamkeiten, wo Unterschiede?

4. Wie sinnvoll sind aus Ihrer Sicht Kundenbindungskonzepte?

5. Lohnen sich Kundenbindungskonzepte für Krankenhäuser, die gemäß einem Versorgungsauftrag handeln?

6.7 Konflikt- und Beschwerdemanagement

6.7.1 Konflikt- und Beschwerdemanagement im Krankenhaus

BASISWISSEN
Konflikt- und
Beschwerde-
management
Kapitel 3,
Abschnitt
3.2.4

Krankenhäuser müssen sich mehr und mehr damit auseinandersetzen, dass die Patienten ihren Behandlungsplatz selbst suchen. Dabei gehen Patienten nach verschiedenen Kriterien vor. Das wichtigste Kriterium bei Krankenhäusern ist die Mundpropaganda. Hat das Krankenhaus einen guten oder schlechten Ruf in der Umgebung?

Krankenhäuser müssen bestrebt sein, eine hohe Zufriedenheit ihrer Patienten und eine gute Akzeptanz ihrer Arbeit bei den Patienten zu erzielen. Dies erreichen sie durch umfassende Kompetenzen im medizinischen Bereich und durch guten Service rund um den Krankenhausaufenthalt.

Um die Kundenzufriedenheit zu messen, ist es sinnvoll, sich an die Patienten direkt zu wenden. Dies kann auf unterschiedliche Art und Weise erfolgen, zum Beispiel durch

▶ Patientengespräche,
▶ Patientenfragebögen,
▶ das Aufstellen eines „Kummerkastens".

Sind Patienten mit ihrer Behandlung oder mit dem Service nicht zufrieden, so muss erörtert werden, wie es dazu gekommen ist. Dabei ist es wichtig, eine Informationskette aufzubauen, damit die Beschwerde und der Grund zur Unzufriedenheit an die richtige Stelle weitergetragen werden. Dies ist die Aufgabe des Konflikt- und Beschwerdemanagements. Die Mitarbeiter in dieser Funktion müssen die Gründe untersuchen und Lösungen finden, um die Probleme abzustellen. Treten ähnliche Probleme häufig auf, so ist es sinnvoll, eine passende Strategie und passende Vorgehensweisen zu ihrer Lösung zu entwickeln, die anschließend als Leitfaden veröffentlicht und jedem Mitarbeiter ausgehändigt werden.

Für einen verantwortungsbewussten Umgang mit Beschwerden ist es wichtig, dass jeder Mitarbeiter weiß, dass es eine Abteilung oder Stelle gibt, an die sich der Patient im konkreten Fall wenden kann – unabhängig davon, welcher Art das Problem oder der Konflikt ist.

6.7.2 Konflikt- und Beschwerdemanagement in der Arztpraxis

Bei Gemeinschaftspraxen kann die formelle Einrichtung eines Konflikt- und Beschwerdemanagements sinnvoll sein, da hier mehrere Ärzte arbeiten. Für die meisten Arztpraxen jedoch ist ein Konflikt- und Beschwerdemanagement nicht nötig. Bei Problemen kann sich der Patient direkt an den Arzt wenden. Das Gleiche gilt für Apotheken oder kleinere Betriebe, wie Physiotherapiepraxen oder Sanitätshäuser.

6.7.3 Konflikt- und Beschwerdemanagement im Pflegeheim

Auch in einem Pflegeheim ist die Einrichtung eines Konflikt- und Beschwerdemanagements abhängig von dessen Größe. Bei kleineren Einrichtungen ist es sinnvoll, den Bewohnern den unmittelbaren Kontakt zur Heimleitung zu ermöglichen.

AUFGABEN

1. Welches sind Ihrer Ansicht nach die häufigsten Beschwerden, die

   a) in einem Krankenhaus,
   b) in einer Arztpraxis,
   c) in Pflegeeinrichtungen vorgebracht werden?

2. Welche Maßnahmen sind zu treffen, wenn es zu Beschwerden durch Patienten oder Besucher kommt?

6.8 Behandlungsvertrag, Krankenhausvertrag und Haftung

Zum Einstieg

Der Auszubildende Mark wird zurzeit in der Abteilung Personal und Recht des Krankenhauses Am Rande der Stadt eingesetzt. Er ist im zweiten Ausbildungsjahr und hat bisher in der Abteilung gearbeitet, die Beschwerden nachgeht. Dort hat er gelernt, wie mit Beschwerden von Patienten, von deren Angehörigen oder von Besuchern verfahren wird. In den meisten Fällen haben sich die Patienten über das Essen beschwert. Mark interessiert sich jetzt vor allem dafür, was passiert, wenn ein Patient einem Arzt einen Behandlungsfehler vorwirft. In der Berufschule hat er den Unterschied zwischen Rechtsfähigkeit und Geschäftsfähigkeit kennengelernt. Deshalb fragt er sich außerdem, wie mit Patienten verfahren wird, die zwar eigentlich voll rechts- und geschäftsfähig, aber im Falle der Einlieferung bewusstlos sind. Marks Ausbilder Harald Klein arbeitet schon seit Jahren in dem Haus, hat schon so einiges erlebt und weiß zu berichten, was das Krankenhaus unbedingt beachten muss, wenn es darum geht, Vorwürfen nachzugehen.

▶ Welche Vereinbarungen werden vor der Behandlung getroffen?
▶ Unter welchen Bedingungen kann ein Patient behandelt werden?
▶ Was bedeutet Arzthaftung?
▶ Welche Schritte können eingeleitet werden, um den Arzt in Haftung zu nehmen?
▶ Was ist Schadensersatz?
▶ Wer muss einen Schaden beweisen?
▶ Was ist die Schweigepflicht?

5624128

6.8.1 Behandlungsvertrag und Krankenhausvertrag

Der **Behandlungsvertrag** ist ein Dienstvertrag zwischen Arzt und Patient. Mit dem Abschluss des Behandlungsvertrags verpflichtet sich der Arzt, den Patienten nach bestem Wissen und Gewissen zu behandeln.

Zur Begründung eines Behandlungsvertrags genügt der Beginn der Behandlung oder je nach Inhalt auch ein Telefonat. Der Behandlungsvertrag ist nicht an die Schriftform gebunden. Zudem ist eine ausdrückliche Erklärung des Patienten, der zufolge dieser sich bei dem Arzt in Behandlung begeben will, nicht notwendig. Es genügt, dass sich der Wille des Patienten aus seinen Handlungen ableiten lässt, beispielsweise daraus, dass er dem Arzt in einem Telefonat seine Symptome schildert und anschließend dessen Praxis aufsucht (sogenannte konkludente Willenserklärung).

BASISWISSEN
Dienstvertrag
Kapitel 4,
Abschnitt
4.1.6

Der **Krankenhausvertrag** ist ein Vertrag zwischen Krankenhaus und Patient, in dem sich das Krankenhaus dazu verpflichtet, den Patienten zu behandeln, und in dem festgelegt wird, dass der Patient selbst oder dessen Krankenversicherung die Kosten der Behandlung übernimmt.

Der Krankenhausvertrag wird mit der Unterschrift des Patienten unter das Aufnahmeformular abgeschlossen. Mit seiner Unterschrift erkennt der Patient die Krankenhausbedingungen an. Krankenhausbedingungen, die rechtlich nicht zulässig sind, sind ungültig. Das betrifft insbesondere Standardklauseln, wonach auf Aufklärung verzichtet wird, einen Haftungsausschluss bei Fahrlässigkeit oder eine nachträgliche Erhöhung der Pflegekosten.

6.8.2 Bestimmungsrecht über den Körper

Für die rechtliche Wirksamkeit der Einwilligung in medizinische Maßnahmen kommt es nicht auf die Geschäftsfähigkeit eines Betreuten an, sondern auf dessen natürliche Einsichts- und Steuerungsfähigkeit. Das heißt, dass sich der Betreute nicht dem Willen eines Dritten unterordnen muss, wenn er die Art, die Bedeutung und die Tragweite der Maßnahme erfassen und wenn er seinen Willen bestimmen kann. Dieses Selbstbestimmungsrecht schließt insbesondere Zwangsbehandlungen Einwilligungsfähiger aus. Ist ein unter Betreuung stehender Behinderter dagegen dauerhaft einwilligungsunfähig (leidet er beispielsweise unter seniler Demenz), so ist der Betreuer als gesetzlicher Vertreter allein entscheidungsbefugt. Wer an der Einwilligung in eine Heilbehandlung beteiligt sein muss, hängt allerdings nicht nur von der Einwilligungsfähigkeit des Patienten, sondern auch von den Risiken der Heilbehandlung ab (Schaubild 6.3 auf Seite 130).

Selbstbestimmungsrecht des Patienten

Die Rechte des Patienten wurden in der 34. Generalversammlung des Weltärztebundes in Lissabon im Jahr 1981 verabschiedet und im Jahr 1995 von der 47. Generalversammlung des Weltärztebundes in Bali, Indonesien, revidiert.

Nach dem Grundsatz 3 der Deklaration von Lissabon zu den Rechten des Patienten ergibt sich das Selbstbestimmungsrecht des Patienten aus dem Persönlichkeitsrecht

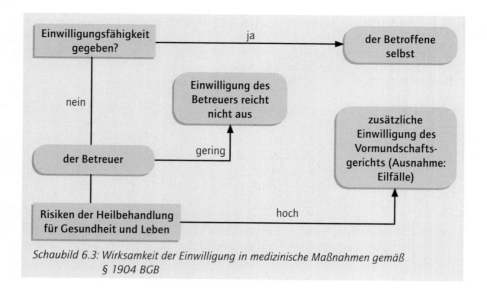

Schaubild 6.3: Wirksamkeit der Einwilligung in medizinische Maßnahmen gemäß § 1904 BGB

und ist in der selbstverantwortlichen Mitwirkung des Patienten an der Wiederherstellung seiner Gesundheit begründet. Das Selbstbestimmungsrecht des Patienten und der ärztlich gebundene Behandlungsauftrag können im Widerspruch zueinander stehen, wenn der Patient die vom Arzt für erforderlich gehaltenen Maßnahmen ablehnt oder wenn der Arzt Maßnahmen gemäß einem vom Patienten geäußerten Wunsch nicht verantworten kann.

Das Selbstbestimmungsrecht des Patienten hat Vorrang, wenn es um die Entscheidung über die Vornahme eines vom Arzt für erforderlich gehaltenen Eingriffs geht. Der Arzt ist gehalten, den Patienten über die Folgen der Ablehnung eines ärztlich gebotenen Eingriffs aufzuklären, muss diesen aber unterlassen, wenn der Patient sich weigert. Der Wunsch des Patienten zur Vornahme einer bestimmten Maßnahme ist für den Arzt unverbindlich, wenn der Arzt diese Maßnahme medizinisch nicht vertreten kann. In diesem Fall ist der Arzt nicht bloßer „Auftragnehmer", sondern er folgt seinem ärztlichen Berufsverständnis.

Grundsatz 3 der Deklaration hat folgenden Wortlaut:

3. Recht auf Selbstbestimmung

   a) Der Patient hat ein Recht auf Selbstbestimmung, das heißt auf freie Entscheidung in Bezug auf seine Person. Der Arzt soll den Patienten über die Folgen seiner Entscheidungen informieren.

   b) Ein geistig zurechnungsfähiger erwachsener Patient hat das Recht, in jedes diagnostische Verfahren oder jede Therapie einzuwilligen oder diese abzulehnen. Der Patient hat ein Recht, die für seine Entscheidungen notwendigen Informationen zu erhalten. Für den Patienten sollte klar verständlich sein, worin der Zweck einer Diagnose oder einer Behandlung besteht, welche Bedeutung die Ergebnisse haben und was die Konsequenzen einer ablehnenden Entscheidung sein würden.

c) Der Patient hat das Recht, die Mitwirkung an der Forschung oder der medizinischen Lehre abzulehnen.

Der bewusstlose Patient

Nach dem Grundsatz 4 der Deklaration von Lissabon muss, wenn der Patient bewusstlos oder aus anderen Gründen nicht in der Lage ist, seinem Willen Ausdruck zu geben, die Einwilligung des gesetzlichen Vertreters nach fachgerechter Aufklärung eingeholt werden, falls dies rechtserheblich ist. Falls ein gesetzlicher Vertreter nicht erreichbar, ein medizinischer Eingriff aber dringend erforderlich ist, kann die Einwilligung des Patienten unterstellt werden, es sei denn, dass es aufgrund vorheriger, eindeutiger Erklärung oder Überzeugung des Patienten offensichtlich und ohne Zweifel ist, dass er seine Zustimmung zu einem Eingriff in dieser Situation verweigern würde. Ärzte sollten jedoch immer versuchen, das Leben eines nach einem Selbstmordversuch bewusstlosen Patienten zu retten (dies entspricht dem sogenannten rechtfertigenden Notstand).

Grundsatz 4 der Deklaration hat folgenden Wortlaut:

4. Der bewusstlose Patient

a) Wenn der Patient bewusstlos oder aus anderen Gründen nicht in der Lage ist, seinem Willen Ausdruck zu geben, muss die Einwilligung des gesetzlichen Vertreters nach fachgerechter Aufklärung eingeholt werden, falls dies rechtserheblich ist.

b) Falls ein gesetzlicher Vertreter nicht erreichbar, ein medizinischer Eingriff aber dringend erforderlich ist, kann die Einwilligung des Patienten unterstellt werden, es sei denn, dass es aufgrund vorheriger, eindeutiger Erklärung oder Überzeugung des Patienten offensichtlich und ohne Zweifel ist, dass er seine Zustimmung zu einem Eingriff in dieser Situation verweigern würde.

c) Ärzte sollten jedoch immer versuchen, das Leben eines nach einem Selbstmordversuch bewusstlosen Patienten zu retten.

Der nicht geschäftsfähige Patient

Nach dem Grundsatz 5 der Deklaration von Lissabon ist, wenn der Patient minderjährig oder aus anderen Gründen nicht geschäftsfähig ist, die Einwilligung eines gesetzlichen Vertreters erforderlich, falls dies rechtserheblich ist.

WWW

Deklaration von Lissabon zu den Rechten des Patienten: www.bundesaerztekammer.de/page.asp?his=2.49.1760

Der Patient muss jedoch im Rahmen seiner Urteilsfähigkeit weitestgehend in die Entscheidungsfindung einbezogen werden. Soweit der nicht geschäftsfähige Patient rationale Entscheidungen treffen kann, müssen diese respektiert werden, und er hat das Recht, die Weitergabe von Informationen an seinen gesetzlichen Vertreter zu untersagen. Wenn der gesetzliche Vertreter oder der vom Patienten Bevollmächtigte einer Behandlung widerspricht, die nach Meinung des Arztes zum Wohl des Patienten notwendig ist, dann sollte der Arzt die Entscheidung eines zuständigen Gerichts oder einer anderen Institutionen herbeiführen. Im Notfall soll er im wohlverstandenen Interesse des Patienten handeln.

Grundsatz 5 der Deklaration hat folgenden Wortlaut:

5. Der nicht geschäftsfähige Patient

    a) Wenn der Patient minderjährig oder aus anderen Gründen nicht geschäftsfähig ist, ist die Einwilligung eines gesetzlichen Vertreters, falls es rechtserheblich ist, erforderlich. Der Patient muss jedoch im Rahmen seiner Urteilsfähigkeit weitestgehend in die Entscheidungsfindung einbezogen werden.

    b) Soweit der nicht geschäftsfähige Patient rationale Entscheidungen treffen kann, müssen diese respektiert werden, und er hat das Recht, die Weitergabe von Informationen an seinen gesetzlichen Vertreter zu untersagen.

    c) Wenn der gesetzliche Vertreter oder der vom Patienten Bevollmächtigte einer Behandlung widerspricht, die nach Meinung des Arztes zum Wohle des Patienten notwendig ist, dann sollte der Arzt die Entscheidung eines zuständigen Gerichtes oder einer anderen Institutionen herbeiführen. Im Notfall soll der Arzt im wohlverstandenen Interesse des Patienten handeln.

6.8.3 Haftung von Ärzten

Zivil- und strafrechtliche Haftung

Im zivilrechtlichen Verfahren gilt der Beibringungsgrundsatz. Dieser besagt, dass die streitenden Parteien den Klagegrund vortragen müssen. Das wiederum bedeutet, dass das Gericht und die Staatsanwaltschaft an die Anträge der streitenden Parteien gebunden sind.

Im strafrechtlichen Verfahren werden hingegen von Amts wegen sowohl die Pflichtverletzung des Angeklagten überprüft als auch die persönliche Schuld, persönliche Lebensumstände und Handlungsmotive. Strafgerichtsverfahren können mit einer Verurteilung oder einem Freispruch des Angeklagten oder aber mit einer Einstellung des Verfahrens enden.

Kommt es bei der Behandlung von Patienten zu Behandlungsfehlern, haftet der Arzt oder das Krankenhaus, in dem der Arzt arbeitet, für den entstandenen Schaden. Die Haftung erstreckt sich auch auf Fehler, die von Mitarbeitern und Krankenhauspersonal begangen wurden. Manche Behandlungsfehler begründen einen Anspruch des Patienten auf Schmerzensgeld.

Ärzte können nach dem Strafgesetzbuch (StGB) und nach dem Bürgerlichen Gesetzbuch (BGB) haftbar gemacht werden. Was das Strafmaß betrifft, so kann eine Geldbuße oder ein Freiheitsentzug verhängt werden.

Des Weiteren kann ein Verfahren vor einem Berufsgericht erfolgen. Berufsgerichte werden immer dann eingeschaltet, wenn eine Verletzung der Berufspflicht vorliegt. Bei

Ärzten kann ein solches Berufsgericht die Berufsunwürdigkeit feststellen. Das bedeutet, dass dem Arzt die Vertragszulassung (Kassenärztliche Versorgung, § 73 SGB V) entzogen werden kann, die Folgen können aber auch bis zum Widerruf der Approbation (Berufserlaubnis) reichen.

Durchsetzung von Patientenansprüchen

Prinzipiell hat der Patient verschiedene Möglichkeiten, seine Ansprüche aufgrund von Behandlungsfehlern durchzusetzen. Die schnellste Art der Einigung ist die direkte Einigung zwischen Arzt und Patient beziehungsweise Krankenhausträger, gegebenenfalls mithilfe der Unterstützung durch die Krankenkasse. In diesem Fall wird durch ein Privatgutachten geklärt, ob ein Behandlungsfehler vorliegt. Allerdings sind solche Gutachten kostspielig und sollte die direkte Einigung scheitern, so wird bei einem späteren Gerichtsverfahren das Gericht ein eigenes Gutachten einholen.

Bevor er Klage erhebt, kann der Patient die Schlichtungsstelle der regionalen Ärztekammer einschalten. Schlichtungsverfahren sind meist kostenfrei und die Haftpflichtversicherungen der Ärzte erkennen die Entscheidungen der Schlichtungsstellen an. Während des Schlichtungsverfahrens ist die Verjährung gehemmt. Ist der Arzt nicht bereit, sich auf ein Schlichtungsverfahren einzulassen, oder scheitert das Schlichtungsverfahren, so bleibt die Möglichkeit einer Klage beim zuständigen Zivilgericht. Eine Zivilklage ist aufwendig, denn in der Regel muss ein Rechtsanwalt eingeschaltet werden, und sollte auch die Klage scheitern, so muss der Patient im ungünstigsten Fall die gesamten Verfahrenskosten übernehmen.

Ein Strafverfahren gegen den Arzt wird aufgrund einer Anzeige eingeleitet. Das Verfahren ist für den Patienten kostenfrei, allerdings bleiben hier zivilrechtliche Ansprüche ausgeklammert, sodass der Patient im Rahmen eines Strafverfahrens nicht den eigenen Schadensersatzanspruch durchsetzen kann.

Beweislast bei ärztlichen Fehlern

Bei ärztlichen Fehlern wird zwischen Behandlungsfehlern und Aufklärungsfehlern unterschieden. Letztere wiederum können Fehler in der Diagnoseaufklärung, der Risikoaufklärung, der Verlaufsaufklärung oder der therapeutischen Aufklärung sein.

Die Beweislast spielt eine wichtige Rolle, da oft eine Partei vor Gericht scheitert, auch wenn sie im Recht ist, aber ihren Anspruch nicht beweisen kann. Die Beweise müssen dem Gericht vom Kläger vorgelegt werden. Dies gilt grundsätzlich auch für Arzthaftungsprozesse. Hier ist der Patient, der einen Schaden aufgrund von ärztlichen Behandlungsfehlern behauptet, aufgefordert, sämtliche Voraussetzungen für eine fehlerhafte Behandlung zu belegen. In bestimmten Fällen wird die Beweislast allerdings umgekehrt.

Beispiel ▶ Beweislastumkehr in Arzthaftungsprozessen

▶ Wenn ein schwerer Behandlungsfehler vorliegt, muss der Arzt beweisen, dass der Schaden nicht auf seiner Behandlung, sondern auf anderen Ursachen beruht.

▶ Wenn der Patient seinen Schadensersatzanspruch mit unterlassener Aufklärung begründet, muss der Arzt nachweisen, dass er den Patienten rechtzeitig, korrekt, verständlich und vollständig aufgeklärt hat. Bleibt er diesen Nachweis schuldig, dann wiederum muss der Patient darlegen, warum er die Behandlung auch bei ordnungsgemäßer Aufklärung abgelehnt hätte.

▶ Auch wenn der Arzt gegen seine Dokumentationspflichten verstoßen hat, geht die Beweislast auf ihn über.

Einsicht in die Krankenakte

Jeder Patient hat das höchstrichterlich abgesicherte Recht auf Einsicht in seine Krankenakte. Darüber hinaus sind dem Patienten auf Anfrage sämtliche Personen, die an seiner Behandlung beteiligt waren, namentlich und mit Anschrift und unter Angabe ihrer beruflichen Qualifikation zu nennen. Diese Auskunftspflicht gegenüber Patienten besteht über den Tod hinaus, damit mögliche Erben Ansprüche gelten machen können. Ist das Verhältnis zum Arzt angespannt, kann der Patient auch eine dritte Person durch eine Vollmacht mit der Akteneinsicht beauftragen. Ausnahmsweise kann das Einsichtsrecht eingeschränkt werden.

Beispiel ▶ Einschränkung des Akteneinsichtsrechts des Patienten

▶ Das Einsichtsrecht beschränkt sich auf medizinische Sachverhalte. Der Arzt kann deshalb eigene Eindrücke zum Patienten, die keine medizinischen Sachverhalte betreffen, unkenntlich machen.

▶ Ist der Patient psychisch krank oder ist in seiner Akte der noch unbestätigte Verdacht auf eine schwere Erkrankung (etwa auf die Bildung eines Krebsgeschwürs) dokumentiert, so kann der Arzt das Einsichtsrecht des Patienten beschränken, um zu vermeiden, dass dieser verunsichert wird und unter Umständen das Vertrauen zum Arzt verliert.

Dem Patienten darf die Einsicht in seine Akte nicht verwehrt bleiben, da aber die Krankenakten nicht sein Eigentum sind, dürfen diese nicht mit nach Hause genommen werden. Der Arzt ist deshalb nicht verpflichtet, die Originalunterlagen auszuhändigen, aber der Patient hat Anspruch auf Kopien. Der Arzt darf pro Kopie 0,50 € in Rechnung stellen, aber nicht die Zeit, die er für die Erstellung der Kopien benötigt. Röntgenbilder sind Eigentum des Arztes, auch hier darf der Arzt für Duplikate die entstehenden Kosten verlangen.

Dokumentationspflicht

Ärzte und Krankenhäuser sind verpflichtet, den gesamten Behandlungsablauf in einer Krankenakte festzuhalten. Die Dokumentationspflicht erstreckt sich im Wesentlichen auf die Untersuchungen, den Befund, die Behandlungsmaßnahmen, den Operationsbericht, das Narkoseprotokoll, Zwischenfälle, den Heilungsverlauf und auf die Art und Dosierung der Medikamente. So wird sichergestellt, dass jeder mit- und nachbehandelnde Arzt in der Lage ist, sich über den Patienten, die Diagnose, die Behandlungsmaßnahmen und deren Erfolg oder Nichterfolg ein Bild zu machen, und nur was dokumentiert ist, wird auch von allen Versicherungen bezahlt. (Siehe auch Lernfeld 7, Abschnitt 7.1.)

Aufbewahrungspflicht ärztlicher Unterlagen

Ärztliche Unterlagen müssen je nach der Art des Dokuments unterschiedlich lange aufbewahrt werden. Beispielsweise gilt für Untersuchungsbefunde eine Frist von zehn Jahren nach Abschluss der Behandlung. Diese Frist kann durch andere gesetzliche Vorschriften verlängert sein. So sieht etwa § 28 der Röntgenverordnung eine Aufbewahrungspflicht von 30 Jahren für Unterlagen über Röntgenbehandlungen vor.

Tabelle 6.2 fasst die Aufbewahrungsfristen für ärztliche Aufzeichnungen zusammen.

Frist	Dokument
1 Jahr	– Durchschriften der Arbeitsunfähigkeitsbescheinigungen (Nr. 13 der Arbeitsunfähigkeits-Richtlinien des Bundesausschusses der Ärzte und Krankenkassen) – Überweisungsscheine der Primär- und Ersatzkassen sind in der Arztpraxis aufzubewahren und auf Verlangen der KV vorzulegen.
2 Jahre	Berechtigungsscheine für die auf Behandlungsausweisen abgerechneten Leistungen: – Gesundheitsuntersuchungen – Früherkennungsuntersuchungen von Krankheiten bei Kindern
3 Jahre	Durchschriften von Betäubungsmittelrezepten und Betäubungsmittel-Karteikarten (Betäubungsmittelverschreibungsverordnung)
4 Jahre	eine Sicherungskopie der Abrechnungsdatei bei Abrechnung mittels EDV (gemäß Richtlinien der KBV für den Einsatz von IT-Systemen in der Arztpraxis zum Zweck der Abrechnung gemäß § 295 Abs. 4 SGB V vom 23. Mai 2005)
5 Jahre	– Kontrollkarten der internen Qualitätssicherung und Zertifikate über die erfolgreiche Teilnahme an Ringversuchen (Richtlinien der Bundesärztekammer) – Berichtsvordrucke (Durchschrift) Gesundheitsuntersuchung, Krebsfrüherkennungsuntersuchungen – Aufzeichnungen über die Behandlung Geschlechtskranker (§ 10 Abs. 1 Satz 2 Geschlechtskrankheiten-Gesetz i. V. m. § 2 Abs. 3 der 2. DVO)
6 Jahre	Abrechnungsunterlagen (von der KV übermittelte EDV-Abrechnung)
10 Jahre	– ärztliche Aufzeichnungen und Untersuchungsbefunde (auch Durchschriften der Früherkennungsuntersuchungen, zytologische Befunde und Präparate, § 10 Abs. 3 Berufsordnung der Landesärztekammer Thüringen, § 57 Abs. 2 Bundesmantelvertrag). Eine längere Aufbewahrung ist geboten, wenn dies nach wissenschaftlichen Erfahrungen erforderlich ist. – Durchschriften von Vordrucken, z. B. von Krankenhauseinweisungen, Verordnung häuslicher Krankenpflege, sind nicht aufzuheben, da davon auszugehen ist, dass die entsprechenden Aufzeichnungen in der Kartei erfolgt sind.

Frist	Dokument
10 Jahre	– Röntgenaufnahmen und sonstige Aufzeichnungen über Röntgenuntersuchungen (§ 28 Röntgenverordnung und § 43 Strahlenschutzverordnung) – Karteikarten und andere ärztliche Aufzeichnungen, einschließlich gesonderter Untersuchungsbefunde, Durchschriften von Arztbriefen, Befundmitteilungen – Langzeit-EKG-Auswertung (nicht Tapes) – sonografische Untersuchungen (Aufzeichnungen, Berechnungen) – Strahlendiagnostik (Aufzeichnungen, Filme) – Befunde
15 Jahre	– Nach § 14 Abs. 3 des Transfusionsgesetzes (TFG) hat der behandelnde Arzt jede Anwendung von Blutprodukten und von gentechnisch hergestellten Plasmaproteinen zur Behandlung von Hämastasestörungen für die im Gesetz näher bezeichneten Zwecke zu dokumentieren und mindestens 15 Jahre lang aufzubewahren. – Aufzeichnungen über Durchgangsarztverfahren (Richtlinien über die Bestellung von Durchgangsärzten)
20 Jahre	Aufzeichnungen über Unfallverletzte im Krankenhaus (Anforderung der gesetzlichen Unfallversicherungsträger für die Zulassung von Krankenhäusern zur Behandlung schwer Unfallverletzter im Verletzungsartenverfahren)
30 Jahre	Aufzeichnungen über Röntgenbehandlungen (§ 28 Röntgenverordnung und § 43 Strahlenschutzverordnung)

Quelle: www.kv-thueringen.de/arz/rechtsgrundlagen/Vertragsarzt-w08.html

Stand: 4. Dezember 2008

Tabelle 6.2: Mindestaufbewahrungsfristen für ärztliche Aufzeichnungen

Schmerzensgeld

Das Schmerzensgeld soll immaterielle (körperliche und seelische) Schäden wie Kopf-/Zahnschmerzen oder Geburts-/Hirnschäden und die dadurch entgangene Lebensfreude ausgleichen. Dieser Anspruch ist mit

Zaster fürs Pflaster: Schmerzensgeld
www.mdr.de/hier-ab-vier/alles-rechtens/3135036.html

Geld nur sehr schwer aufzuwiegen. Die Höhe des Schmerzensgeldes hängt zum Beispiel von dem Ausmaß der Schmerzen (Intensität, Dauer, Folgeschäden, Entstellungen), der Schwere der Verletzung, dem Umfang des Schadens und der Zukunftsprognose, dem Alter des Verletzten, den sozialen Beeinträchtigungen, dem psychischen Leiden oder dem Verschuldungsgrad (Vorsatz, leichte Fahrlässigkeit) ab. Jeder Fall muss nach Abwägung aller Umstände einzeln beurteilt werden.

Beispiel ▶ Richtwerte für Schmerzensgeld

Die folgenden Beispiele entstammen einer Sammlung von über 3 000 Fällen von Gerichtsentscheidungen (Quelle: Hacks, Susanne u. a.: Schmerzensgeld Beträge 2006, Bonn 2006).

▶ Hundebiss: große Bisswunde und zwei Risswunden im rechten Bein, knapp drei Monate Arbeitsunfähigkeit. Schmerzensgeld 1.000,00 €.

Beispiel ▶ Richtwerte für Schmerzensgeld

▶ Telefonterror: Tagelange belästigende Anrufe, Beleidigungen durch beschimpfende Ausdrücke. Schmerzensgeld 5.000,00 €.

▶ Gesundheitsschaden: Hirnschaden infolge eines ärztlichen Kunstfehlers bei der Geburt, der Junge ist zeitlebens auf fremde Hilfe angewiesen. Schmerzensgeld 125.000,00 €.

▶ Verkehrsunfall: Ein dreieinhalb Jahre altes Kind ist nach einem Autounfall ab dem ersten Halswirbel gelähmt. Schmerzensgeld 500.000,00 € sowie eine monatliche Rente von 500,00 €.

Schadensersatz

Schadensersatz wird für materielle Einbußen geleistet, soweit er nicht bereits von der Krankenkasse, dem Arbeitgeber oder der Rentenversicherung getragen wird. Ein Anspruch auf Schadensersatz entsteht, wenn der Arzt oder das Krankenhaus den mit dem Patienten abgeschlossenen Behandlungsvertrag verletzt und vorsätzlich oder fahrlässig Schäden an Körper, Gesundheit oder Eigentum des Patienten verursacht hat.

Beispiel ▶ Schadensersatz bei Schäden an Körper, Gesundheit oder Eigentum

Schadensersatz kommt infrage bei Verdienstausfall oder -minderung und im Fall von zusätzlichen Ausgaben für

▶ spezielle Ernährung und Kleidung,

▶ Heil- und/oder Nachbehandlungen,

▶ Rehabilitationsmaßnahmen,

▶ Pflege/Haushaltshilfe/behindertengerechten Umbau der Wohnung.

Kinder oder andere abhängige Hinterbliebene können Ersatz für den entgangenen Unterhalt und Betreuungsleistungen beanspruchen.

Schweigepflicht

Die ärztliche Schweigepflicht ist in § 203 des Strafgesetzbuches (Verletzung von Privatgeheimnissen) verankert. Sie umfasst selbst so scheinbar gewöhnliche Fakten wie den Namen des Patienten und die Information, ob er sich in Behandlung befindet. Zur Verschwiegenheit sind nicht nur die Ärzte, sondern auch das Praxispersonal, die Angestellten im Krankenhaus und bei den Krankenkassen verpflichtet. Die Schweigepflicht gilt ausnahmslos gegenüber jedem Dritten, egal ob es sich um Arbeitgeber, Gericht, Polizei, staatliche Behörden, andere Ärzte oder Angehörige handelt. Der Patient darf seinen Arzt durch eine mündliche oder schriftliche Erklärung von der Schweigepflicht entbinden.

In einigen wenigen Fällen ist der Arzt gesetzlich zur Meldung verpflichtet. Dies gilt insbesondere für ansteckende Krankheiten oder wenn Menschen aus anderen Gründen gefährdet sind, zum Beispiel wenn ein Kind misshandelt wurde. Ein Arzt, dem ein Behandlungsfehler vorgeworfen wird, ist ebenfalls von der Schweigepflicht entbunden, da er anderenfalls seine eigenen Interessen nicht angemessen verteidigen kann.

6.8.4 Haftung von Krankenhäusern

Neben den Ärzten kommen im Krankenhaus weitere Berufsgruppen mit Patienten in Kontakt. Vor allem das Pflegepersonal und die Mitarbeiter aus den Funktionsabteilungen sind unmittelbar an der Behandlung des Patienten beteiligt. Für diese Personengruppen gelten ebenfalls die allgemeinen und zum Teil berufsspezifischen Haftungsgrundsätze. Vor allem bei Verstößen gegen die Schweigepflicht (§ 203 StGB) kann es zu empfindlichen Strafen kommen.

Trägerhaftung

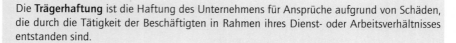

> Die **Trägerhaftung** ist die Haftung des Unternehmens für Ansprüche aufgrund von Schäden, die durch die Tätigkeit der Beschäftigten in Rahmen ihres Dienst- oder Arbeitsverhältnisses entstanden sind.

Die Haftung des Krankenhausträgers ist nicht auf Behandlungsfehler beschränkt. Der Träger haftet unter anderem auch für gestohlene oder nicht mehr auffindbare Gegenstände, soweit sie unter Verschluss der Krankenhausverwaltung oder in der Patientenakte vermerkt sind (für Geldbeträge nur, wenn sie im Verwaltungssafe gelagert sind). Der Patient bekommt ein nicht mehr auffindbares Hilfsmittel (wie Zahnprothese, Brille, Gehhilfe) erstattet, wenn es bei der Patientenaufnahme in die Patientendokumentation aufgenommen wurde. Außerdem haftet das Krankenhaus für Personenschäden, die während des Krankenhausaufenthaltes passiert sind.

Beispiel ▶ Trägerhaftung

Karl Erz ist Patient des Krankenhauses Am Rande der Stadt. Er macht einen Spaziergang über den Flur und bemerkt nicht, dass dieser erst kurz zuvor gereinigt wurde. Das Reinigungspersonal des Krankenhauses hat vergessen, die Warnhinweise für glatte Flächen aufzustellen. Herr Erz rutscht aus und bricht sich den Oberschenkelhals des linken Beines. Das Krankenhaus haftet für den entstandenen Schaden und muss vermutlich auch Schmerzensgeld an Herrn Erz bezahlen, da das Reinigungspersonal fahrlässig gehandelt hat. Dem Reinigungspersonal kommt eine Teilschuld zu, da es versäumt hat, die notwendigen Schilder aufzustellen.

Mitarbeiterhaftung

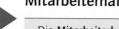

> Die **Mitarbeiterhaftung** ist die Haftung des Mitarbeiters für Schäden, die er fahrlässig oder vorsätzlich verursacht hat.

Mitarbeiter sind in der Regel über den Betrieb versichert, wenn sie bei der Ausführung ihrer Tätigkeit unabsichtlich Material oder Inventar beschädigen. Im Fall von Personenschäden tritt die Berufsgenossenschaft ein. Werden Patienten geschädigt, dann haftet zunächst der Träger der Organisation, bei dem der Mitarbeiter beschäftigt ist.

5624138

Beispiel ▶ Mitarbeiterhaftung

▶ Fall 1: Die Krankenschwester Klara S. soll eine Injektionspumpe austauschen. Beim Austauschen gleitet diese ihr aus den Händen, fällt zu Boden und wird beschädigt. Da Schwester Klara keine direkte Schuld trifft, weil sie nicht fahrlässig gehandelt hat, werden die Kosten der Reparatur oder des Ersatzes über die Versicherung des Krankenhauses Am Rande der Stadt abgedeckt.

▶ Fall 2: Die Krankenschwester Klara S. soll eine Injektionspumpe austauschen. Sie ist mit dieser Art von Pumpe noch nicht vertraut. Beim Austausch bricht sie eine Steckverbindung ab. Schwester Klara trifft eine direkte Schuld, weil sie sich vorher den Umgang mit der Pumpe hätte zeigen und erklären lassen müssen. Sie haftet persönlich für den entstandenen Schaden.

AUFGABEN

1. Eine zu betreuende Person muss operiert werden. Dabei besteht die Gefahr eines länger dauernden gesundheitlichen Schadens. Darf die Operation durchgeführt werden?

2. Überprüfen Sie die nachfolgenden Aussagen auf ihre Stimmigkeit und begründen Sie Ihr Urteil.

   a) Der Patient Henry Hirsch hat sich am Kiosk auf der gegenüberliegenden Straßenseite des Krankenhauses eine Zeitschrift gekauft. Als er den Kiosk verlässt, rutscht er die Kiosktreppe hinunter, verliert das Gleichgewicht und stürzt. Muss das Krankenhaus für den Schaden haften?

   b) Die Krankenschwester begleitet die Patientin Frau Baum, die in einem Rollstuhl sitzt, in die Röntgenabteilung. Auf dem Weg dorthin bricht das Rad des Rollstuhles ab, Frau Baum fällt aus dem Rollstuhl und bricht sich den Oberschenkelhals des rechten Beines. Muss die Krankenschwester für den Schaden aufkommen?

   c) Frau Ernst, die Stationsleiterin der Abteilung Innere Medizin, feiert ihr 25-jähriges Dienstjubiläum. Tags darauf hat sie Frühdienst und ist für die Zuteilung der Tabletten zuständig. Da Frau Ernst noch nicht ganz ausgeschlafen hat, verabreicht sie einem Patienten versehentlich Tabletten, die für einen anderen Patienten gedacht sind. Ist der Arzt haftbar, der die Tabletten verordnet hat?

   d) Der Chirurg Dr. Knacks hat bei der Operation von Herrn Angst versehentlich eine Kompresse in der großen Bauchwunde vergessen. Herr Angst bekommt noch während des Krankenhausaufenthaltes Schmerzen im Oberbauch und wird erneut operiert. Die Kompresse wird entfernt, Herr Angst erholt sich von der Operation, ohne dass es zu weiteren Komplikationen kommt, und kann fünf Tage später das Krankenhaus verlassen. Kann Herr Angst Schadensersatz fordern?

7 Dienstleistungen dokumentieren

7.1 Die medizinische und pflegerische Dokumentation

Zum Einstieg

Der Medizinische Dienst der Krankenversicherungen (MDK) Westfalen führt eine Stichprobenüberprüfung in der Westfalen-Klinik durch. Die Auszubildende Liliane Schmidt ist im dritten Ausbildungsjahr und soll die Unterlagen der Patientin Waltraud K. zusammenstellen. Dies ist keine leichte Aufgabe, da die Unterlagen der Patientin nicht in einer einzigen Patientenakte gesammelt sind, sondern an verschiedenen Stellen des Krankenhauses lagern. Nachdem Liliane die Unterlagen gebündelt hat, fragt sie sich, ob es nicht sinnvoll wäre, in der Klinik ein einheitliches Dokumentationssystem einzuführen.

► Was ist ein Dokumentationssystem und wer nutzt es?

► Wozu wird die Dokumentation verwendet?

► Wie werden die Informationen verwendet, die die Dokumentation liefert?

> **Dokumentation** ist die schriftliche Protokollierung der Handlungen am Patienten. Die verschiedenen Arten und Formen der Dokumentation bilden ein Dokumentationssystem.

7.1.1 Interne und externe Nutzer

Die Dokumentation ist die wichtigste Informationsquelle für interne und externe Stellen in jedem Betrieb unseres Gesundheitswesens. Interne beziehungsweise betriebliche Stellen eines Krankenhauses sind beispielsweise die Stationen, in denen die Patienteninformationen vom Pflegepersonal und von den dort arbeitenden Ärzten genutzt werden.

Schaubild 7.1 verdeutlicht die Vielfalt der internen Nutzer der Patientenakte, die Zugang zu den Informationen benötigen.

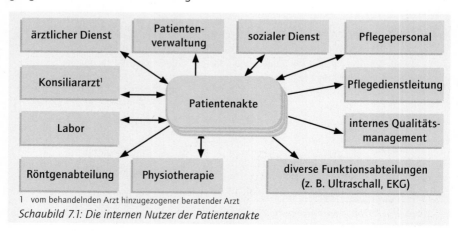

1 vom behandelnden Arzt hinzugezogener beratender Arzt

Schaubild 7.1: Die internen Nutzer der Patientenakte

Alle Beteiligten, die Zugang zu den Informationen haben, müssen sich an die gesetzlichen Vorschriften im Hinblick auf den Umgang mit sensiblen Daten halten. Dazu gehören die Schweigepflicht (§ 203 des Strafgesetzbuches, StGB), die Bestimmungen zum Schutz der Sozialdaten (Sozialgesetzbuch, Zehntes Buch, SGB X) und die Regelungen des Bundesdatenschutzgesetzes.

In den meisten Fällen ist die Weitergabe der Daten des Patienten innerhalb des Behandlungsablaufs ohne Weiteres zulässig. In der Regel hat der Patient gleich nach der Ankunft im Krankenhaus seine Einwilligung dazu gegeben, indem er den Aufnahmevertrag unterzeichnet hat, der entsprechende Bestimmungen zum Datenschutz und zur Weitergabe der Daten an autorisierte Stellen enthält. In einigen Fällen jedoch, zum Beispiel bei der Aufnahme in das sogenannte Krebsregister der Arbeitsgemeinschaft zur Krebsbekämpfung, Bochum, muss der Patient sein Einverständnis zur Datenweitergabe gesondert erklären.

Dokumentationssysteme können unterschiedlich aufgebaut sein. Jede Einrichtung des Gesundheitswesens passt das System ihren speziellen Bedürfnissen und Anforderungen an. In Krankenhäusern wird häufig ein Dokumentationssystem benutzt, das sich im ganzen Haus einsetzen lässt. Ein solches System umfasst die Formblätter für den ärztlichen Dienst sowie für den Pflegedienst, inklusive der Pflegeplanungen für die einzelnen Patienten.

Ein standardisiertes Dokumentationssystem hat den Vorteil, dass die verschiedenen Nutzer die dokumentierten Informationen leicht und schnell auswerten können. Andererseits müssen die Formblätter häufig an die Gegebenheiten des Hauses angepasst werden. Gerade in Kliniken, die sich auf spezielle Krankheitsbilder eingerichtet haben, sind für die sachgemäße Behandlung der Patienten zusätzliche Informationen erforderlich, die auf gesonderten Blättern notiert werden müssen. Oft entwickelt sich innerhalb eines Hauses in den Patientenakten ein Nebeneinander verschiedener Musterformblätter. Es muss also entschieden werden, wie die hauseigenen Formblätter gestaltet sein sollen, um einen unübersichtlichen Wildwuchs zu vermeiden. Das Formularwesen eines Hauses liegt in der Praxis oft deshalb im Argen, weil die Verantwortung dafür nicht eindeutig einer bestimmten Person oder einem bestimmten Team zugeordnet ist.

Beispiel ▶ Dokumentationssystem

Ein Beispiel für ein Dokumentationssystem im stationären Bereich bietet das System der Firma Optiplan® (Schaubild 7.2).

Dokumen-
tation   Visitenwagen

Dokucenter

Schaubild 7.2: Dokumentationssystem im Krankenhaus

Im Rahmen der Telematik-Initiative der Landesregierung Nordrhein-Westfalen verfolgen seit Juli 2006 führende deutsche Unternehmen der Informationstechnik mit Schwerpunkt im Gesundheitswesen gemeinsam mit Einrichtungen der Kostenträger und Leistungserbringer und der Krankenhausgesellschaft in Nordrhein-Westfalen unter Beteiligung der Landesdatenschutzbeauftragten das Projekt „Elektronische Patientenakte". Im Zentrum des Projekts steht die „arztgeführte" Akte.

Es existieren heute schon zum Teil sehr ausgereifte Informationssysteme in Krankenhäusern und Arztpraxen, die jedoch nur eingeschränkt miteinander kommunizieren können. Elektronische Patientenakten werden weltweit als Kernelement moderner Gesundheitssysteme angesehen. Sie sollen als Instrument eines modernen und vernetzten Gesundheitswesens die jederzeitige und vollständige Verfügbarkeit der behandlungsrelevanten Daten eines Patienten ermöglichen.

www

Elektronische Patientenakte
www.egesundheit.nrw.de/content/
elektronische_akten/index_ger.html

Aktuell befindet sich das Projekt in der zweiten von drei Entwicklungsstufen. Ob die elektronische Patientenakte Einzug in alle Krankenhäuser halten wird, bleibt abzuwarten.

Externe Stellen eines Krankenhausbetriebes sind zum Beispiel der Medizinische Dienst der Krankenversicherungen (MDK), der die Patienteninformationen aus der Krankengeschichte nutzt, um die Grundlagen für die Übernahme der Kosten durch die Krankenversicherung des Patienten zu überprüfen. Schaubild 7.3 vermittelt einen Überblick über die verschiedenen externen Nutzer der Patientenakte, die Zugang zu den Informationen benötigen.

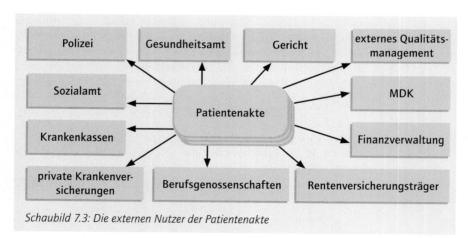

Schaubild 7.3: Die externen Nutzer der Patientenakte

Beispiel ▶ Externe Nutzer der Patientenakte

▶ Die Polizei ist immer dann zu informieren, wenn ein Patient mit Stich- oder Schussverletzungen eingeliefert wird.

▶ Das Gesundheitsamt muss unterrichtet werden, wenn der Verdacht besteht, dass der Patient an einer bestimmten ansteckenden Krankheit, die im Sinne des Bundesseuchengesetzes (BSeuchG) meldepflichtig ist (zum Beispiel Malaria), leidet oder sich angesteckt hat.

5624142

▶ Ein Patient wirft seinem Arzt einen Kunstfehler vor. Er reicht eine Klage ein. Um die Klage prüfen zu können und um entscheiden zu können, ob ein Prozess eröffnet wird, muss das Gericht Einsicht in die Akte nehmen.

▶ Das externe Qualitätsmanagement untersucht betriebliche Prozesse und benötigt Informationen aus Patientenakten, um beispielsweise standardisierte Operationsabläufe zu überprüfen.

▶ Der Medizinische Dienst der Krankenversicherungen (MDK) hat bei Überprüfungen von Behandlungsverläufen Einsicht in das Krankenblatt des Patienten. Dies kann auch bei Routineüberprüfungen der Fall sein.

▶ Die Finanzverwaltung will sich auf der Grundlage der Krankenhaus-Buchführungs-Verordnung (KHBV) über die Kosten und Erlöse informieren, um zu überprüfen, ob das Krankenhaus noch gemeinnützig wirtschaftet.

Alle übrigen im Schaubild aufgeführten Beteiligten sind als Kostenträger zur Akteneinsicht berechtigt.

7.1.2 Verwendungszwecke

Die Dokumentation dient dazu, alle Informationen rund um den Patienten zu erfassen, zu sammeln und für Auswertungen bereitzustellen. Sie stellt sicher, dass alle Personen, die an der Behandlung des Patienten beteiligt sind, auf die zur Behandlung erforderlichen Informationen zugreifen können. Sie bildet somit die Schnittstelle beispielsweise zwischen dem Pflegepersonal, den Ärzten und den Mitarbeitern der Physiotherapie.

Die Dokumentation schafft die zur Planung des Behandlungsablaufs des Patienten notwendige Übersicht. Ohne sie wäre eine schnelle und geschickte Organisation der verschiedenen Behandlungsschritte – zum Beispiel die Abstimmung und Festlegung von Untersuchungsreihenfolgen und Untersuchungsterminen – nicht möglich.

Beispiel ▶ Nutzen der Dokumentation für die Behandlungsplanung

Ein Patient soll für eine Darmspiegelung vorbereitet werden. Deshalb darf er ab einem bestimmten Zeitpunkt vor der Spiegelung nichts mehr essen. Zudem darf er nur noch bestimmte Getränke zu sich nehmen. An dem Patienten sollen aber noch weitere Untersuchungen vorgenommen werden, um herauszufinden, wo die Ursachen seiner Beschwerden liegen. Dazu gehört auch eine Röntgenuntersuchung, vor der der Patient ein Kontrastmittel schlucken muss. Es wäre unsinnig, die Röntgenaufnahme vor der Darmspiegelung zu erstellen, da der Magen-Darm-Trakt des Patienten vor der Darmspiegelung leer sein muss.

Eine gute Patientenakte muss sämtliche Dokumente enthalten, die Auskunft über den Patienten und über den Behandlungsverlauf geben. Unvollständige, falsche oder fehlerhafte Einträge, zum Beispiel für Untersuchungstermine, verzögern den Behandlungsablauf unnötig und erhöhen die Kosten der Behandlung, wenn sie nicht gar die Gesundheit des Patienten gefährden. Durch eine lückenlose Aktenführung werden außerdem Doppeluntersuchungen vermieden, die von den Kostenträgern nicht abgedeckt werden. Schließlich sichert eine vollständige und korrekt geführte Patientenakte die Einrichtung auch gegenüber Regressansprüchen von Patienten oder Dritten ab.

7.2 Informations- und Kommunikationssysteme im Gesundheitswesen

Zum Einstieg

Der Auszubildende Alexander Artig soll in der Verwaltung in das Aufgabengebiet der Patientenabrechnung eingewiesen werden. Seine Ausbilderin Anna-Katharina Auswendig erklärt ihm, wie er mit der Krankenhaus-Software umgehen muss. Bisher hatte Alexander nur mit dem Office®-Paket gearbeitet. Bei der Einweisung in das KIS erklärt Frau Auswendig Alexander die Funktionen der Software und zeigt ihm, wie sie bedient wird. Alexander stellt einige Parallelen zum Office-Programm Access® fest. Aber ein KIS kann noch vieles mehr.

▶ Was sind Informationen im Gesundheitswesen?

▶ Woher kommen die Informationen im Gesundheitswesen?

▶ Wie werden die Informationen verarbeitet?

▶ Welches sind die technischen Voraussetzungen der elektronischen Datenverarbeitung?

▶ Was ist Standardsoftware?

▶ Welche Software wird in den verschiedenen Einrichtungen im Gesundheitswesen verwendet?

▶ Was ist ein KIS?

▶ Was leistet ein KIS?

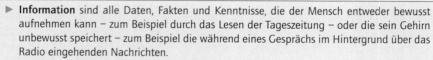

▶ **Information** sind alle Daten, Fakten und Kenntnisse, die der Mensch entweder bewusst aufnehmen kann – zum Beispiel durch das Lesen der Tageszeitung – oder die sein Gehirn unbewusst speichert – zum Beispiel die während eines Gesprächs im Hintergrund über das Radio eingehenden Nachrichten.

▶ **Kommunikation** umfasst alle Arten und Formen des Austauschs, das heißt des Sendens und Empfangens von Informationen.

7.2.1 Technische Voraussetzungen

BASISWISSEN
Infrastruktur –
Grundlagen
der Informationstechnologie
Kapitel 2,
Abschnitt
2.1.1

Damit Kommunikation ihren Zweck erfüllt, geht es zunächst darum, geeignete Formen zu finden, um die Informationen, die in einem Unternehmen entstehen oder benötigt werden, so aufzunehmen und zu verarbeiten, dass sie weitergegeben werden können. Nach diesem Muster ist die gesamte Computertechnologie aufgebaut.

Das sogenannte EVA-Prinzip (Eingabe, Verarbeitung, Ausgabe) findet auch im Gesundheitswesen Anwendung, das heißt, auch hier werden Informationen und Daten mithilfe moderner Computertechnik verarbeitet. Außer der notwendigen Hardware (Computer) werden Programme (Software) benötigt, die die eigentliche Informationsverarbeitung leisten.

Welche Software im Einzelnen verwendet wird, hängt von den Bedürfnissen des Benutzers ab. Den meisten Anwendern von Computern reichen für den privaten Gebrauch einfache Schreib- und Rechenprogramme aus. In einem Unternehmen dagegen ist eine größere Zahl von Anwendungen im Einsatz. Neben Textverarbeitungsprogrammen zur Durchführung des allgemeinen Schriftverkehrs sind dies Programme zur Erfassung, Aufbereitung, Verwaltung und Sicherung von Zahlen beispielsweise aus der Finanzbuchhaltung oder aus der Materialwirtschaft.

Bei der Software unterscheidet man zwischen Standard- und Individualsoftware. Erstere wird in der Regel für eine sehr breite Benutzergruppe entwickelt und kommt deshalb in den unterschiedlichsten Bereichen zum Einsatz.

Beispiel ▶ Standardsoftware

Die Office-Programme der Firma Microsoft zählen zur Standardsoftware:

▶ Word – zur Textverarbeitung,
▶ Excel – zur Tabellenkalkulation,
▶ PowerPoint – zur Erstellung von Präsentationsunterlagen,
▶ Access – zur Datenbankverwaltung.

> **BASISWISSEN**
> Standardsoftware –
> Grundfunktionen und Einsatzgbiete
> Kapitel 2, Abschnitt 2.1.2

Individualsoftware wird demgegenüber für eine bestimmte Benutzergruppe oder einen einzelnen Benutzer entwickelt. So haben vor allem sehr spezialisierte Unternehmen oft ihre eigene Software, die nur dort eingesetzt wird.

Beispiel ▶ Software für Arztpraxen

Das Arzt-Abrechnungs-Programm MCS-ISYNET® der Firma MCS-ISYNET AG® ist ein Beispiel für Individualsoftware. Es wurde speziell für die Arztpraxis entwickelt und ist nur dort effektiv einsetzbar. In welchem Fach der Arzt tätig ist, ist hingegen unerheblich. Das Programm unterstützt den Arzt und das Praxisteam bei

▶ der Befunddokumentation (zum Beispiel digitale Röntgenbilder),
▶ der Praxisorganisation (zum Beispiel Wartezimmerliste, elektronische Karteikarte),
▶ der Verfassung von Arztbriefen (einfache Erstellung und Verwaltung sowie Befundübernahme),
▶ der Nutzung von Formularen (alle Verordnungsmuster sind im System vorhanden),
▶ der Abrechnung (die Abrechnungstarife sind hinterlegt, Übermittlung der Abrechnungsdaten nach § 301 SGB V),
▶ der Erstellung von Statistiken (zum Beispiel zu Medikamentenverordnungen, verschiedenen Budgets und Diagnosen).

Tabelle 7.1 fasst die Vor- und Nachteile von Individual- und Standardsoftware zusammen.

	Vorteile	Nachteile
Individualsoftware	▶ den betrieblichen Abläufen genau angepasst ▶ für den Einzelanwender entwickelt ▶ leichter zu lernen, da eine bessere Übersicht der Software gegeben ist	▶ in der Regel hohe Kosten ▶ Abhängigkeit vom Softwarehaus ▶ Auf gesetzliche Änderungen, die eine Anpassung oder Weiterentwicklung der Software erforderlich machen, muss der Kunde selbst achten.

	Vorteile	Nachteile
Standard-software	▶ günstiger Preis ▶ Bei der Erstellung und Weiter-entwicklung werden vielfältige Erfahrungen anderer Anwender berücksichtigt. ▶ Schulungen an vielen Orten ▶ Die Mitarbeiter sind oft schon vor der Arbeitsaufnahme mit der Software vertraut. ▶ Bei der Weiterentwicklung oder Ak-tualisierung der Programme werden gesetzliche Änderungen vom Soft-wareanbieter berücksichtigt.	▶ nicht genau den Abläufen des Un-ternehmens angepasst (großer An-passungsaufwand) ▶ Betriebliche Abläufe müssen sich eventuell nach dem Programm richten. ▶ oberflächliche Struktur der Soft-ware, da für den breiten Markt ent-wickelt ▶ oft zu umfangreich, da ein breites Einsatzgebiet erreicht werden soll

Tabelle 7.1: Standard- und Individualsoftware im Vergleich

AUFGABEN

1. Was verbirgt sich hinter den Abkürzungen EDV, RAM, ROM und FAT?

2. Ordnen Sie die Begriffe Binärsystem, Datenträger, Software und Hardware den folgenden Erläuterungen zu:

Begriffe	Erläuterungen
?	ist die Sammelbezeichnung für die Programme, die für die verschiedenen Anwendungen des Computers benötigt werden.
?	ist ein Zahlensystem, das auf den digitalen Zeichen 0 und 1 beruht.
?	umfasst alle physikalischen Geräte, das heißt die Zentraleinheit, den Bildschirm, die Tastatur und die physikalischen Verbindungen dieser Geräte untereinander.
?	ist ein Medium, das zu Dateien zusammengefasste Daten enthält, die der Computer direkt lesen kann.

3. Was gehört nicht zur Anwendungssoftware?
   a) Windows Explorer
   b) Windows XP Professional
   c) MCS-ISYNET
   d) Ipro-Doc

4. Was gehört nicht zur Standardsoftware?
   a) Word
   b) Excel
   c) MS-DOS
   d) Access
   e) Windows Vista
   f) PowerPoint

5. Was ist ein Betriebssystem?

6. Welche Aufgaben hat ein Betriebssystem?

7.2.2 Software im Krankenhaus

Im Krankenhaus wird häufig neben der Standardsoftware ein Krankenhaus-Informations-System (KIS) eingesetzt. Das KIS ist der wichtigste Teil des informationstechnischen Systems eines Krankenhauses. In ihm laufen alle Informationen aus verschiedenen Quellen zusammen, das heißt, im KIS werden die Informationen so kanalisiert, dass sie dort sofort zur Verfügung stehen, wo sie gebraucht werden.

Merkmale eines Krankenhaus-Informations-Systems

KIS zeichnen sich durch die folgenden Merkmale aus:

► integrierte Lösungen (keine Inseln),

► modularer Aufbau (Modul = Baustein),

► sämtliche Leistungsbereiche des Krankenhauses umfassend,

► offene Schnittstellen,

► Sicherstellung von Datenschutz und Datensicherheit,

► Work-flow-Orientierung (work flow = Arbeitsablauf),

► Benutzerfreundlichkeit.

Es gibt einige KIS-Anbieter, die komplett maßgeschneiderte Softwarelösungen anbieten. Meistens werden jedoch Softwarelösungen nach dem Baukastenprinzip angeboten. Die jeweiligen Vor- und Nachteile ähneln denen der Standard- und Individualsoftware. Für das Baukastenprinzip sprechen insbesondere die geringeren Kosten.

Beispiel ► Software-Module im Krankenhaus

> Ist im Krankenhaus bereits ein Programm zur Unterstützung der Finanzbuchhaltung vorhanden, so benötigt das Haus zusätzlich nur die Module Patientenmanagement, medizinische Funktionsdienste oder medizinische Dokumentation. Die Kosten für das Programm zur Unterstützung der Finanzbuchhaltung können gespart werden.

Der Vorteil einer Komplettlösung liegt darin, dass die verschiedenen Module untereinander besser harmonieren.

Zu den wichtigsten Modulen eines KIS zählen:

► Patientenmanagement,

► medizinische Funktionsdienste,

► medizinische Dokumentation,

► Archiv,

► Rechnungswesen,

► Dienstplangestaltung,

► Schulungen,

► Beratung,

► Projektmanagement.

Diese Module werden von den meisten KIS-Anbietern zur Verfügung gestellt.

Beispiel ► Software-Komplettlösung im Krankenhaus

> Einige Beispiele für KIS-Komplettlösungen sind Fliegel Data®, SAP®, Laufenberg® und GWI®. Das KIS-System Fliegel-Data® bietet bei den folgenden Aufgaben informationstechnische Unterstützung:
>
> ► Erfassung der Aufnahme von Patienten,
>
> ► Verschlüsselung von Diagnosen,
>
> ► Dokumentation von Befunden,

> ▶ Dokumentation von Therapien,
>
> ▶ Erstellung von Operationsberichten,
>
> ▶ Erstellung von Entlassungsberichten,
>
> ▶ Abrechnung (inklusive Eigenanteile der Versicherten),
>
> ▶ Archivierung.

Viele KIS-Anbieter bieten zur eigentlichen Software die folgenden Zusatzleistungen:

▶ Organisation,   ▶ Konzepte,

▶ Beratung,   ▶ Programmierung,

▶ Support (Unterstützung der Anwender).

Der Betrieb eines KIS ist für ein Krankenhaus in mehrerlei Hinsicht von Vorteil. Erstens senkt es die Kosten der Informationsverarbeitung und des Informationsaustauschs. Zweitens verfügt der Krankenhausträger damit über eine Absicherung, wenn es zu Rechtsstreitigkeiten, wie etwa im Falle von Behandlungsfehlern, kommt. Hier ist eine lückenlose und genaue Dokumentation von enormer wirtschaftlicher und strafrechtlicher Bedeutung.

BASISWISSEN
Qualitätsmanagement
Kapitel 5,
Abschnitt 5.3

Das KIS erleichtert darüber hinaus die Arbeit im Zusammenhang mit der Einrichtung und Pflege eines Qualitätsmanagementsystems. Es können sämtliche Dokumente hinterlegt und angesehen werden, wie etwa das QM-Handbuch oder die Prozessbeschreibungen. Schließlich kann das Krankenhaus anhand eines KIS seinen Auskunfts- und Datenschutzpflichten nach den §§ 35 und 36 des Landeskrankenhausgesetzes (LKG vom 28. November 1986) leichter nachkommen.

> **Beispiel** ▶ Auskunfts- und Datenschutzpflichten des Krankenhauses
>
> Die Auskunftpflicht nach § 35 LKG umfasst Angaben in anonymisierter Form
>
> ▶ zu den Herkunftsgebieten der im Krankenhaus behandelten Patienten;
>
> ▶ zur Anzahl der Patienten, gegliedert nach Altersgruppen und Krankheiten;
>
> ▶ zu Mehrfachaufnahmen, Haupt- und Nebendiagnosen;
>
> ▶ zu Art und Anzahl medizinisch-technischer Großgeräte nach § 10 KHG sowie der damit erbrachten Leistungen.
>
> Die Datenschutzpflicht nach § 36 LKG besteht darin, dass Angaben über Patientendaten nur erhoben, verarbeitet oder auf sonstige Weise genutzt werden dürfen, soweit
>
> ▶ dies im Rahmen des Behandlungsverhältnisses auf vertraglicher Grundlage erforderlich ist,
>
> ▶ dies zur Ausbildung oder Fortbildung erforderlich ist und dieser Zweck nicht in vertretbarer Weise mit anonymisierten Daten erreichbar ist,
>
> ▶ eine Rechtsvorschrift es erlaubt oder
>
> ▶ der Patient eingewilligt hat.

Vorgehensweise bei der Einführung eines KIS

Vor der Einführung eines KIS muss das Krankenhaus eine Bestandsaufnahme durchführen und seinen Bedarf festlegen, das heißt, es muss feststellen, was an Software vorhanden ist und was zusätzlich gebraucht wird. Im zweiten Schritt gilt es, den Bedarf möglichst genau zu umschreiben, das heißt die Anforderungen an ein KIS zu formulie-

5624148

ren. Grundsätzlich soll ein KIS die Qualität der kommunikationstechnischen Abläufe verbessern und/oder deren Kosten senken.

Die Einführung eines KIS vollzieht sich in mehreren Phasen:

1. Vorauswahl durch Marktforschung und Referenzlisten,
2. Ausschreibungen (können öffentlich oder beschränkt sein) und/oder Preisverhandlungen mit Softwareanbietern,
3. Entscheidung (in der Regel durch den Träger),
4. Implementierung (Einrichtung),
5. Testphase,
6. Schulungen des Personals,
7. Wartung und Pflege.

Die Preisgestaltung der Softwareanbieter hängt im Wesentlichen von der Anzahl der benötigten Module, von der Größe des Krankenhauses (Bettenzahl), von der Anzahl der Nutzer beim Kunden und vom vereinbarten Wartungs- und Serviceumfang (Updates, Hotline) ab.

AUFGABE

Prüfen Sie mehrere Anbieter von KIS-Systemen daraufhin, welche Gemeinsamkeiten und welche Unterschiede in den jeweiligen Systemen bestehen. (Tipp: Neben dem Internet bietet die medizinische Fachmesse *Medica* in Düsseldorf ein gutes Forum, um verschiedene Anbieter von Softwareprodukten für den Gesundheitssektor zu vergleichen.)

7.2.3 Software in der Arztpraxis

Eine Arztpraxis ist in der Regel aufgrund ihrer geringeren Größe überschaubarer als die Verwaltung eines Krankenhauses. Der Großteil der Kommunikation findet im direkten Umgang miteinander statt. Die Arztpraxis stellt daher andere Anforderungen an die Software als ein Krankenhaus. Hier wird die Software vor allem zur Organisation von Terminen, Verordnungen von Arznei-, Verband-, Heil- und Hilfsmitteln und zur Abrechnung genutzt.

Die Software unterstützt nicht nur die Arbeit der Mitarbeiter der Praxis, sondern ist auch eine wichtige Informationsquelle für den Arzt. Im Idealfall kann dieser sich einen Überblick über seine gesamte Praxis verschaffen. Die Software unterstützt die Verschlüsselung von Diagnosen und Behandlungen der Patienten nach der internationalen Klassifikation von Diagnosen und Prozeduren (siehe dazu Lernfeld 8, Abschnitt 8.3.2 f.). Der Arzt kann sämtliche buchhalterischen Informationen ebenso abrufen wie die Bestände an Arznei-, Verband-, Heil- und Hilfsmitteln. Diese Materialien sind in einer Datenbank hinterlegt, die nicht nur die einfache und schnelle Aktualisierung von großen Datenmengen erlaubt, sondern auch die Einbindung zusätzlicher Komponenten wie zum Beispiel einen Impfkalender für den Haus- oder Kinderarzt.

Die Software hilft darüber hinaus auch bei der Erstellung von Übersichten, um beispielsweise zu kontrollieren, wann bestimmte Budgets ausgeschöpft sind oder ob noch Kapazitäten frei sind. Gerade im Bereich der Arzneimittelausgaben ist eine permanente Kontrolle angezeigt, um frühzeitig reagieren zu können.

7.2.4 Software für den Physiotherapeuten/ Ergotherapeuten

Oft arbeiten mehrere Physiotherapeuten/Ergotherapeuten in einer Praxis zusammen, sodass ein effizientes Zeit- und Raummanagement unabdingbar ist. Die Praxis nutzt Software vor allem zur Organisation und Verwaltung von Behandlungsterminen, zur koordinierten Belegung von gemeinsam genutzten Behandlungsräumen und zur Leistungsabrechnung.

7.2.5 Software für den ambulanten Pflegedienst und für Alten- und Pflegeheime

Im Zuge der Verpflichtung zu mehr Transparenz und zur Erstellung von Qualitätsmanagementsystemen sind die Mitarbeiter im pflegerischen Bereich gehalten, ihre Leistungen und Beobachtungen im täglichen Umgang mit den Patienten, Bewohnern und Kunden zu dokumentieren. Hierbei sind sie auf die Unterstützung durch EDV-Programme angewiesen.

Die Software für diesen Personenkreis muss grundlegende Funktionen wie zum Beispiel die Terminierung von Grundpflege und Behandlungspflege, die Dienstplangestaltung und die Leistungsabrechnung unterstützen. Zusätzlich erforderliche Module, wie zum Beispiel ein Routenplaner für den ambulanten Pflegedienst, können in einen Taschencomputer oder ein Notebook eingebunden werden. Ein anderes zusätzliches Modul ist beispielsweise ein spezielles Konto zur Verbuchung der Taschengelder der Bewohner im Alten- oder Pflegeheim („Taschengeld-Konto").

7.3 Datentransfer an Kranken-, Pflege-, Renten- und Unfallversicherungsträger

Zum Einstieg

Die Auszubildende Marie-Christine ist im zweiten Ausbildungsjahr zur Kauffrau im Gesundheitswesen. Sie ist zurzeit in der Patientenverwaltung tätig. Ihr Ausbilder Herr Leonard Lohn überträgt ihr die Aufgabe, Patientendaten an verschiedene Kostenträger per DFÜ-Verfahren zur übermitteln. Marie-Christine weiß noch nicht, wie sie vorgehen muss, und benötigt die Hilfe von Herrn Lohn. Dieser erklärt ihr, welche rechtlichen Grundlagen hinter diesem Verfahren stehen, was sich hinter der Abkürzung DFÜ verbirgt und wie die Daten an die Kostenträger vermittelt werden.

▶ Welches sind die rechtlichen Grundlagen zur Datenübermittlung im Gesundheitswesen?

▶ Wer tauscht Daten im Gesundheitswesen aus?

▶ Welche Daten müssen im Gesundheitswesen übermittelt werden?

▶ Wie werden Daten im Gesundheitswesen ausgetauscht?

▶ Welche Voraussetzungen müssen zur Übermittlung gegeben sein?

7.3.1 Das Institutionskennzeichen

Gemäß § 293 des fünften Buches des Sozialgesetzbuches (SGB V) müssen die Leistungserbringer ihre Daten zur Abrechnung mit den Krankenkassen in maschinenlesbarer Form übermitteln. Beim Transfer müssen die Daten vor Zugriffen Dritter geschützt sein. Um ein bundeseinheitliches Verfahren zu gewährleisten, muss jeder Leistungserbringer ein Institutionskennzeichen (IK) vereinbaren. Das IK dient zur eindeutigen Identifizierung des Leistungserbringers und zur Vereinfachung des Zahlungsverkehrs, nicht zuletzt aber dem Datenschutz.

Das IK wurde von der Informationstechnischen Servicestelle der Gesetzlichen Krankenversicherung GmbH (ITSG) entwickelt, deren Aufgabe die Unterstützung des Datenaustauschs zwischen Krankenkassen, Arbeitgebern und Leistungserbringern ist. Es kann bei der Sammel- und Verteilstelle IK (SVI) der Arbeitsgemeinschaft Institutionskennzeichen mit Sitz in Sankt Augustin beantragt werden.

Das IK besteht aus neun Ziffern. Die Ziffernfolge dient der Verschlüsselung der in Tabelle 7.2 zusammengefassten Informationen.

Stelle	Information/Bedeutung	Beispiele
1 und 2	Klassifizierung (Art der Institution oder Personengruppe)	11 = Deutsche Rentenversicherung 15 = Versorgungsämter 18 = Pflegekassen 43 = Masseure
3 und 4	Bundesland (Regionalbereich oder Regierungsbezirk)	05 = Nordrhein-Westfalen 06 = Hessen
5 bis 8	Seriennummer	1234 = Kundennummer
9	Prüfziffer	

Tabelle 7.2: Der Aufbau des Institutionskennzeichens

7.3.2 Datentransfer an die Kostenträger

Informationstechnische Servicestelle der gesetzlichen Krankenversicherung GmbH (ITSG)
www.itsg.de

1992 wurde im Sozialversicherungsrecht die gesetzliche Grundlage für die maschinenlesbare Abrechnung zwischen den Kostenträgern und Leistungserbringern geschaffen (Tabelle 7.3). Form und Inhalt der Leistungsabrechnung sowie die Art und Weise der Übermittlung werden in Richtlinien, die die gesetzlichen Bestimmungen präzisieren, näher beschrieben.

Die Richtlinien sorgen für die Einhaltung bundeseinheitlicher Standards im Abrechnungsverfahren auf der Grundlage maschinell verwertbarer Datenträger.

§ 295	Abrechnung ärztlicher Leistungen
§ 300	Arzneimittelabrechnung
§ 301	Krankenhäuser
§ 301 a	Hebammen und Entbindungspfleger
§ 302	Sonstige Leistungserbringer

Tabelle 7.3: Bestimmungen des SGB V zur Leistungsabrechnung in der gesetzlichen Krankenversicherung

Beispiel ▶ Richtlinie zur Datenübermittlung

Die Datenübermittlung umfasst die für die Erbringung und Abwicklung von Krankenhausbehandlung erforderlichen Angaben nach § 301 Abs. 1 Satz 1 SGB V, das heißt

1. die Angaben nach § 291 Abs. 2 Nr. 1 bis 8 SGB V:
   1) Bezeichnung der Krankenkasse
   2) Familienname und Vorname des Versicherten
   3) Geburtsdatum des Versicherten
   4) Anschrift
   5) Krankenversichertennummer
   6) Versichertenstatus
   7) Tag des Beginns des Versicherungsschutzes
   8) bei befristeter Gültigkeit der Karte das Datum des Fristablaufs sowie das krankenhausinterne Kennzeichen des Versicherten,

2. das Institutionskennzeichen des Krankenhauses und der Krankenkasse,

3. den Tag, die Uhrzeit und den Grund der Aufnahme sowie die Einweisungsdiagnose, die Aufnahmediagnose, bei einer Änderung der Aufnahmediagnose die nachfolgenden Diagnosen, die voraussichtliche Dauer der Krankenhausbehandlung sowie, falls diese überschritten wird, auf Verlangen der Krankenkasse die medizinische Begründung,

4. bei ärztlicher Verordnung von Krankenhausbehandlung die Arztnummer des einweisenden Arztes, bei Verlegung das Institutionskennzeichen des veranlassenden Krankenhauses, bei Notfallaufnahme die die Aufnahme veranlassende Stelle,

5. die Bezeichnung der aufnehmenden Fachabteilung, bei Verlegung die der weiterbehandelnden Fachabteilungen,

6. Datum und Art der im jeweiligen Krankenhaus durchgeführten Operationen,

7. den Tag, die Uhrzeit und den Grund der Entlassung oder der externen Verlegung sowie die Entlassungs- oder Verlegungsdiagnose; bei externer Verlegung das Institutionskennzeichen der aufnehmenden Institution,

8. Angaben über die im jeweiligen Krankenhaus durchgeführten Rehabilitationsmaßnahmen sowie Vorschläge für die Art der weiteren Behandlung mit Angabe geeigneter Einrichtungen,

9. die nach den §§ 115 a und 115 b SGB V sowie nach der Bundespflegesatzverordnung berechneten Entgelte.

7.3.3 Datenträgeraustausch mittels moderner Technik

www.gkr-datenaustausch.de/
Home.gkrnet

Die moderne Form des Datenaustauschs zwischen Leistungserbringer und Kostenträger ist der Datenaustausch auf dem elektronischen Weg. Diese Art der Übermittlung wird Datenfernübertragung (DFÜ) genannt. Die Datenfernübertragung erfolgt via Modem, ISDN oder Internet.

Datenaustausch mit EDIFACT

Das Kunstwort EDIFACT setzt sich aus zwei Abkürzungen zusammen:

1. EDI steht für Electronic Data/Interchange (elektronischer Datenaustausch).
2. FACT steht für For Administration, Commerce and Transport.

EDIFACT ist eine strukturierte Form des papierlosen Datenaustausches zwischen zwei Geschäftspartnern. Vor allem große Branchen wie die Autoindustrie oder Banken verwenden dieses Format schon seit den 1980er-Jahren, weshalb es heutzutage als „Dinosaurier" in der Datenverarbeitung gilt. Allerdings ist es ein Dinosaurier, der sich über die Jahre bewährt und durchgesetzt hat.

Mithilfe von EDIFACT werden Geschäftsprozesse automatisiert. Dies führt zu einer enormen Kosten- und Fehlerreduktion. So werden Angebote oder Preislisten und Rechnungen per EDIFACT an den entsprechenden Partner übermittelt, was bedeutet, dass die Daten dort nicht erneut erfasst werden müssen, sondern per EDI-Technologie automatisch in dessen System übertragen werden. Mithilfe von EDIFACT können regelmäßig anfallende Geschäftsvorfälle, Kundenanfragen oder Kontoauszüge einfach ausgetauscht werden.

EDIFACT im Gesundheitswesen

Da sich EDIFACT aufgrund der Struktur der Daten, die an die Kostenträger von den Leistungserbringern übermittelt werden sollen, für das Gesundheitswesen als besonders geeignet erwiesen hat, wurde diese Art des Datenaustauschs aus der Industrie übernommen.

Wichtig für die Verwendung von EDIFACT ist eine einheitliche Datenstruktur. Das bedeutet, dass derjenige, der die Daten sendet und verschlüsselt, die gleiche Syntax, das heißt den gleichen Zeichensatz und die gleichen Regeln zur Verknüpfung der Zeichen, verwenden muss, wie derjenige, für den die Daten bestimmt sind. Im Gesundheitswesen wird diese Datensyntax in den jeweiligen Richtlinien zum Abrechnungsverfahren mit den Krankenkassen geregelt. Die Leistungserbringer müssen sich bei den Spitzenverbänden der Krankenkassen über die aktuelle Version informieren, um Übertragungsfehler zu vermeiden.

Beispiel ▶ Kostenträgerverschlüsselung

Die in Schaubild 7.4 wiedergegebene EDIFACT-Datei zeigt, wie der Bundesverband der Innungskrankenkassen (IKK) die Kostenträger verschlüsselt.

```
UNA:+,? ,
        UNB+UNOC:3+109910000+999999999+110314:0937+00079++AO04Q211KE0'
        UNH+00001+KOTR:01:001:KV'
        IDK+107815772+01+AOK Tübingen'
        VDT+19970108'
            FKT+04'
            VKG+02+107815772+4++12'
            VKG+01+108018007+4'
            NAM+01+AOK f. d. Lkrs. Tübingen'
            ANS+1+72072+Tübingen+Europastrasse 4'
    UNT+000009+00001'
    UNH+00002+KOTR:01:001:KV'
        IDK+107815807+01+AOK Wangen'
        VDT+19970108'
            ...
            ...
            ...
            FKT+04'
            VKG+01+108018007+4'
            VKG+02+107615554+4++12'
            NAM+01+AOK Ortenau'
            ANS+1+77656+Offenburg+Kolpingstrasse 2'
    UNT+000009+00095'
    UNH+00096+KOTR:01:001:KV'
        IDK+108018519+01+AOK Aalen'
        VDT+19970108'
            FKT+04'
            VKG+01+108018007+4'
            VKG+02+108018519+4++12'
            NAM+01+AOK Ostalb'
            ANS+1+73430+Aalen+Curfeßstrasse 27'
    UNT+000009+00096'
UNZ+000096+00079'
```

Schaubild 7.4: Beispiel einer Kostenträgerverschlüsselung

Quelle: Website des Spitzenverbands Datenaustausch, www.gkv-datenaustausch.de, abrufbar über den Pfad „Archiv"/„Sonstige Leistungserbringer"/„Kostenträgerdateien"/„AOK-BV" (direkter Link: www.gkv-datenaustausch.de/upload/AO04Q211.KE0), abgerufen am 1. November 2011.

Die einzelnen Segmente der beispielhaften EDIFACT-Datei haben die in Tabelle 7.4 erläuterten Funktionen.

Segment-bezeichnung	Segment-art	Segment-typ	Wiederho-lungsfaktor	Erläuterung
UNA	K	Service	0–1 je Datei	Festlegungssegment, dient zur Festlegung der in der Datei verwendeten Trennzeichen. Das Segment muss nur übertragen werden, wenn die vereinbarten Steuerzeichen nicht genommen werden.

Segment-bezeichnung	Segment-art	Segment-typ	Wiederho-lungsfaktor	Erläuterung
UNB	M	Service	1 je logische Datei	Kopfsegment einer logischen Datei, dient zur Eröffnung, Identifizierung und Beschreibung der Datei. Eine logische Datei besteht aus der Folge UNB bis UNZ. Sie umfasst die Nachrichtengruppen SLGA und SLLA, die mehrfach wiederholbar sind. So ist es möglich, dass ein oder mehrere Leistungserbringer Abrechnungen für ein oder mehrere Kostenträger der gleichen Kassenart übermitteln. Je Kassenart ist eine logische Datei (UNB bis UNZ) zu übermitteln. Auf einem Datenträger können mehrere logische Dateien übermittelt werden.
UNG	M	Service	1 je Gruppe	Kopfsegment einer Nachrichtengruppe, dient zur Zusammenfassung mehrerer Nachrichten des gleichen Typs zu einer Gruppe. Eine Nachrichtengruppe besteht aus der Folge UNG bis UNE.
UNH	M	Service	1 je Typ	Kopfsegment einer Nachricht, dient dazu, eine Nachricht zu eröffnen, zu identifizieren und zu beschreiben. Eine Nachricht besteht aus einer definierten Folge von Segmenten, die einmal oder mehrfach vorkommen können oder nur bei bestimmten Geschäftsvorfällen erforderlich sind.
	M	Nutz-daten		Segmente entsprechend Nachrichtentypbeschreibung: SLGA = Gesamtaufstellung der Abrechnung (s. § 6 der Richtlinien) SLLA = Abrechnungsdaten je Abrechnungsfall (s. § 5 der Richtlinien)
UNT	M	Service	1 je Typ	Ende-Segment einer Nachricht. Beendet die Nachricht und ermöglicht die Prüfung auf Vollständigkeit.
UNE	M	Service	1 je Gruppe	Ende-Segment einer Nachrichtengruppe. Beendet eine Gruppe von Nachrichten und ermöglicht die Prüfung auf Vollständigkeit.
UNZ	M	Service1 je Datei		Ende-Segment einer Datei. Beendet eine Datei und ermöglicht die Prüfung auf Vollständigkeit.

Tabelle 7.4: Segmente einer EDIFACT-Datei

In der Datei werden darüber hinaus die folgenden Segmente verwendet:

▶ **IDK** = Identifikationssegment, tritt als Schlüsselsegment je Nachricht einmal und obligatorisch auf

▶ **VDT** = Verwaltungsdatensegment, obligatorisch dem IDK zugeordnet, kann optional auch jedem anderen Segment zugeordnet werden, dessen Gültigkeitszeitraum vom IDK abweicht

▶ **FKT** = Funktionssegment, einmal und obligatorisch, zur Kennzeichnung der Funktion einer Nachricht

▶ **KTO** = Kontosegment, optional, entsprechend einer Bankverbindung aus der bei der Sammel- und Verteilungsstelle Institutionskennzeichen (SVI) gespeicherten Datei. Zu jedem IK ist bei der SVI nur eine Kontoverbindung möglich.

▶ **VKG** = Verknüpfungssegment, optional und wiederholbar. Die Verknüpfung erfolgt vom IK der Versichertenkarte zum IK des Kostenträgers und von dort zu seinen Daten annehmenden Stellen.

▶ **NAM** = Namenssegment, einmal und obligatorisch

▶ **ANS** = Anschriftensegment, einmal obligatorisch und (optional) bis zu zweimal wiederholbar; es kann eine Haus-, Postfach- und eine Großkundenanschrift gespeichert werden (daher maximal drei ANS-Segmente je Nachricht).

▶ **ASP** = Ansprechpartner, optional und wiederholbar

▶ **UEM** = Übermittlungssegment, optional und wiederholbar. Zur Darstellung der Medien, die über die durch das IK bezeichnete Einrichtung übermittelt werden können

▶ **DFU** = Datenübertragungssegment. Wenn in einem Übermittlungssegment die Datenfernübertragung als Medium genannt wurde, ist das DFU-Segment einmal obligatorisch und (optional) wiederholbar. Es dient zur Darstellung der DFÜ-Arten, die über die durch das IK bezeichnete Einrichtung abgewickelt werden können.

Quelle: www.gkv-datenaustausch.de/upload/ANHANG3_2_7097.pdf, abgerufen am 11. Januar 2012.

AUFGABE

Nennen Sie die Angaben, die Krankenhäuser sowie Vorsorge- und Rehabilitationseinrichtungen zur maschinenlesbaren Abrechnung an die Kostenträger übermitteln müssen.

8 Dienstleistungen abrechnen

8.1 Grundlagen: Organisation der gesetzlichen Krankenversicherung

Zum Einstieg

Martin Riecher hat seine Ausbildung zum Kaufmann im Gesundheitswesen in der Praxis für Allgemeinmedizin von Dr. Herz begonnen. Als er sich seinerzeit über die Berufe im Gesundheitswesen informierte, stellte sich für ihn früh heraus, dass er im Gesundheitswesen würde arbeiten wollen. Durch die schwere Krankheit seines Vaters erfuhr er, wie wichtig es ist, krankenversichert zu sein. Dank der Solidargemeinschaft werden die Kosten, die für Behandlungen beim Arzt oder im Krankenhaus anfallen, für alle erträglich.

▶ Nach welchen Prinzipien ist die gesetzliche Krankenversicherung aufgebaut?
▶ Was ist eine Solidargemeinschaft?
▶ Was ist mit Eigenverantwortung der Versicherten gemeint?
▶ Was ist der Risikostrukturausgleich?
▶ Können gesetzlich Krankenversicherte ihre Krankenkasse frei wählen?
▶ Welche Versorgungsmodelle werden von den Krankenkassen unterhalten?
▶ Welche Form der Behandlung wird von den Krankenkassen finanziert?

8.1.1 Grundlegende Prinzipien der sozialen Sicherung

Das Recht auf körperliche Unversehrtheit und das Recht, aufgrund einer Behinderung nicht benachteiligt zu werden, sind schon im Grundgesetz (GG) verankert (Artikel 2 und 3 GG). Das Sozialgesetzbuch (SGB) baut auf diesen Grundrechten auf. Seine drei Grundprinzipien sind:

▶ Solidarität (Zusammengehörigkeitsgefühl),
▶ Subsidiarität (subsidiär = unterstützend) und
▶ Selbstverwaltung.

Das Fünfte Buch des Sozialgesetzbuches (SGB V), in dem die gesetzliche Krankenversicherung (GKV) geregelt ist, fixiert den Anspruch der Versicherten auf medizinisch notwendige Leistungen unabhängig von Alter, Geschlecht und Einkommen. In der gesetzlichen Krankenversicherung sind rund 89 % der Bevölkerung der Bundesrepublik Deutschland versichert (Stand: 2009).

BASISWISSEN
Leistungen und Finanzierung der gesetzlichen Krankenversicherung
Kapitel 6, Abschnitt 6.3.2

Solidarität

Das deutsche Gesundheitssystem basiert auf dem Prinzip der Solidarität. Das bedeutet, dass jeder, der gesetzlich krankenversichert ist, Anspruch auf alle notwendigen medizinischen Leistungen hat, ohne Rücksicht auf seine soziale Herkunft, sein Einkommen und sein Alter.

WWW

Gesundheits berichterstattung des Bundes:
www.gbe-bund.de

In der GKV sind alle abhängig beschäftigten Arbeitnehmer pflichtversichert, deren Einkommen die sogenannte Versicherungspflichtgrenze nicht überschreitet. Diese Grenze wird jährlich angepasst und beläuft sich im Jahr 2009 auf 4.050,00 €. Selbstständige und Arbeitnehmer, deren Verdienst diese Grenze übersteigt, haben die Möglichkeit der freiwilligen Versicherung in der gesetzlichen Krankenversicherung.

Subsidiarität

Das soziale Netz, in dem ein Mensch sich bewegt, soll den Hilfesuchenden auffangen. Das ist der Grundgedanke der Solidarität. Das Prinzip der Subsidiarität (vom Lateinischen subsidium affere = Hilfe leisten) besagt in diesem Rahmen, dass der Staat oder die Gemeinde als dem Einzelnen übergeordnete Institutionen erst dann tätig werden sollen, wenn der Einzelne sich nicht selbst helfen kann und wenn auch die Gemeinschaft, in der der Einzelne lebt, keine Hilfe leisten kann.

Beispiel ▶ Subsidiarität

Erkrankt ein alter Mensch, so soll zunächst die Familie ihn pflegen. Gelingt dies nicht, etwa weil der Kranke allein lebt, dann soll eine Gemeindeschwester sich um ihn kümmern. Diese pflegt und versorgt den Kranken. Erst wenn dieses kleinräumige Netz nicht ausreicht, soll staatliche Hilfe in Anspruch genommen werden. Der Kranke wird durch einen mobilen Pflegedienst bei sich zu Hause ambulant versorgt. Dieser Dienst wird über die gesetzliche Pflegeversicherung finanziert. Ist diese Form der Versorgung nicht oder nicht mehr ausreichend, so kann der Kranke in einem Heim in öffentlicher Trägerschaft untergebracht werden.

Schaubild 8.1 fasst die Versorgungskette nach dem Subsidiaritätsprinzip zusammen.

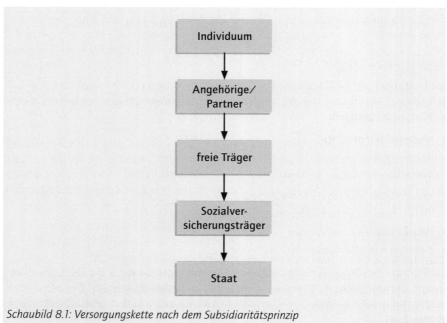

Schaubild 8.1: Versorgungskette nach dem Subsidiaritätsprinzip

5624158

Selbstverwaltung

Das Prinzip der Selbstverwaltung ist aus dem Grundsatz abgeleitet, dass nicht die Politik allein für das Gesundheitswesen verantwortlich sein soll, sondern dass zum Wohl der Patienten auch die Ärzte und Krankenkassen einen Teil dieser Verantwortung tragen sollen.

Schaubild 8.2 fasst die Organe der Selbstverwaltung zusammen.

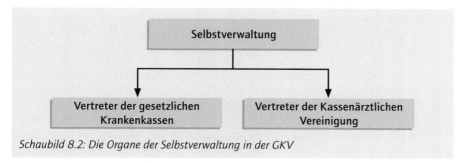

Schaubild 8.2: Die Organe der Selbstverwaltung in der GKV

Die Selbstverwaltung ist regional gegliedert. In jedem Bundesland gibt es einen Landesverband (in Nordrhein-Westfalen ausnahmsweise zwei), der sich um die organisatorischen Belange kümmert. Die Landesverbände werden durch den Gemeinsamen Bundesausschuss in ihrer Arbeit unterstützt, damit die Versorgung der Versicherten in ganz Deutschland einheitlich ist. Dieses Gremium besteht aus Vertretern der Ärzte, der Zahnärzte, der Krankenkassen und der Krankenhäuser sowie aus Vertretern von Patienten- und Verbraucherverbänden. Letztere haben kein Stimmrecht, sondern lediglich ein Mitberatungsrecht. Der Gemeinsame Bundesausschuss gibt für alle Landesstellen verbindliche Richtlinien vor. Hier wird beispielsweise darüber entschieden, ob ein Medikament rezeptfrei sein soll oder wie eine schwerwiegende chronische Erkrankung zu definieren ist.

8.1.2 Leistungsabrechnung in der GKV

Die Leistungen der GKV werden über die Beiträge der Versicherten finanziert. Diejenigen, die die Leistungen anbieten, werden Leistungserbringer genannt. Zu dieser Gruppe gehören unter anderem

▶ niedergelassene Ärzte,

▶ Krankenhäuser,

▶ Sprach- und Ergotherapeuten,

▶ Psychologen und Psychotherapeuten,

▶ Physiotherapeuten und Masseure,

▶ Rehabilitationseinrichtungen,

▶ Anbieter von alternativen Heilverfahren.

Die Kosten, die der Versicherte im Rahmen der Inanspruchnahme der Leistungen verursacht, werden nicht dem Versicherten selbst in Rechnung gestellt. Die erbrachten Leistungen werden vielmehr zwischen den Krankenkassen und den Leistungserbringern abgerechnet.

Maßgeblich für die Abrechnung sind Verträge zwischen den Leistungserbringern und der Krankenkasse. Es gilt, zwei Arten von Verträgen zu unterscheiden: den Kollektivvertrag und den Direktvertrag. Der Kollektivvertrag wird zwischen den Krankenkassen und den Kassenärztlichen Vereinigungen abgeschlossen. Er umfasst alle medizinischen Leistungen, die von der Krankenkasse übernommen werden, und gilt pauschal für alle Ärzte. Der Direktvertrag wird demgegenüber direkt zwischen der Krankenkasse und einzelnen Ärzten (Hausarztmodell) oder Ärztenetzen (Integrierte Versorgung) ausgehandelt. Ärzte können frei wählen, ob sie Direktverträge abschließen wollen. Beispiele für Direktverträge sind die Vereinbarungen zur Teilnahme an den Chronikerprogrammen oder der Integrierten Versorgung (siehe dazu Abschnitt „Bonusprogramme").

Im Fall des Kollektivvertrags unterliegt der Arzt einem Gesamtbudget der Kassenärztlichen Vereinigung. Im Rahmen eines Direktvertrags hingegen verhandelt er sein Honorar mit den Krankenkassen und rechnet mit ihnen direkt ab. Anders als beim Kollektivvertrag ist der Arzt also von einer Budgetüberschreitung durch seine Kollegen nicht betroffen. Direktverträge sind für den Arzt finanziell vorteilhafter, denn seine Leistungen werden nicht über das Gesamtbudget der Kassenärztlichen Vereinigung, sondern direkt von der Krankenkasse vergütet. Andererseits fallen im Rahmen von Direktverträgen zusätzliche Aufwendungen an, zum Beispiel hat der Arzt als Teilnehmer an Chronikerprogrammen umfangreichere Zwischenberichtspflichten. Für Krankenhäuser gelten besondere Abrechnungssysteme (siehe Lernfeld 8, Abschnitt 8.3).

8.1.3 Umbrüche in der GKV

Die langfristig rückläufige Geburtenrate, die gestiegene Lebenserwartung und die anhaltend hohe Arbeitslosigkeit in Deutschland sind die wichtigsten Gründe dafür, dass die Finanzierung der Leistungen der GKV in den letzten Jahren zu einem immer größeren Problem geworden ist. Aber auch das System der GKV selbst hat durch fehlende Anreize zu sparsamer Mittelverwendung zu einem unerwünscht starken Wachstum der Gesundheitskosten beigetragen.

Mehr Eigenverantwortung der Patienten

Ein wichtiger Aspekt, um diesem Problem zu begegnen, ist die Eigenverantwortung des Einzelnen. Eigenverantwortung heißt, dass jeder Mensch für sich und sein Handeln, insbesondere im Zusammenhang mit seiner Gesundheit, selbst verantwortlich ist – soweit dies nach seinen eigenen Kräften möglich ist.

Beispiel ► Eigenverantwortung

► Die Verantwortung für die eigene Gesundheit zu übernehmen, bedeutet, an Vorsorge- und Früherkennungsmaßnahmen teilzunehmen, um so gefährliche Erkrankungen früh erkennen und behandeln zu können.

► Bagatellerkrankungen wie Schnupfen oder Fieber zunächst selbst zu behandeln, anstatt sofort den Arzt aufzusuchen.

Eigenverantwortliches Handeln ist nicht nur für den Einzelnen selbst von Vorteil, sondern trägt auch dazu bei, die Kosten der sozialen Sicherung so gering wie möglich

5624160

zu halten. Durch eine höhere finanzielle Eigenbeteiligung der Patienten (Tabelle 8.1) versucht der Gesetzgeber, eigenverantwortliches Handeln zu stärken und die Behandlungskosten für die Gemeinschaft der Versicherten zu senken.

Krankenkassenleistungen	Zuzahlung*
Arzneimittel und Verbandmittel	10 % vom Abgabepreis, mindestens 5,00 €, höchstens 10,00 €
Hilfsmittel, nicht zum Verbrauch bestimmt	10 % vom Abgabepreis, mindestens 5,00 €, höchstens 10,00 €
Hilfsmittel, zum Verbrauch bestimmt	10 % je Packung, maximal 10,00 € im Monat
Heilmittel, zum Beispiel Massagen, Krankengymnastik, auch bei Abgabe in der Arztpraxis	10 % der Kosten und zusätzlich 10,00 € je Verordnung
Fahrkosten zu und von stationären Behandlungen bei einem Transport in Rettungsfahrzeugen oder Krankenwagen	10 % der Kosten, mindestens 5,00 €, höchstens 10,00 €
vollstationäre Krankenhausbehandlung	10,00 € je Kalendertag für maximal 28 Tage je Kalenderjahr
ambulante und stationäre Rehabilitationsmaßnahmen	10,00 € je Kalendertag
Anschlussheilbehandlung	10,00 € je Kalendertag für maximal 28 Tage je Kalenderjahr
Vorsorge- und Rehabilitationsleistungen für Mütter und Väter	10,00 € je Kalendertag
Haushaltshilfe	10 % der Kosten, mindestens 5,00 €, höchstens 10,00 €
häusliche Krankenpflege	10 % der Kosten und zusätzlich 10,00 € je Verordnung
Soziotherapie	10 % vom Abgabepreis, mindestens 5,00 €, höchstens 10,00 €
Praxisgebühr	10,00 € je Quartal für den ersten Arztbesuch (Nur wenn ein Facharzt ohne Überweisung des behandelnden Arztes konsultiert wird, ist auch an diesen die Praxisgebühr zu entrichten.)

* Für bestimmte Gesundheitsuntersuchungen (zum Beispiel Krebsvorsorge, einmal jährlich Zahnprophylaxe) wird keine Zuzahlung fällig.

Quelle: www.abc-der-krankenkassen.de/zuzahlungen.htm, abgerufen am 1. November 2011.

Tabelle 8.1: Übersicht über die Zuzahlungen im Gesundheitswesen seit 1. Januar 2004

> BASISWISSEN
> Maßnahmen zur Kostendämpfung
> Kapitel 6, Abschnitt 6.3.2

Für „Notfälle" werden pro Quartal ebenfalls 10,00 € als Zuzahlung berechnet. Als Notfall gilt beispielsweise eine akut notwendige Behandlung, für die der zahnärztliche Notdienst oder die chirurgische Ambulanz eines Krankenhauses am Wochenende in Anspruch genommen werden.

Freie Wahl der gesetzlichen Krankenversicherung

Was bei den privaten Krankenversicherungen seit jeher praktiziert wurde, ist für die gesetzlichen Krankenversicherungen seit 1992 neu. Mit dem Gesundheitsstrukturgesetz von 1992 wurde die Möglichkeit der freien Wahl der Krankenkasse eingeführt. Seither können die Versicherten selbst entscheiden, bei welcher Krankenkasse sie versichert sein möchten. Zuvor war es nur für bestimmte Berufsgruppen möglich, die Krankenkasse frei zu wählen. Der Gesetzgeber verspricht sich von dieser Öffnung eine Erhöhung der Wirtschaftlichkeit und der Qualität der Versorgung der Versicherten.

Risikostrukturausgleich

Durch die freie Wahl der Krankenkasse besteht für die Kassen ein Anreiz, vorzugsweise gesunde und finanziell besserstehende Versicherte anzuwerben, da sie das Verhältnis zwischen erwarteten Leistungsausgaben und Beitragseinnahmen günstig beeinflussen.

Um die Benachteiligung von Kassen zu verhindern, deren Mitglieder mit überdurchschnittlich hohen Gesundheitsrisiken belastet sind, schuf der Gesetzgeber den sogenannten Risikostrukturausgleich (RSA). Das bedeutet, dass die Kassen sich untereinander gegen überdurchschnittlich hohe finanzielle Risiken absichern. Krankenkassen mit niedrigen Leistungsausgaben zahlen in einen Ausgleichsfonds ein und verschaffen somit denjenigen Krankenkassen einen finanziellen Ausgleich, die höhere Leistungsausgaben finanzieren müssen. Der Risikostrukturausgleich wurde 2002 um das zusätzliche Ausgleichsinstrument Risikopool und 2003 um Disease-Management-Programme erweitert.

Änderungen in der ambulanten Versorgung

Seit der Gesundheitsreform von 2004 ist es den Patienten möglich, sich bei bestimmten Erkrankungen ambulant im Krankenhaus behandeln zu lassen. Dem Versicherten stehen somit die besonderen Kenntnisse und Fähigkeiten eines Krankenhauses zur Verfügung.

Im Hinblick auf die Behandlungsverfahren, die bei der ambulanten Versorgung vom Arzt eingesetzt werden können, gibt der Gemeinsame Bundesausschuss Richtlinien vor. Für die Leistungen erhielt die Kassenärztliche Vereinigung bisher eine Gesamtvergütung von den Krankenkassen, die sie an die ihr zugehörigen Ärzte weiterverteilte. Diese Regelung ist mit Wirkung ab 2007 geändert worden: Nunmehr wird anstelle einer Gesamtvergütung ein Regelleistungsvolumen festgesetzt. Dieses wird nach Maßgabe des Behandlungsbedarfs bestimmt, der wiederum von der Zahl und der Morbidität der Versicherten einer Krankenkasse abhängt. Die ärztlichen Leistungen werden bis zu einer Obergrenze mit festen Preisen vergütet. Der Vorteil dieses Verfahrens besteht darin, dass die Leistungsvergütung nicht wie bislang an die finanzielle Situation der Krankenkassen gekoppelt sein wird, sondern an den Versorgungsbedarf der Versicherten.

Das Hausarztsystem

Das Hausarztsystem ist eines der ältesten Versorgungsmodelle. Dabei hat der Arzt eine Art Lotsenfunktion, indem er zunächst den Patienten selbst behandelt und bei weiter-

5624162

gehenden Untersuchungen oder bei unklaren Diagnosen an einen Facharzt überweist. Früher gab es den „Dorfarzt", der nach diesem System gearbeitet hat.

Seit Einführung der Krankenversichertenkarte wurden unkontrolliert verschiedene Ärzte von den Versicherten in Anspruch genommen („Ärzte-Hopping"). Ein solches Verhalten verursacht unnötig hohe Kosten, da

▶ aufgrund mangelnder Transparenz über die einzelnen Arztbesuche die Wahrscheinlichkeit von Doppeluntersuchungen steigt und

▶ häufig auch bei Bagatellerkrankungen ein Facharzt aufgesucht wird, der eine höhere Vergütung für seine Leistungen erhält als ein Hausarzt.

Aus diesem Grund wird seit 2004 verstärkt das Hausarztsystem propagiert. Anreize zu seiner Nutzung bestehen sowohl für den Arzt als auch für den Patienten.

Beispiel ▶ Anreize zur Nutzung des Hausarztsystems

▶ Der Hausarzt erhält eine Sondervergütung für die intensivere Betreuung des Patienten.

▶ Der Patient wird finanziell entlastet, zum Beispiel dadurch, dass er die Praxisgebühr nur einmal im Jahr entrichten muss.

Nimmt ein Versicherter an einem Hausarztprogramm teil, so ist er für mindestens ein Jahr an den von ihm gewählten Hausarzt gebunden, es sei denn, es kommt zu einer Störung des Vertrauensverhältnisses oder einem anderen wichtigen Hinderungsgrund.

Bonusprogramme

Das Hausarztsystem ist nur eines von vielen neuen Bonusprogrammen in der GKV. Das Engagement und die Eigenverantwortung der Versicherten sollen honoriert werden. So können Krankenkassen den Versicherten außerdem einen Bonus gewähren, wenn diese an

▶ Vorsorge- und Früherkennungsuntersuchungen,

▶ qualitätsgesicherten Präventionsmaßnahmen,

▶ der Integrierten Versorgung (IV),

▶ Chronikerprogrammen (strukturierten Behandlungsprogrammen) oder

▶ betrieblichen Gesundheitsförderungen

teilnehmen.

Die Art der Vergünstigung für die Versicherten kann jede Krankenkasse selbst bestimmen. Sie wird meist in Form von Geld- oder Sachleistungen durchgeführt.

Integrierte Versorgung (IV) ist eine Leistungssektoren und fachärztliche Gebiete übergreifende Versorgung der Versicherten. Sie ist in § 140 a ff. SGB V geregelt.

An der Integrierten Versorgung nehmen zugelassene Ärzte, zugelassene Krankenhäuser, Rehabilitations- und Vorsorgeeinrichtungen und zugelassene sonstige Leistungserbringer teil. Diese Art der Versorgung findet auf freiwilliger Basis statt und ist unabhängig von den einzelnen Standorten der Teilnehmer. Der Vorteil für die Teilnehmer ist ein finanzieller Anreiz durch die Krankenkassen, da spezielle Verträge abgeschlossen werden. Aufgrund dessen werden die Leistungen der Teilnehmer unabhängig von den Budgets der Gesamtverträge zwischen den Krankenkassen und Kassenärztlicher Vereinigung vergütet. Der Versicherte profitiert ebenfalls davon, da er besser medizinisch versorgt werden kann und bei den Krankenkassen ebenfalls einen Bonus erhalten kann.

Beispiel ▶ Integrierte Versorgung

Oliver Klein leidet seit Wochen unter starkem Husten und Schmerzen im Brustkorb. Er geht zu seinem Hausarzt Dr. Herz, der an der IV teilnimmt. Dr. Herz untersucht Herrn Klein und gelangt zu der Auffassung, dass eine Röntgenaufnahme des Brustkorbs (Thorax) erforderlich ist. Er verständigt sich mit seinem Kollegen, dem Radiologen Dr. Durchblick, der ebenfalls an der IV teilnimmt und dessen Praxis ganz in der Nähe liegt. Nachdem dieser die Röntgenaufnahme gemacht hat, wird Herr Klein zu seinem Hausarzt zurückgeschickt. Aufgrund des Röntgenbefundes veranlasst Dr. Herz die Einweisung von Herrn Klein in die Lungenfachklinik FreshAir. Die Klinik nimmt ebenfalls an der IV teil. Herr Klein wird dort operiert, weil er einen Tumor im rechten Mittellappen der Lunge hat. Nach seinem Klinikaufenthalt soll Herr Klein eine Anschlussheilbehandlung (AHB) in der Rehabilitationsklinik Am Deich durchführen. Die Rehabilitationsklinik ist ebenfalls an der IV beteiligt.

Die Teilnehmer an der IV sind über ein Computernetz miteinander verbunden. Das bedeutet, dass sie alle persönlichen Daten und Befunde sowie Arztberichte papierlos untereinander austauschen können. Alle Daten von Herrn Klein müssen jeweils nur einmal erfasst werden und können von den Leistungserbringern ohne Weiteres verwendet werden. Das Röntgenbild aus der Radiologischen Praxis von Dr. Durchblick lag während der Operation von Herrn Klein digital vor, ebenso wie die Blutuntersuchungsergebnisse des Hausarztes Dr. Herz.

Die Vorteile der IV liegen auf der Hand:

▶ Die Erfassung von Daten wird erleichtert und nimmt kaum Zeit in Anspruch, da auf vorhandene Daten zugegriffen werden kann.

▶ Doppeluntersuchungen können vermieden werden und dies entlastet finanziell die Krankenkassen und körperlich den Patienten.

▶ Die Teilnehmer sind untereinander bekannt, sodass Vorgehensweisen abgesprochen und gemeinsam geplant werden können.

▶ Die Dokumentation der Krankengeschichte läuft beim Hausarzt zusammen, sodass dieser den Überblick über das gesamte Behandlungsprogramm hat.

Vor allem bei chronischen oder schwerwiegenden Erkrankungen ist es wichtig, eine kontinuierliche und lückenlose Dokumentation des Versicherten zu haben, denn diese schafft bessere Voraussetzungen für eine sowohl unter gesundheitlichen als auch unter wirtschaftlichen Gesichtspunkten optimale Versorgung des Patienten.

Der § 137 f SBG V (Strukturierte Behandlungsprogramme bei chronischen Krankheiten) bildet die gesetzliche Grundlage zur Entwicklung von strukturierten Behandlungsprogrammen für chronisch Kranke (sogenannte **Disease-Management-Programme),** die den Behandlungsablauf und die Qualität der medizinischen Versorgung der Betroffenen verbessern sollen.

Nach § 137 f SGB V gelten für DMP die folgenden Bedingungen:

▶ Behandlung nach dem aktuellen Stand der medizinischen Wissenschaft unter Berücksichtigung von evidenzbasierten Leitlinien oder nach der jeweils besten, verfügbaren Evidenz sowie unter Berücksichtigung des jeweiligen Versorgungssektors;

▶ Durchführung von Qualitätssicherungsmaßnahmen;

▶ Definition von Voraussetzungen und Verfahren für die Einschreibung des Versicherten in ein Programm, einschließlich der Dauer der Teilnahme;

▶ Schulungen der Leistungserbringer und der Versicherten;

▶ Dokumentation;

▶ Bewertung von Wirksamkeit und Kosten (Evaluation), Einhaltung zu definierender zeitlicher Abstände zwischen den Evaluationen eines Programms sowie Bemessung der Dauer seiner Zulassung nach Maßgabe von § 137 g SGB V.

Folgende Krankheitsbilder werden zu DMP gezählt:

▶ Diabetes,

▶ Erkrankungen der Herzgefäße,

▶ Herzinsuffizienz,

▶ Asthma,

▶ Schlaganfall,

▶ Bluthochdruck und

▶ Brustkrebs.

Die DMP nach der Risikostrukturausgleichsverordnung (RSAV) wurden mit dem Gesetz zur Reform des Risikostrukturausgleichs in der gesetzlichen Krankenversicherung vom 10. Dezember 2001 eingeführt. Die Krankenkassen erhalten im Rahmen des Risikostrukturausgleichs Mittel zur Milderung der überdurchschnittlichen Belastungen durch chronisch Kranke.

Möchte eine gesetzliche Krankenversicherung ein DMP nach RSAV durchführen, so entwickelt sie zunächst ein Programmkonzept und schließt dazu Verträge mit den Kassenärztlichen Vereinigungen (KV) oder einzelnen Ärzten zu dessen Durchführung ab. Für die Versicherten ist die Teilnahme freiwillig, wird jedoch häufig mit Bonusmaßnahmen unterstützt, beispielsweise der Erstattung der Praxisgebühr. Möchte ein Versicherter an einem DMP teilnehmen, so muss er zunächst einen an dem Programm teilnehmenden Arzt auswählen.

Zum 1. Januar 2009 wurde der bisherige Risikostrukturausgleich, der die Finanzverteilung anhand statistischer Risikofaktoren berechnete, durch einen morbiditätsorientierten RSA (Morbi-RSA) abgelöst, bei dem die tatsächlichen Erkrankungen der Versicherten den Verteilungsschlüssel entscheidend mitbestimmen. Innerhalb des Morbi-RSA soll die Krankenkasse für jeden in ein DMP eingeschriebenen Versicherten eine Managementpauschale erhalten.

Ärztliche Leitlinien

Über die Chronikerprogramme hinaus gibt es weitere Empfehlungen und Standards für die Behandlung von Patienten mit bestimmten Krankheiten oder Krankheitsbildern (evidenzbasierte Medizin). Diese Ärztlichen Leitlinien wurden von Ärzten für Ärzte entwickelt. Sie basieren auf wissenschaftlich fundierten Kenntnissen über Therapieverfahren und -methoden, sollen die Situation des einzelnen Patienten berücksichtigen und den Arzt in seiner Therapiefreiheit nicht einschränken. Ärztliche Leitlinien werden von der Bundesärztekammer herausgegeben. Um eine qualitativ hochwertige medizinische Versorgung zu gewährleisten, werden sie stetig kontrolliert und aktualisiert.

AUFGABEN

1. Wann wurde die gesetzliche Krankenversicherung eingeführt?

2. Auf welchem Rechtswerk beruht die gesetzliche Krankenversicherung?

3. Wer sind die Träger der gesetzlichen Krankenversicherung?

4. Wie finanziert sich die gesetzliche Krankenversicherung?

5. Welche Leistungen werden von der gesetzlichen Krankenversicherung abgedeckt?

6. Welche Personengruppen sind Pflichtmitglieder der gesetzlichen Krankenversicherung?

7. Was bedeutet Familienversicherung?

8. Erläutern Sie die Begriffe Solidarität und Subsidiarität.

9. Nennen Sie ein Beispiel für eine Versorgungskette nach dem Subsidiaritätsprinzip.

10. Welche der nachfolgend genannten Personen oder Einrichtungen sind Leistungserbringer im Sinne der gesetzlichen Krankenversicherung (GKV), welche nicht? Ordnen Sie mithilfe der Tabelle zu.

   ▶ Arzt
   ▶ Reinigungskraft im Krankenhaus
   ▶ Psychologe
   ▶ Medizincontroller des Krankenhauses Am Rande der Stadt

   ▶ Rehabilitationsklinik
   ▶ Physiotherapeut
   ▶ Pförtner des Universitätsklinikums
   ▶ Privatklinik Dr. Reichlich

Leistungserbringer im Sinne der GKV	Andere Beschäftigte/Organisationen im Gesundheitswesen
?	?
?	?

11. Was ist unter Eigenverantwortung der Versicherten zu verstehen?

12. Was ist der Risikostrukturausgleich?

13. Erklären Sie das Hausarztmodell anhand eines Beispiels.

14. Wofür steht die Abkürzung DMP? Erklären Sie den Begriff.

15. Wozu dienen Bonusprogramme?

16. Welche Berufsgruppen beteiligen sich an der Integrierten Versorgung?

8.2 Bewertungsmaßstäbe und Gebührenordnungen für ambulante ärztliche Versorgung

Zum Einstieg

Tina Topp hat ihre Ausbildung zur Kauffrau im Gesundheitswesen in der internistischen Gemeinschaftspraxis von Dr. Leber und Dr. Galle begonnen. Zu ihren Aufgaben wird die Quartalsabrechnung der Leistungen an den Patienten gehören. Da die beiden Ärzte nicht nur Privatpatienten behandeln, sondern auch über eine Zulassung der Krankenkassen verfügen, weist ihre Ausbilderin Frau Karola Kleinlich sie in die Grundlagen zur Abrechnung von Leistungen an Privat- und an Kassenpatienten ein.

► Wie sieht die rechtliche Beziehung zwischen Arzt und gesetzlich versichertem Patienten aus?

► In welcher Rechtsbeziehung stehen Arzt und Privatpatient?

► Welche Vergütungssysteme gelten für eine Arztpraxis?

► Was ist der EBM?

► Was ist die GOÄ?

► Was ist bei der Privatliquidation zu beachten?

8.2.1 Das Rechtsverhältnis zwischen Arzt und gesetzlich Krankenversicherten

Jeder gesetzlich Krankenversicherte in Deutschland erhält bei einer Erkrankung medizinische Hilfestellung. Der Patient kann den Arzt frei wählen, einen Termin vereinbaren und seine Beschwerden und Symptome (Krankheitsanzeichen) schildern. Er wird untersucht und behandelt und verlässt die Arztpraxis, ohne für diese Leistung bezahlen zu müssen.

Voraussetzung für diese Vorgehensweise ist, dass der Patient in der Arztpraxis am Empfang seine elektronische Gesundheitskarte vorlegt (§ 15 SGB V). Diese Karte dient dem Arzt als Beleg dafür, dass der Patient versichert ist und dass demgemäß die Kosten der ärztlichen Leistungen durch eine gesetzliche Krankenversicherung abgedeckt sind.

Der Gesetzgeber schreibt vor, welche Informationen auf der Gesundheitskarte zu speichern sind. Gemäß § 291 SGB V dürfen die folgenden Daten auf der Gesundheitskarte gespeichert werden:

► Name der Krankenkasse,

► Name des Versicherten,

► Geburtsdatum des Versicherten,

► Geschlecht des Versicherten,

► Anschrift des Versicherten,

► Krankenversichertennummer,

► Versichertenstatus,

► Zuzahlungsstatus,

► Tag des Beginns des Versicherungsschutzes und

► Gültigkeitsdauer der Karte.

Zur Verbesserung von Wirtschaftlichkeit, Qualität und Transparenz der Behandlung von Versicherten wird seit Oktober 2011 die elektronische Gesundheitskarte bundesweit eingeführt. Diese neue Karte wird die oben genannten Angaben enthalten, daneben aber weitere Daten aufnehmen können. So sollen elektronische Rezepte, die dem Patienten verordnet wurden, auf der Karte gespeichert und mittels Vorlage der Karte in der Apotheke eingelöst werden können. Die technischen Möglichkeiten der papierlosen Speicherung erstrecken sich auch auf Überweisungen, Untersuchungsergebnisse, Röntgenbilder und sogar die Krankengeschichte und sonstige medizinisch relevante Gesundheitsdaten des Versicherten. Die Einführung der neuen Gesundheitskarte wird allerdings durch ungeklärte Zugriffsrechte und Vorgänge beim Zugriff auf die Daten der Karte erschwert. Grundsätzlich soll der Versicherte bestimmen, welche Daten auf der Karte gespeichert werden und wer auf bestimmte Daten Zugriffsrechte haben soll. Die gespeicherten Daten soll er jederzeit kontrollieren können, was voraussetzt, dass er Zugang zu einem Kartenlesegerät mit Monitor hat. Bislang soll lediglich die Nutzung des elektronischen Rezeptes für die Versicherten zur Pflicht gemacht werden.

WWW

Website des Bundesministeriums für Gesundheit: Elektronische Gesundheitskarte www.bmg.bund.de, Rubrik „Krankenversicherung"/„Gesundheitskarte"

Schaubild 8.3 verdeutlicht die Beziehung zwischen dem Arzt, der Kassenärztlichen Vereinigung (KV), der Krankenkasse und dem gesetzlich versicherten Patienten (Kassenpatienten).

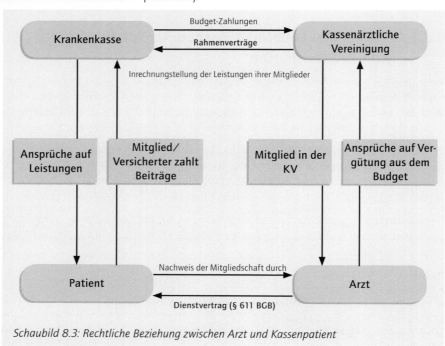

Schaubild 8.3: Rechtliche Beziehung zwischen Arzt und Kassenpatient

Die Kosten, die der Arzt der Krankenkasse über die KV in Rechnung stellen kann, werden durch die Therapien und Untersuchungsverfahren bestimmt und nach unterschiedlichen Verfahren abgerechnet.

5624168

8.2.2 Die Vergütung ärztlicher Leistungen im Überblick

Die ärztliche Hauptleistung wird

▶ auf der Grundlage des **E**inheitlichen **B**ewertungs**m**aßstabs **(EBM)** und des Bewertungsmaßstabs Ärzte **(BMÄ)** sowie der **E**rsatzkassen-**G**ebühren**o**rdnung **(E-GO)** erstattet,

▶ mittels der Ziffern der **G**ebühren**o**rdnung für Ärzte **(GOÄ)** ermittelt und erstattet.

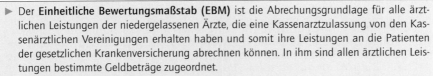

> ▶ Der **Einheitliche Bewertungsmaßstab (EBM)** ist die Abrechnungsgrundlage für alle ärztlichen Leistungen der niedergelassenen Ärzte, die eine Kassenarztzulassung von den Kassenärztlichen Vereinigungen erhalten haben und somit ihre Leistungen an die Patienten der gesetzlichen Krankenversicherung abrechnen können. In ihm sind allen ärztlichen Leistungen bestimmte Geldbeträge zugeordnet.
>
> ▶ Die **Gebührenordnung für Ärzte (GOÄ)** ist die Grundlage für die Abrechnung ärztlicher Leistungen an Patienten der privaten Krankenversicherung.

Der EBM ist folgendermaßen gegliedert (siehe auch Schaubild 8.4):

I. Allgemeine Bestimmungen

II. Arztgruppenübergreifende allgemeine Gebührenordnungspositionen

III. Arztgruppenspezifische Gebührenordnungspositionen

    a. Hausärztlicher Versorgungsbereich

    b. Fachärztlicher Versorgungsbereich

IV. Arztgruppenübergreifende spezielle Gebührenordnungspositionen

V. Kostenpauschalen (BMÄ und E-GO)

VI. Anhänge

Seit 2009 werden unter anderem die Gesamtvergütung an die Morbiditätssteigerung gekoppelt [morbide = (beständig) krank] sowie Investitions- und Betriebskosten berücksichtigt.

Einheitlicher Bewertungsmaßstab (EBM)
www.kbv.de/8156.html

Hauptleistungen werden nicht unbegrenzt erstattet. Jeder Arzt erhält durch die KV einen Anteil am Gesamtbudget, das diese mit den gesetzlichen Krankenkassen vereinbart hat. Das Budget wird für ein Jahr ausgehandelt und zur besseren Kontrolle auf Quartale verteilt. Sind die Budgets ausgeschöpft, arbeitet der Arzt für den Rest des Quartals unentgeltlich weiter.

Medikamente unterliegen ebenfalls einem Budget. Dieses wird gesondert von dem Gesamtbudget für die Hauptleistungen vereinbart. Die Vorgehensweise in Bezug auf die Quartalsverteilung und Ausschöpfung ist identisch. Arznei-, Verband-, Hilfsmittel und Sprechstundenbedarf können nur extra abgerechnet werden, wenn sie im EBM als besondere Kosten anerkannt sind.

Beispiel ▶ Auszug aus dem EBM 2011

Schaubild 8.4: Auszug aus dem EBM 2011

8.2.3 Das Rechtsverhältnis zwischen Arzt und Privatpatient

Ein approbierter (zugelassener) Arzt kann mit dem Privatpatienten einen eigenen, das heißt von einer Mitgliedschaft in der KV unabhängigen Vertrag abschließen. Dabei handelt es sich in der Regel um einen Dienstvertrag, der nach dem Bürgerlichen Gesetzbuch (BGB) die Vertragsgrundlagen enthält (Schaubild 8.5).

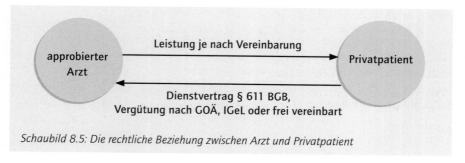

Schaubild 8.5: Die rechtliche Beziehung zwischen Arzt und Privatpatient

Dabei verpflichtet sich der Arzt, die vereinbarte Dienstleistung zu erbringen, und der Privatpatient verpflichtet sich zur Zahlung der Vergütung für die erbrachte Leistung und zur Einhaltung der Behandlungstermine.

Der Arzt erhält die Vergütung seiner Dienstleistung an einem Privatpatienten entweder nach der GOÄ, nach dem Vergütungskatalog der Individuell gestalteten Gesundheitsleistungen (IGeL) oder als frei ausgehandeltes Honorar (sogenannte Abbedingung) direkt von dem Privatpatienten.

Die Vergütung der IGeL gilt auch für gesetzlich Versicherte, die in den entsprechenden Fällen für die Leistungen selbst zahlen.

> Eine **Abbedingung** ist eine individuelle Vereinbarung zwischen Arzt und Privatpatient über ein Honorar, das von dem der Leistung entsprechenden GOÄ-Betrag abweicht.

Nach § 2 der GOÄ steht es jedem Arzt frei, eine Abbedingung zu vereinbaren. Dabei ist die Höhe der Vergütung nicht begrenzt. Die Vereinbarung muss jedoch vor dem Behandlungsbeginn getroffen und schriftlich festgehalten werden. Befindet sich der Privatpatient allerdings in einer Notlage – zum Beispiel aufgrund eines Unfalls oder wegen akuter starker Schmerzen –, so darf der Arzt diese Abhängigkeit nicht zu seinen Gunsten ausnutzen.

In der GOÄ heißt es dazu:

> Eine Vereinbarung nach Absatz 1 Satz 1 ist nach persönlicher Absprache im Einzelfall zwischen Arzt und Zahlungspflichtigem vor Erbringung der Leistung des Arztes in einem Schriftstück zu treffen. Dieses muss neben der Nummer und der Bezeichnung der Leistung, dem Steigerungssatz und dem vereinbarten Betrag auch die Feststellung enthalten, dass eine Erstattung der Vergütung durch Erstattungsstellen möglicherweise nicht in vollem Umfang gewährleistet ist. Weitere Erklärungen darf die Vereinbarung nicht enthalten. Der Arzt hat dem Zahlungspflichtigen einen Abdruck der Vereinbarung auszuhändigen.

8.2.4 Berechnung der Privatliquidation

Ist die erbrachte Leistung des Arztes im Punktekatalog der GOÄ aufgeführt, so kann der Arzt den Punktwert mit den Faktoren 2,3 oder sogar 3,5 multiplizieren. Welchen Faktor der Arzt zur Abrechnung verwenden darf, hängt von der Art und Schwierigkeit der Behandlung ab. Rechnet der Arzt seine Leistung mit dem 3,5-fachen Satz ab, so muss er dies begründen.

Beispiel ▶ Erhöhte Leistungsabrechnung

> Handelt es sich bei einem Patienten um eine geistig verwirrte Person, so muss der Arzt während seiner Behandlung intensiver auf diesen Patienten eingehen. Dies kann gegebenenfalls mehr Zeit in Anspruch nehmen als bei einem psychisch gesunden Menschen. Der zusätzliche Zeitaufwand wird durch den erhöhten Faktor begründet und abgegolten.

Tabelle 8.2 zeigt an einem Rechenbeispiel die Abrechnungsmöglichkeiten, die dem Arzt im Fall eines Privatpatienten zur Verfügung stehen.

Beispiel

Leistung	Punktwert	Betrag je Punkt	Faktor	Begründung	Summe
Rekonstruktive Operation einer Armarterie	2 300	0,0582873 ct	1	nein	134,06 €
Rekonstruktive Operation einer Armarterie	2 300	0,0582873 ct	2,3	nein	308,34 €
Rekonstruktive Operation einer Armarterie	2 300	0,0582873 ct	3,5	ja	469,21 €
Tabelle 8.2: Abrechnungsmöglichkeiten nach GOÄ im Fall eines Privatpatienten					

Individuelle Gesundheitsleistungen (IGeL; siehe dazu Lernfeld 4, Abschnitt 4.2.2) werden in Anlehnung an die GOÄ berechnet oder mit einer Kostenpauschale in Rechnung gestellt, die der Arzt nach eigenem Ermessen kalkulieren kann.

AUFGABEN

1. Was bedeutet KVK?
2. Bei welchen Krankenkassen sind Privatpatienten versichert?
3. Welches ist kein Vergütungssystem für eine ambulante ärztliche Leistung?
   ▶ GOÄ   ▶ EBM   ▶ DRG   ▶ ICD
4. Was bedeutet die Abkürzung EBM?
5. Was bedeutet die Abkürzung GOÄ?
6. Was ist bei der Privatliquidation zu beachten?
7. Berechnen Sie die Vergütung für die folgenden Leistungen:

Leistung	Punktwert	Betrag je Punkt (in ct)	Faktor	Begründung	Summe (in €)
Meniskusoperation	1 480	0,0582873	1	nein	?
Messung der Hornhautkrümmungsradien	45	0,0582873	2,3	nein	?
Blutentnahme beim Fetus	74	0,0582873	2,3	nein	?
Katheterisierung der Harnblase beim Mann	59	0,0582873	2,3	nein	?
Histologische Untersuchung und Begutachtung eines Materials	217	0,0582873	1,0	nein	?
Untersuchung eines Toten einschließlich Feststellung des Todes und Ausstellung des Leichenschauscheines	250	0,0582873	2,3	nein	?
Legen eines arteriellen Katheters oder eines zentralen Venenkatheters einschl. Fixation	200	0,0582873	1	nein	?
			2,3	nein	?
			3,5	ja	?

8.3 Leistungsabrechnung und Budgetierung im Krankenhaus

Zum Einstieg

Der Auszubildende Tobias ist derzeit in der Abteilung Leistungsabrechnung (LA) im Krankenhaus Am Rande der Stadt beschäftigt. Er wird durch seine Ausbilderin Frau Maria Münze in die komplexe Abrechnungssystematik im Krankenhaus eingewiesen. Frau Münze erklärt ihm das System und verwendet sehr viele Abkürzungen, die Tobias völlig verwirren. Sie erklärt ihm daraufhin die Grundlagen der Vergütung von Krankenhausleistungen: dass es bestimmte Gruppen von Diagnosen gibt, denen die Patienten zugeordnet werden, um mithilfe einer speziellen Software das Entgelt für die jeweiligen Leistungen zu berechnen.

▶ Wie werden die in einem Krankenhaus erbrachten Leistungen vergütet?

▶ Wie werden Krankheiten klassifiziert?

▶ Welches sind die wesentlichen Bestandteile des DRG-Systems?

▶ Welche Richtlinien gelten zur Kodierung von DRG?

▶ Was sind Fallgruppen?

▶ Wie werden die Fallgruppen bewertet?

▶ Wie wird der individuelle Basisfallwert eines Krankenhauses ermittelt?

▶ Wie werden Erlösbudgets berechnet?

8.3.1 Die Erlöse eines Krankenhauses

Die Erlöse eines Krankenhauses entstammen unterschiedlichen Quellen. Diese Quellen sind, anders als in der Industrie oder im Gewerbe, so vielschichtig, dass das System der Erlöse eines Krankenhauses als „Multi-Kulti-Vergütungssystem" bezeichnet werden kann.

In den Kostenverhandlungen zwischen den Krankenhäusern und den Kostenträgern stehen sich Vertreter der Landes-Krankenhausgesellschaften (zum Beispiel die LKH-Gesellschaft Nordrhein-Westfalen) und Vertreter der Krankenversicherungen auf Landesebene gegenüber. Hier geht es aus der Sicht des Krankenhauses darum, möglichst gute Bedingungen auszuhandeln, also die monetären (geldbezogenen) Vorteile und den Erhalt oder den Ausbau des bestehenden Versorgungsauftrags vertraglich zu sichern (zum Versorgungsauftrag siehe Lernfeld 6, Abschnitt 6.1).

Die Erlöse eines Krankenhauses bestehen zu einem beträchtlichen Teil aus Fördermitteln in der Krankenhausfinanzierung. Diese fallen grundsätzlich (nach dem Gesetz zur wirtschaftlichen Sicherung der Krankenhäuser und zur Regelung der Krankenhauspflegesätze – Krankenhausfinanzierungsgesetz, KHG) in zwei Kategorien: die Einzelförderung nach § 9 Abs. 1, 2 KHG und die Pauschalförderung nach § 9 Abs. 3 KHG.

Die Einzelförderung dient zur Errichtung sowie zur Schließung von Krankenhäusern. Außerdem werden in diesem Rahmen auch einmalige Anschaffungen, die ein Krankenhaus benötigt, sowie eventuell Um- oder Anbauten gefördert. Die Pauschalförderung hingegen dient der Substanzerhaltung der Krankenhäuser, mit ihr sollen kleine bauliche Maßnahmen (Renovierungen) sowie der Ersatz veralteter Maschinen finanziert werden. Für die Pauschalförderung, die unter anderem nach der Bettenzahl und der Versorgungsstufe bemessen wird, gilt insoweit keine spezifische Zweckbindung.

Beispiel ▶ Krankenhausförderung

Die Krankenhausförderung in Nordrhein-Westfalen ist im Krankenhausgesetz des Landes (KHG NRW) vom 16. Dezember 1998 und in den Verwaltungsvorschriften vom 4. November 2004 geregelt.

Die Finanzierung des Krankenhausbaus erfolgt auf der Grundlage der jährlichen Krankenhausinvestitionsprogramme des Ministeriums für Arbeit, Gesundheit und Soziales des Landes. Kleinere Fördermaßnahmen bis zu einem Höchstbetrag von einer Million € werden im Rahmen eines sogenannten Kontingentprogramms finanziert, über das die Bezirksregierung in eigener Zuständigkeit entscheidet. Das zuständige Dezernat überprüft die Anmeldungen der Krankenhausträger, erstellt eine Prioritätenliste zur Förderung, erteilt die Bewilligungsbescheide für die Krankenhausvorhaben nach Erlass des Ministeriums und überwacht die ordnungsgemäße Verwendung der bereitgestellten Fördermittel.

Das Dezernat ist auch für die Auszahlung der laufenden pauschalen Fördermittel nach dem Krankenhausgesetz NRW an die Krankenhäuser zuständig.

Der Förderrahmen im Regierungsbezirk Düsseldorf belief sich im Jahr 2005 auf folgende Beträge:

▶ rund 76,18 Mio. € Investitionsförderung für Baumaßnahmen,

▶ 87,433 Mio. € für Pauschalen für medizinische Geräte und Krankenhausausstattung,

▶ rund 501.000,00 € zur Abtragung alter Lasten (Schuldendienst für frühere Kredite).

Neben den externen Finanzquellen tragen interne Finanzquellen zu den Erlösen eines Krankenhauses bei. Die Kernaufgabe eines jeden Krankenhauses ist zwar die Leistungserbringung am Patienten nach gesetzlichen Vorgaben, aber auch besondere Angebote im Wellness-Bereich können zukünftig ein größeres finanzielles Gewicht erhalten. Gerade hier liegt die Chance des einzelnen Krankenhauses, sich aus der Masse hervorzuheben und Akzente zu setzen und so die eigene Existenz finanziell besser abzusichern. Hier kann sich das Krankenhaus unterschiedlicher Marketingkonzepte und -strategien bedienen (siehe dazu Lernfeld 4, Abschnitt 4.3).

Zusammenfassend kommen für ein Krankenhaus die folgenden Erlösquellen in Betracht:

▶ DRG-System (siehe dazu Lernfeld 8, Abschnitt 8.3.3),

▶ tagesgleiche Pflegesätze,

▶ Spenden/Stiftungsmittel,

▶ Verpflegung und Unterbringung von Angehörigen oder anderen Personen,

▶ Miete/Pacht (zum Beispiel aus der Vergabe des Kantinenbetriebs),

▶ Belegärzte und privatärztliche Tätigkeiten,

▶ ambulante Operationen,

▶ Wahlleistungen (wie Einzelzimmer oder Wahlleistung „ärztliche Leistung", sogenannter Wahlarzt),

5624174

▶ Kommunikationsangebote (Fernsehen, Telefon, Internetzugang),

▶ Laborleistungen für externe Stellen,

▶ Zentralapotheke für mehrere Krankenhäuser,

▶ ambulante Therapien (zum Beispiel Dialyse-Verfahren oder Chemotherapien),

▶ pauschale Investitionsförderung nach dem KHG vom 27. Juni 2000,

▶ Einzelförderung durch Ländergesetze nach dem KHG,

▶ vor- und nachstationäre Behandlung,

▶ zusätzliche Angebote (zum Beispiel im Wellness-Bereich, in Form von Beratung und Unterstützung von Selbsthilfegruppen oder in Form der Bereitstellung von Tagungsräumen).

Zur Berechnung der Erlöse aufgrund von Leistungen, die für die Patienten erbracht wurden, werden die Diagnosen und die Prozeduren, denen die Patienten unterzogen wurden, dokumentiert. Die einheitliche Dokumentation von Diagnosen ist in einem speziellen, international anerkannten Katalog zusammengestellt, dem sogenannten ICD-10.

8.3.2 Die international einheitliche Klassifikation von Krankheiten

Die **ICD**-10 (**I**nternational Statistical **C**lassification of **D**iseases and Related Health Problems, 10. Ausgabe) wurde von der Weltgesundheitsorganisation (World Health Organization, WHO) entwickelt, um Statistiken über Todesfälle und vorausgehende gesundheitliche Beeinträchtigungen zu vereinheitlichen und damit international vergleichbar zu machen. Die WHO als Spezialorganisation der Vereinten Nationen mit Sitz in Genf (Schweiz) ist die oberste Behörde in Gesundheitsfragen und im Kampf zur Ausrottung von Krankheiten weltweit aktiv. Eine einheitliche Systematik und einheitliche Definitionen sind gerade in der Medizin von großer Bedeutung, um die internationale Verständigung zu verbessern, denn die Zusammenarbeit verschiedener Nationen ist nicht nur bei der Bekämpfung von Seuchen unerlässlich.

Beispiel ▶ Der praktische Nutzen der ICD-10

Ulla S. macht Urlaub in der Toskana. Sie bekommt starke Atembeschwerden und geht dort zum Arzt. Dieser diagnostiziert eine Grippeinfektion mit Pneumonie. Für den Kollegen schreibt er in den Bericht die Diagnose „J10.0". Wieder zu Hause angekommen, sucht Frau S. ihren Hausarzt auf. Er schlägt in seinem Exemplar der ICD-10 die Bedeutung der Buchstaben- und Zahlenkombination nach. Nachdem er die Diagnose entschlüsselt hat, kann er sogleich mit der Nachbehandlung fortfahren. Die Grippe mit begleitender Lungenentzündung wird bald ausgeheilt sein.

Die ICD-10 wird jährlich vom Deutschen Institut für Medizinische Dokumentation und Information (DIMDI) im Auftrag des Gesetzgebers in Deutsch herausgegeben. Aktuell gilt die ICD-10-GM Version 2011, GM steht hierbei für „German Modification", die Zahl 10 verweist auf die 10. Revision der Klassifikation.

8.3.3 Das Abrechnungssystem auf der Basis der Diagnosis Related Groups

Im Krankenhaus werden die im Rahmen der gesetzlichen Krankenversicherung erbrachten Leistungen nach einem pauschalierenden Entgeltsystem abgerechnet. Dazu werden die Diagnosen und die Prozeduren verschlüsselt. Die Verschlüsselung richtet sich gemäß § 301 Abs. 2 SGB V nach der deutschen Anpassung der Internationalen Klassifikation der Diagnosen und Krankheiten (ICD-10-GM 2009) sowie nach der Internationalen Klassifikation der medizinischen Prozeduren [Operations- und Prozedurenschlüssel (OPS)].

> ▶ Der **Operations- und Prozedurenschlüssel** (OPS, früher OPS-301) ist die auf die deutschen Verhältnisse angepasste Internationale Klassifikation der Prozeduren in der Medizin (ICPM) und heute die offizielle Prozedurenklassifikation für den Leistungsnachweis und die Leistungsabrechnung der deutschen Krankenhäuser und niedergelassenen Ärzte. Er wird vom Deutschen Institut für medizinische Dokumentation und Information (DIMDI) jährlich neu bereitgestellt.
>
> ▶ Das System der **Diagnosis Related Groups** (DRG, zu deutsch „Diagnosebezogene Fallgruppen") ist ein Klassifikationssystem, anhand dessen Patienten gemäß den für sie gestellten Diagnosen und den an ihnen durchgeführten Behandlungen in Fallgruppen eingeordnet werden. Diese Einordnung bildet die Basis für die Bewertung der an den Patienten erbrachten Leistungen. Für die Zuordnung eines Patienten zu einer DRG ist die Verschlüsselung der Hauptdiagnose und von behandlungsrelevanten Nebendiagnosen zu einem ICD-Code und der am Patienten durchgeführten Operationen und Prozeduren zu einem OPS-Code erforderlich.

Die Ausgabe des Systems für Deutschland mit der Bezeichnung G-DRG (German-DRG) beruht auf dem älteren australischen DRG-System (AR-DRG). Das G-DRG-System ist seit 2004 für alle Krankenhäuser in Deutschland bindend. Gemäß § 17 b KHG sind die Deutsche Krankenhausgesellschaft (DKG), die Spitzenverbände der Krankenkassen (GKV) und der Verband der privaten Krankenversicherung e. V. (PKV) gemeinsam für die Einführung eines pauschalierenden Entgeltsystems zuständig.

Da es jedoch zwischen den Partnern innerhalb der gesetzlich vorgegebenen Frist zu keiner Einigung kam, erließ das Bundesministerium für Gesundheit und Soziale Sicherung am 13. Oktober 2003 ersatzweise eine Rechtsverordnung, die Verordnung zum Fallpauschalensystem für Krankenhäuser für das Jahr 2004. Bereits im November 2003 rechneten mehr als 900 Krankenhäuser in Deutschland ihre allgemeinen Krankenhausleistungen nach dem in der Verordnung festgelegten DRG-Fallpauschalensystem ab. Für die Fachkliniken der Psychiatrie und Psychosomatik gilt nach wie vor die Abrechnung nach Belegungstagen im Sinne der Bundespflegesatzverordnung (BPflV). Diese sind nicht in das DRG-System einbezogen und verhandeln die Pflegesätze mit den Krankenkassenverbänden direkt und individuell.

Die Einführung des DRG-Systems erstreckte sich über mehrere Phasen. Die Einführungsphase in den Jahren 2003 bis 2004 war budget-neutral. 2005 setzte die zunächst ebenfalls auf zwei Jahre angesetzte, später jedoch auf fünf Jahre verlängerte Angleichungsphase (Konvergenzphase) ein, in deren Verlauf die Krankenhäuser neue Erlösbudgets bilden sollten.

Seit dem Jahr 2009 ist zur Berechnung der DRG-Fallpauschalen zu 100 % der landesweite Basisfallwert maßgeblich, das heißt, krankenhausindividuelle Basisfallwerte sind nicht mehr zulässig (zum Begriff Basisfallwerts siehe Lernfeld 8, Abschnitt 8.3.4). Das Erlösbudget entspricht somit dem eigentlichen DRG-Budget. Die Anpassung des krankenhausindividuellen an den landesweiten Basisfallwert ist in § 4 KHEntgG geregelt.

Der Grundgedanke des DRG-Fallpauschalensystems

Die im Rahmen der Behandlung eines Patienten erstellten Diagnosen und Leistungen werden im pauschalierten Entgeltsystem nicht einzeln abgerechnet, sondern zu einem Paket zusammengefasst, das dann pauschal abgegolten wird. Die Leistungen werden also nicht einzeln bewertet und anschließend summiert, sondern als Ganzheit betrachtet und bewertet. Nicht zuletzt daraus ergibt sich für das Krankenhaus die Notwendigkeit, möglichst effektiv zu arbeiten, um die Kosten gering zu halten.

Maßgeblich für die pauschale Leistungsabgeltung ist zunächst einmal die Hauptdiagnose. Diese ergibt sich nicht zwingend aus der Einweisungsdiagnose. Entscheidend ist vielmehr die Diagnose aus der Sicht des entlassenden Arztes, das heißt die Diagnose nach Beendigung des stationären Aufenthalts.

> **Beispiel** ▶ Maßgeblichkeit der Hauptdiagnose
>
> Ein Patient wird vom Hausarzt ins Krankenhaus eingewiesen. Die Diagnose lautet: Verdacht auf akute Appendizitis (Wurmfortsatzentzündung des Blinddarmes). Der untersuchende Arzt in der Aufnahmestation des Krankenhauses hingegen kann keine Zeichen für eine derartige Entzündung feststellen. Daraufhin wird der Patient weiter untersucht und auf die chirurgische Station verlegt. Ein paar Tage später stellt sich heraus, dass er einen Tumor im Dickdarm hat (Colon-Karzinom). Er wird sofort operiert und der Tumor wird entfernt. Für die pauschale Leistungsabgeltung ist die im Krankenhaus korrigierte Diagnose maßgeblich.

Hauptdiagnosegruppen

Bei den AR-DRG, der Basis des deutschen DRG-Systems, handelt es sich um ein eindeutiges System, da es jeweils nur die Abrechnung einer DRG erlaubt. Dies bedeutet de facto, dass immer nur eine Fallpauschale abgerechnet werden kann, unabhängig davon, welche anderen Prozeduren am Patienten vollzogen werden. Aufwendungen aufgrund von anderen Prozeduren liegen in der finanziellen Verantwortung des Krankenhauses und sind eventuell mittels Schweregrad einzukalkulieren.

> **Beispiel** ▶ Eindimensionalität der AR-DRG
>
> Der Hausarzt wird für die Untersuchung und Beratung und für die Einweisung des Patienten aus dem oben genannten Beispielsfall ins Krankenhaus vergütet. Zwar hat der Hausarzt die Einweisung aufgrund einer Fehldiagnose vorgenommen. Das Krankenhaus kann der Krankenkasse dennoch nicht die Aufwendungen für den Ausschluss der Appendizitis aufgrund seiner eigenen Diagnose nach der Aufnahme des Patienten in Rechnung stellen. Es kann vielmehr allein die Fallpauschale für die Entfernung des Tumors geltend machen, die allerdings die Aufwendungen zur Erstellung der Diagnose unmittelbar vor der Entlassung des Patienten umfasst.

Die DRGs sind in 23 Hauptgruppen (MDC = Major Diagnostic Categories), acht Prioritätsgruppen (Prä-MDC) für besonders aufwendige Fälle (zum Beispiel Transplantationen, Langzeitbeatmung) und sieben Fehler-DRGs für Fälle, die sich nicht eindeutig zuordnen lassen, zusammengefasst. Jeder Patient wird mittels eines DRG-Groupers der passenden Fallgruppe zugeteilt.

> Der **DRG-Grouper** ist ein zertifiziertes Softwareprogramm, dessen Algorithmus es erlaubt, Patienten in Diagnosis Related Groups (DRGs, Fallgruppen) einzuordnen und auf dieser Basis die pauschalen Entgelte für die entsprechenden medizinischen Leistungen zu ermitteln.

Die Fallgruppe, in die der Patient eingeordnet wird, ermittelt der Algorithmus aus einer vorgegebenen Reihe von Faktoren. Dazu gehören

- ▶ die Hauptdiagnose (nach ICD-10);
- ▶ Nebendiagnosen und etwaige Komplikationen (nach ICD-10);
- ▶ Alter, Geschlecht und Gewicht des Patienten;
- ▶ durchgeführte medizinische Prozeduren (nach OPS);
- ▶ etwaige Beatmungszeit in Stunden (in der Notfall- und Intensivmedizin);
- ▶ Entlassungsart.

Zur Codierung der Diagnosen hat das von den Spitzenverbänden der Krankenkassen, dem Verband der Privaten Krankenversicherung e. V. und der Deutschen Krankenhausgesellschaft gegründete Institut für das Entgeltsystem im Krankenhaus (InEK GmbH) Richtlinien herausgegeben.

> Nach den Kodierrichtlinien 2012 der InEK GmbH ist die **Hauptdiagnose** „die Diagnose, die nach Analyse als diejenige festgestellt wurde, die hauptsächlich für die Veranlassung des stationären Krankenhausaufenthaltes des Patienten verantwortlich ist".

Wenn zwei oder mehr Diagnosen gleichermaßen der Definition der Hauptdiagnose entsprechen und ICD-10-Verzeichnisse und Kodierrichtlinien keine Verschlüsselungsanweisungen geben, muss der behandelnde Arzt entscheiden, welche Diagnose der Definition der Hauptdiagnose am besten entspricht. In diesem Fall sollte der Arzt diejenige Hauptdiagnose zugrunde legen, die für die Untersuchung und/oder Behandlung die meisten Ressourcen verbraucht hat.

Nebendiagnosen

> Eine **Nebendiagnose** ist nach den deutschen Kodierrichtlinien 2012 „eine Krankheit oder Beschwerde, die entweder gleichzeitig mit der Hauptdiagnose besteht oder sich während des Krankenhausaufenthalts entwickelt".

Für Codierungszwecke werden Nebendiagnosen als Krankheiten interpretiert, die das Patientenmanagement in der Weise beeinflussen, dass therapeutische oder diagnostische Maßnahmen erforderlich sind oder aber dass ein erhöhter Betreuungs-, Pflege- und/oder Überwachungsaufwand geboten ist.

5624178

Nebendiagnosen können die Behandlung nach Maßgabe der Hauptdiagnose mehr oder weniger stark erschweren. Deshalb ist für die Berechnung des pauschalen Leistungsentgelts die Erfassung aller Nebendiagnosen ebenso wichtig wie die Hauptdiagnose. Da die Zahl und Gewichtung der Nebendiagnosen in Form von Steigerungsfaktoren zu Buche schlägt, würden Lücken oder Fehler in den Angaben zu den Nebendiagnosen die Leistungsabrechnung zum Nachteil des Krankenhauses verfälschen.

Im DRG-System werden sämtliche Nebendiagnosen anhand ihres Schweregrads bewertet, des sogenannten Complication and Comorbidity Level (CCL).

> ▶ Eine **Komplikation** im Sinne des DRG-Systems ist eine zusätzliche, nicht zwingend mit der ursprünglichen Erkrankung zusammenhängende, behandlungsbedürftige Erkrankung.
>
> ▶ **Komorbidität** (Comorbidity) ist das parallele Auftreten von zwei oder mehreren Krankheitsbildern.
>
> ▶ Der **Schweregrad** ist eine Maßzahl, die die Bedeutung etwaiger mit der Haupterkrankung einhergehender Komplikationen und Begleiterkrankungen zum Ausdruck bringt.

Je stärker sich die Nebendiagnosen auf die Art und den Verlauf der Behandlung des Patienten auswirken, desto höher ist der Schweregrad. Die Bewertung von Nebendiagnosen, das heißt die Zuordnung des sogenannten patientenbezogenen kumulativen Schweregrads (PCCL = Patient Clinical Complexity Level), erfolgt anhand einer fünfstufigen Skala, die von 0 bis 4 reicht:

▶ 0 = keine erschwerende CC, das heißt keine Komplikation oder Begleiterkrankung

▶ 1 = leichte CC

▶ 2 = mittelschwere CC

▶ 3 = schwere CC

▶ 4 = katstrophale CC

Der PCCL-Schweregrad wird auf der Grundlage der Basis-DRGs ermittelt.

> ▶ Die **Basis-DRG** ist die DRG, in die der Patient aufgrund der Hauptdiagnose eingruppiert wird. Hierbei werden etwaige Nebenerkrankungen/Nebendiagnosen nicht berücksichtigt.
>
> ▶ Die **Gesamt-DRG** ist eine DRG, die auf einer verfeinerten Abstufung nach Maßgabe von Komplikationen und Begleiterkrankungen beruht.

Die Werteskala auf der Ebene der Nebendiagnosen lautet

▶ 0 = keine CC-Nebendiagnose

▶ 1 = leichte CC-Nebendiagnose

▶ 2 = mittelschwere CC-Nebendiagnose

▶ 3 = schwere CC-Nebendiagnose

▶ 4 = katastrophale CC-Nebendiagnose

Beispiel ▶ Bedeutung von Nebendiagnosen für die Patientenfallbildung

Der 72-jährige Rentner Hubert K. wird nach einem Sturz vom Fahrrad mit einem Bruch des linken Oberschenkelhalses (Femurfraktur) in die Westfalen-Klinik eingeliefert. Bei der Aufnahmeuntersuchung gibt Herr K. an, dass er seit 15 Jahren an Diabetes mellitus leidet, das heißt zuckerkrank ist. Diese Nebendiagnose hat erheblichen Einfluss auf den Behandlungsverlauf, da zum einen durch den Diabetes mellitus eine Wundheilungsstörung zu erwarten ist und zum andern Insulin verabreicht werden muss. Sie fällt also ins Gewicht, ganz im Gegensatz zu einem weiteren Befund, demzufolge Herrn K. aufgrund einer viele Jahre zurückliegenden Amputation der kleine Finger der linken Hand fehlt. Zu der geplanten Hauptleistung, der Richtung des Oberschenkels, treten als Nebenleistungen die regelmäßige Überwachung des Blutzuckergehalts und die Verabreichung von Insulin. Die zusätzlichen Leistungen können die Einstufung in eine höher bewertete Fallgruppe zur Folge haben.

Die Nebendiagnosen werden nach Maßgabe ihres kumulativen Effekts bewertet. Der Patientenbezogene Gesamtschweregrad PCCL wird anhand eines komplexen Verfahrens für jede Behandlungsepisode aus den CCL-Werten der Nebendiagnosen berechnet. So wird vermieden, dass ähnliche Konstellationen von Nebendiagnosen mehrfach gewertet werden. In unterschiedlichen Basis-DRGs können Nebendiagnosen unterschiedliche CCL-Werte aufweisen.

Beispiel ▶ Abhängigkeit der Bewertung von Nebendiagnosen von der Basis-DRG

Die Nebendiagnose J96.0 (akute respiratorische Insuffizienz) hat in der Basis-DRG B70 (Apoplexie) einen CCL-Wert von 2, während sie in der Basis-DRG B71 (Erkrankungen an Hirnnerven und peripheren Nerven) einen CCL-Wert von 3 aufweist.

Schaubild 8.6 veranschaulicht den Weg von der Basis-DRG zur abrechenbaren DRG am Beispiel einer Grippeerkrankung.

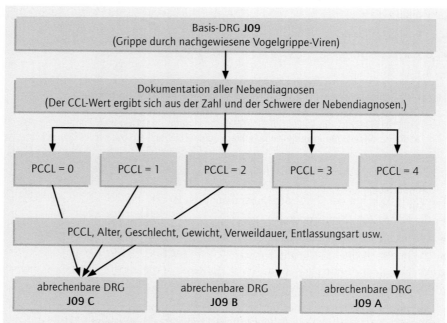

Legende: A = hoher Ressourcenverbrauch, da äußerst schwere CC; B= mittlerer Ressourcenverbrauch, da schwerer CC; C = niedriger Ressourcenverbrauch, da weniger schwere CC

Schaubild 8.6: Von der Basis-DRG zur abrechenbaren DRG

Die Kodierrichtlinien für **Prozeduren** sehen vor, dass alle signifikanten Prozeduren, die vom Zeitpunkt der Aufnahme bis zum Zeitpunkt der Entlassung vorgenommen wurden und im OPS abbildbar sind, zu kodieren sind, eingeschlossen die diagnostischen, therapeutischen und pflegerischen Prozeduren. Signifikant ist eine Prozedur dann, wenn sie entweder

► chirurgischer Natur ist,

► ein Eingriffsrisiko birgt,

► ein Anästhesierisiko birgt oder

► Spezialeinrichtungen oder Geräte oder spezielle Ausbildung erfordert.

Der Operations- und Prozedurenschlüssel ist ein überwiegend numerischer, hierarchisch strukturierter Schlüssel. Er weist überwiegend einen fünfstelligen Differenzierungsgrad auf, bezogen auf die oben erwähnte ICPM der Weltgesundheitsorganisation. Einige Codes sind jedoch nur vierstellig differenziert. Die Hierarchie ist folgendermaßen gegliedert:

► Kapitel

► Bereichsüberschriften

► 3-Steller

► 4-Steller

► 5-Steller

► 6-Steller

Die deutschen Kodierrichtlinien im Rahmen des DRG-Systems:
www.g-drg.de/cms/G-DRG-System_2011/Kodierrichtlinien/Deutsche_Kodierrichtlinien_2011

In einigen Codebereichen wird eine alphanumerische Gliederungsstruktur verwendet, da die zur Verfügung stehenden zehn numerischen Untergliederungen für die erforderlichen Inhalte nicht ausreichend wären. Die alphanumerischen Notationen finden sich an der vierten, fünften und sechsten Stelle der Systematik.

Beispiel ► Codestruktur des OPS

1-406 Perkutane (Nadel-)Biopsie an endokrinen Organen
1-406.0 Hypophyse
1-406.1 Corpus pineale (Zirbeldrüse im Gehirn)
1-406.2 Schilddrüse
1-406.3 Nebenschilddrüsen
1-406.5 Nebenniere
1-406.x Sonstige
1-406.y Nicht näher bezeichnet (N. n. bez.)

Im Folgenden werden die einzelnen Schritte bei der DRG-Eingruppierung nochmals zusammengefasst (siehe auch Schaubild 8.7). Die Eingruppierung erfolgt nach einem vorgegebenen Gruppierungsalgorithmus, der die folgenden Punkte umfasst:

► Überprüfung demografischer und klinischer Merkmale; liegen ungültige Informationen vor, so werden Warnhinweise (flags) gesetzt, die in einigen Fällen die Zuordnung zu einer der Fehler-DRGs 960Z („nicht gruppierbar"), 961Z („unzulässige Hauptdiagnose") oder 963Z („neonatale Diagnose unvereinbar mit Alter oder Gewicht") bewirken können;

▶ Zuordnung zu einer Hauptdiagnosegruppe (MDC);

▶ Prä-MDC-Verarbeitung, das heißt Ermittlung der neun in der Prä-MDC-Kategorie enthaltenen kostenintensiveren DRGs (zum Beispiel Transplantationen, Langzeit-beatmungen) und Änderung der MDC-Zuweisung bei bestimmten Konstellationen (zum Beispiel Tetraplegie, Neugeborene);

▶ MDC-Partitionierung, das heißt Zuordnung der Behandlungsepisode zu einer opera-tiven, medizinischen oder anderen Partition;

▶ Zuordnung zu einer Basis-DRG. Sie erfolgt hauptsächlich aufgrund der dokumen-tierten Diagnosen- und Prozedurenkodes;

▶ Zuordnung von CCL und PCCL: Jeder Diagnose wird ein CCL-Wert zugewiesen. An-schließend wird der PCCL-Wert ermittelt, eine Maßzahl des kumulativen Effekts der Komplikationen und Komorbiditäten (CC) einer Behandlungsepisode;

▶ DRG-Zuordnung: DRGs innerhalb einer Basis-DRG unterscheiden sich durch ihren Ressourcenverbrauch und sind anhand verschiedener Faktoren wie PCCL, Alter und Malignität unterteilt.

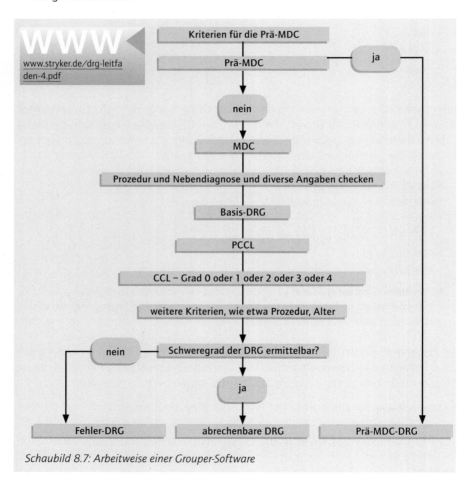

Schaubild 8.7: Arbeitweise einer Grouper-Software

8.3.4   Die Berechnung der Erlöse aus den DRG-Fallpauschalen

Bewertung der Fallgruppen

Bei einer DRG wird unterstellt, dass die mit ihr verbundenen Kosten der Behandlung des Patienten homogen (gleichartig) sind. Das schließt je nach Patient im Einzelnen unterschiedliche Behandlungen nicht aus, es kommt vielmehr allein darauf an, dass der Ressourcenverbrauch vergleichbar hoch ist.

Um die DRG-Erlöse zu berechnen, ist zunächst eine Bewertung der Fallgruppen mit den sogenannten relativen Kostengewichten oder Bewertungsrelationen (CW = **C**ost **W**eight) erforderlich.

> Das **Relativgewicht** oder **relative Kostengewicht** (Cost Weight), auch **Bewertungsrelation** genannt, ist eine Kennzahl, die den ökonomischen Schweregrad eines Behandlungsfalls wiedergibt, indem sie beschreibt, um wie viel die Kosten der Behandlung in einem spezifischen Fall über oder unter dem mittleren Wert vergleichbarer Behandlungsfälle liegen. Das Mittel ist auf 1,0 normiert.

Beispiel ► Bewertungsrelation

> Ein CW von 1,5 bedeutet, dass die Kosten des betrachteten Behandlungsfalls im Vergleich mit dem Durchschnitt der Fälle um 50 % höher sind.

Anders als im australischen DRG-System, in dem sich der CW-Wert direkt ableiten lässt, muss in Deutschland bei der Bestimmung des CW-Werts auch die sogenannte Grenzverweildauer (GVD) berücksichtigt werden.

> ► Die **Verweildauer (VD)** umschreibt einen zeitlichen Rahmen, in dem ein Patient, auf den eine bestimmte Hauptdiagnose zutrifft, im Krankenhaus stationär behandelt wird. Sie hängt von der Fallgruppe ab, in die ein Patient eingestuft wurde. Bestimmende Faktoren für die Fallgruppe sind die gestellte Hauptdiagnose, mögliche Nebendiagnosen, die durchgeführten Prozeduren und andere fallrelevante Kriterien.
>
> ► Die **Grenzverweildauer (GVD)** gibt den entsprechenden Zeitraum an, auf den sich die Spitzenverbände der gesetzlichen Krankenkassen (KK) und die Deutsche Krankenhausgesellschaft in der Fallpauschalenvereinbarung von 2005 (FPV 2005) geeinigt haben.
>
> ► Die **obere Grenzverweildauer** ist eine ökonomisch relevante Größe, die festlegt, wie viele Tage ein Patient höchstens im Krankenhaus verbringen sollte. Ein Überschreiten der oberen Grenzverweildauer hat für das Krankenhaus keine nachteiligen finanziellen Konsequenzen. Es erhält Zuschläge, zur Kompensation des Ressourcenverbrauchs auch nach Überschreiten der oberen Grenzverweildauer.
>
> ► Die **untere Grenzverweildauer** ist eine ökonomisch relevante Größe, die festlegt, wie viele Tage ein Patient mindestens im Krankenhaus verbringen sollte. Ein Unterschreiten der unteren Grenzverweildauer hat für das Krankenhaus negative finanzielle Konsequenzen, da es in diesem Fall Abschläge von der Fallpauschale vornehmen muss.

Wird die GVD unterschritten, muss das Krankenhaus mit einem Abschlag von der DRG-Pauschale rechnen. Wird sie überschritten, wird ein Zuschlag für den Mehraufwand gewährt.

Der Ab- oder Zuschlag wird mit der Grenzverweildauer (GVD) multipliziert und vom CW-Basiswert subtrahiert beziehungsweise diesem hinzugefügt. Der auf diese Weise angepasste CW-Wert wird schließlich mit der sogenannten Baserate (Basisfallwert oder Basiserlös, durchschnittlicher Fallwert) multipliziert, woraus sich der Erlös der DRG ergibt.

Ermittlung des individuellen Basisfallwertes eines Krankenhauses

> Der **Basisfallwert** – auch Baserate (aus dem Englischen) oder Basiserlös genannt – ist der durchschnittliche Fallwert eines Krankenhauses. Er wird für jedes Krankenhaus festgelegt und gilt bei allen DRG als Basiswert für die Entgeltberechnung.

Zur Ermittlung des Basisfallwertes eines Krankenhauses müssen zwei Faktoren bekannt sein. Der erste Faktor ist das Krankenhausbudget, das in der Regel aufgrund der Vereinbarung mit den gesetzlichen Krankenkassen im Rahmen des Versorgungsauftrags bekannt ist. Der zweite Faktor ist der weniger leicht zu bestimmende Fallmix (Case Mix). Der Basisfallwert ergibt sich dann aus dem Krankenhausbudget, dividiert durch den Case Mix.

> Der **Case Mix** ist ein synthetischer Wert. Er entspricht der Summe der Produkte aus den relativen Kostengewichten (CW) der einzelnen DRG und der jeweiligen Zahl der Fälle, die im Krankenhaus behandelt wurden.

Beispiel

	DRG	CW		Zahl der Fälle	Produkt
	a	2,00	·	200	400
+	b	3,00	·	80	240
+	c	4,00	·	40	160
=				320	800 = Case Mix

Wenn der Case Mix bekannt ist, kann man den sogenannten Case-Mix-Index berechnen.

> Der **Case-Mix-Index (CMI)** ist ein Indikator für die durchschnittliche wirtschaftliche Fallschwere in einem Krankenhaus oder in einer einzelnen Abteilung des Krankenhauses. Er wird berechnet, indem man den Case Mix durch die Gesamtfallzahl dividiert.

Der Case-Mix-Index beschreibt die Arbeitsweise eines Krankenhauses oder der einzelnen Fachabteilungen in wirtschaftlicher Hinsicht. Je höher der Wert dieses Index, desto aufwendiger ist die Arbeitsweise. Die Kenntnis der CMI-Werte erlaubt Vergleiche sowohl zwischen den einzelnen Fachabteilungen eines Krankenhauses als auch zwischen einzelnen Krankenhäusern. Der CMI spiegelt nur Durchschnittsverhältnisse wider. Er sagt nichts über den individuellen Fall eines Patienten und dessen Diagnose aus.

Beispiel ▶ Berechnung des Case-Mix-Index

Der Case Mix beträgt 800, die Gesamtfallzahl 320. Folglich beträgt der Case-Mix-Index CMI = 800/320 = 2,5.

Ermittlung des individuellen DRG-Budgets eines Krankenhauses

Um sein aufgrund der DRG-Erlöse zu erwartendes DRG-Budget zu berechnen, kann ein Krankenhaus zwei Methoden anwenden. Bei der ersten wird der CMI-Wert mit der Gesamtfallanzahl und dem Basisfallwert des Krankenhauses multipliziert. Bei der zweiten wird der Case-Mix-Index nicht benötigt, vielmehr wird der Case Mix direkt mit dem Basisfallwert des Krankenhauses multipliziert.

Beispiel ▶ Methoden zur DRG-Budgetberechnung

Methode I

CMI = 2,5

Gesamtfallzahl = 320

Basisfallwert = 2.900,00 €

→ DRG-Budget = 2,5 · 320 · 2.900,00 € = 2.320.000,00 €

Methode II

Case Mix = 800

Basisfallwert = 2.500,00 €

→ DRG-Budget = 800 · 2.900,00 € = 2.320.000,00 €

Umgekehrt kann das Krankenhaus, wenn das Budget und der Case Mix bekannt sind, anhand dieser Zahlen seinen individuellen DRG-Basiserlös ermitteln. Dazu wird der Quotient aus dem DRG-Budget und dem Produkt aus Case-Mix-Index und Fallzahl gebildet.

Beispiel ▶ DRG-Basisfallwertberechnung

Folgende Werte werden angenommen:

DRG-Budget = 2.800.000,00 €

CMI-Wert = 2,5

Fallzahl = 400

Demgemäß beträgt die Baserate:

$$\text{Baserate} = \frac{\text{DRG-Budget}}{(\text{CMI} \cdot \text{Fallzahl})} = \frac{2.800.000,00 \ €}{2,5 \cdot 400} = 2.800,00 \ €$$

Übergang zu einem bundeseinheitlichen Basisfallwert

Bis zum Jahr 2005 konnten Krankenhäuser ihre individuellen Basisfallwerte selbst ermitteln. Das Bestreben des Gesetzgebers geht allerdings dahin, die Baserate zu vereinheitlichen. Die Übergangs- beziehungsweise Konvergenzphase umfasst den Zeitraum 2005 bis 2009. Der Übergang erfolgte in Quoten, um zu verhindern, dass die Krankenhäuser massive wirtschaftliche Einbrüche erleiden. Im Jahr 2005 sollten 15 % der Anpassungslast bewältigt werden, in den Jahren 2006 bis 2008 jeweils 20 % und im Jahr 2009 25 %. Die jährlich neu zu berechnende Differenz zwischen dem vereinbarten Budget des laufenden Jahres (verändertes Ausgangsbudget nach § 4 Abs. 4 Krankenhausentgeltgesetz) und dem künftigen DRG-Erlösvolumen, das heißt dem Zielbudget, das am Ende der Konvergenzphase erreicht sein sollte, wurde auf diese Weise Schritt für Schritt abgebaut. Hinzu kam eine Kappungsgrenze, die die im Rahmen der Konvergenzquoten ermittelten jährlichen Budgetminderungen begrenzte. Die Kappungsgrenze begünstigte vor allem Universitätskliniken, Krankenhäuser der Maximalversorgung und Spezialkrankenhäuser, deren Basisfallwerte teilweise um bis zu 20 % vom bundesweiten Durchschnitt nach oben abwichen.

Seit 2010 gelten für alle Krankenhäuser eines Bundeslandes einheitliche Basisfallwerte (siehe Tabelle 8.3). Im Jahr 2011 lag beispielsweise der landesweite Basisfallwert in Nordrhein-Westfalen bei 2.912,65 €.

Bundesland	LBFW 2011 ohne Ausgleiche	Vereinbartes Casemix-Volumen	Erlösvolumen auf Landesebene	Veränderung d. Erlösv. ggü. 2010	Angleichung an BBFW § 10 Abs. 8 KHEntgG	Ausgleichs-betrag § 10 Abs. 1 KHEntgG	LBFW 2011 mit Ausglei-chen
Baden-Württemberg	2.985,63 €	2.200.500.000	6.569.592.750 €	3,02 %	–	–15,50 €	2.970,00€ €
Bayern	2.982,60 €	2.825.000.000	8.425.845.000 €	3,90 %	–	0,00 €	2.982,60 €
Berlin	2.935,00 €	874.000.000	2.565.190.000 €	4,31 %	–	0,00 €	2.935,00 €
Brandenburg	2.900,00 €	553.500.000	1.605.150.000 €	3,03 %	ja	0,00 €	2.900,00 €
Bremen	3.011,31 €	212.267.000	639.201.740 €	2,72 %	–	–6,46 €	3.004,85 €
Hamburg	2.975,00 €	555.000.000	1.651.125.000 €	6,73 %	–	–20,00 €	2.955,00 €
Hessen	2.977,15 €	1.295.000.000	3.855.409.250 €	2,26 %	–	–17,50 €	2.959,65 €
Mecklenburg-Vorp.	2.880,00 €	416.000.000	1.198.080.000 €	4,39 %	ja	–17,00 €	2.863,00 €
Niedersachsen	2.922,63 €	1.648.079.000	4.816.725.128 €	1,81 %	15,60 €	–16,25 €	2.905,00 €
Nordrhein-Westf.	2.912,65 €	4.458.446.640	12.985.894.606 €	3,25 %	1,38 €	–13,00 €	2.912,65 €
Rheinland-Pfalz	3.130,14 €	865.000.000	2.707.571.100 €	4,56 %	4,71 €	nein	3.130,14 €
Saarland	3.059,91 €	277.846.764	850.186.092 €	1,77 %	ja	–1,91 €	3.058,00 €
Sachsen	2.884,00 €	1.053.000.000	3.036.8952.000 €	4,23 %	–7,34 €	nein	2.884,00 €
Sachsen-Anhalt	2.899,50 €	602.400.000	1.746.658.800 €	2,22 %	14,26 €	ja	2.889,00 €
Schleswig-Holstein	2.884,86 €	570.020.000	1.644.427.897 €	2,47 %	–	Sonderregelung	2.884,86 €
Thüringen	2.884,00 €	604.000.000	1.741.936.000 €	1,25 %	13,97 €	–15,56 €	2.868,44 €
Bund (CM-gew.)	2.947,90 €	19.010.059.404	56.039.845.362,37 €	3,26 %	14,26 €		

Quelle: AOK-Bundesverband; vollständige Tabelle abrufbar über die Website des GKV-Spitzenverbands, www.gkv-spitzenverband.de; direkter Link: www.gkv-spitzenverband.de/upload/LBFW_2011_2011_07_04_16921.pdf, abgerufen am 2. November 2011.

Tabelle 8.3: Die für 2011 gültigen Basisfallwerte in den einzelnen Bundesländern

5624186

AUFGABEN

1. Was verbirgt sich hinter dem Begriff „Multi-Kulti-Vergütung"?

2. Wofür steht die Abkürzung PauschVO?

3. Nennen Sie interne Finanzquellen eines Krankenhauses.

4. Grenzen Sie die folgenden Abkürzungen voneinander ab:
   - ► ICD
   - ► WHO
   - ► DIMDI
   - ► DRG

5. Wird das DRG-System in allen Krankenhäusern angewendet?

6. Was versteht man im Zusammenhang mit der Leistungsabrechnung in den Krankenhäusern unter Konvergenzphase?

7. Wofür steht die Abkürzung MDC?

8. Was verstehen Sie unter dem Begriff Komorbidität?

9. Unterscheiden Sie die Basis-DRG von der Gesamt-DRG.

10. Was verstehen Sie unter einer Ressource?

11. Was ist eine Grouper-Software?

12. Was bedeutet die Abkürzung GVD und welches Konzept steht dahinter?

13. Errechnen Sie die folgenden Werte:
    a) Case Mix
    b) CMI
    c) DRG-Budget (mittels Methode I und Methode II)
    d) Baserate

    Legen Sie dabei die folgenden Ausgangswerte zugrunde:

    Basisfallwert: 3.000,00 €

DRG a	CW: 2,00	400 Fälle
DRG b	CW: 3,00	160 Fälle
DRG c	CW: 4,00	80 Fälle

8.4 Leistungsabrechnung in der Pflege

Zum Einstieg

Der Medizinische Dienst der Krankenkassen (MDK) plant die Überprüfung mehrerer Bewohner im Seniorenheim Waldesruh. Aus diesem Anlass müssen die Pflegedokumentationen der Bewohner auf ihre Vollständigkeit hin überprüft werden. Die Auszubildende Kathrin wird mit der Aufgabe betraut, die Pflegedokumentation der Bewohnerin Ottilie M. in Augenschein zu nehmen. Sie soll festzustellen, ob der Pflegeaufwand und die auf die Pflege verwandte Zeit im Einklang mit Ottilie M.s pflegeversicherungsrechtlicher Einordnung in die Pflegestufe II stehen.

► Was ist die gesetzliche Pflegeversicherung?

► Wer erhält Leistungen aus der gesetzlichen Pflegeversicherung?

► Welche Leistungen gewährt die gesetzliche Pflegeversicherung?

► Was sind Pflegestufen?

► Wie werden Pflegetätigkeiten abgerechnet?

► Was ist eine Pflegediagnose?

8.4.1 Rechtliche Grundlagen der Pflegeleistungen

BASISWISSEN
Die gesetzliche Pflegeversicherung
Kapitel 6, Abschnitt 6.3.3

Mit der Einführung der gesetzlichen Pflegeversicherung 1994 wurde die gesetzliche Grundlage zur sozialen Absicherung des Risikos der Pflegebedürftigkeit geschaffen. In den Schutz der im Elften Buch des Sozialgesetzbuchs (SGB XI) geregelten sozialen Pflegeversicherung sind kraft Gesetzes alle einbezogen, die auch in der gesetzlichen Krankenversicherung versichert sind.

8.4.2 Leistungen der gesetzlichen Pflegeversicherung

Die Leistungen der gesetzlichen Pflegeversicherung werden nach § 14 SGB XI Personen gewährt, die

► körperlich, geistig oder seelisch krank oder behindert sind und

► für die gewöhnlichen und regelmäßig wiederkehrenden Verrichtungen im Ablauf des täglichen Lebens der Hilfe bedürfen und

► auf Dauer, voraussichtlich für mindestens sechs Monate, erheblich pflegebedürftig sind.

Grundsätzlich werden, ebenso wie in der gesetzlichen Krankenversicherung, Geld- und Sachleistungen unterschieden. Diese Leistungen können kombiniert werden.

Geldleistungen werden von den gesetzlichen Pflegeversicherungen immer dann gewährt, wenn der Pflegebedürftige von Privatpersonen (in der Regel Angehörige oder Freunde und Nachbarn) gepflegt wird.

Sachleistung im Sinne von SGB XI ist die Erstattung der Vergütung von Dienstleistungen, die von anerkannten Pflegediensten erbracht werden. Die Dienstleistungen bestehen in der Grundpflege und der hauswirtschaftlichen Versorgung des Pflegebedürftigen.

Kombinationsleistungen können zustande kommen, wenn ein Pflegebedürftiger sowohl von einer Privatperson als auch von einem anerkannten Pflegedienst gepflegt wird. In solchen Fällen wird die Geldleistung beziehungsweise das Pflegegeld prozentual gekürzt.

Beispiel ▶ Kombinationsleistung

Ein Pflegebedürftiger erhält eine Sachleistung im Wert von 20 % des ihm je nach Einstufung zustehenden Pflegegeldes. Die Vergütung dieser Sachleistung wird von der Pflegeversicherung aufgebracht. Die restlichen 80 % werden als Geldleistungen an den Pflegebedürftigen ausgezahlt.

8.4.3 Pflegestufen

Pflegebedürftige Personen werden je nach dem Grad ihrer Bedürftigkeit eingestuft. Die Einstufung wiederum ist maßgeblich für die Höhe der von der Pflegeversicherung gewährten Leistungen.

Der Gesetzgeber hat drei Pflegestufen definiert (Tabelle 8.4).

Pflegestufe	Durchschnittlicher Mindestaufwand pro Tag (Grundpflege und hauswirtschaftliche Versorgung)	davon pflegerischer Mindestaufwand
I: erheblich pflegebedürftig	90 Min.	45 Min.
II: schwer pflegebedürftig	180 Min.	120 Min.
III: schwerstpflegebedürftig	300 Min.	240 Min., regelmäßig rund um die Uhr, auch nachts
Tabelle 8.4: Das System der Pflegestufen		

Die Einstufung des Pflegebedürftigen wird von der Pflegekasse vorgenommen. Ihr voraus geht ein entsprechender Antrag des Pflegebedürftigen, seiner Angehörigen oder seines Betreuers. Bevor sie über die Einstufung entscheidet, beauftragt die Pflegekasse den Medizinischen Dienst der Krankenversicherungen (MDK) mit der Begutachtung des Pflegebedürftigen im Hinblick auf seine körperliche und geistige Mobilität. Der Gutachter ist in der Regel ein Arzt oder eine Pflegefachkraft. Der Pflegebedürftige wird untersucht und befragt, in welchen Bereichen er auf Hilfe angewiesen ist. Der MDK kann zur abschließenden Beurteilung des individuellen Hilfebedarfs neben dem Gutachten weitere ärztliche oder pflegerische Befunde heranziehen.

Die Pflegestufe ist abhängig von der Zeit, die durchschnittlich täglich für die Pflege benötigt wird. Für die Zeiterfassung sind nur die gesetzlich definierten Verrichtungen maßgeblich, das heißt, nur die für diese Verrichtungen notwendigen Zeiten werden addiert. Die soziale Betreuung, Aufsicht und Pflegebereitschaft werden hingegen nicht berücksichtigt.

Tabelle 8.5 fasst die Zeitkorridore zusammen, die der MDK für die jeweilige Verrichtung akzeptiert.

	Richtzeit	
	von	bis
Ganzkörperwäsche (GK)	20	25
Teilwäsche Oberkörper (OK)	8	10
Teilwäsche Unterkörper (UK)	12	15
Teilwäsche Hände/Gesicht (H/G)	1	2
Duschen	15	20
Baden	20	25
Zahnpflege	5	5
Kämmen	1	3
Rasieren	5	10
Wasserlassen	2	3
Stuhlgang	3	6
Richten der Bekleidung	2	2
Windelwechsel nach Wasserlassen	4	6
Windelwechsel nach Stuhlgang	7	10
Wechsel kleiner Vorlagen	1	2
Wechsel/Entleeren Urinbeutel	2	3
Wechsel/Entleeren Stomabeutel (künstlicher Darmausgang)	3	4
Mundgerechte Zubereitung von Hauptmahlzeit	2	3
Essen von Hauptmahlzeiten	15	20
einfache Hilfe Aufstehen/Zu-Bett-Gehen	1	2
Umlagern	2	3
Ankleiden gesamt (GK)	8	10
Ankleiden Ober-/Unterkörper (TK)	5	6
Entkleiden gesamt (GE)	4	6
Entkleiden Ober-/Unterkörper (TE)	2	3
Transfer Rollstuhl/Toilette	1	1

Quelle: www.p-wie-pflegeversicherung.de/pflegeversicherung/zeitkorridore/index.html, abgerufen am 2. November 2011.

Tabelle 8.5: Zeitkorridore für Verrichtungen in der Pflege

8.4.4 Geldleistungen

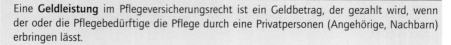

Eine **Geldleistung** im Pflegeversicherungsrecht ist ein Geldbetrag, der gezahlt wird, wenn der oder die Pflegebedürftige die Pflege durch eine Privatpersonen (Angehörige, Nachbarn) erbringen lässt.

Die Höhe des Betrages ergibt sich aus der Pflegestufe, in die der Pflegebedürftige eingeteilt wurde.

8.4.5 Sachleistungen

Eine **Sachleistung** im Pflegeversicherungsrecht ist eine Pflegeleistung (Grundpflege und hauswirtschaftliche Versorgung), der von einem anerkannten Pflegedienst erbracht und von der
Pflegekasse vergütet wird.

Die Höhe der Vergütung der Sachleistung ergibt sich aus der Pflegestufe, in die der
Pflegebedürftige eingeteilt wurde.

Tabelle 8.6 weist die Geldleistungen beziehungsweise die Erstattungsbeträge im Fall
von Sach- oder Dienstleistungen und in Abhängigkeit vom Grad der Pflegebedürftigkeit
aus.

Leistungen	Pflegestufe		
	I	II	III
Häusliche Pflege durch private Pflege-person monatlich (Geldleistung)	215,00 €	420,00 €	675,00 €
Teilstationäre Tages- und Nachtpflege (Geldleistung)	420,00 €	980,00 €	1.470,00 €
Häusliche Pflege durch Vertragspflege-dienst monatlich (Sachleistung)	420,00 €	980,00 €	1.470,00 €
Vollstationäre Pflege monatlich (Sachleistung)	–	–	1.470,00 € (Härtefälle: 1.750,00 €)
Pflegevertretung durch sonstige Per-sonen oder Vertragseinrichtungen bis zu vier Wochen jährlich (Kurzzeitpflege)	1.470,00 €	1.470,00 €	1.470,00 €
Ergänzende Leistungen für Pflegebe-dürftige mit erheblichem Betreuungsbe-darf jährlich bis	2.400,00 €	2.400,00 €	2.400,00 €
Tabelle 8.6: Geldleistungen/Sachleistungen je nach Pflegestufe im Jahr 2011			

8.4.6 Kombinationsleistungen

Eine **Kombinationsleistung** im Pflegeversicherungsrecht ist eine Geld- und Sachleistung, die
gezahlt beziehungsweise vergütet wird, wenn der Pflegebedürftige durch eine Privatpersonen
und einem Pflegedienst gemeinsam gepflegt wird.

Die Höhe des Betrages ergibt sich aus der Pflegestufe, in die der Pflegebedürftige eingeteilt wurde. Dieser Betrag wird gemäß dem Anteil der Sachleistung aufgeteilt.

Beispiel ▶ Verteilung der Kombinationsleistung

Ein Pflegebedürftiger wurde in die Pflegestufe II eingeordnet. Für die häusliche Pflege durch einen Vertragspflegedienst stehen monatlich 921,00 € zur Verfügung. Der Pflegedienst rechnet der Pflegekasse gegenüber 80 % dieses Betrages, das heißt 736,80 €, ab. Für den Pflegebedürftigen verbleibt ein Pflegegeld von 184,20 €.

8.4.7 Weitere Leistungsansprüche aus der Pflegeversicherung

Als Zuschuss zur Anpassung des Wohnumfelds werden einmalig bis zu 2.557,00 € je Maßnahme gezahlt. Technische Hilfsmittel, wie zum Beispiel ein Pflegebett oder ein Nachtstuhl, werden von den Pflegekassen leihweise und kostenlos zur Verfügung gestellt. Für zum Verbrauch bestimmte Hilfsmittel, wie zum Beispiel Inkontinenzprodukte (Einlagen, Windelhosen), stehen monatlich 30,68 € zur Verfügung.

8.4.8 Heimgesetz

Pflegeleistungen können im stationären Bereich innerhalb von Pflegeeinrichtungen (auch Pflegeheime genannt) erbracht werden. Das diesbezügliche Heimgesetz (HeimG) von 1974 dient dem Schutz und der Partizipation der Bewohnerinnen und Bewohner von Heimen. Durch das Heimgesetzt wird die stationäre Pflege älterer Menschen sowie pflegebedürftiger oder behinderter Volljähriger normiert. Die spezifischen gesetzlichen Grundlagen für Pflegeeinrichtungen sind in den Heimgesetzen der Bundesländer fixiert.

Kernpunkte

In den Heimverträgen müssen die Entgelte für Betreuung einschließlich Pflege, für Unterkunft, Verpflegung sowie für weitere Leistungen gesondert angegeben werden. Entgelterhöhungen durch die Heimträger müssen vier Wochen vor ihrem Wirksamwerden mitgeteilt und begründet werden. Eine Differenzierung der Heimentgelte nach Kostenträgern ist unzulässig.

Das Gesetz sieht auch Mitwirkungsmöglichkeit des Heimbeirats vor. In den Heimbeirat können Angehörige und andere Vertrauenspersonen neben den Bewohnerinnen und Bewohnern gewählt werden. Er ist an den Vergütungsverhandlungen sowie an den Verhandlungen über Leistungs- und Qualitätsvereinbarungen zu beteiligen. Überdies wird er in die Qualitätssicherung und in die Überwachung durch die Heimaufsicht einbezogen.

Die Heimaufsicht prüft jedes Heim im Jahr grundsätzlich mindestens ein Mal. Die Prüfungen können jederzeit angemeldet oder unangemeldet erfolgen.

Zur Verbesserung der Zusammenarbeit bilden die Heimaufsicht, der Medizinische Dienst der Krankenkassen, die Pflegekassen und die Sozialhilfeträger Arbeitsgemeinschaften, in denen sie ihre Arbeit miteinander abstimmen.

Heimvertrag

Jeder Träger eines Heimes im Sinne des § 1 des HeimG ist verpflichtet, mit seiner künftigen Bewohnerin/seinem künftigen Bewohner einen Heimvertrag zu schließen. Der

5624192

Heimvertrag ist vor dem Einzug in das Heim abzuschließen. Vor Abschluss des Heimvertrags hat der Träger die künftigen Bewohnerinnen und Bewohner schriftlich über den Inhalt zu informieren und auf die Möglichkeit einer späteren Leistungs- und Entgeltänderung hinzuweisen.

Heimverträge können mündlich oder schriftlich abgeschlossen werden. Wird ein Heimvertrag mündlich abgeschlossen, so ist sein Inhalt unter Beifügung einer Ausfertigung des Vertrags schriftlich zu bestätigen.

Der Heimvertrag soll im Einzelnen die folgenden Punkte regeln:

► **Rechte und Pflichten des Trägers und der Bewohnerin/des Bewohners.**

Als besondere Rechte der Bewohnerin oder des Bewohners sind Beratung und Beschwerde hervorzuheben. Adressat für Beschwerden können der Träger, die Heimaufsicht des Landesamts für Soziales und/oder die Arbeitsgruppe nach § 20 HeimG sein. Die gesetzliche Forderung nach Individualisierung der vertraglichen Zusagen im Heimvertrag wird dadurch erfüllt, dass der Träger Förder- und Hilfepläne erstellt, deren Umsetzung dokumentiert und dies auch als seine Pflicht im Heimvertrag ausweist.

► **Die Leistungen des Trägers.**

Der Heimvertrag muss eine allgemeine Leistungsbeschreibung enthalten, wobei insbesondere die Ausstattung des Heimes zu beschreiben ist. Daneben muss er auch eine individuelle Beschreibung enthalten. Die Bewohnerin/der Bewohner muss erkennen können, welche einzelnen Leistungen des Trägers Gegenstand des Heimvertrags sind.

► **Das von der Bewohnerin/dem Bewohner zu entrichtende Heimentgelt.**

Insbesondere sind Art, Umfang und Inhalt der Unterkunft, Verpflegung und Betreuung einschließlich der auf Unterkunft, Verpflegung und Betreuung entfallenden Entgelte anzugeben. Die jeweiligen Entgeltbestandteile müssen gesondert angegeben werden, beispielsweise in Form von Grundpauschale, Maßnahmepauschale und Investitionsbetrag.

Die Geltungsdauer und die Kündigung von Heimverträgen sind in § 8 HeimG geregelt. Der Heimvertrag wird auf unbestimmte Zeit geschlossen, soweit nicht im Einzelfall eine befristete Maßnahme beabsichtigt oder eine vorübergehende Maßnahme vereinbart wird.

Die Bewohnerin/der Bewohner kann den Heimvertrag spätestens am dritten Werktag eines Kalendermonats für den Ablauf desselben Monats schriftlich kündigen. Bei einer Entgelterhöhung ist eine Kündigung jederzeit für den Zeitpunkt möglich, in dem die Erhöhung wirksam werden soll.

Der Heimvertrag kann aus wichtigen Gründen ohne Einhaltung einer Kündigungsfrist gekündigt werden, wenn der Bewohnerin/dem Bewohner die Fortsetzung des Heimvertrags bis zum Ablauf der Kündigungsfrist nicht zuzumuten ist.

Der Träger kann den Heimvertrag nur aus wichtigen Gründen kündigen. Die Kündigungsmöglichkeiten des Trägers sind in § 8 Abs. 3 HeimG geregelt, wobei dieser keine abschließende Aufzählung enthält.

8.5 Pflegediagnosen

> Eine **Pflegediagnose** ist eine Zusammenstellung von Pflegeproblemen, die auf genauer Beobachtung und Untersuchung beruht und die den Zustand eines Patienten darstellen soll.

Es gibt verschiedene Systeme zur Klassifikation von Pflegediagnosen, wovon im deutschsprachigen Raum hauptsächlich zwei Verwendung finden. Dabei handelt es sich um

▶ das System der NANDA (**N**orth **A**merican **N**ursing **D**iagnoses **A**ssociation, Nordamerikanische Pflegediagnosen-Vereinigung). Die NANDA existiert seit 1982 und entstand aus der ersten Konferenz der ANA (American Nursing Association), des US-amerikanischen Berufsverbandes diplomierter Pflegender von 1973. Die deutschsprachige Ausgabe (NANDA-Pflegediagnosen: Definition und Klassifikation 2003–2004. Hans Huber, Bern 2005) wurde von Jürgen Georg herausgegeben.

▶ das System des ICN (**I**nternational **C**ouncil of **N**urses). Der ICN ist ein Zusammenschluss von 122 nationalen Berufsverbänden der Pflege; der deutsche Vertreter ist der Deutsche Berufsverband für Krankenpflegeberufe (DBfK) e. V.

www.dbfk.de

Pflegediagnosen und deren Klassifizierung sollen die Pflege transparenter und vergleichbarer machen. Die NANDA hat bereits Anläufe zur Vereinheitlichung von Pflegediagnosen und zu einer einheitlichen Fachsprache unternommen, um die Pflegenden in ihrer Arbeit zu unterstützen. Darüber hinaus könnte, ähnlich wie bei den DRG-Rechnern, eine geeignete Software die Arbeit der Pflegenden erleichtern.

Die Erstellung von Pflegediagnosen auf der Grundlage einer einheitlichen Struktur spielt folglich eine wichtige Rolle für die Professionalisierung von Pflege, insbesondere auch für die Pflegeplanung, die letztendlich die Basis für die Abrechnung mit den Kostenträgern ist.

Pflegediagnosen gewinnen mehr und mehr an Bedeutung, wenn es um den internationalen Vergleich geht. Die Pflegediagnosen könnten vom Gesetzgeber dazu genutzt werden, um die Ermittlung des Pflegeaufwandes bei Pflegebedürftigen zu vereinfachen. Dies würde nicht nur die Arbeit des MDK vereinfachen, sondern auch die Arbeit in den stationären Einrichtungen, das heißt den Krankenhäusern und Pflegeheimen.

Beispiel ▶ Pflegediagnose

> Ein Pflegebedürftiger stellt einen Antrag auf Anerkennung seiner Pflegebedürftigkeit bei seiner Pflegekasse. Diese beauftragt den MDK mit der Begutachtung des Antragstellers. Auf der Grundlage der Ergebnisse der Begutachtung wird eine Pflegediagnose erstellt. Der Pflegediagnose ist ein bestimmter, normierter Zeitaufwand zugeordnet.

Erste Ansätze zur Herstellung der Vergleichbarkeit von Pflegediagnosen auf internationaler Ebene sind schon sichtbar. Es ist erforderlich, dass diese Ebene weiter ausgebaut wird, um schließlich weltweit vergleichen zu können.

Klassifikationssysteme im Gesundheitswesen
www.dimdi.de/static/de/klassi/index.htm

5624194

Beispiel ▶ Zusammenarbeit zur Vereinheitlichung von Pflegediagnosen

Die folgenden Institutionen bieten eine Plattform für die Zusammenarbeit zur Vereinheitlichung von Pflegediagnosen auf europäischer Ebene:

▶ **ENDA** – **E**uropean **N**urse **D**irectors **A**ssociation

▶ **DIHNR** – **D**anish **I**nstitute for **H**ealth and **N**ursing **R**esearch

▶ **ACENDIO** – **A**ssociation for **C**ommon **E**uropean **N**ursing **D**iagnoses **I**nterventions and **O**utcomes

AUFGABEN

1. Wann wurde die gesetzliche Pflegeversicherung eingeführt?
2. In welchem Buch des Sozialgesetzbuches finden sich die Bestimmungen zur gesetzlichen Pflegeversicherung?
3. Definieren Sie den Begriff „Pflegebedürftigkeit".
4. Welche Pflichten hat ein Pflegedienst?
5. Was verstehen Sie unter einem „pflegerischen Leistungskomplex"?
6. Welche Leistungen werden durch die gesetzliche Pflegeversicherung finanziert? Nennen Sie Beispiele.
7. Welche Pflegestufen kennen Sie?
8. Teilen Sie die in der Tabelle aufgeführten Zeitwerte in Pflegestufen ein.

Zeit in Minuten	Pflegestufe	Zeit in Minuten	Pflegestufe
60	?	91	?
191	?	179	?
360	?		

9. Berechnen Sie den Zeitaufwand für die Pflege des 72-jährigen Rentners Thomas Draht. Ermitteln Sie die Pflegestufe, in die Herr Draht von seiner Pflegekasse eingeteilt wird, wenn die Minimal- oder Maximalwerte des Zeitaufwandes zugrunde gelegt werden.

Leistungen	Zeitaufwand in Minuten	
Teilwäsche Unterkörper (UK)	12	15
Rasieren	5	10
Transfer Rollstuhl/Toilette	1	1
Ankleiden Ober-/Unterkörper (TK)	5	6
Wasserlassen	2	3
Stuhlgang	3	6
Windelwechsel nach Wasserlassen	4	6
Windelwechsel nach Stuhlgang	7	10
Entkleiden Ober-/Unterkörper (TE)	2	3
Mundgerechte Zubereitung von Hauptmahlzeit	2	3
Essen von Hauptmahlzeiten	15	20
Zahnpflege	5	5
Kämmen	1	3
Rasieren	5	10
Zeitaufwand insgesamt	?	?
Pflegestufe	?	?

8.6 Leistungsabrechnung in der Rehabilitation und im Kurwesen

Zum Einstieg

Marie-Christine hat ihre Ausbildung zur Kauffrau im Gesundheitswesen begonnen. Sie fragt sich, ob ihre Entscheidung, in einer Rehabilitationsklinik anzufangen, richtig war. Ihre Ausbilderin Anna-Katharina Artig versteht ihre Bedenken und erklärt ihr den Stellenwert des Rehabilitations- und Kurwesens. Sie erläutert außerdem die Voraussetzungen für eine Rehabilitations- oder Kurmaßnahme. Marie-Christine ist erstaunt, wie wichtig dieser Bereich des Gesundheitssektors ist und wie unterschiedlich die Vorgeschichten der Patienten sind, die eine Rehabilitation oder Kur durchlaufen.

▶ Was ist eine Rehabilitationsmaßnahme?

▶ Wann kann ein Patient an einer Reha-Maßnahme teilnehmen?

▶ Wer sind die Kostenträger von Rehabilitationsmaßnahmen?

▶ Was ist eine Anschlussheilbehandlung?

▶ Wo werden Reha-Maßnahmen durchgeführt und wie werden sie abgerechnet?

▶ Was ist eine Kurmaßnahme? Welche Arten von Kuren gibt es?

▶ Wer sind die Kostenträger von Kurmaßnahmen?

▶ Wo werden Kurmaßnahmen durchgeführt und wie werden sie abgerechnet?

Nach Angaben der Bundeszentrale für politische Bildung gab es im Jahr 2009 in Deutschland 1 240 Einrichtungen für Vorsorge- und Rehabilitationsmaßnahmen. Insgesamt ist die Zahl solcher Einrichtungen von 1991 bis 2009 um 5 % und die Zahl der darin aufgestellten Betten um 19 % gestiegen. Im Bundesdurchschnitt verfügte eine Vorsorge- oder Rehabilitationseinrichtung über 138 Betten (1991: 122). Die Zahl der Patientinnen und Patienten in Vorsorge- oder Rehabilitationseinrichtungen lag bei 2 Millionen und damit um ein Drittel höher als 1991 (1,5 Millionen). Die Betten in Vorsorge- oder Rehabilitationseinrichtungen waren 2009 zu 82 % (1991: 87 %) ausgelastet.

Insgesamt verbrachten die Patientinnen und Patienten 51,1 Millionen Pflegetage in den Einrichtungen, 5,4 Millionen Pflegetage mehr als 1991. Daraus ergibt sich eine rechnerische Verweildauer von 25,5 Tagen im Bundesdurchschnitt (1991: 31 Tage; Quelle: Datenreport 2011, Band 1, herausgegeben von der Bundeszentrale für politische Bildung, S. 215 ff.).

WWW

Website der Kassenärztlichen Bundesvereinigung, Thema „Rehabilitation"
www.kbv.de/vl/14096.html

Die Gesamtausgaben für Rehabilitationsmaßnahmen beliefen sich nach Angaben der Kassenärztlichen Bundesvereinigung im Jahr 2009 auf 2,44 Mrd. € (2000: 2,7 Mrd. €). Dies entspricht einem Anteil von 1,5 % an den Gesamtausgaben von 160,4 Mrd. € der gesetzlichen Krankenversicherung.

8.6.1 Rehabilitation und Kur – Merkmale und Kostenträger

Um eine Maßnahme im Rehabilitations- und Kurwesen abrechnen zu können, muss sie zuvor vom gesetzlich versicherten Patienten bei der Krankenkasse oder dem zuständigen Rentenversicherungsträger beantragt werden. Dies ist bei einer Akutbehandlung, zum Beispiel einem Beinbruch, nicht erforderlich.

Rehabilitation

Die Voraussetzungen für die Bewilligung einer Rehabilitationsmaßnahme sind die Bedürftigkeit und die Rehabilitationsfähigkeit des Patienten (siehe dazu Lernfeld 1, Abschnitt 1.4.3).

> ▶ **Rehabilitationsbedürftigkeit** liegt vor, wenn körperliche oder seelische Funktionsstörungen drohen, länger bestehen oder dauerhaft vermieden, verhütet oder verbessert werden können.
>
> ▶ **Rehabilitationsfähigkeit** ist gegeben, wenn der Rehabilitand körperlich und seelisch in der Lage ist, an der Rehabilitationsmaßnahme teilzunehmen. Diese Fähigkeit wird von einem Arzt attestiert.

Die Rehabilitation wird im Allgemeinen von einem therapeutischen Team begleitet. Dieses Team kann aus Ärzten, Pflegepersonal und speziellen Therapeuten bestehen. Genauso wichtig wie die professionelle Hilfe sind die Mitarbeit der Angehörigen, der Freunde und Bekannten in der Rehabilitation sowie die Teilnahme an Selbsthilfegruppen, in denen sich die Betroffenen über Erkrankungen informieren und austauschen können.

Eine Rehabilitation wird in der Regel von den gesetzlichen Rentenversicherungsträgern, den gesetzlichen Krankenkassen oder den gesetzlichen Unfallversicherungen finanziert. Die Maßnahmen, die bewilligt werden, betreffen sowohl den medizinischen als auch den beruflichen Bereich. Die gesetzlichen Grundlagen für Reha-Maßnahmen sind im Neunten Buch des Sozialgesetzbuches (SGB IX) verankert.

Zur medizinischen Rehabilitation gehört auch die Anschlussheilbehandlung (AHB).

> Die **Anschlussheilbehandlung** ist die Heilbehandlung, die sich unmittelbar an einen Krankenhausaufenthalt anschließt.

Der Zeitraum zwischen der stationären Aufnahme in ein Krankenhaus und der Teilnahme an einer Anschlussheilbehandlung darf höchstens zwei Wochen betragen. Die Dauer ist meist auf drei Wochen beschränkt.

Beispiel ▶ Verlängerte Anschlussheilbehandlung

Bei Patienten, die gegen Krebs behandelt wurden, einen Schlaganfall oder einen schweren Unfall erlitten haben oder die sich einer Herzoperation unterziehen mussten, wird in der Regel die Dauer der Anschlussheilbehandlung drei Wochen überschreiten.

Ebenso wie bei einem Krankenhausaufenthalt ist pro Tag einer Anschlussheilbehandlung vom Patienten eine Zuzahlung von 10,00 € zu leisten. Die Zuzahlung ist auf maximal 28 Tage im Kalenderjahr begrenzt. Zuzahlungen, die im gleichen Jahr bereits an ein Krankenhaus geleistet wurden, werden angerechnet.

Kur

> Eine **Kur** im Sinne des Gesetzgebers ist eine Behandlung, die der Stärkung einer geschwächten Gesundheit dient. Sie ist eine Vorsorgemaßnahme und wird im Gegensatz zur Rehabilitation nicht nach einer Erkrankung angetreten.

Im Kurortegesetz des Bundeslandes Nordrhein-Westfalen heißt es: „Eine Kur dient durch wiederholte Anwendungen vorwiegend natürlicher Heilmittel nach einem ärztlichen Plan der Gesunderhaltung oder Genesung des Menschen; in der Regel ist sie mit einem Ortswechsel verbunden."

Im Fall einer Kur ist die gesetzliche Rentenversicherung der Hauptkostenträger. Hingegen werden die Leistungen im Rahmen einer medizinischen Rehabilitation für Mütter und Väter von der gesetzlichen Krankenversicherung vergütet. Die Versicherten haben nach § 41 SGB V Anspruch darauf, aus medizinischen Gründen in einer Einrichtung des Müttergenesungswerks oder einer gleichartigen Einrichtung einen Aufenthalt zur medizinischen Rehabilitation zu verbringen. Die Leistung kann in Form einer Mutter-Kind-Maßnahme oder Vater-Kind-Maßnahme erbracht werden. In Tabelle 8.7 sind verschiedene Arten von Kuren und die jeweiligen Kostenträger zusammengefasst.

Art	Nutzen	Kostenträger
Badekur	Erholung, Wellness	Selbstzahler
Eltern-Kind-Kur	Vorsorge und Behandlung von Erkrankungen der Kinder oder der Eltern	Krankenkassen
Medizinische Vorsorge und Rehabilitation	Wiederherstellung der Arbeitskraft	Rentenversicherung, Unfallversicherungen

Tabelle 8.7: Kuren und Kostenträger

8.6.2 Abrechnung von Rehabilitations- und Kurmaßnahmen

Versorgungsleistungen im Rahmen von Rehabilitations- und Kurmaßnahmen sind nicht im Versorgungsauftrag der Krankenhäuser enthalten. Sie werden im Rahmen eigenständiger Versorgungsverträge erbracht und finanziert, die die Rehabilitationskliniken und die Kurkliniken mit den Krankenkassen oder Rentenversicherungen abschließen.

Es gibt auch Kliniken und Einrichtungen, die von den Kostenträgern selbst betrieben werden.

Beispiel ▶ Von den Kostenträgern betriebene Kur- oder Reha-Kliniken

▶ Die BARMER-Klinik Grömitz (Ostsee) ist eine Vorsorge- und Rehabilitationsklinik für Mutter und Kind.

WWW◀

▶ Betreiber des Rehabilitationszentrums Bad Eilsen ist die Landesversicherungsanstalt Hannover.

www.kurkliniken.de

▶ Die Knappschafts-Klinik Bad Driburg ist eine von der Knappschaft Bahn See betriebene Rehabilitations- und AHB-Klinik.

Die Leistungen für die ärztliche Behandlung werden bei Rehabilitations- ebenso wie bei Kurmaßnahmen in voller Höhe von den Kostenträgern übernommen. Hat der Versicherte eine Zusatzversicherung für Wahlleistungen, so kann er diese seiner Versicherung in Rechnung stellen. Anderenfalls trägt er die Wahlleistungen selbst.

Die Pflegeleistungen rechnen die Rehabilitations- und Kureinrichtungen nach Pflegesätzen ab, die sie mit den Kostenträgern ausgehandelt haben. Hinzu kommen standardisierte Beträge für Unterkunft und Verpflegung. Die Höhe der vereinbarten Pflegesätze variiert je nach Verhandlungsgeschick der Einrichtung.

5624198

Beispiel ▶ Preise für Rehabilitations- und Kurleistungen

Die Kurklinik Limberger (Bad Dürrheim, Baden-Württemberg) erhebt die in Tabelle 8.8 aufgeführten Preise, Pflegesätze und Beträge für Unterkunft, Verpflegung und Therapiemaßnahmen.

Rehabilitationsleistungen	Preis (€), gültig ab 1. April 2011
Standard-Einzelzimmer (mit Dusche, WC und Balkon)	82,00
Pflegesatz Rehabilitationsmaßnahmen	102,00
Pflegesatz Anschlussheilbehandlung pro Person	112,50
Kurleistungen/Therapien	
I. Bäder/Hydrotherapie	
Wannenbad mit Zusatz	20,00
Armbad/Fußbad (anst./Wechsel)	12,50
Armbad/Fußbad (mit Zusatz)	13,50
Sitzbad mit Zusatz	13,50

Tabelle 8.8: Preisübersicht der Kurklinik Limberger, Bad Dürrheim (Auszug)

Quelle: www.klinik-limberger.de/preise_und_angebote/zimmerpreise; www.klinik-limberger.de/preise_und_angebote/therapiepreise; abgerufen am 2. November 2012.

Für die Abrechnung mit den Krankenkassen oder dem Beihilfeträger wird der Pflegesatz zugrunde gelegt. Ärztliche Leistungen sowie Laborkosten werden zusätzlich nach der Gebührenordnung für Ärzte berechnet und dem jeweiligen Kostenträger bei bestehender Zusage der Maßnahme in Rechnung gestellt.

Zurzeit muss jeder gesetzlich Versicherte für eine stationäre Rehabilitationsmaßnahme einen Eigenanteil von 10,00 € pro Kalendertag zuzahlen. Die Maßnahmen erstrecken sich in der Regel auf drei Wochen.

Beispiel ▶ Abrechnungsdaten im Fall einer Mutter-Kind-Kur

	Pflegesatz pro Tag	Dauer des Aufenthalts in Tagen	Gesamtkosten	Eigenanteil	Kostenerstattung durch die Krankenkasse
Klinik A	70,23 €	21	1.474,83 €	210,00 €	1.264,83 €
Klinik B	102,43 €	21	2.151,03 €	210,00 €	1.941,03 €
Klinik C	112,00 €	21	2.352,00 €	210,00 €	2.142,00 €

Der Pflegesatz umfasst im Beispiel alle Leistungen einschließlich Unterkunft/Verpflegung, ortsüblicher Kurtaxe, Bustransfer zwischen Bahnhof und Klinik bei An- und Abreise, ärztlicher und psychologischer Behandlung, Kurmitteln, Diäten und Medikamenten (vollpauschalierter Pflegesatz).

Bei den Kuren muss der gesetzlich Versicherte einen Anteil an den Heilmitteln tragen. Es fallen jeweils 10 % für die verordnete Menge an Kurmitteln (Bäder, Massagen, Krankengymnastik) an sowie jeweils 10,00 € für jede Verordnung von Kurmitteln, die vom Arzt ausgestellt wurde.

AUFGABEN

1. Was ist der Unterschied zwischen einer Reha- und einer Kurmaßnahme?

2. Entscheiden Sie, ob es sich in den folgenden Fällen um eine Maßnahme zur Rehabilitation oder um eine Kuranwendung handelt.

   a) Torben ist zwölf Jahre alt und zuckerkrank. Er muss sich selbst das Medikament Insulin mit der Spritze injizieren (Diabetes mellitus Typ I). Sein Hausarzt ist über die hohen Blutzuckerwerte besorgt und möchte gerne, dass Torben in eine Klinik geht, damit dort die Medikation und sein Essverhalten kontrolliert und gegebenenfalls geändert werden.

   b) Frau Silvia Stressig ist Personalchefin des Krankenhauses Am Rande der Stadt. Sie hat einen sehr anstrengenden Job und muss dringend ausspannen. Ihr Hausarzt Dr. Gideon Gütlich rät ihr zu einer Erholungspause. Frau Stressig hat momentan keine Zeit, aber in zwei Monaten Urlaub. Sie willigt ein, sich dann um einen Ausgleich zu kümmern.

   c) Klara Korn hat sich nach einem Treppensturz den Oberschenkelhals gebrochen. Der Bruch wurde im Krankenhaus behandelt. Der Stationsarzt der Chirurgie Dr. Frank Fraktura möchte gerne, dass Frau Korn das Gehen ohne Gehhilfen lernt. Da dieses Vorhaben länger als der Krankenhausaufenthalt dauern wird, muss Frau Korn das Gehen in einer anderen Klinik neu lernen.

   d) Die zweifache Mutter Frau Emily Emsig möchte gerne mit ihren Kindern an die See fahren, da beide Kinder Pollenallergiker sind und bald wieder extremer Pollenflug herrschen wird. Ihr Hausarzt unterstützt dieses Vorhaben und schlägt ihr vor, mit ihren Kindern an die Nordsee zu fahren.

3. Entscheiden Sie, ob es sich in den folgenden Fällen um Rehabilitationsbedürftigkeit und/ oder Rehabilitationsfähigkeit handelt.

   a) Nach einer Chemotherapie ist Frau Sylvia Strahl zu einer AHB in der Reha-Klinik Nordfriesland in Sankt Peter-Ording angemeldet. Der Stationsarzt Dr. Daniel Dosis ist der Meinung, dass Frau Strahl noch zu schwach ist, um allein dorthin zu fahren.

   b) Frau Emma Eberhardt hat gerade eine schwierige Magenoperation hinter sich. Sie freut sich schon darauf, endlich das Krankenhaus verlassen und bald wieder richtig essen zu dürfen. Sie wird von ihrer Tochter zum Zug begleitet, der sie in die Reha-Klinik bringen wird.

   c) Nach einem schweren Autounfall leidet Tina Trauma unter Schlafstörungen und Konzentrationsschwierigkeiten und fährt nicht mehr Auto. Sie hat sich zum Glück nichts gebrochen und äußerlich ist ihr von dem Unfall nichts anzumerken.

   d) Der Schreinermeister Sascha Säge muss bei seiner Arbeit sehr schwer heben und tragen. Sein Orthopäde Dr. Knüppel möchte ihn gerne in die Reha schicken, da Herr Säge über chronische Rückenbeschwerden klagt. Als Herr Säge in sein Auto steigen will, bekommt er einen akuten Hexenschuss und krümmt sich vor Schmerzen.

4. Nennen Sie allgemeine Leistungen in der Rehabilitation.

5. Welche Zuzahlung muss ein gesetzlich Versicherter bei einer Badekur leisten?

6. Wie hoch ist der Eigenanteil von gesetzlich Versicherten bei einer Anschlussheilbehandlung?

7. Sie sind in der Buchhaltung der Kurklinik Limberger beschäftigt. Herr Max Marx hat sich zu einer Kur in Ihrer Kurklinik entschlossen. Er ist erfolgreicher Pharmareferent, obwohl er auf einen Rollstuhl angewiesen ist, und möchte sich im Urlaub bei Ihnen erholen. Nach 14 Tagen in der Kurklinik Limberger erhält er von Ihnen seine Rechnung. Was muss er für seinen Aufenthalt bei Ihnen für Unterkunft und Verpflegung zahlen?

5624200

9 Geschäftsprozesse erfolgsorientiert steuern

9.1 Kosten- und Leistungsrechnung

9.1.1 Grundlagen

Die Kostenrechnung im Krankenhaus ist vor allem im Hinblick auf die Plankosten bedeutsam. Im Vordergrund stehen die Leistungsentgelte, die mit den Krankenkassen direkt verhandelt werden. Für eine Abrechnungsperiode werden die Leistungen einschließlich Personal- und Sachmitteleinsatz geplant. Durch die Leistungs- und Kostenkontrolle werden diese Leistungen festgestellt, kontrolliert und in die richtigen Bahnen gelenkt. Die Kosten- und Leistungsrechnung mit den Komponenten Kostenarten-, Kostenstellen- und Kostenträgerrechnung ist für Krankenhäuser gesetzlich vorgeschrieben (KHBV, §§ 8 und 9). Um sie sachgemäß durchführen zu können, müssen zuvor einige organisatorische Überlegungen angestellt und entsprechende Vorarbeiten verrichtet werden.

BASISWISSEN
Aufgaben der Kosten- und Leistungsrechnung
Kapitel 5, Abschnitt 5.2.1

Zunächst muss der Betrieb in Kostenstellen entsprechend der Verantwortungsbereiche eingeteilt werden. Hier ist ein Kostenstellenplan sehr hilfreich. Die Kostenarten werden durch die Aufwands- oder Kostenartengruppen gemäß dem gesetzlichen Kontenrahmen (siehe Lernfeld 3, Abschnitt 3.3.2) erfasst. Die Kostenträgerrechnung unterstützt bei der Kalkulation der Betriebsleistung und der Darstellung von Verrechnungssätzen sowie der Bestimmung von Bezugsgrößen für die Kostenträgerstückrechnung.

BASISWISSEN
Grundbegriffe und Methoden der Kosten- und Leistungsrechnung
Kapitel 5, Abschnitt 5.2.2

Die Betriebsleistungen im Krankenhaus sind sehr breit gefächert und bestehen aus Diagnose, Pflege-, Therapie- und Unterbringungsleistungen. Sie werden nach der Bundespflegesatzverordnung (BPflV) in Berechnungstagen bewertet. Betriebswirtschaftlich gesehen ist der Patient der Kostenträger, das heißt, die Betriebsleistungen des Krankenhauses sind Dienstleistungen am Patienten mit dem Ziel, dessen Gesundheit wiederherzustellen. Die Kosten für diese Betriebsleistung werden gemäß den Vereinbarungen zwischen den Krankenhausträgern und den Krankenversicherungen über die Bemessung der Leistungsentgelte von den gesetzlichen Krankenkassen oder privaten Krankenversicherungen vergütet.

Der Kostenverursacher ist also der Patient (betriebswirtschaftlicher Kostenträger) und der Kostenerstatter die jeweilige Krankenkasse (gesundheitsspezifischer Kostenträger). Deshalb wissen Kassenpatienten in der Regel nicht, wie hoch die von ihnen verursachten Behandlungskosten ausfallen – hier fehlt die Transparenz der Kosten.

Die Kosten- und Leistungsrechnung bildet die Grundlage für ein den gesamten Betrieb umfassendes Controllingsystem und liefert dem Management die gesicherte Basis für eine qualifizierte Entscheidungsfindung. Durch die gesetzliche Einführung von DRG (Diagnosis Related Groups; siehe Lernfeld 8, Abschnitt 8.3.3) hat die Kosten- und Leistungsrechnung in den Gesundheitsbetrieben massiv an Bedeutung gewonnen.

BASISWISSEN
Der Regelkreis des Controllings
Kapitel 5, Abschnitt 5.2.4

Das DRG-System ist ein durchgängiges leistungsorientiertes und pauschalierendes Vergütungssystem. In den Fallgruppen werden die Leistungen über Diagnosen, Prozeduren und andere Kriterien wie Alter, Geschlecht und Dauer des stationären Aufenthalts des Patienten zu Leistungskomplexen zusammengefasst. Die Bereitstellung der Leistungen eines Krankenhauses verursacht Kosten. Diese müssen verursachungsgerecht zugeordnet werden.

Krankenhäuser haben entsprechend den Vorschriften der KHBV eine Kosten- und Leistungsrechnung zu führen, die eine betriebsinterne Steuerung möglich macht. Bedingung für eine effektive Steuerung ist die Formulierung eines eindeutigen Zieles. Das gesetzlich vorgegebene Ziel ist die Erfüllung des Versorgungsauftrags. Untrennbar damit verknüpft ist die Erreichung dieses Zieles unter Berücksichtigung des ökonomischen Prinzips.

AUFGABEN

1. Nennen Sie die grundlegenden Unterschiede zwischen der Finanzbuchhaltung und der Kostenrechnung.

2. Nennen Sie zwei typische Informationsinstrumente
   a) der Finanzbuchhaltung,   b) der Kostenrechnung.

3. Erläutern Sie die Dokumentations- und die Informationsfunktion der Kostenrechnung.

9.1.2   Kostenartenrechnung

BASISWISSEN
Kostenarten-
rechnung
Kapitel 5,
Abschnitt
5.2.2

Zum Einstieg

Der Auszubildende Matthias arbeitet im Controlling des Krankenhauses Am Rande der Stadt. Er erhält den Auftrag, herauszufinden, welche Kostenarten im Krankenhaus entstehen. Er wendet sich an seinen Ausbilder Ralf Richtig und bittet ihn, er solle ihm einen ersten Einblick in das Thema geben. Herr Richtig erklärt Matthias, dass zuerst alle Kosten erfasst werden müssen; im nächsten Schritt müssen die erfassten Kosten nach Kostenarten gruppiert werden; im dritten Schritt können die jeweiligen Beträge der Kostenarten errechnet werden.

▶ Was sind Kostenarten im Gesundheitswesen?

▶ Welche Kostenfaktoren gibt es im Krankenhaus?

▶ Nach welchen Kriterien werden die Kosten eingeteilt?

▶ Wie wird eine Kostenartenrechnung durchgeführt?

In allen Bereichen des Krankenhauses fallen unterschiedliche Kosten an. Schaubild 9.1 fasst Vorgänge zusammen, die mit Kosten verbunden sind.

Schaubild 9.1: Kostenfaktoren im Krankenhaus

5624202

Innerhalb der Kostenartenrechnung wird unterschieden, ob die Kosten direkt oder indirekt zugerechnet werden können. Analoges gilt für die Kostenstellenrechnung (Schaubild 9.2).

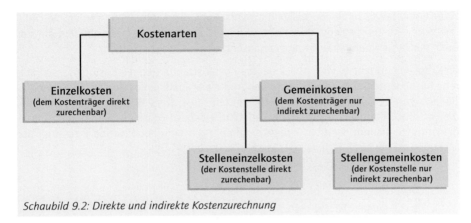

Schaubild 9.2: Direkte und indirekte Kostenzurechnung

Beispiele ▶ Zuordnung von Kosten im Krankenhaus

▶ Zu den Verwaltungskosten zählen Gehälter und soziale Aufwendungen sowie Büromaterial.

▶ In der Kostenstelle Hauswirtschaft fallen Kosten der Wäscherei, für Dekomaterial und für Arbeitsbekleidung an.

▶ Management- und Gesellschaftskosten sind alle Kosten, die aufgrund der Zugehörigkeit zu einer Gruppe anfallen und über einen Umlageschlüssel auf die einzelnen Häuser verteilt werden. Hierunter fällt unter anderem das Gehalt des Pförtners.

▶ Generell werden alle Kosten für Energie, Wartung, Pflege und Reinigung der Gebäude zusammengefasst und als kalkulatorische Miete auf die einzelnen Abteilungen (zum Beispiel OP oder Röntgenabteilung) weiterverrechnet. Bei der Verrechnung wird der Betrag pro m² angesetzt und auf die jeweilige Fläche angewandt.

▶ Die Kosten des ärztlichen Dienstes sind die Personalkosten aufgrund der Beschäftigung der ärztlichen Mitarbeiter (Angestellte und freie Mitarbeiter). Sie umfassen nicht die Kosten, die weiterverrechnet werden müssen, wie etwa die durch die Besetzung des Notarztwagens entstehenden Personalkosten. Diese können nicht eindeutig zugeordnet werden, da der Notarzt aus verschiedenen Fachbereichen kommen kann oder der Notdienst von einem anderen Krankenhaus übernommen wird.

Die Kostenartenrechnung unterstützt die Erfassung und Gliederung aller in einem Krankenhaus anfallenden Kosten, die durch die betriebstypischen Leistungsprozesse in einem bestimmten Abrechnungszeitraum anfallen. Sie hat eine Schnittstellenfunktion, da die Daten direkt aus der Gewinn- und Verlustrechnung abgeleitet werden.

Das Verfahren der Kostenartenrechnung ist unabhängig davon, ob sie im Gesundheitswesen oder in einem privatwirtschaftlich geführten Unternehmen angewendet wird. Die Kostenerfassung erfolgt bereits in der vorgelagerten Finanzbuchhaltung. Die Kostenartenrechnung gliederte bislang die einzelnen Kostenarten gemäß Kontenrahmen der KHBV für das Krankenhaus (Anlage 4) beziehungsweise der PBV für das Pflegeheim (siehe dazu Lernfeld 3, Abschnitt 3.3.2) und griff zur Ermittlung der pflegesatzfähigen Kosten auf die Leistungs- und Kalkulationsaufstellung (LKA) für öffentlich-rechtliche Krankenhäuser als bindende Kalkulationsvorschrift zurück. Nunmehr werden die DRG-relevanten Kosten beziehungsweise die Budgets ermittelt. Dies vollzieht sich auf der Basis der Bestimmungen des Krankenhausentgeltgesetzes (KHEntG).

Im Krankenhaus gibt es im Hinblick auf die Kostenstruktur und die Kostenerfassung einige Besonderheiten. Zum einen wird der größte wertmäßige Posten des medizinischen Bedarfs von den Arznei-, Heil- und Hilfsmitteln bestritten. Weiterhin ist es sinnvoll, die Personalkosten je Dienstart nach Regelarbeitszeit, Überstunden und Bereitschaftsdienst aufzugliedern. Darüber hinaus empfiehlt sich eine feingliedrige Erfassung der Mengen und Preise im Rahmen der Materialwirtschaft.

AUFGABEN

1. Welche Aufgabe hat die Kostenartenrechnung?

2. Nennen Sie Beispiele für einen Ertrag, dem eine Leistung zugrunde liegt. Begründen Sie Ihre Antworten.

3. Nennen Sie Beispiele für einen Ertrag, dem keine Leistung zugrunde liegt. Begründen Sie Ihre Antworten.

4. Was sind kalkulatorische Kosten? Nennen Sie ein Beispiel.

5. Wie werden die kalkulatorischen Kosten unterteilt?

6. Erklären Sie die drei Begriffe
   a) Zusatzkosten,
   b) Grundkosten,
   c) neutraler Aufwand
   und nennen Sie jeweils ein Beispiel.

7. Ist die folgende Aussage richtig?
   „Die kalkulatorische Abschreibung errechnet sich aus dem betriebsnotwendigen Anlagevermögen und Umlaufvermögen."

8. Welche der folgenden Kosten sind variable Kosten?
   Abschreibungen, Fertigungsmaterialkosten, Stücklöhne, stückzahlabhängige Lager- und Vertriebskosten, Versicherungskosten

9. Ist die folgende Aussage richtig?
   „Das Gehalt des Vorstandes einer AG stellt in der Kostenrechnung kalkulatorischen Unternehmerlohn dar."

10. Was ist der Unterschied zwischen primären und sekundären Kosten?

11. Zu welchen Primärkostenarten zählen die Stromkosten?
    a) Materialkosten   d) Öffentliche Abgaben
    b) Personalkosten   e) Kalkulatorische Kosten
    c) Dienstleistungskosten

12. Welche Kosten fallen unter die Kostenart Dienstleistungskosten?

    a) Bewirtungskosten   d) Frachten

    b) Pachtkosten   e) Leasinggebühren

    c} Weiterbildungskosten

13. Welche Kosten können den Einzelkosten zugerechnet werden?

    a) Strom   d) Kantine

    b) Gehalt der Sekretärin   e) Kosten für Material

    c) Honorare

14. Prüfen Sie die folgenden Aussagen. Sind sie richtig oder falsch?

    a) Die Bilanz ist zur Erfolgsermittlung nicht geeignet.

    b) Der Umsatz ergibt sich durch Multiplikation von Stückzahl und Preis einschließlich MWSt.

    c) Absatz ist nur ein anderer Begriff für Umsatz.

    d) Der Gewinn wird als Differenz zwischen Umsatz und Gesamtkosten berechnet.

    e) Die variablen Kosten berechnen sich als Produkt von Stückzahl und variablen Stückkosten.

    f) Fixkosten sind Kosten, die unabhängig von der Ausbringungsmenge immer gleich hoch sind.

    g) Die Gesamtkosten werden als Summe aus variablen und fixen Kosten berechnet.

    h) Der Break-even-Point entspricht der Ausbringungsmenge, bei der der Gewinn null ist.

    i) Die Fixkosten pro Stück sinken mit der Ausbringungsmenge.

    j) Gemeinkosten fallen für gewöhnlich in Betrieben immer seltener an.

    k) Die Kostenstellen dienen unter anderem der Verteilung von Einzelkosten.

15. Was sind Anderskosten?

16. Was sind kalkulatorische Abschreibungen?

17. Ist das Kostenverursachungsprinzip immer anwendbar?

18. Was sind Gemeinkosten? Nennen Sie mindestens drei Beispiele.

19. Was ist der Unterschied zwischen fixen und variablen Kosten?

20. Welche Verlaufsformen lassen sich bei variablen Kosten unterscheiden?

21. Was unterscheidet Sondereinzelkosten von Einzelkosten im allgemeinen Sinne?

22. Erklären Sie den Begriff Mischkosten anhand eines Beispiels.

23. Woher stammen die Daten für die Kostenartenrechnung?

24. Wie erfolgt die Datenübernahme in die Kostenartenrechnung?

25. Welche Funktion hat die unternehmensbezogene Abgrenzungsrechnung?

26. Zu welchem Zweck werden in der Kosten- und Leistungsrechnung Verrechnungskorrekturen durchgeführt? Welche Elemente werden ausgesondert, welche hinzugerechnet?

27. Welche Schritte umfasst die betriebsbezogene Abgrenzungsrechnung?

28. Erstellen Sie ein Schema zum tabellarischen Abgleich der Ergebnisse der Abgrenzungsrechnungen.

9.1.3 Kostenstellenrechnung

BASISWISSEN
Kostenstellen-
rechnung
Kapitel 5,
Abschnitt
5.2.2

Zum Einstieg

Der Auszubildende Matthias soll herausfinden, wo Kosten in einem Krankenhaus entstehen und wie diese Kosten möglichst sinnvoll zugeordnet werden können. Da er sich schon ausgiebig mit den Kostenarten beschäftigt hat, braucht er nicht mehr seinen Ausbilder Ralf Richtig zu fragen, sondern weiß auf Anhieb, welche Unterlagen ihm dabei helfen.

▶ Was sind Kostenstellen im Gesundheitswesen?

▶ Nach welchen Kriterien werden Kostenstellen im Krankenhäusern und Pflegeeinrichtungen gebildet?

▶ Was ist ein Kostenstellenplan?

▶ Wie wird eine Kostenstellenrechnung durchgeführt?

▶ **Kostenstellen** sind organisatorisch voneinander abgegrenzte Teilbereiche des Betriebs, denen die jeweils von ihnen verursachten Kosten zugewiesen werden.

▶ Der **Kostenstellenplan** ist eine systematische Anordnung aller für das Unternehmen gebildeten Kostenstellen. Er dient als die Grundlage für den Betriebsabrechnungsbogen (BAB) und kann nach verschiedenen Kriterien gegliedert sein.

Nach § 8 KHBV sind die Kosten und Leistungen verursachungsgerecht nach Kostenstellen zu erfassen. Durch Anlage 5 der KHBV wird der Kostenstellenrahmen vorgegeben (siehe Anhang). Die Untergliederung des Betriebs nach Kostenstellen fördert das Kostenbewusstsein, da der Kostenverursacher die von ihm veranlassten Kosten kennt. Sie sollte so detailliert sein, dass die Kosten möglichst verursachungsgerecht verteilt werden können. Andererseits ist zu beachten, dass die Übersichtlichkeit gewahrt bleibt. Grundsätzlich gilt: Je tiefer die Untergliederung, desto genauer ist die Kostenkontrolle, aber desto aufwendiger ist die Kontierung, das heißt die Zuordnung der Kostenbelege zu den Konten.

Beispiel ▶ Kostenstellen im Krankenhaus

Vorkostenstellen, das heißt gemeinsame Kostenstellen wie

▶ Gebäude,

▶ Verwaltung,

▶ Versorgungseinrichtungen (zum Beispiel Küche und Wäscherei) und

▶ medizinische Institutionen (zum Beispiel Röntgen, Anästhesie)

Endkostenstellen, das heißt **Hauptkostenstellen** wie

▶ Kardiologie,

▶ Dermatologie und

Nebenkostenstellen wie Kiosk

Die Verteilung der Kosten auf die einzelnen Kostenstellen erfolgt im Fall der Kostenstelleneinzelkosten direkt, im Fall der Kostenstellengemeinkosten indirekt, das heißt mithilfe von Verteilerschlüsseln.

Die Kostenstellenrechnung ist die Vorbereitung auf die Kostenträgerrechnung. Sie ermöglicht eine kostenstellenbezogene Kontrolle der Wirtschaftlichkeit sowie die Überwachung der kostenstellenbezogenen Budgets. Zur Ermittlung der DRG-relevanten Kosten und Leistungen werden die Kosten als normaler, periodengerechter und betriebsbedingter Aufwand verbucht.

> ▶ **DRG-relevante Leistungen** sind die allgemeinen voll- und teilstationären Krankenhausleistungen wie nach § 2 Abs. 1 in Verbindung mit § 2 Abs. 2 BPflV beschrieben, das heißt „die Leistungen, die unter Berücksichtigung der Leistungsfähigkeit des Krankenhauses im Einzelfall für die medizinisch zweckmäßige und ausreichende Versorgung des Patienten notwendig sind". Darunter fallen die ärztliche Behandlung, die individuelle Krankenpflege und Versorgung sowie die Unterkunft und Verpflegung.
>
> ▶ **DRG-relevante Kosten** sind alle Kosten, die im Zusammenhang mit der Erbringung der allgemeinen Krankenhausleistungen entstehen.

Die DRG-relevanten Kosten werden in DRG-relevante Einzel- und DRG-relevante Gemeinkosten untergliedert. Erstere werden dem Behandlungsfall direkt und verursachungsgerecht zugeordnet. Die DRG-relevanten Gemeinkosten werden mithilfe eines möglichst verursachungsgerechten Verrechnungsschlüssels auf die Behandlungsfälle verteilt. Die Gemeinkosten bilden im Krankenhaus den Hauptteil der Gesamtkosten.

Die Aufgaben der Kostenstellenrechnung im Krankenhaus sind die Verrechnung der Einzel- oder Primärkosten auf die Kostenstellen gemäß dem Verursachungsprinzip und die leistungsgerechte Umlage von Gemein- oder Sekundärkosten auf Vor- und Endkostenstellen, zum Beispiel mithilfe eines Betriebsabrechnungsbogens (BAB) zur innerbetrieblichen Leistungsverrechnung. Die innerbetriebliche Leistungsverrechnung macht das Leistungsgeschehen innerhalb des Krankenhauses transparenter.

Der BAB ist eine nach Kostenstellen und Kostenarten gegliederte tabellarische Übersicht, die für die Kalkulation der Herstellkosten unentbehrlich ist. Er hilft bei der Verteilung der Kostenarten auf die einzelnen Kostenstellen und der allgemeinen Kosten auf die Endkostenstellen. Er unterstützt darüber hinaus die Ermittlung der Kalkulationszuschläge der jeweiligen Kostenstellen für die Berechnung der Leistungen (zum Beispiel der DRG) und die Bereitstellung von betrieblichen Kennzahlen für das Controlling.

Tabelle 9.1 gibt den grundsätzlichen Aufbau des BAB wieder.

Kostenstellen / Kostenarten	Vorkostenstellen		Endkostenstellen	
	gemeinsame Kostenstellen	Versorgungs-einrichtungen, medizinische Institutionen	Hauptkosten-stellen	Nebenkosten-stellen
Personalkosten				
Medizinischer Bedarf				
Raumkosten				
Verwaltungs-bedarf				
Tabelle 9.1: Der grundsätzliche Aufbau des Betriebsabrechnungsbogens				

Der BAB am Beispiel des Krankenhauses Am Rande der Stadt

Tabelle 9.2 illustriert die Verrechnung der Gemeinkosten im Anbauverfahren.

Kostenstellen / Kostenarten	Summe	Vorkostenstellen				Endkostenstellen			
		Gebäude	Verwaltung	Wäscherei	Röntgen	Kardiologie	Dermatologie	Chirurgie	XYZ
1 Hilfslöhne (€)	8.200,00	350,00	150,00	370,00	420,00	1.850,00	750,00	850,00	
2 Gehälter (€)	7.900,00	125,00	1.800,00	225,00	300,00	1.200,00	425,00	1.050,00	
3 Sozialkosten (€)	3.200,00	–	800,00	150,00	120,00	430,00	175,00	375,00	
4 Betriebsstoffe (€)	2.300,00	–	150,00	75,00	270,00	80,00	270,00	120,00	
5 Abschreibungen (€)	3.000,00	325,00	180,00	280,00	180,00	250,00	220,00	225,00	
6 Zinsen (€)	560,00	25,00	80,00	30,00	60,00	75,00	40,00	45,00	
Summe Gemeinkosten I (€)	*25.160,00*	*825,00*	*3.160,00*	*1.130,00*	*1.350,00*	*3.885,00*	*1.880,00*	*2.665,00*	*10.265,00*
7 Umlage Gebäude (€)			140,00	90,00	125,00	80,00	80,00	60,00	250,00
8 Umlage Verwaltung (€)				170,00	200,00	900,00	500,00	980,00	550,00
9 Umlage Wäscherei (€)					70,00	240,00	290,00	550,00	240,00
10 Umlage Röntgen (€)						380,00	350,00	550,00	465,00
Summe Gemeinkosten II (€)						*5.485,00*	*3.100,00*	*4.805,00*	*11.770,00*
11 Einzelkosten Honorare (€)						9.000,00	7.800,00	8.500,00	16.000,00
12 Einzelkosten Material etc. (€)						3.100,00	1.600,00	3.500,00	4.800,00
Gesamtkosten						*17.585,00*	*12.500,00*	*16.805,00*	*32.570,00*
Anteil der Gemeinkosten an den Gesamtkosten (%)						31,19	24,80	28,59	36,14

Tabelle 9.2: Verteilung von Einzel- und Gemeinkosten auf Kostenstellen

AUFGABEN

1. Was ist eine Kostenstelle?

2. Nennen Sie Bereiche im Krankenhaus, die Ansatzpunkte für die Bildung von Kostenstellen sind.

3. Was versteht man unter innerbetrieblichen Leistungen?

4. Prüfen Sie die folgenden Aussagen. Sind sie richtig oder falsch?
   a) Voraussetzung für eine sukzessive Verrechnung innerbetrieblicher Leistungen ist die Möglichkeit einer Ordnung der Kostenstellen gemäß ihrer wechselseitigen Beziehungen untereinander.
   b) Im BAB werden Kostenarten und Kostenstellen miteinander verbunden.
   c) Dem BAB kommt unter anderem die Aufgabe zu, die variablen Einzelkosten auf die Kostenstellen zu verteilen, in denen sie entstanden sind.
   d) Bei der Kostenstellenrechnung werden nur Gemeinkosten verursachungsgerecht zugeordnet.

5. Wie unterscheiden sich End- und Vorkostenstellen voneinander?

6. Nach welchen Kriterien lassen sich Kostenstellen einrichten?

7. Worin unterscheiden sich Kostenstelleneinzelkosten und Kostenträgereinzelkosten?

8. Erläutern Sie den Unterschied zwischen Kostenstelleneinzel- und -gemeinkosten.

9. Wofür wird der Betriebsabrechnungsbogen (BAB) verwendet?

10. Wie werden die Einzelkosten im BAB behandelt?

11. Wie häufig erstellt ein Unternehmen einen Betriebsabrechnungsbogen?

12. Warum wird zwischen einem einstufigen und einem mehrstufigen BAB unterschieden?

13. Erstellen Sie ein sinnvolles Schema für einen Betriebsabrechnungsbogen eines Krankenhauses Ihrer Wahl.

14. Welche Aufgabe hat die Kostenstellenrechnung im Krankenhaus?

15. Wie werden in der Kostenstellenrechnung die innerbetrieblichen Leistungen verrechnet?

16. Was bewirkt die innerbetriebliche Leistungsverrechnung?

17. Bitte verteilen Sie die Gemeinkosten nach den angegebenen Verteilerschlüsseln.

Kostenarten	Kosten (in €)	Verteilerschlüssel	Stellen Gemeinkostenanteile (in €)			
			Chirurgie	Orthopädie	Küche	Innere Medizin
Energie	25.000,00	3 : 5 : 4 : 6	?	?	?	?
Gehälter	14.000,00	20 : 24 : 28 : 36				
Löhne	9.500,00	10 : 15 : 16 : 20				
Sozialabgaben	12.000,00	10 : 15 : 16 : 20				
Miete	8.500,00	2 : 5 : 3 : 4				
Versicherungen	3.500,00	2 : 5 : 3 : 6				
Reisekosten	2.200,00	4 : 5 : 8 : 6				
Büromaterial	3.500,00	8 : 7 : 5 : 8				

Bitte nicht im Buch ausfüllen.

18. Verteilen Sie die Gemeinkosten nach den angegebenen Verteilerschlüsseln.

Kostenarten	Kosten (in €)	Verteilerschlüssel	Stellen Gemeinkostenanteile (in €)			
			Küche	Orthopädie	Chirurgie	Innere Medizin
Energie	100.000,00	8 : 5 : 6 : 7	?	?	?	?
Gehälter	80.000,00	10 : 15 : 16 : 20				
Löhne	60.000,00	2 : 5 : 3 : 4				
Sozialabgaben	12.000,00	2 : 5 : 3 : 6				
Miete	75.000,00	3 : 5 : 4 : 6				
Versicherungen	42.000,00	5 : 4 : 0 : 3				
Fremdinstandhaltung	15.000,00	7 : 8 : 4 : 9				

Bitte nicht im Buch ausfüllen.

19. Verteilen Sie die Gemeinkosten nach den angegebenen Verteilerschlüsseln.

Kostenarten	Kosten (in €)	Verteilerschlüssel	Stellen Gemeinkostenanteile (in €)			
			Chirurgie	Orthopädie	Gynäkologie	Innere Medizin
Energie	125.000,00	14 : 10 : 15 : 7	?	?	?	?
Gehälter	42.500,00	10 : 15 : 16 : 20				
Löhne	37.800,00	8 : 4 : 6 : 8				
Sozialabgaben	65.000,00	7 : 8 : 6 : 4				
Miete	29.850,00	2 : 5 : 3 : 4				
Versicherungen	17.000,00	3 : 5 : 4 : 6				
Büromaterial	1.200,00	5 : 4 : 3 : 2				
Fremdinstandhaltung	21.000,00	2 : 5 : 3 : 6				
Reisekosten	4.750,00	3 : 5 : 4 : 6				

Bitte nicht im Buch ausfüllen.

9.1.4 Kostenträgerrechnung

BASISWISSEN

Kostenträgerrechnung I: Grundlagen

Kapitel 5, Abschnitt 5.2.2

Zum Einstieg

Nachdem der Auszubildende Matthias die Kosten in Kostenarten aufgeteilt und den Kostenstellen zugeordnet hat, erhält er die Aufgabe, herauszufinden, wofür die Kosten eigentlich angefallen sind.

► Was sind Kostenträger im Gesundheitswesen?

► Welche Aufgaben haben Kostenträger in der Kosten- und Leistungsrechnung?

► Wie wird eine Kostenträgerrechnung durchgeführt?

> **Kostenträger** im engeren Sinne sind die für den Absatz bestimmten Leistungen (Waren, Dienstleistungen). Im weiteren Sinne umfassen sie auch die innerbetrieblichen Leistungen. Davon zu unterscheiden sind die Kostenträger im Sinne des Sozialversicherungsrechts (das heißt die Krankenkassen, die Berufsgenossenschaften und die Rentenversicherung).

Im Krankenhaus sind Kostenträger die Leistungsprozesse, also die zurechenbaren (fakturierbaren) Leistungen.

Beispiel ▶ Kostenträger im Krankenhaus

> Ein Kostenträger im Krankenhaus ist eine für einen Patienten erbrachte Leistung mit definiertem Inhalt nach der Bundespflegesatzverordnung, die in eine bestimmte DRG fällt.

Die Kostenträgerrechnung bezieht die Daten über Kosten und Leistungen aus der Kostenstellenrechnung. Ihre Ergebnisse werden so aufbereitet, dass auch externe Stellen, wie zum Beispiel Krankenkassen, die Wirtschaftlichkeit des Krankenhauses beurteilen können.

Die Aufgaben der Kostenträgerrechnung sind

▶ die Ermittlung der Kosten je Leistungseinheit,

▶ die Bildung interner Verrechnungspreise,

▶ die Bereitstellung von Basisinformationen für die Analyse, Planung und Steuerung des Leistungsprogramms (Fallstrukturoptimierung).

Die Kostenträger sind betriebswirtschaftlich gesehen die für den Absatz bestimmten Leistungen. Dazu zählen weitläufig gesehen auch die innerbetrieblichen Leistungen. Alle Kosten des Krankenhauses werden auf die Kostenträger (Patient) verrechnet, um erkennen zu können, inwieweit diese Kosten durch die Kostenträger (Krankenkasse) gedeckt werden. Wenn in der Kostenträgerrechnung die vollen Herstell- oder die Selbstkosten berechnet werden, können die entstehenden Planwerte (zum Beispiel aufgrund von Schwankungen der Auslastung) nie wirklich genau sein. Durch eine Nachkalkulation werden die Ist-Kosten eines Prozesses festgestellt. So ist ein Vergleich mit den vorkalkulierten Kosten möglich und Abweichungen werden schnell gefunden.

Die Kostenträgerrechnung gibt die Antwort darauf, für welche Produkte beziehungsweise Leistungen die Kosten entstehen. So ist leicht erkennbar, wie hoch die Kosten sind, die durch ein Produkt oder eine Leistung am Patienten verursacht beziehungsweise die dieser als Strukturkosten zuzurechnen sind. Die Kostenträgerzeitrechnung ergibt in Kombination mit der Erlösrechnung die kurzfristige Erfolgsrechnung.

In Krankenhäusern wird die Kostenträgerrechnung allerdings de facto meist sehr stiefmütterlich behandelt, da bislang nur selten die notwendigen Leistungsdaten verfügbar sind. Damit die Kostenrechnung zukünftig Erkenntnisse über die Wirtschaftlichkeit der einzelnen Fallgruppen liefern kann, ist eine diagnoseorientierte Kostenträgerrechnung erforderlich.

Beispiel ▶ Kostenträgerzeitrechnung (BAB II)

Position (in €)	Gesamt	Fall A	Fall B	Fall C	XYZ
Einzelkosten (Honorar)	50.000	10.000	15.000	8.000	17.000
Einzelkosten (Material)	30.000	9.000	3.000	13.000	5.000
Gemeinkosten der beteiligten Kostenstellen	60.000	15.000	11.000	16.000	18.000
$\sum$ = Selbstkosten	140.000	34.000	29.000	37.000	40.000
Erträge aus Krankenkassenleistungen	170.000	35.000	32.000	36.000	67.000
Betriebsergebnis	30.000	1.000	3.000	– 1.000	27.000
Umsatzrentabilität	17,65 %				
Rentabilität pro Leistungseinheit (Fall)		2,86 %	9,38 %	– 2,78 %	40,30 %

Eine Bedeutung für die Kostenrechnung im Krankenhaus besitzt die Verrechnungssatz- oder Bezugsgrößenkalkulation. Dabei werden die Kosten der unterschiedlichen Kostenstellen proportional zu deren Leistungsvolumen berechnet. Der kostenstellenbezogene Verrechnungssatz ergibt sich aus der Relation der Kostenstellenkosten zu den Leistungen der Kostenstelle, die im Krankenhaus zum Beispiel in Form der Operations-, Versorgungs- und Diagnostikleistungen von der Leistungsrechnung erfasst werden.

Beispiel ▶ Leistungen und Kosten der Kostenstelle „Intensivmedizin"

Tabelle 9.3 fasst die Leistungen der Kostenstelle „Intensivmedizin" und ihre jeweilige Bewertung in Punkten zusammen.

Tarif-Nr.	Leistung	Leistungen/ Jahr	Punkte/ Leistung	Punkte/ Jahr
4711	Reanimation	821	2 500	2 052 500
4712	Infusion	5 161	155	799 955
4713	Lumbalpunktion	413	1 080	446 040
4714	EKG	1 009	220	221 980
4715	Anästhesie oder Kurznarkose	750	2 285	1 713 750
4716	Komplexe Wundbehandlung	4 001	740	2 960 740
4717	Kontrolle Herzschrittmacher, Kardiokonverter, Defibrilator	678	750	508 500
4718	Beratung, Erörterung, Abklärung	4 667	235	1 096 745
Gesamt		**17 500**		**9 800 210**

Tabelle 9.3: Leistungen der Kostenstelle „Intensivmedizin"

Die Aufstellung der Kosten für die Kostenstelle „Intensivmedizin" ist in Tabelle 9.4 wiedergegeben.

Kostenstelle 96400 „Intensivmedizin"	
Personalkosten	€
Ärztlicher Dienst	54.320,52
Pflegedienst	150.000,00
Funktionsdienst	122.534,22
Summe Personalkosten	**326.854,74**
Sachkosten:	
Medizinischer Bedarf	75.873,50
Instandhaltung	10.897,50
Gebrauchsgüter	3.569,20
Summe Sachkosten	**90.340,20**
Kosten gesamt	**417.194,94**

Tabelle 9.4: Kosten der Kostenstelle „Intensivmedizin"

Indem die jeweiligen Kostenarten beziehungsweise die Gesamtkosten der Kostenstelle „Intensivmedizin" durch die Gesamtleistung dividiert werden, ergeben sich die folgenden Verrechnungssätze:

$$\frac{\text{Summe Personalkosten}}{\text{gesamte Punkte pro Jahr}} = \frac{326.854,74}{9\ 800\ 210} = 0,03335181\ \text{€/Punkt}$$

$$\frac{\text{Summe Sachkosten}}{\text{gesamte Punkte pro Jahr}} = \frac{90.340,20}{9\ 800\ 210} = 0,00921819\ \text{€/Punkt}$$

$$\frac{\text{Kosten gesamt}}{\text{gesamte Punkte pro Jahr}} = \frac{417.194,94}{9\ 800\ 210} = 0,04257\ \text{€/Punkt}$$

Der GOÄ-Leistung „Reanimation" werden also Gesamtkosten in folgender Höhe zugerechnet:

Kosten der Reanimationsleistung = 2 500 Punkte · 0,04257 €/Punkt = 106,43 €

Die Reanimationsleistung wird laut GOÄ mit dem Punktwert 2 500 und dem Multiplikator 0,0582873 €/Punkt (Stand: 2009) vergütet, das heißt

2 500 Punkte · 0,0582873 €/Punkt = 145,72 €

Analog kann die Rechnung für alle in der Intensivmedizin erbrachten Leistungen durchgeführt werden. Für alle Leistungen gilt derselbe Multiplikator, sodass sich ergibt:

Kosten Intensivmedizin = 9 800 210 Punkte · 0,04257 €/Punkt = 417.194,94 €

Vergütung Intensivmedizin = 9 800 210 Punkte · 0,0582873 €/Punkt = 571.227,78 €

Die Ergebnisse zeigen, dass die Kostenstelle „Intensivmedizin" einen Überschuss von 154.032,84 € erwirtschaftet hat.

Die einstufige Divisionskalkulation kann im Krankenhaus bei der Berechnung von Abteilungspflegesatz und Basispflegesatz eingesetzt werden. Dabei wird die Summe der pflegesatzfähigen Kosten durch die Zahl der Pflegetage geteilt.

Die Äquivalenzziffernkalkulation ist geeignet für Leistungsprogramme, bei denen die einzelnen Punkte zwar verschieden, aber ähnlich sind. Im Krankenhaus kann sie beispielsweise eingesetzt werden, um die Kosten einer Basis-DRG verursachungsgerecht auf die einzelnen DRGs zu verteilen.

In ambulanten Pflegeeinrichtungen sind die Leistungen zwar nicht homogen (verschiedene Pflegestufen), aber auch nicht grundsätzlich verschieden (Grundpflege).

Beispiel ▶ Kalkulation der Selbstkosten

Die Zahl der Pflegefälle betrage 7 000 in Stufe 1, 5 000 in Stufe 2 und 2 000 in Stufe 3. Der tägliche Zeitaufwand für die Grundpflege belaufe sich pro Fall je nach Stufe auf eine Stunde, zwei Stunden und 2,5 Stunden.

Pflege-stufe	Zahl der Fälle	Äquivalenz-ziffer	Rechen-einheit	Gesamtkosten	Selbstkosten je Fall
I	7 000	1	7 000	741.363,64 €	105,91 €
II	5 000	2	10 000	1.059.090,91 €	211,82 €
III	2 000	2,5	5 000	529.545,45 €	265,77 €
			22 000	2.330.000,00 €	

Über eine Gesamtkostenrechnung auf der Basis der tatsächlich angefallenen Kosten können die DRG-relevanten Größen verursachungsgerecht den DRG-Fällen zugeordnet werden. Dabei kann schrittweise wie folgt vorgegangen werden:

▶ Abgrenzung der Kosten aus den Aufwendungen der Gewinn- und Verlustrechnung eines geprüften Jahresabschlusses,

▶ Gruppierung in Einzel- und Gemeinkosten,

▶ verursachungsgerechte Zuordnung der Gemeinkosten zu den Kostenstellen,

▶ Ermittlung der Fallkosten über die Gemeinkosten der beteiligten Kostenstellen und die Einzelkosten.

AUFGABEN

1. Was ist ein Kostenträger?

2. Was bedeutet der Begriff Kostenträger im betriebswirtschaftlichen Sinne einerseits, im Sozialversicherungsrecht andererseits?

3. Welche Aufgaben hat die Kostenträgerrechnung?

4. Welche Prinzipien der Kostenverteilung sind Ihnen bekannt?

5. Welche Aufgaben hat die Kostenträgerstückrechnung?

6. In welchen Bereichen wird die Divisionskalkulation angewendet?

7. Was sind Selbstkosten und wie setzen diese sich zusammen?

9.1.5   Grundzüge der Deckungsbeitragsrechnung

Zum Einstieg

Der Auszubildende Matthias hat herausgefunden, wofür Kosten anfallen. Jetzt soll er der Frage nachgehen, wo gewinnbringende Leistungen ausgebaut oder nicht gewinnbringende Leistungen eingestellt werden können. Die Erfüllung des Versorgungsauftrags muss aber weiterhin garantiert bleiben. Sein Ausbilder erklärt ihm, dass er zur Beantwortung dieser Frage die Deckungsbeitragsrechnung einsetzen müsse.

▶ Was ist ein Deckungsbeitrag?

▶ Wodurch wird ein positiver Deckungsbeitrag erzielt?

▶ Wie kann man erkennen, ob ein Bereich unwirtschaftlich arbeitet?

▶ Wie werden die vorhandenen Ressourcen am effizientesten genutzt?

Die Deckungsbeitragsrechnung ist ein Instrument der Teilkostenrechnung. Sie beruht auf der Unterscheidung zwischen variablen und fixen Kosten beziehungsweise zwischen Einzel- und Gemeinkosten. Der Deckungsbeitrag einer Leistung gibt den Erlösanteil an, der nach Abzug aller unmittelbar beeinflussbaren Kosten zur Deckung der nicht unmittelbar beeinflussbaren Kosten verbleibt.

> **BASISWISSEN**
> Grundzüge der Deckungsbeitragsrechnung
> Kapitel 5, Abschnitt 5.2.2

Die wirtschaftliche Situation der Krankenhäuser wird heutzutage durch den hohen Wettbewerbsdruck geprägt. Die Umwandlung von Daten in gezielte Informationen wird hier immer mehr zu einem unerlässlichen Wettbewerbsfaktor. Krankenhäuser werden gezwungen, den externen Informationsbedarf (Fallkostenkalkulation) und auch den ständig steigenden internen Informationsbedarf (Deckungsbeiträge der DRG oder der faktischen Belegung) zu decken. Durch die Deckungsbeitragsrechnung können Krankenhäuser feststellen, welchen Anteil die einzelnen erbrachten Leistungen zum geplanten Gesamtergebnis beitragen. Davon ausgehend können Entscheidungen über das zukünftige Leistungsprogramm unter Berücksichtigung der Wirtschaftlichkeit der Leistungserbringung getroffen werden.

Im Krankenhaus gehören die medizinisch-pflegerischen Kosten zu den Kosten, die unmittelbar beeinflussbar sind. Auf andere Kosten haben die Ärzte keine unmittelbare Einwirkungsmöglichkeit, wie zum Beispiel auf die Verwaltungskosten oder die Kosten von Unterkunft und Verpflegung. Diese sogenannten Basiskosten gehen nicht in die Deckungsbeitragsrechnung ein.

Die Deckungsbeitragsrechnung kann als Grundlage für die Abteilungsplanung eingesetzt werden. Sie kann herangezogen werden, um gewinnbringende Leistungen auszubauen oder Leistungen mit negativen Deckungsbeiträgen zu erkennen und einzustellen, vorausgesetzt, die Erfüllung des Versorgungsauftrags wird dadurch nicht gefährdet. Die Klinikleitung erhält durch die Deckungsbeitragsrechnung wichtige Informationen, die bei Kooperations- und Strukturgesprächen oder bei den Pflegesatzverhandlungen mit den Kostenträgern genutzt werden können.

Der **krankenhausbezogene Deckungsbeitrag** ist der Erlös pro Fall abzüglich der unmittelbar beeinflussbaren Kosten pro Fall.

Beispiel ▶ Deckungsbeitragsrechnung für die Intensivstation des Krankenhauses Am Rande der Stadt

Krankenhaus Am Rande der Stadt Kostenstelle: Intensivstation				
Erlöse				
	Erlöse Krankenhaus			8.500.000,00 €
	Erlöse Wahlleistungen			750.000,00 €
	Erlöse Ambulanzen			350.000,00 €
	Sonstige betriebl. Erträge			145.000,00 €
			Erlöse gesamt	**9.745.000,00 €**
Direkte Kosten				
	Ärztlicher Dienst			598.000,00 €
	Pflegedienst			1.870.000,00 €
	Medizinisch-techn. Dienst			47.600,00 €
			Personalkosten	**2.515.600,00 €**
	Medizinischer Bedarf			850.000,00 €
	Verwaltungsbedarf			999,00 €
	Instandhaltung			21.800,00 €
	Gebrauchsgüter			1.688,00 €
	Sonstiges			1.350,00 €
			Sachkosten	**875.837,00 €**
			Direkte Kosten gesamt	**3.391.437,00 €**
Deckungsbeitrag I	**(Erlöse – direkte Kosten)**			**6.353.563,00 €**
Innerbetriebliche Leistungsverrechnung				
		Anzahl	Kostensatz	
	Basisleistungen	30 000	85,00 €	2.550.000,00 €
	Bildgebende Verfahren	1 500	55,00 €	82.500,00 €
	Intensivpflege	1 900	560,00 €	1.064.000,00 €
	Labor	3 800	24,00 €	91.200,00 €
	Medizintechnik	6,80	1.500,00 €	10.200,00 €
	Intensivmedizin	100	19.500,00 €	1.950.000,00 €
	Physio- und Ergotherapie	45	2.900,00 €	130.500,00 €
	Zentralapotheke	35	550,00 €	19.250,00 €
	Zentraler med. Schreibdienst	30 000	1,30 €	39.000,00 €
	Zentralsterilisation	13	850,00 €	11.050,00 €
			Innerbetriebl. Leistungen gesamt	5.947.700,00 €
Deckungsbeitrag II	**(DB I – innerbetr. Leistungen)**			**405.863,00 €**
Investitionen				250.000,00 €
Deckungsbeitrag III	**(DB II – Investitionen)**			**155.863,00 €**

AUFGABEN

1. Was ist der Deckungsbeitrag und wie wird er ermittelt?

2. Nach welchem Vorgehen wird der Deckungsbeitrag in der mehrstufigen Deckungsbeitragsrechnung bestimmt?

3. Wie ist die Gewinnschwelle (Break-even-Punkt) definiert?

4. Ist die folgende Aussage richtig?
   „Die Höhe des in einer Periode erzielten Gewinns lässt sich ermitteln, indem von den Fixkosten der Periode der in dieser Zeit erzielte Deckungsbeitrag abgezogen wird."

5. Ein Krankenhaus kann pro Jahr bis zu 9400 Operationen durchführen. Jede Operation wird mit 1.500,00 € vergütet. Die variablen Kosten betragen 750,00 € pro Operation und die gesamten fixen Kosten belaufen sich auf 6.450.000,00 €.
   a) Errechnen Sie den Break-even-Punkt (Gewinnschwelle).
   b) Wie viele Operationen müssten durchgeführt werden, damit der Periodengewinn 100.000,00 € erreicht?
   c) Wie viele Operationen müssten durchgeführt werden, damit der Periodengewinn 1.000.000,00 € erreicht?
   d) Wie beurteilen Sie die Ergebnisse der Rechnungen unter c) und d)?

6. Erläutern Sie den Unterschied zwischen leistungsspezifischen, leistungsgruppenspezifischen und geschäftsbezogenen Fixkosten? Nennen Sie je ein Beispiel.

7. Was besagt das Verursachungsprinzip?

8. Nennen Sie mindestens drei Beispiele für Sachkosten im Krankenhaus.

9. Welche Kosten werden im Krankenhaus als Personalkosten eingestuft?

10. Ist im Krankenhaus auch eine mehrstufige Deckungsbeitragsrechnung möglich?

11. Warum werden im Krankenhaus innerbetriebliche Leistungen verrechnet?

12. Welche Leistungen sind im Krankenhaus innerbetrieblich zu verrechnen? Nennen Sie Beispiele.

13. Berechnen Sie, ausgehend von den in der folgenden Tabelle zusammengestellten Erlös- und Kostenarten, die Deckungsbeiträge I, II und III.

Ärztlicher Dienst	59.800,00 €	Medizinischer Bedarf	8.500,00 €
Basisleistungen	85.000,00 €	Medizinisch-technischer Dienst	4.760,00 €
Bildgebende Verfahren	8.250,00 €	Medizintechnik	10.200,00 €
Erlöse Ambulanzen	35.000,00 €	Pflegedienst	18.700,00 €
Erlöse Krankenhaus	400.000,00 €	Physio- und Ergotherapie	1.305,00 €
Erlöse Wahlleistungen	75.000,00 €	Sonstige betriebliche Erträge	25.000,00 €
Gebrauchsgüter	1.111,00 €	Sonstiges	755,00 €
Instandhaltung	2.180,00 €	Verwaltungsbedarf	250,00 €
Intensivmedizin	17.550,00 €	Zentralapotheke	1.925,00 €
Intensivpflege	106.400,00 €	Zentraler medizinischer Schreib-dienst	39.000,00 €
Investitionen	85.000,00 €		
Labor	9.120,00 €	Zentralsterilisation	11.050,00 €

14. Berechnen Sie, ausgehend von den in der folgenden Tabelle zusammengestellten Werten, die Deckungsbeiträge I, II und III.

Erlöse	935.000,00 €
Innerbetr. Leistungsverrechnung	466.550,00 €
Investitionen	180.000,00 €
Personalkosten	93.260,00 €
Sachkosten	33.116,00 €

15. Berechnen Sie, ausgehend von den in der folgenden Tabelle zusammengestellten Erlös- und Kostenarten, die Deckungsbeiträge I, II und III.

Ärztlicher Dienst	5.900,00 €	Medizinischer Bedarf	6.000,00 €
Basisleistungen	6.500,00 €	Medizinisch-technischer Dienst	450,00 €
Bildgebende Verfahren	750,00 €	Medizintechnik	102,00 €
Erlöse Ambulanzen	4.200,00 €	Pflegedienst	1.800,00 €
Erlöse Krankenhaus	22.000,00 €	Physio- und Ergotherapie	13,50 €
Erlöse Wahlleistungen	8.800,00 €	Sonstige betriebliche Erträge	2.560,00 €
Gebrauchsgüter	800,00 €	Sonstiges	600,00 €
Innerb. Leistungsverrechnung	20.998,00 €	Verwaltungsbedarf	330,00 €
Instandhaltung	1.900,00 €	Zentralapotheke	17,50 €
Intensivmedizin	171,00 €	Zentraler medizinischer Schreib-dienst	130,00 €
Intensivpflege	1.064,00 €		
Investitionen	2.500,00 €	Zentralsterilisation	11.050,00 €
Labor	1.200,00 €		

9.2 Controlling

9.2.1 Funktionen des Controllings

Zum Einstieg

Die Auszubildende Lisa ist seit dem 1. August im Bereich Controlling eingesetzt. Ihr Ausbilder Herr Arglos erklärt ihr den neuen Arbeitsbereich. Zu ihren Aufgaben gehört ab jetzt die Unterstützung des Medizincontrollings. Lisa hat bis jetzt nur Grundlagenwissen über Controlling erworben und kann sich unter dem Begriff Medizincontrolling nichts Konkretes vorstellen. Herr Arglos erklärt ihr die Zusammenhänge und verschafft ihr einen Überblick über ihr neues Aufgabengebiet. Lisa wird zum Bindeglied zwischen dem kaufmännischen und dem medizinischen Bereich im Krankenhaus.

► Was ist Controlling?

► Wo wird Controlling im Gesundheitswesen eingesetzt?

► Was wird im Krankenhaus mit Controlling verbunden?

An ein Krankenhaus werden verschiedene Anforderungen gestellt. Die Patienten möchten nach dem Stand der heutigen Wissenschaft behandelt und betreut werden. Familienmitglieder, Angehörige und Ärzte möchten eine optimale Behandlung für ihre Freunde, Verwandten und Patienten. Krankenkassen fordern eine hochwertige Behandlung der Versicherten zu geringen Kosten. Deshalb gewinnt das Controlling im Gesundheitswesen immer mehr an Bedeutung.

Im Krankenhaus Am Rande der Stadt werden zwei Gegenstandsbereiche des Controllings unterschieden:

▶ das betriebswirtschaftliche Controlling, das sich mit der Zielsetzung und der Kosten- und Erlössituation des Krankenhauses beschäftigt, und

▶ das medizinische Controlling, das die Arbeitsprozesse und -strukturen analysiert.

Controlling umfasst generell die Maßnahmen und Abläufe in einem Unternehmen, durch die sichergestellt werden soll, dass die vorhandenen Kapazitäten zielorientiert unter Wahrung der Prinzipien von Qualität, Leistungsfähigkeit und Wirtschaftlichkeit eingesetzt werden. Darunter fallen im Einzelnen die folgenden Aufgaben:

> **BASISWISSEN**
> Regelkreis des Controllings
> Kapitel 5, Abschnitt 5.2.4

▶ **Information:** Die funktionsübergreifende Aufgabe des Controllings ist die Verarbeitung von Informationen, da ohne wichtige Informationen sachgerechte Entscheidungen überhaupt nicht möglich sind. Die Controller sichern die erforderliche Daten- und Informationsversorgung. Dadurch sorgen sie für transparentere Ergebnisse, Finanzübersichten, Prozessentwicklungen und Strategien und tragen so zu einer höheren Wirtschaftlichkeit bei. Im Controlling werden krankenhausinterne Informationen – aber auch externe Entwicklungen wie zum Beispiel gesetzliche Änderungen – erhoben, analysiert und aufbereitet, um sie dann den Entscheidungsträgern vorzulegen, damit diese zielorientiert handeln können. Indem der Controller das zukunftsorientierte Berichtswesen organisiert, wird er zum internen betriebswirtschaftlichen Berater der Entscheidungsträger und dient als Navigator bei der Verfolgung der gesetzten Ziele.

▶ **Planung:** Im operativen Controlling werden die jährlichen internen Leistungs- und Erlösbudgets aufgrund der mit den Krankenkassen verhandelten Ergebnisse geplant. Das strategisch ausgerichtete Controlling plant und entwickelt Strategien für das Krankenhaus, die auf geänderten Rahmenbedingungen wie zum Beispiel sinkenden Budgets oder dem Grundsatz „ambulant vor stationär" basieren.

▶ **Steuerung:** Die Steuerung soll den Einsatz knapper Ressourcen bestmöglich gestalten und koordinieren. Der Controller stimmt die zu koordinierenden Teilziele und Teilpläne innerhalb des Krankenhauses auf das Gesamtziel ab.

▶ **Kontrolle:** Nachdem Ziele vereinbart wurden, ist es zwangsläufig notwendig, die Erreichung dieser Ziele zu kontrollieren. Das Controlling stellt Abweichungsanalysen an, durch die die Einhaltung der gesetzten Ziele überprüft wird und die zur Erkennung und Nutzung von Verbesserungspotenzialen beitragen.

9.2.2 Kaufmännisches Controlling und Medizincontrolling

Das betriebswirtschaftliche Controlling umfasst die Budgetplanung und -steuerung, zum Beispiel im Zusammenhang mit den Pflegesatzverhandlungen, die interne Budgetierung (Ermittlung von Soll- und Ist-Budgetzahlen) sowie die Erlöskontrolle und die Vorbereitung und Einführung des DRG-Systems. Das Kommunikations- und Informationsmanagement, wie etwa die Einführung von Formularen oder eines neuen Krankenhausinformationssystems oder die Förderung der Kommunikation mit den Krankenkassen (Datenübermittlung, § 301 SGB), fällt ebenfalls in das Aufgabengebiet des Controllings. Hauptbestandteil ist die Kostenrechnung, wobei Schwerpunkte insbesondere auf der Planung und Kontrolle der Kosten und auf der Entwicklung der Kostenträgerrechnung liegen.

Lange galt das Controlling nur als Instrument der Verwaltung mit dem Zweck, die in der medizinischen Leistungserbringung entstandenen Kosten zu kontrollieren. Das operative Kosten- und Leistungscontrolling verbleibt weiterhin in der Verwaltung, aber im Hinblick auf den erhöhten Kostendruck und die neuen Abrechnungsformen werden auch strategische Instrumente des Controllings entdeckt.

> Ein **Geschäftsprozess im Krankenhaus** ist eine Abfolge von Behandlungsschritten, für die Personal und Sachmittel benötigt werden und die eine Verbesserung des Gesundheitszustandes des Patienten bewirken sollen.

Die Überprüfung der Prozesse und der Ergebnisqualität in der Leistungserstellung im Krankenhaus ist Gegenstand des Medizincontrollings. Das Medizincontrolling ist auf die langfristige Kostenkontrolle ausgerichtet und trägt so zu einer besseren Wirtschaftlichkeit bei. Es untersucht die Schnittstellen der einzelnen Prozesse, macht die Verzahnung der Arbeitsabläufe der verschiedenen Bereiche nachvollziehbar und sucht nach Möglichkeiten zu Prozessverbesserungen.

Während im kaufmännischen Controlling die Kosten und die Einnahmen des laufenden Betriebs im Mittelpunkt stehen, versteht sich das Medizincontrolling eher als inhaltliche Unterstützung. Hier lautet das Motto langfristige Fehlervermeidung und Qualitätsverbesserung statt nachträgliche Fehlerbehebung. Spätestens seit der Einführung der DRG in Deutschland haben sich die Bedingungen für die Krankenhäuser geändert. Die medizinischen Dienstleistungen werden mehr und mehr unter dem kaufmännischen Blickwinkel betrachtet. Begriffe wie Wettbewerb, Produktivitätssteigerung, Kostensenkung, Leistungsspektrum, Verkürzung der Durchlaufzeiten und Erhöhung der Flexibilität sowie Serviceverbesserungen rücken in den Vordergrund. Der Medizincontroller ist das Bindeglied zwischen dem medizinischen Bereich und der Verwaltung. Er berät den medizinischen Bereich in internen betriebswirtschaftlichen Fragen und dient dem Verwaltungsbereich als medizinischer Berater. Üblicherweise sind im Medizincontrolling Ärzte mit betriebswirtschaftlichen Kenntnissen tätig.

Tabelle 9.5 fasst die Anforderungen der verschiedenen Entscheidungsträger im Krankenhaus an das Medizincontrolling zusammen.

Geschäftsführung, Verwaltungsleitung	Direktoren, Abteilungsleiter, Chefärzte	Pflegedienstleitung
▶ Informationen über die Gesamtsituation ▶ Entwicklung in den einzelnen Klinikbereichen ▶ Planung und Steuerung der Sach- und Personalkosten ▶ Vorbereitung strategischer Entscheidungen ▶ Interne Budgetierung ▶ Vorbereitung für die Pflegesatzverhandlung ▶ Einsatz der Fördermittel	▶ Informationen über die Entwicklung der Klinik oder der eigenen Bereiche ▶ Sachkostenentwicklung ▶ Detailinformationen wie z. B. OP- oder Leistungsstatistiken	▶ Personalentwicklung innerhalb der Bereiche/der Stationen ▶ Entwicklungen bei Behandlungen und Behandlungstechniken (künstliche Ernährung/Sondennahrung oder spezielle Lagerung bei Schlaganfallpatienten) ▶ Detailinformationen im Rahmen von Projekten

Tabelle 9.5: Anforderungen an das Medizincontrolling

Im Pflegecontrolling werden die Ansprüche und Arbeitsgebiete zum Beispiel durch neue gesetzliche Bestimmungen, knapper werdende Ressourcen und die Verpflichtung zur Erhaltung und Steigerung der Qualität der Leistungen immer höher. Die Aufgaben liegen hier überwiegend in der Qualitätssicherung und im Risikomanagement für die Bereiche Pflegedokumentation und Pflegestandards, in der Konzeption von Präventionsmaßnahmen in der Pflege, in der Umsetzung des Medizinproduktgesetzes und der Organisation von in diesem Zusammenhang erforderlichen Geräteschulungen sowie in der Mitarbeit bei teamübergreifenden Projekten des Hauses (zum Beispiel hnformationsbroschüren, Qualitätssicherungskommission, Prozessmodellierung).

Das Pflegecontrolling ist für die Stationsleitungen eine neue Herausforderung, dabei ist die wichtigste Aufgabe die kontinuierliche Überprüfung der Beschaffenheit und der Qualität der Pflegesysteme. Die Qualität soll auf den Stationsebenen nicht nur gesichert, sondern möglichst gesteigert werden. Das setzt ein andauerndes Controlling durch die Stationsleitung voraus. Die Stationsleitung kann auf der Grundlage einer Prozessanalyse Lösungen wie zum Beispiel den Entwurf und die Einrichtung prozessoptimierter Verfahren (Entwicklung von Pflegestandards) erarbeiten, damit die Controllingziele auch erreicht werden.

Die Aufgaben im Pflegecontrolling sind zusammenfassend

▶ die Sammlung von Informationen und deren Verdichtung und Aufbereitung für die Entscheidungsträger,

www.diako-mannheim.de/276.0.html

▶ die Überprüfung der Zielerreichung und die Ermittlung von Kennzahlen,

▶ das Anregen von Projekten und die Einteilung der entsprechenden Teams einschließlich deren Beratung und Begleitung,

▶ die Abstimmung von Verfügbarkeit und Bedarf bei Personal und Sachmitteln.

AUFGABEN

1. Welche Formen des Controllings werden im Krankenhaus eingesetzt?

2. Welche Funktionen werden im Krankenhauscontrolling unterschieden?

3. Welche Stellung hat der Medizincontroller im Krankenhaus?

4. Definieren Sie einen Geschäftsprozess im Krankenhaus.

5. Welche Aufgaben hat das Pflegecontrolling?

6. Inwiefern hat das Pflegecontrolling seinen Schwerpunkt in der Qualitätssicherung?

9.3 Budgetierung auf Vollkostenbasis

BASISWISSEN
Budgetierung
auf Vollkosten-
basis
Kapitel 5,
Abschnitt
5.2.3

Zum Einstieg

Nachdem Lisa nun weiß, wo die Unterschiede zwischen dem kaufmännischen und dem medizinischen Controlling im Krankenhaus liegen, wird von ihr auch erwartet, dass sie die unterschiedlichen Kostenrechnungssysteme kennt. Immer wieder hört sie den Begriff Vollkostenrechnung und fragt sich, was es damit wohl auf sich hat. Herr Arglos erklärt ihr den Zusammenhang zwischen Voll- und Teilkostenrechnung und Lisa freut sich, dass sie auch als Auszubildende schon die Gelegenheit hat, den Einsatz eines wichtigen Entscheidungsinstruments mitzugestalten.

▶ Was ist Vollkostenrechnung im Krankenhaus?
▶ Was beinhaltet die Vollkostenrechnung im Krankenhaus?
▶ Wo wird die Vollkostenrechnung im Gesundheitswesen eingesetzt?

Das Budget beziehungsweise der Prozess der Budgetierung vollzieht sich im operativen und im strategischen Rahmen. Im Rahmen der operativen Budgetierung wird ein vollständiger Plan der Leistungs- und Kostengrößen nach Menge und Wert erstellt. Ihre Aufgabe ist es, die verfügbaren Mittel so zu steuern, dass die Unternehmensziele bestmöglich erreicht werden. Die verfügbaren Mittel sind vorgegebenen (statisch). Die strategische Budgetierung wird auf einen Zeitraum von ein bis zehn Jahren ausgelegt und umfasst alle Pläne zur Existenzsicherung.

Die Probleme bei der Budgetierung sind vielfältig, da es hier sowohl um die Festlegung eines Produktionsprogramms (Wie viele Patienten werden versorgt? – Outputbetrachtung) als auch um die dazu benötigten Verbrauchsfaktoren (Personal, Medikamente – Inputbetrachtung) und um die Prozessabläufe geht.

Die Budgetierung wird auch angewandt, um die Gemeinkosten des Unternehmens zu zerlegen und die Verantwortlichkeiten für die jeweiligen Teile zuzuweisen. So können die Gemeinkosten kontrolliert und beeinflusst und den Kostenstellenverantwortlichen Ziele und Planwerte vorgegeben werden.

Das Budget hat drei wichtige Funktionen:

1. Es vermittelt Orientierung, das heißt, alle Mitarbeiter erhalten Informationen über die Gesamtziele und die damit verbundenen Erwartungen an ihre Arbeit.
2. Es motiviert, da das Management das Budget mithilfe von Anreizen für die einzelnen Teilbereiche auf die Unternehmensziele ausrichtet. Beispielsweise kann es vorgeben, dass bei Unterschreitung des Budgets der Restbetrag als Puffer in das nächste Jahr übertragen wird.
3. Es koordiniert die Arbeit, das heißt die Vorgabe wertmäßiger Budgetziele soll zu einem auf die Unternehmensziele abgestimmten Verhalten führen.

Die Budgetierung umfasst die folgenden Schritte:

▶ Erstellung des Budgets,

▶ Überwachung des Budgets (Wer informiert wann und wen?),

▶ Analyse der Ursachen etwaiger Budgetabweichungen durch den Budgetverantwortlichen,

▶ Auswahl von Steuerungsmaßnahmen zur Problembeseitigung.

9.3.1 Erstellung des Budgets im Krankenhaus

Ein Budget ist eine auf einen künftigen Zeitraum bezogene Vorgabe von Leistungsmengen (Behandlungsfällen) und Kosten. Im Krankenhaus entsteht das Budget durch den Ansatz der mit den Krankenkassen vereinbarten, pauschalierten Entgelte (Fallpauschalen und Sonderentgelte) und ein krankenhausindividuelles Restbudget (Abteilungspflegesätze und Basispflegesatz).

Die Leistungsplanung erstreckt sich über alle Fachabteilungen (die übrigen Bereiche werden von den Leistungen der Fachabteilungen gelenkt), anschließend werden die medizinischen Institutionen und die Versorgungsbereiche mit eingeflochten. Die Planung der Leistungen erfolgt nach den zu behandelnden Fällen, das heißt nach Art und Anzahl der diagnostischen und operativen Verfahren inklusive pflegerischen und ärztlichen Leistungen. Wichtig dabei ist die Berücksichtigung der zukünftigen Patientenstruktur, zum Beispiel durch Änderungen in der medizinisch-technischen Ausstattung oder die Aufnahme neuer Therapien sowie durch Änderungen in der Infrastruktur, etwa in Gestalt von Kooperationen mit anderen Krankenhäusern oder mit Praxen von niedergelassenen Ärzten.

9.3.2 Vollkostenverrechnung im Krankenhaus

Die Vollkostenrechnung umfasst ausnahmslos alle Kosten. Ungefähr 75 % der Kosten im Krankenhaus sind Gemeinkosten, die den einzelnen Fällen nur über eine Kostenstellenrechnung zugeordnet werden können.

Im Gegensatz zur Vollkostenrechnung berücksichtigt die Teilkostenrechnung nur einen Teil der Kosten. Sie ist keine Alternative zur Vollkostenrechnung, sondern eine wichtige Ergänzung des kostenrechnerischen Instrumentariums. Die Budgetierung auf Vollkostenbasis hingegen ermöglicht zwar eine effektive Kontrolle der Kosten anhand von

Soll-Ist-Vergleichen, ist aber andererseits für operative planungs- und entscheidungsre-
levante Probleme nur bedingt einsetzbar.

AUFGABEN

1. Was ist ein Budget?

2. Unterscheiden Sie die Begriffe strategische, taktische und operative Budgetierung.

3. Wie werden die Kosten in der Vollkostenrechnung verrechnet?

4. Nennen Sie die drei nach dem Bezugzeitraum unterschiedenen Arten der Kostenrechnung.

5. Worin liegen die wichtigsten Mängel der Vollkostenrechnung?

6. Was sind die wesentlichen Funktionen eines Budgets?

7. Welche Schritte umfasst die Budgetierung während eines Budgetzeitraums?

8. Nennen Sie mindestens einen Anreiz zur Einhaltung des Budgets.

9. Nennen Sie die wichtigsten Unterschiede zwischen dem operativen und strategischen
   Budget.

10. Warum gibt es im Krankenhaus ein externes Budget?

9.4 Benchmarking

BASISWISSEN
Strategisches
Controlling
Kapitel 5,
Abschnitt
5.2.4

Zum Einstieg

**Der Auszubildende Jan ist in der Abteilung TQM beschäftigt. Dort hört er immer
wieder den Schlachtruf „Wir müssen von den Besten lernen". Er fragt seinen Ausbilder, was es damit auf sich hat. Dieser erklärt ihm, dass das Krankenhaus Am
Rande der Stadt an einem öffentlich geförderten Projekt mit dem Ziel teilnimmt,
die stationäre Behandlung des akuten Schlaganfalls homogener zu gestalten und
insgesamt zu verbessern. Die Studienergebnisse sollen als Grundlage für die Qualitätssicherung in allen in der Schlaganfallbehandlung tätigen Kliniken dienen.**

▶ Was ist Benchmarking?

▶ Zu welchem Zweck wird Benchmarking im Gesundheitswesen betrieben?

Benchmarking ist prinzipiell kein neues Controllinginstrument. Vielmehr wird schon
der Aufstieg der japanischen Industrie in den 1960er-Jahren auf dieses Instrument des
strategischen Controllings zurückgeführt. Das Leitmotiv lautet: „Vom Besten lernen!"

Für Zwecke des Controllings im Gesundheitswesen lassen sich die beiden folgenden
Formen des Benchmarkings unterscheiden:

▶ Branchenbezogenes Benchmarking erfolgt innerhalb des Krankenhauses, indem
   verschiedene Bereiche miteinander verglichen werden, oder innerhalb der Branche,
   indem eine bestimmte Leistung des eigenen mit der eines anderen Krankenhauses
   verglichen wird.

▶ Branchenfremdes Benchmarking erfolgt, indem das eigene Krankenhaus mit einer Einrichtung verglichen wird, die in keinem Konkurrenzverhältnis zu diesem steht, die aber eine vergleichbare Leistung erbringt. Beispielsweise könnte die Patientenaufnahme mit der Aufnahme eines Gasts im Hotel verglichen werden.

Krankenhäuser müssen den gesetzlich verankerten Versorgungsauftrag unter Beachtung des ökonomischen Prinzips erfüllen. Deshalb ist es notwendig, die Arbeitsweisen und die Behandlungsmethoden genau zu betrachten. Das Benchmarking umfasst die drei folgenden Phasen:

1. **Vorbereitung.** Identifikation des Benchmarkingobjekts (zum Beispiel Schlaganfallversorgung),

2. **Analyse.** Untersuchung der eigenen Prozesse wie auch jener der Vergleichseinrichtung,

3. **Umsetzung.** Übertragung der „Best Practice" auf die eigene Organisation.

Als ein neues Instrument in den Kliniken soll Benchmarking insbesondere die Qualität der Patientenversorgung verbessern. Die Teilnehmer eines Klinik-Benchmarkings vergleichen einfache Leistungen wie zum Beispiel das Tempo, mit der ein Arztbrief hinaus-

www.benchmarking-qm.de

geht, bis hin zu komplexen Behandlungsabläufen. In allen Bereichen des Gesundheitswesens gilt es, die Qualität zu stärken. Hinter diesem Ziel stehen im Wesentlichen gesetzliche Vorgaben, aber auch betriebsindividuelle Initiativen aufgrund von Angeboten zur Förderung von Vorhaben zur Qualitätssicherung.

Das Bundesministerium für Gesundheit fördert seit vielen Jahren Benchmarking-Projekte im Gesundheitswesen.

Beispiele ▶ Staatliche Förderung von Benchmarkingprojekten im Gesundheitswesen

▶ Tübingen:	Versorgung von Mukoviszidose-Patient(inn)en
▶ Hagen:	rheumatologische Akutversorgung
▶ Jena:	postoperative Schmerztherapie
▶ Lübeck:	Schlaganfallversorgung

Beispiel ▶ Das Modellprogramm „Benchmarking in der Patientenversorgung"

Das Modellprogramm zur Förderung der medizinischen Qualitätssicherung „Benchmarking in der Patientenversorgung" des Bundesministeriums für Gesundheit und Soziale Sicherung (BMGS) soll die Qualität der Patientenversorgung in Deutschland voranbringen. Das Ziel der Projekte, die im Rahmen dieses Programms gefördert werden, ist die Verbesserung der Ergebnisqualität der Patientenversorgung durch ein Lernen voneinander und die Orientierung an den „Besten". In den Projekten sollen innovative Maßnahmen zur Verbesserung der Versorgungsqualität entwickelt und erprobt werden. Die Verbesserung der Qualität und die Erschließung von Wirtschaftlichkeitsreserven ist eine kontinuierliche Aufforderung an alle Beschäftigten im Gesundheitswesen. Viele Ärzte, Krankenhäuser, Pflegeheime und andere

Akteure im Gesundheitswesen sind sehr engagiert und gehen zur Verbesserung der Versorgung neue Wege. Durch die Projekte sollen deren Erfahrungen, Ergebnisse und Ideen verbreitet, die besten Konzepte herausgefiltert und in den Alltag aller Beteiligten integriert werden. Der hilfsbereite und kollegiale Erfahrungsaustausch zwischen den Einrichtungen aus dem ambulanten und dem stationären Bereich soll einen systematischen Verbesserungsprozess durch Lernen von anderen (Benchmarking) einleiten. Der Förderschwerpunkt „Benchmarking in der Patientenversorgung" wurde vom BMGS im Jahr 2002 ins Leben gerufen. Aus bislang insgesamt 99 Anträgen hat ein mit Experten aus Medizin, Pflege und Qualitätssicherung besetztes Gutachterteam zehn Projekte zur Förderung ausgewählt. Das Ministerium hat hierzu für drei Jahre 3 Millionen Euro zur Verfügung gestellt.

Benchmarking ist eine Methode des organisationellen Lernens. Der Benchmarking-Prozess wird häufig im sogenannten PDCA-Zyklus gestaltet. Die Abkürzung PDCA steht für

▶ **Plan,** das heißt, Ziele definieren und das Benchmarking-Objekt festlegen;

▶ **Do,** das heißt, aus dem Vergleich mit dem Benchmarking-Partner Maßnahmen ableiten und umsetzen;

▶ **Check,** das heißt, prüfen, ob eine Verbesserung eingetreten ist, und

▶ **Act,** das heißt, überprüfen von Objekt, Ziel und Vorgehensweise und gegebenenfalls Änderung des Benchmarking-Prozesses.

AUFGABEN

1. Recherchieren Sie im Internet, wo die Ursprünge des Benchmarkings zu finden sind.

2. Warum wird das Benchmarking eingesetzt? Nennen Sie Gründe.

3. Was sind die Ziele des Benchmarkings?

4. Welche vier Phasen durchläuft das Benchmarking?

9.5   Qualitätsmanagement

BASISWISSEN
Qualitäts-
management
und Qualitäts-
sicherung
Kapitel 5,
Abschnitt
5.3.2

Zum Einstieg

Die Auszubildende Martina ist beim QM-Beauftragten des Krankenhauses Am Rande der Stadt eingesetzt. Gleich an ihrem ersten Tag wird sie mit verschiedenen Abkürzungen konfrontiert. Der Ausbilder Kurt Quark versucht, ihr einen Überblick über die Zusammenhänge zwischen Qualitätsmanagement und Zertifizierungen zu geben. Dabei erklärt er ihr auch alle Abkürzungen und Martina findet schnell Interesse am Qualitätsmanagement.

▶ Was bedeutet TQM?

▶ Warum brauchen Arztpraxen und Krankenhäuser Qualitätsmanagement?

▶ Was ist Zertifizierung?

▶ Welches sind die Rechtsgrundlagen für Qualitätsmanagement im Gesundheitswesen?

9.5.1 Qualität im Gesundheitswesen

Total Quality Management umfasst die durchgängige, fortwährende und sämtliche Bereiche einer Organisation abdeckende Kontrolle der Tätigkeiten mit dem Ziel, das Streben nach Qualität systematisch zu verankern und Qualität dauerhaft zu garantieren. Der Einsatz von Qualitätsmanagementsystemen im Unternehmen und deren Zertifizierung nach internationalen Standards hat sich deswegen weltweit durchgesetzt.

Die DIN EN ISO 9001:2008 beschreibt Anforderungen an ein Qualitätsmanagementsystem, die eine Organisation

▶ zum Maßstab wählen kann, wenn sie die Zufriedenheit ihrer Kunden erhöhen will und/oder

▶ erfüllen muss, um nachzuweisen, dass sie in der Lage ist, Dienstleistungen bereitzustellen, die den Anforderungen von „Kunden" und Behörden entsprechen.

Durch das Gesundheitsmodernisierungsgesetz (GMG), das seit dem 1. Januar 2004 in Kraft ist, hat der Gesetzgeber in Deutschland auch einen Großteil der Leistungserbringer im Gesundheitswesen zur Einführung eines Qualitätsmanagementsystems verpflichtet, wie zum Beispiel die Vertragsärzte.

Das Qualitätsmanagement in der Arztpraxis soll die Qualität der Arbeitsprozesse und der Arbeitsergebnisse bewahren und erhöhen. Dies setzt voraus, dass Probleme frühzeitig erkannt und geklärt und dass Verbesserungsvorschläge schnell erarbeitet und angewendet werden. Die wesentliche Aufgabe des Qualitätsmanagements im Gesundheitswesen besteht darin, eine strukturierte Grundlage für eine hohe Qualität der Patientenbetreuung zu erarbeiten.

> BASISWISSEN
> Qualitäts-
> management
> und Qualitäts-
> sicherung
> Kapitel 5,
> Abschnitt
> 5.3.2

In § 135 a SGB V (Verpflichtung zur Qualitätssicherung) heißt es:

(1) Die Leistungserbringer sind zur Sicherung und Weiterentwicklung der Qualität der von ihnen erbrachten Leistungen verpflichtet. Die Leistungen müssen dem jeweiligen Stand der wissenschaftlichen Erkenntnisse entsprechen und in der fachlich gebotenen Qualität erbracht werden.

(2) Vertragsärzte, medizinische Versorgungszentren, zugelassene Krankenhäuser, Erbringer von Vorsorgeleistungen oder Rehabilitationsmaßnahmen und Einrichtungen, mit denen ein Versorgungsvertrag nach § 111 a besteht, sind nach Maßgabe der §§ 136 a, 136 b, 137 und 137 d verpflichtet,

1. sich an einrichtungsübergreifenden Maßnahmen der Qualitätssicherung zu beteiligen, die insbesondere zum Ziel haben, die Ergebnisqualität zu verbessern, und

2. einrichtungsintern ein Qualitätsmanagement einzuführen und weiterzuentwickeln.

Weitere Bestimmungen des SGB V zur Qualitätssicherung finden sich in den folgenden Paragrafen:

▶ § 70   Qualität, Humanität und Wirtschaftlichkeit

▶ § 73 c   Förderung der Qualität in der vertragsärztlichen Versorgung

▶ § 92   Richtlinien der Bundesausschüsse

▶ § 95 d   Pflicht zur fachlichen Fortbildung

▶ § 115 b   Ambulantes Operieren im Krankenhaus

▶ § 135 Bewertung von Untersuchungs- und Behandlungsmethoden

▶ § 136 Förderung der Qualität durch die Kassenärztlichen Vereinigungen

▶ § 136 a Qualitätssicherung in der vertragsärztlichen Versorgung

▶ § 137 Qualitätssicherung bei zugelassenen Krankenhäusern

▶ § 137 d Qualitätssicherung bei Vorsorge oder Rehabilitation

▶ § 137 f Strukturierte Behandlungsprogramme bei chronischen Krankheiten

▶ § 139 a Institut für Qualität und Wirtschaftlichkeit im Gesundheitswesen

Eine Zertifizierung ist vom Gesetzgeber derzeit noch nicht vorgeschrieben, ebenso wurden noch keine Angaben zum Umsetzungszeitpunkt oder zu Sanktionen bei Nichterfüllung der gesetzlichen Vorgaben getroffen. Sie werden aber für die nächsten Jahre erwartet. Bereits seit 2004 können in der Praxis Probleme auftauchen, wenn kein QM-System vorhanden ist. Zum einen droht eine Beweislastumkehr in Prozessen, die die Haftpflicht betreffen, da der Praxisinhaber seinen gesetzlichen Verpflichtungen nicht nachgekommen ist. Zum anderen wird, um an Verträgen zur integrierten Versorgung, Modellvorhaben oder Strukturverträgen teilzunehmen zu können, von der beteiligten Krankenkasse mindestens die Einführung eines QM-Systems verlangt.

9.5.2 Was bedeutet Qualitätsmanagement in der ärztlichen Tätigkeit?

Die Hauptprozesse der ärztlichen Tätigkeit sind die Erstellung von Diagnosen und die Therapieplanung. Diese Prozesse sind in eine Fülle von lenkenden Prozessen und unterstützenden Maßnahmen (Support) eingebunden.

Beispiel ▶ Prozessbetrachtung der ärztlichen Tätigkeit

Herr S. geht wegen plötzlicher Schmerzen in der Brust zu seinem Hausarzt. Die Diagnose und die Therapie als Hauptprozesse der Behandlung der akuten Erkrankung des Herrn S. sind nur optimal möglich, wenn sie durch die Vorgaben und Anordnungen des Arztes in Gang gesetzt werden. Gezielte Maßnahmen führen zur Identifikation der Ursache der Symptome. Die Lenkung des Prozesses erfolgt durch die Aufzeichnung der Herzaktivität (EKG), die unter Einbeziehung der Arzthelferin (Support) durchgeführt wird. Eine wohlüberlegte Einweisung von Herrn S. in ein Krankenhaus setzt die Kontaktaufnahme mit einem Arzt (= externer Kooperationspartner) voraus. Bei einer medikamentösen Verordnung wird die Rücksprache mit dem Apotheker notwenig.

Ein Argument für Qualitätsmanagement ist die Einsicht, dass aus Fehlern gelernt werden kann. Indem durch systematische Beurteilung der eigenen Leistung Fehler erkannt und anschließend behoben werden, wird bei allen Beteiligten ein professionelles und zielgerichtetes Handeln erreicht. Wirtschaftlich sinnvoll gestaltete Praxisabläufe sorgen für zufriedene Mitarbeiter. Das kommt wiederum auch den Patienten zugute. Eine verbesserte Versorgungsqualität muss nicht mit höheren Kosten einhergehen. Wenn die medizinischen, pflegerischen und betreuenden Maßnahmen wirkungsvoll aufeinander abgestimmt sind, kann sie im Gegenteil auch mit geringeren Kosten verbunden sein.

Durch das Qualitätsmanagement kann eine gute Leistung der Praxis nachgewiesen werden. Dies spielt bei der externen Darstellung eine wichtige Rolle. Qualitätsmanagement ist aber kein Wundermittel, mit dem sich alle Probleme in der Klinik und der Praxis bewältigen ließen. Das Ziel ist, die Patientenversorgung im durch Routinearbeit geprägten Alltag optimal zu strukturieren und zu gestalten. Dabei müssen die Möglichkeiten und die Grenzen aller Beteiligten kritisch eingeschätzt werden, da Probleme auch durch den Versorgungsauftrag und die politische Lage (Gesundheitspolitik) bedingt sind, für die weder die einzelne Arztpraxis noch das einzelne Krankenhaus verantwortlich sind.

9.5.3 Kooperation für Transparenz und Qualität im Gesundheitswesen

Die Kooperation für Transparenz und Qualität im Gesundheitswesen (KTQ®) unterstützt das Ziel, jedem Patienten eine wirksame und effiziente Behandlung zu sichern. Ihr Maßstab ist die stetige Verbesserung aller Prozesse im Rahmen der Behandlung von Patienten – von der Aufnahme ins Krankenhaus über die Entwicklung einer Behandlungsstrategie bis hin zur kontinuierlichen Betreuung langwieriger Heilungsprozesse. Die KTQ® bietet ein Zertifizierungsverfahren, das im Gegensatz zu anderen Qualitätssicherungsverfahren auf die speziellen Anforderungen im Gesundheitswesen ausgelegt ist. Dieses wurde vor dem Hintergrund der im SGB V verankerten Verpflichtungen zur Qualitätssicherung für Krankenhäuser, Praxen und Rehabilitationskliniken entwickelt, wird kontinuierlich erweitert und für neue Einsatzbereiche angepasst – zum Beispiel für psychiatrische Kliniken und niedergelassene Ärzte.

Zentrales Ergebnis der Entwicklungsarbeit ist der sogenannte KTQ-Katalog. In diesem Katalog wurden Kriterien zusammengestellt, die im Rahmen der Zertifizierung von Akutkrankenhäusern abgefragt werden, um Aussagen über die Qualität der Prozessabläufe in der medizinischen Versorgung treffen zu können. Die gegenwärtig 70 Kriterien sind nach den folgenden Kategorien unterteilt:

▶ Patientenorientierung,

▶ Mitarbeiterorientierung,

▶ Sicherheit im Krankenhaus,

▶ Informationswesen,

▶ Krankenhausführung,

▶ Qualitätsmanagement.

Das KTQ-Bewertungsverfahren umfasst im Kern vier Schritte:

1. Selbstbewertung des Krankenhauses.

2. Anmeldung zur Fremdbewertung bei einer der KTQ-Zertifizierungsstellen.

3. Fremdbewertung durch ein KTQ-Visitorenteam.

4. Zertifizierung und Veröffentlichung des KTQ-Qualitätsberichts.

www.qm-infocenter.de/qm
www.ktq.de
www.medknowledge.de/
www.qm-trends.de

Die folgenden Institutionen haben es sich zur Aufgabe gemacht, das Qualitätsmanagement im Gesundheitswesen zu fördern:

▶ ÄZQ – Zentralstelle der Deutschen Ärzteschaft zur Qualitätssicherung in der Medizin, GbR,

▶ GQMG – Gesellschaft für Qualitätsmanagement in der Gesundheitsversorgung e. V.,

▶ ZD QM – Zentrale Dienstleistungseinrichtung für Qualitätsmanagement des Klinikums der Universität Köln.

KTQ-Trainingspartner sind unter anderem

▶ die Akademie – Städtisches Klinikum München,

▶ die Bildungsakademie am Universitätsklinikum Essen und

▶ die Landesvereinigung für Gesundheit Sachsen-Anhalt e. V.

www.klinikum-muenchen.de
www.uniklinik-essen.de/bildungsakademie

9.5.4 KTQ in konfessionellen Einrichtungen (proCum Cert)

ProCum Cert ist eine konfessionelle Zertifizierungsgesellschaft, die 1998 auf Initiative des Katholischen Krankenhausverbandes Deutschlands (KKVD) gemeinsam mit dem Deutschen Evangelischen Krankenhausverband (DEKV) und ihren Wohlfahrtsverbänden Caritas (DCV) und Diakonie (DWdEKD) sowie deren Versicherungsdienst Ecclesia gegründet wurde. Seit Okotber 2001 ist die Deutsche Gesellschaft zur Zertifizierung von Managementsystemen (DQS) weiterer Gesellschafter der proCum Cert.

Ziel dieser ökumenischen Initiative ist die Sicherung und Weiterentwicklung der Qualität in kirchlichen Krankenhäusern und sozialen Einrichtungen. Gemeinsam mit KTQ, dem Zusammenschluss von Deutscher Krankenhausgesellschaft (DKG), Bundesärztekammer (BÄK) sowie Deutscher Pflegerat (DPR) und allen Spitzenverbänden der Kostenträger wurden die medizinischen und pflegerischen Qualitätskriterien auf Bundesebene beschrieben.

ProCum Cert hat darüber hinaus Qualitätskriterien zu Themen erarbeitet, die kirchliche Krankenhäuser in besonderem Maße prägen und ihr Profil stärken. Dazu gehören Trägerverantwortung, Sozialkompetenz im Umgang mit Patienten und Mitarbeiter, Spiritualität sowie Verantwortung gegenüber der Gesellschaft.

www.procum-cert.de

9.5.5 European Foundation for Quality Management (EFQM)

Die EFQM ist eine europäische Partnerorganisation der Deutschen Gesellschaft für Qualität (DGQ) mit Sitz in Brüssel. Das EFQM-Modell ist ein Modell zur Umsetzung von

TQM. Es dient einer ganzheitlichen Betrachtung von Organisationen und wird auch im öffentlichen Bereich eingesetzt. Im Verhältnis zu einem Qualitätsmanagement nach ISO 9001 stellt es eine Weiterentwicklung mit zusätzlichen Anforderungen dar.

www.deutsche-efqm.de

In der Grundform besteht das Modell aus den drei Säulen Menschen, Prozesse und Ergebnisse. Das differenziertere **EFQM-Modell für Excellence**® umfasst die folgenden neun Bewertungskriterien:

▶ Führung,

▶ Politik und Strategie,

▶ Mitarbeiter,

▶ Partnergesellschaften und Ressourcen,

▶ Prozesse,

▶ kundenbezogene Ergebnisse,

▶ mitarbeiterbezogene Ergebnisse,

▶ gesellschaftsbezogene Ergebnisse,

▶ Schlüsselergebnisse.

Jedes dieser Kriterien ist in weitere Unterkriterien aufgeschlüsselt.

Die Kriterien gehen mit unterschiedlichen Gewichten in die Qualitätsbewertung ein (Tabelle 9.6).

Faktorkriterien		Ergebniskriterien	
Führung	10 %	Mitarbeiterbezogene Ergebnisse	9 %
Politik und Strategie	8 %	Kundenbezogene Ergebnisse	20 %
Mitarbeiter	9 %	Gesellschaftsbezogene Ergebnisse	6 %
Partnerschaften und Ressourcen	9 %	Wichtige Ergebnisse der Organisation	15 %
Prozesse	14 %		
Summe	**50 %**	**Summe**	**50 %**

Tabelle 9.6: Gewichtung der Qualitätskriterien im EFQM-Modell für Excellence®

Durch die permanente Beachtung aller Prozesse werden Informationen über den aktuellen Stand, die kontinuierlichen Verbesserungsprozesse (KVP) und künftige Trends gewonnen. Das EFQM-Modell ist ein Werkzeug, mit dessen Hilfe der Aufbau und die kontinuierliche Weiterentwicklung eines umfassenden Managementsystems möglich sind. Es hilft, die Stärken, Schwächen und Verbesserungspotenziale eines Unternehmens zu erkennen und seine Strategie daraufhin auszurichten.

AUFGABEN

1. Was ist Qualität?

2. Was bedeutet Zertifizierung?

3. Was bedeutet Qualitätsmanagement in einer Arztpraxis?

4. Wofür steht die Abkürzung „KTQ"?

5. Warum gibt es die KTQ®?

6. Beschreiben Sie Zertifizierungsverfahren und Verfahren der Selbst- und Fremdbewertung. Ziehen Sie dazu Informationen des EFQM heran (www.deutsche-efqm.de).

9.6 EDV-Unterstützung

Die Erfassung der Daten und Leistungen von Patienten erfolgt im Krankenhaus mithilfe von Krankenhaus-Informationssystemen (siehe Lernfeld 7, Abschnitt 7.2).

Ein **Krankenhaus-Informations-System (KIS)** ist das Teilsystem eines Krankenhauses, das alle informationsverarbeitenden Prozesse und die an ihnen beteiligten menschlichen und maschinellen Handlungsträger in ihrer informationsverarbeitenden Rolle umfasst.

AUFGABE

Überlegen Sie, welche typischen informationsverarbeitenden Aufgaben im Krankenhaus anfallen.

5624232

10 Personalwirtschaftliche Aufgaben wahrnehmen

Zum Einstieg

Kai hat gerade seine Ausbildung im Krankenhaus Am Rande der Stadt begonnen. Sein erster Einsatzort ist die Abteilung Personal und Recht. Kai ist sehr gespannt, was er in diesem Bereich alles erfahren und lernen wird. Zunächst macht ihn der Abteilungsleiter Herr Verdi mit den Mitarbeitern der Abteilung bekannt. Danach erklärt er ihm die verschiedenen Aufgaben und Tätigkeitsfelder der Mitarbeiter, zum Beispiel die Lohn- und Gehaltsabrechnung, das Personalbüro und die Abteilung Arbeitsrecht. Kai ist erstaunt, wie viele unterschiedliche Aufgaben in der Abteilung anfallen. Er hatte bisher immer angenommen, dass man sich dort nur um die Löhne und Gehälter der Mitarbeiter kümmern muss.

> Welche Aufgaben hat die Personalwirtschaft und nach welchen Zielen richtet sie sich?
> Wie wird der Personalbedarf ermittelt?
> Wie wird das Personal eingesetzt?

> **BASISWISSEN**
> Personalwirtschaft, Ziele und Aufgaben
> Kapitel 6, Abschnitt 6.1

10.1 Ziele der Personalwirtschaft

Die Personalwirtschaft in gewinnorientierten Unternehmen unterscheidet sich nicht wesentlich von der Personalwirtschaft in Nonprofitunternehmen. Es gelten ähnliche Rahmenbedingungen. Allerdings wird im Gesundheitswesen der Patient noch nicht überall als Kunde angesehen. Ein Unternehmen, das Waren oder Dienstleistungen anbietet, muss sich den Marktbedingungen anpassen. Diese Einstellung sollte sich auch im Gesundheitswesen widerspiegeln und das erfordert, dass der Patient als Kunde sowohl in medizinischer als auch in zwischenmenschlicher Hinsicht mit seinen Bedürfnissen und Erwartungen adäquat beraten und behandelt wird.

> **BASISWISSEN**
> Ziele der Personalwirtschaft
> Kapitel 6, Abschnitt 6.1.2

Für die Personalwirtschaft im Gesundheitswesen heißt dies, dass das Personal geschult werden muss, damit es bestmöglich auf den Patienten eingehen kann. Wichtige Kompetenzen des einzelnen Mitarbeiters sind in diesem Zusammenhang die Kommunikationsfähigkeit und die persönliche Kompetenz.

AUFGABEN

1. Welche Tendenzen sind in unserer Gesellschaft zu beobachten?

2. Was gehört nicht zu den Kompetenzen eines Beschäftigten?
   a) Soziale Kompetenz
   b) Fachliche Kompetenz
   c) Kollektive Kompetenz
   d) Methodenkompetenz
   e) Handlungskompetenz

BASISWISSEN
Handlungs-
felder des
Personal-
managements
Kapitel 6,
Abschnitt
6.1.3

10.2 Handlungsfelder des Personalmanagements

Neben den Aufgaben der Personalbeschaffung und -verwaltung kommt im Gesundheitswesen dem Bereich Personaleinsatz und der Fort- und Weiterbildung des Personals eine große Bedeutung zu.

Beispiel ▶ Qualifikation und Personaleinsatz

Im Krankenhaus gilt es, die Anforderungen an die Qualifikation des medizinischen Personals und die gegebenen Kenntnisse und Fähigkeiten in Übereinstimmung zu bringen. Ein Chirurg ist in der Abteilung der Inneren Medizin mit seiner speziellen Kenntnis fachfremd.

AUFGABE

Welche Felder gehören nicht zum Personalmanagement?

a) Beschaffung   d) Motivation
b) Einsatz   e) Verwaltung
c) Interessenvertretung   f) Qualifikation

BASISWISSEN
Personalbe-
darfsplanung,
Personal-
einsatz
Kapitel 6,
Abschnitt
6.4.3

10.3 Personalbedarfs- und Personaleinsatzplanung

Der Personalbedarf richtet sich nach dem Arbeitsanfall. Beispielsweise ist er in einer Praxis für Allgemeinmedizin, die von einem einzigen Arzt betrieben wird, überschaubar und daher leicht zu ermitteln. Krankenhäuser sind hingegen große Organisationen mit einem breiteren Aufgabenspektrum und einem dementsprechend großen Personalbedarf.

Die Personaleinsatzplanung ist wie die Personalbedarfsplanung in größeren Betrieben vielschichtiger und zeitintensiver als in einer Arztpraxis. So kann die Praxis wegen Krankheit des Arztes geschlossen werden, ein Krankenhaus hingegen muss stets gewährleisten, dass der Betrieb aufrechterhalten wird.

Bei der Personalbedarfsplanung kommt es vor allem darauf an, dass genügend qualifiziertes Personal zur richtigen Zeit am richtigen Ort ist. Die Personalwirtschaft im Krankenhaus orientiert sich hierbei im Bereich der Pflege an der Pflege-Personalregelung (PPR).

Die PPR beruht auf dem Gesundheitsstrukturgesetz von 1992 und trat im Jahr 1993 in Kraft. Sie sollte eine ausreichende, zweckmäßige und wirtschaftlich angemessene Pflege im Bereich der stationären und teilstationären Krankenhausbehandlung gewährleisten. Um den abrechnungsfähigen Personalbedarf zu ermitteln, wurden die zu behandelnden Patienten in neun Kategorien eingestuft, die nach pflegerischen Anforderungen und dem entsprechenden Zeitbedarf der Pflege gebildet wurden. Aus der Einstufung der Patienten ergibt sich der Gesamtzeitaufwand für die Pflege und in einem weiteren Schritt der Bedarf an Pflegepersonal.

Die PPR wurde im Jahr 1997 durch die neuen Gesundheitsreformgesetze außer Kraft gesetzt. Die Berechnung des Personalbedarfs erfolgt jedoch häufig weiterhin auf der Grundlage der PPR. Die Personalkosten werden allerdings heute durch die DRG-Fallpauschalen (siehe hierzu Lernfeld 8, Abschnitt 8.3.3) abgegolten.

5624234

In der PPR werden zwei Arten von Pflegemaßnahmen unterschieden:

▶ die allgemeine Pflege (A). Hierunter fällt der Bereich der Grundpflege, wie zum Beispiel Hygiene, Ernährung und Bewegung.

▶ die spezielle Pflege (S). Diese umfasst die Behandlungspflege, wie zum Beispiel die Wundversorgung oder die Versorgung von künstlichen Ausgängen zur Darm- und Blasenentleerung.

Tabelle 10.1 gibt die neun Pflegeaufwandskategorien der PPR und die entsprechende tägliche Pflegezeit wieder.

Pflegemaßnahmen	A1	A2	A3
S1	A1/S1 ➜ 52 Min.	A2/S1 ➜ 98 Min.	A3/S1 ➜ 179 Min.
S2	A2/S1 ➜ 62 Min.	A2/S2 ➜ 108 Min.	A3/S2 ➜ 189 Min.
S3	A3/S1 ➜ 88 Min.	A2/S3 ➜ 134 Min.	A3/S3 ➜ 203 Min.
Tabelle 10.1: Pflegeaufwandskategorien nach §§ 4 und 6 PPR			

Die Häufigkeit und der Umfang der täglichen Pflegemaßnahmen werden in Stufen mit den Zahlen 1 bis 3 ausgedrückt, wobei 1 für den geringsten und 3 für den höchsten Aufwand steht. Die Einstufung wird anhand der Dokumentationen der Pflegeleistungen von den Pflegefachkräften vorgenommen.

Das Krankenhaus muss sicherstellen, dass rund um die Uhr Pflegekräfte zur Verfügung stehen, um eine ganzheitliche Pflege zu gewährleisten. Ebenso muss der ambulante Pflegedienst darauf achten, dass er medizinisches Fachpersonal einsetzt, wenn bei einem Patienten Behandlungspflege vom Arzt verordnet wurde (zum Beispiel ein Verbandwechsel). Es ist natürlich auch in anderen Betrieben wichtig, dass die Mitarbeiter entsprechend ihrer Qualifikation eingesetzt werden. Doch gerade in der Pflege und Behandlung eines Patienten können Fehler – abgesehen von straf- und zivilrechtlichen Konsequenzen – im schlimmsten Fall den Verlust eines Menschenlebens bedeuten.

AUFGABE

Worin besteht der Unterschied zwischen qualitativer und quantitativer Personalbedarfsplanung?

10.4 Arbeits- und sozialversicherungsrechtliche Bestimmungen

Zum Einstieg

Theo ist im zweiten Ausbildungsjahr zum Kaufmann im Gesundheitswesen. Er absolviert den praktischen Teil seiner Ausbildung im Krankenhaus Am Rande der Stadt. Seit Kurzem umfasst sein Aufgabengebiet die Gehaltsabrechnung aller Mitarbeiter im Personalbüro. Doch bevor Theo die Gehälter zu jedem 15. des Monats berechnen und überweisen kann, wird er von seiner Ausbilderin Emma Ehrlich in die Grundlagen der Gehaltsabrechnung eingeweiht. Frau Ehrlich erzählt Theo außerdem, welche arbeitsrechtlich relevanten Gesetze im Personalbüro beachtet werden müssen.

▶ Welche arbeits- und sozialversicherungsrechtlichen Bestimmungen müssen in der Personalabteilung beachtet werden?

▶ Wie wird das Personal entlohnt?

▶ Wie ist die Gehaltsabrechnung aufgebaut?

▶ Welche Konzepte kommen in der Personalführung zum Tragen?

▶ Welche Maßnahmen werden zur Personalentwicklung getroffen?

BASISWISSEN
Der Arbeits-
vertrag
Kapitel 1,
Abschnitt
1.3.5
Arbeitnehmer-
schutzgesetze
Kapitel 1,
Abschnitt
1.3.6
Beendigung
des Arbeitsver-
hältnisses
Kapitel 1,
Abschnitt
1.3.7

10.4.1 Arbeitsvertrag und Arbeitnehmerschutz

Für die Beschäftigten im Gesundheitswesen gelten dieselben arbeitsrechtlichen Schutzgesetze wie für diejenigen in den übrigen Bereichen (Dienstleistungen, öffentlicher Dienst, Industrie, Handwerk).

Tabelle 10.2 fasst die Rechtsgrundlagen des Arbeitnehmerschutzes zusammen.

LITERATUR
Eine Gesamt-
darstellung
zum Arbeits-
recht bieten:
Michael
Kittner und
Olaf Deinert:
Arbeits- und
Sozialordnung,
36. Aufl.,
Frankfurt am
Main 2011

	öffentlicher Dienst	private Einrichtung	Tendenzbetrieb
Interessen-vertretung	Personalvertretungsge-setz (PVG, Personalrat)	Betriebsverfassungs-gesetz (BtrVG, Betriebs-rat)	Arbeitsvertragliche Richt-linien (AVR), Mitarbeiter-vertretung (MAV)
Urlaubs-anspruch	Bundesurlaubsgesetz (BUrlG)	Bundesurlaubsgesetz (BUrlG)	Bundesurlaubsgesetz (BUrlG)
Arbeitszeit	Arbeitszeitgesetz (ArbZG)	Arbeitszeitgesetz (ArbZG)	Arbeitszeitgesetz (ArbZG)
Krankheit	Entgeltfortzahlungs-gesetz	Entgeltfortzahlungs-gesetz	Entgeltfortzahlungs-gesetz
Schwanger-schaft	Mutterschutzgesetz (MuSchG)	Mutterschutzgesetz (MuSchG)	Mutterschutzgesetz (MuSchG)
Schwerbe-hinderung	Sozialgesetzbuch, 9. Buch (SGB IX)	Sozialgesetzbuch, 9. Buch (SGB IX)	Sozialgesetzbuch, 9. Buch (SGB IX)
Kündigung	Kündigungsschutzgesetz (KSchG)	Kündigungsschutzgesetz (KSchG)	Kündigungsschutzgesetz (KSchG)

Tabelle 10.2: Rechtsgrundlagen des Arbeitnehmerschutzes

AUFGABEN

1. Was kennzeichnet einen Arbeitnehmer im Sinne des Arbeitsrechts?

2. Welche der nachfolgend genannten Personengruppen fällt nicht unter den Begriff des Arbeitnehmers?

   a) Heimarbeiter

   b) Auszubildender

   c) Angestellter

   d) freiberuflich Tätiger

   e) Handelsvertreter im Sinne des § 84 Abs. 1 BGB

3. Welche der im Folgenden genannten Werktätigen gehören nicht zur Gruppe der Arbeitnehmer?

   a) Herr Gründlich, Verwaltungsfachangestellter

   b) Britta, Krankenschwester im Krankenhaus Am Rande der Stadt

   c) Dr. Scharfsinn, Augenarzt

   d) Tina, Auszubildende zur Kauffrau im Gesundheitswesen

   e) Norbert Neugierig, Rechtsanwalt

4. Nennen Sie mindestens vier wichtige Gesetze im Rahmen des Arbeitsrechts.

5. Was ist bezeichnend für das Individualarbeitsrecht?

6. Was ist bezeichnend für das Kollektivarbeitsrecht?

7. Welches der nachfolgend genannten Gesetze fällt nicht unter das Individualarbeitsrecht?

   a) Mutterschutzgesetz

   b) Arbeitszeitrecht

   c) Betriebsverfassungsgesetz

   d) Schwerbehindertenrecht

   e) Kündigungsschutzgesetz

8. Für welche Personengruppe gilt das Mutterschutzgesetz?

9. Was ist üblicherweise in Tarifverträgen geregelt?

   a) Entlohnung

   b) Arbeitsplatzbeschreibung

   c) Urlaubsanspruch

   d) Arbeitszeit

   e) Anspruch auf Elternzeit

10. Welche Pflichten hat der Arbeitgeber?

11. Was gehört nicht zu den Pflichten des Arbeitnehmers?

   a) Dienstleistungspflicht

   b) Überstundenpflicht

   c) Wettbewerbsverbot

   d) Treuepflicht

   e) Handelsverbot

12. Welche der nachfolgend genannten Gründe berechtigen den Arbeitgeber zu einer außerordentlichen Kündigung?

   a) gefälschte Bewerbungsunterlagen

   b) Betrug, Unterschlagung

   c) grobe Beleidigung oder Tätlichkeit

   d) sachlich nicht begründbare Arbeitsverweigerung

   e) krankheitsbedingte Abwesenheit

10.4.2 Entgeltberechnung

Brutto- und Nettoentgelt

> ▶ **Lohn** ist das Entgelt eines Arbeiters/einer Arbeiterin.
>
> ▶ Der **Zeitlohn** wird als Monats-, Wochen-, Tages- oder Stundenlohn angegeben. Zu seiner Errechnung wird der Lohnsatz je Zeiteinheit mit der Anzahl der Zeiteinheiten multipliziert.
>
> ▶ Beim **Leistungslohn** wird zwischen Akkordlohn und Prämienlohn unterschieden.
>
> ▶ Beim **Akkordlohn** wird zwischen Stückakkord und Zeitakkord unterschieden. Der Akkordrichtsatz (Mindestlohn + Akkordlohn) richtet sich nach der Schnelligkeit und Genauigkeit der Arbeiter. Je mehr der Arbeiter produziert, desto höher fällt sein Lohn aus.
>
> ▶ Beim **Prämienlohn** (Grundlohn + Prämie) ist der Grundlohn leistungsunabhängig, die Prämie ist leistungsabhängig (also beispielsweise an die Einhaltung eines Termin zur Auslieferung oder an die Erreichung eines bestimmten betrieblichen Umsatzes gekoppelt).
>
> ▶ Das **Gehalt** ist das vertraglich geregelte Entgelt von Angestellten oder Beamten für das Ausüben einer Tätigkeit im Rahmen einer festen Anstellung.
>
> ▶ Das **Bruttoentgelt** ist der gesamte Entgeltbetrag, der einem Arbeiter oder Angestellten zusteht.

Das Steuer- und das Sozialversicherungsrecht sehen eine Reihe von Abzügen vom Bruttolohn beziehungsweise Bruttogehalt vor. Zur Berechnung des Nettoentgelts werden die folgenden Beträge vom Bruttoentgelt abgezogen:

▶ Sozialversicherungsabgaben
  – Beitrag zur gesetzlichen Rentenversicherung
  – Beitrag zur gesetzlichen Krankenversicherung
  – Beitrag zur gesetzlichen Arbeitslosenversicherung
  – Beitrag zur gesetzlichen Pflegeversicherung

▶ Steuern
  – Lohnsteuer
  – Solidaritätszuschlag
  – Kirchensteuer (bei Konfessionszugehörigkeit)

Weitere Abzüge können zum Beispiel durch Mietausgaben bei Werkswohnungen oder durch den Anteil des Beschäftigten an den vermögenswirksamen Leistungen (VL) zustande kommen. Das Nettoentgelt bezeichnet den Teil des Entgelts, der nach allen Abzügen ausgezahlt wird.

BASISWISSEN
Schwerbehindertenrecht
Kapitel 1,
Abschnitt
1.3.6

Ein Beschäftigter kann die Anerkennung als Behinderter beantragen, wenn damit zu rechnen ist, dass seine körperlichen Funktionen, seine geistigen Fähigkeiten oder seine seelische Gesundheit länger als sechs Monate beeinträchtigt sind. Wird der Antrag angenommen, so wird der Beschäftigte nach dem Grad seiner Behinderung eingestuft. Zugleich wird seine Steuerlast ermäßigt. Er kann dazu entweder außergewöhnliche Belastungen (§ 33 Einkommensteuergesetz, EStG) oder einen nach dem Grad seiner Behinderung gestaffelten Pauschbetrag (§ 33b EStG) geltend machen.

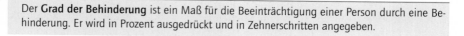

> Der **Grad der Behinderung** ist ein Maß für die Beeinträchtigung einer Person durch eine Behinderung. Er wird in Prozent ausgedrückt und in Zehnerschritten angegeben.

Als schwerbehindert wird eingestuft, wer einen Grad der Behinderung (GdB) von 50 oder mehr hat. Schwerbehinderte haben Anspruch auf einen Schwerbehindertenausweis. Dieser kann außer dem GdB noch Merkzeichen enthalten, die ihm das Recht auf weitere Vergünstigungen verschaffen, wie etwa den kostenlosen Eintritt für eine Begleitperson in Museen oder im Theater.

Mögliche Merkzeichen im Schwerbehindertenausweis sind in Tabelle 10.3 aufgeführt.

Zeichen	Bedeutung
aG	außergewöhnliche Gehbehinderung
H	hilflos im Sinne des Einkommensteuergesetzes
Bl	blind im Sinne des Bundessozialhilfegesetzes
Rf	Befreiung von der Rundfunk- und Fernsehgebührenpflicht (nach landesrechtlichen Vorschriften)
B	Notwendigkeit ständiger Begleitung bei der Benutzung öffentlicher Verkehrsmittel
G	erhebliche Beeinträchtigung der Bewegungsfähigkeit im Straßenverkehr
Gl	gehörlos

Tabelle 10.3: Merkzeichen im Schwerbehindertenausweis

Der Arbeitgeber muss zusätzlich zum Bruttoentgelt die Arbeitgeberanteile zur Sozialversicherung leisten, sodass der Aufwand für Löhne und Gehälter um rund 20 % bis 25 % über den Bruttoentgelten liegt. Außerdem zahlt er den vollständigen Beitrag für die gesetzliche Unfallversicherung an die Berufsgenossenschaften.

> BASISWISSEN
> Sozialversicherungsrecht
> Kapitel 6,
> Abschnitt 6.3

Tarifverträge

Im Gesundheitswesen wurden die Arbeitsbedingungen bislang vor allem gemäß den Bestimmungen des Bundesangestelltentarifs (BAT) ausgestaltet. Seit dem 1. Oktober 2005 gilt aufgrund einer Vereinbarung zwischen den Gewerkschaften und Arbeitgebern der Tarifvertrag für den öffentlichen Dienst (TVöD), der den BAT ablöst. Allerdings werden in einigen Einrichtungen des Gesundheitswesens die Gehälter nach wie vor gemäß den Vorgaben des BAT berechnet.

> **Der öffentliche Dienst ist der Dienst der in öffentlich-rechtlichen Körperschaften beschäftigten Beamten, Angestellten und Arbeiter.**

Arbeitgeber im öffentlichen Dienst sind die Gemeinden, die Bundesländer, der Bund und andere öffentlich-rechtliche Körperschaften, die öffentlich-rechtlichen Rundfunk- und Fernsehanstalten, die öffentlich-rechtlichen Stiftungen, die staatlichen Schulen und die staatlichen Krankenhäuser.

Der TVöD basiert in seinen Grundzügen auf dem alten BAT, sieht aber eine völlig neue Lohn- und Gehaltsstruktur vor. Um die neuen Berechnungen zu erleichtern, wurde ein weiterer Tarifvertrag, der Tarifvertrag zur Überleitung der Beschäftigten der kommu-

> BASISWISSEN
> Interessenvertretung der Arbeitnehmer
> Kapitel 1,
> Abschnitt 1.3.9
> Tarifverträge
> Kapitel 6,
> Abschnitt 6.2.2

BASISWISSEN
Arbeitsrecht
Kapitel 6,
Abschnitt 6.2
nalen Arbeitgeber in den TVöD und zur Regelung des Übergangsrechts (TVÜ-VKA), abgeschlossen. Für den Bereich der Krankenhäuser gelten darüber hinaus besondere Tarifverträge. So wurde der besondere Teil für Krankenhäuser (BT-K) des TVöD vereinbart, der spezielle Regelungen für Ärzte und Arbeitszeiten in Krankenhäusern sowie Pflege- und Betreuungseinrichtungen enthält. Außerdem wurde ein Tarifvertrag zur Zukunftssicherung der Krankenhäuser (TV-ZUSI) abgeschlossen, um die finanzielle Situation der Häuser zu sichern. Auch für die Beschäftigten von Wohlfahrtsverbänden gelten eigene Tarifverträge. Daneben existieren der Bundesangestelltentarif in kirchlicher Fassung für evangelische Träger (BAT-KF) und die Arbeitsvertragsrichtlinien (AVR) für katholische Träger. Beide Träger unterhalten in der Regel sogenannte Tendenzbetriebe.

> Ein **Tendenzbetrieb** ist nach dem Betriebsverfassungsrecht ein Betrieb, der nicht nur erwerbswirtschaftliche Zwecke verfolgt, sondern der auch der Verwirklichung der im Grundgesetz verankerten Grundrechte der Glaubens- und Religionsfreiheit (Artikel 4 GG), der Meinungs-, Presse-, Kunst- und Wissenschaftsfreiheit (Artikel 5) und der Vereinigungsfreiheit (Artikel 9 Abs. 3) dient.

Die bekanntesten Tendenzbetriebe sind die Diakonischen Werke der evangelischen Kirche und die Caritas-Einrichtungen der katholischen Kirche.

Gehaltsberechnung gemäß BAT

Gemäß dem BAT werden die Gehälter nach der folgenden Struktur berechnet:

► Grundvergütung,
► Ortszuschlag,
► allgemeine Zulage,
► Vergütungsgruppenzulage (Sozial- und Erziehungsdienst),
► Sonderzuwendungen.

Zur Ermittlung der Grundvergütung werden die folgenden Faktoren berücksichtigt:

► Altersstufe,
► Tätigkeitsfeld,
► Funktion,
► ausbildungsbezogene Vergütungsstufe.

Das **Grundgehalt** macht den größten Teil der Besoldung aus. Es richtet sich zunächst nach dem Tätigkeitsfeld des Angestellten und steigt mit zunehmendem Alter an.

Beispiel ▶ Bemessung des Grundgehalts gemäß BAT

► Ein 33 Jahre alter Angestellter in der niedrigsten Besoldungsstufe (Stufe X) bezieht ein Grundgehalt von rund 1.100,00 €.
► Eine 47 Jahre alte Angestellte in der höchsten Besoldungsstufe (Stufe I) bezieht ein Grundgehalt von rund 5.000,00 €.

Die Grundvergütung ist dynamisch, das heißt, sie wird bei Tariferhöhungen angepasst. Der **Ortszuschlag** richtet sich im Wesentlichen nach dem Familienstand. Hier werden bundesweit einheitlich drei Klassen unterschieden: ledig, verheiratet und ein Kind. Hat der Beschäftigte mehrere Kinder, so kann sich der Ortszuschlag durch eine weitere Zulage erhöhen.

Die **allgemeine Zulage** ist in den 1970er-Jahren entstanden. Nach dem Tarifabschluss stiegen die Lebenshaltungskosten so stark an, dass die Tarifpartner den Vertrag nachträglich neu verhandelten. Die allgemeine Zulage ist wie die Grundvergütung dynamisch, das heißt, bei einer prozentualen Gehaltserhöhung steigt sie entsprechend an.

Die Angehörigen bestimmter Berufsgruppen – wie zum Beispiel Pflegekräfte im Operationssaal und auf den Intensivstationen oder Beschäftigte in der Psychiatrie – erhalten **Vergütungsgruppenzulagen.** Bei bestimmten Anlässen werden zusätzlich zum regulären Lohn oder Gehalt **Sonderzuwendungen** oder Gratifikationen gewährt.

Beispiel ▶ Sonderzuwendungen nach dem BAT

Typische Formen sind

▶ Weihnachtsgeld,

▶ Urlaubsgeld,

▶ Sonderzahlungen aus Anlass eines Betriebsjubiläums.

Für die Arbeit an Sonn- und Feiertagen sowie an Samstagen und nachts erhalten die Beschäftigten stundenbezogene Zuschläge.

Beispiel ▶ Abrechnung nach dem BAT-Vergütungssystem

Die Verdienstabrechnung für eine Altenpflegerin nach dem BAT-Vergütungssystem ist in Schaubild 10.1 wiedergegeben (s. folgende Seite).

Frau Mustermann erhält ihr Gehalt am 15. des Monats. Die Gehaltsabrechnung für den Monat November 2011 wird in der Finanzbuchhaltung des Seniorenstiftes Am Rande der Stadt folgendermaßen gebucht:

1. Banküberweisung des Gehalts 15. November 2011:

Gehälter	5.979,54 €	
Sonstige tarifliche Aufwendungen	6,65 €	
an Verbindlichkeiten (VB) Finanzbehörde		1.372,19 €
an Verbindlichkeiten (VB) Soz.versicherung		1.250,82 €
an Verb. vermögenswirksame Leistungen		40,00 €
an persönliche Be-/Abzüge		100,00 €
an Bankguthaben		3.223,18 €

2. Arbeitgeberanteil zur Sozialversicherung (SV):

Arbeitgeberanteil zur SV	1.181,91 €	
an Verbindlichkeiten SV		1.181,91 €

3. Banküberweisung von Lohnsteuer und Solidaritätszuschlag 10. Dezember 2011:

Verbindlichkeiten Finanzbehörde	1.372,19 €	
an Bankguthaben		1.372,19 €

Arbeits- und sozialversicherungsrechtliche Bestimmungen

Seniorenstift Am Rande der Stadt

Abrechnungsmonat: 07/2011 Seite: 1

Verdienstabrechnung

Maria Mustermann
Mustergasse 13
53000 Bonn

Druck: 20.07.2011/17:50 Tarifart: BAT-L			
Personal-Nr.	Eintritt	Kostenstelle	Vergütungsgr./Stufe
12345	01.04.1998	532456	KVA / 9

Abr.gr.	St.Kl.	Ki.Freib.	Konfession	Freibetr. monatl.	Freibetr. jährl.	Fallgruppe
5	1	0,0	KF/KF	0	0	

Beitr.gr.	Versicherungsnummer		Tätigkeit	Pers.-Gr.	Austritt
1111	23456789R560		86144	101	

Arb.Tg.	St.Tg.	SV.Tg.	Krankenkasse
30	30	2	Barmer Ersatzk.

Aufschlag lfd.	Tage/Woche	SFN-Grundlohn/Std.	Teilzeit/Vollzeit
	6.000		39,0 / 39,0

Lohnart	Bezeichnung		Stunden/Tage	Satz	%-Satz	Pers.be-/Abzüge	Brutto
125	Grundvergütung	LLR					1.907,91
160	Ortszuschlag	LLR					473,21
250	Allgemeine Zulage	LLR					107,44
255	Vermögensw. Leistung	LL					6,65
1070	Pflegezulage PE1; 1	1					46,02
2025	Schichtzul. 35,79	LLR					35,79
2705	Samstagsarbeit	LLR	11,75	0,64			7,52
2715	Sonnt.Zuschl. Angest	LL	8,50	3,34	25,0000		28,39
2725	Zuschl.WoFei mit FZA	LL	17,00	4,68	35,0000		79,56
2745	Zuschl.Sonnt. Feiert	LL	8,50	6,68	50,0000		56,78
2760	Zuschl.Nacht - arbei	LL	15,00	1,28			19,20
2890	Url.Aufschlag Urlau	LLR	2,00	3,42			6,84
2895	Url.Aufschlag krank	LLR	1,00	3,42			3,42
3160	Urlaubsgeld	EE					332,34
3250	Tarifl.Einmalzahlung	EER					100,00
4505	VWL-Abzug 1					-40,00	

VWL 1 Bankv.: 123 456 78 DZ BANK, Konto.-Nr. 1234 567 890

St. — SV — ZVK

Gesamtbrutto

3.211,07

Steuer + Sozialversicherung + ZVK

Steuerbrutto	davon Einmalbezug	Lohnsteuer	davon Einmalbezüge St.	Solidaritätszuschlag	Kirchensteuer	Abzüge Steuer
3.058,63	432,34	492,41	0,00	27,08	0,00	519,49

SV-Brutto	davon Einmalbezug	KV-Beitrag	PV-Beitrag	RV-Beitrag	AV-Beitrag	Abzüge SV
3.095,04	432,34	253,79	30,18	307,96	46,43	638,36

ZVK-Brutto	ZVK-Umlage	davon Sonder-Umlage	ZVK-Steuer	ZVK-SOLZ	ZVK-KIST	
2.688,15	120,97	0,00	17,90	0,98	1,25	

Urlaub

	Lfd. Monat U. Tg / Z. Tg	Tarif U. Tg / Z. Tg	Gen. ges. U. Tg / Z. Tg	Rest U. Tg	Rest AZV	Netto
Lfd. Jahr						2.053,22
davon Vorjahr						Persönliche Be-/Abzüge
						-40,00

Bankverbindung

Bank	Konto-Nummer	Auszahlung
Volksbank Bonn, BLZ 12345678	1234567890	2.013,22

Jahressummen

Gesamtbrutto	Steuerbrutto	davon Einmalbezüge St.	Lohnsteuer	Solidaritätszuschlag	Kirchensteuer	Gesamtabzüge Steuer
19.072,75	18.838,23	532,34	3.239,91	178,16	0,00	3.418,07

SV-Brutto	davon Einmalbezüge SV	KV-Beitrag	PV-Beitrag	RV-Beitrag	AV-Beitrag	Gesamtabzüge SV
19.093,10	532,34	1.417,27	210,02	1.861,59	620,53	4.109,41

ZVK-Brutto	ZVK-Umlage	davon Sonder-Umlage	ZVK-Steuer	ZVK-SOLZ	ZVK-KIST	Hinzurechn. SV aus ZVK
18.263,82	821,88	0,00	125,30	6,86	8,75	

Schaubild 10.1: Verdienstabrechnung nach dem BAT – Beispiel

4. Banküberweisung der Sozialversicherungsbeiträge drei Werktage vor Monatsende (gemäß Bestimmung seit dem 1. Januar 2006):

Verbindlichkeiten SV	2.432,73 €	
an Bankguthaben		2.432,73 €

5. Buchung der vermögenswirksamen Leistungen, je nach Vertrag des Arbeitsnehmers am 1. oder 15. des Monats:

Verbindlichkeiten VL	40,00 €	
an Bankguthaben		40,00 €

Gehaltsberechnung gemäß TVöD

Der TVöD sieht im Verhältnis zum BAT nur noch ein Grundentgelt und Entwicklungs-stufen vor. Die Zuschläge für die Arbeit an Sonn- und Feiertagen sowie an Samstagen und nachts bleiben grundsätzlich erhalten. Ein großes Interesse seitens der Arbeitgeber bestand darin, dass alle leistungsunabhängigen Vergütungsbestandteile (zum Beispiel der Ortszuschlag für Verheiratete und Kinderzuschläge) im Grundentgelt eingeschmol-zen werden. Lediglich die Entwicklungsstufen können noch als Möglichkeit der Gehalts-steigerung vereinbart werden.

Die Entwicklungsstufen lösen die Altersstufen des BAT ab. Erhöhungen des Grundge-halts sind also nicht mehr an das Alter des Beschäftigten gekoppelt, sondern an die Betriebszugehörigkeit. Dem Arbeitgeber steht es nun frei, einen relativ jungen Beschäf-tigten in eine höhere Entwicklungsstufe einzuordnen, ohne abwarten zu müssen, bis dieser eine bestimmte Altersschwelle überschritten hat. Dadurch hat er die Möglichkeit, Beschäftigte zu belohnen, die Zusatzaufgaben übernehmen oder sich besonders für den Betrieb einsetzen. Umgekehrt kann er Beschäftigte unabhängig von ihrem Alter und der Dauer ihrer Betriebszugehörigkeit in einer Entwicklungsstufe verweilen lassen, wenn sie keine besondere Motivation und Leistungsbereitschaft zeigen. Der Familien-stand wird im TVÖD nicht mehr berücksichtigt.

Das folgende Beispiel macht die Unterschiede zwischen dem BAT- und dem TVÜ-VKA-Vergütungssystem deutlich.

Beispiel ▶ Abrechnung nach dem TVÜ-VKA-Vergütungssystem

Die Verdienstabrechnung für Frau Mustermann nach dem TVÜ-VKA-Vergütungssystem ohne Zuschläge für Sonntagsarbeit ist in Schaubild 10.2 wiedergegeben (s. folgende Seite).

Seniorenstift Am Rande der Stadt

50891

Abrechnungsmonat: 11/2011 Seite: 3

Verdienstabrechnung

Druck: 21.11.2011/11:41 Tarifart: TVOE1

Personal-Nr.	Eintritt	Kostenstelle	Vergütungsgr./Stufe
12345	01.04.1998	532456	7A / 6

Abr.gr.	St.Kl.	Ki.Freib.	Konfession	Freibetr. monatl.	Freibetr. jährl.	Fallgruppe
5	1	0,0	KF/KF	0	0	

Beitr.gr.	Versicherungsnummer	Tätigkeit	Pers.-Gr.	Austritt
1111	23456789R560	86144	101	

Arb.Tg.	St.Tg.	SV.Tg.	Krankenkasse
30	30		2 Barmer Ersatzk.

Aufschlag lfd.	Tage/Woche	SFN-Grundlohn/Std.	Teilzeit/Vollzeit
	6.000		39,00 / 39,00

Maria Mustermann
Mustergasse 13
53000 Bonn

00

Lohnart	Bezeichnung				Stunden/Tage	Satz	%-Satz	Pers.be-/Abzüge	Brutto
128	Entgelt								2.801,05
255	Vermögensw. Leistung	LL							6,65
1070	Pflegezulage PE1; 1	LLR							46,02
2107	Ständ.We.-Schichtzul	LLR							105,00
3200	Sonderzahlung	EER					90,00		2.889,47
3300	Entgeltumwandlung	LL						-100,00	
4505	VWL-Abzug 1							-40,00	

03.11.2011 - 03.11.2011 810 Urlaub

VWL 1 Bankv.: 123 456 78 DZ BANK, Konto.-Nr. 1234 567 890

St. ⌐ SV ⌐ ZVK

Gesamtbrutto

Steuer + Sozialversicherung + ZVK		Gesamtbrutto aus Rückrechnungen:			138,00		5.988,19

	Steuerbrutto	davon Einmalbezug	Lohnsteuer	davon Einmalbezug St.	Solidaritätszuschlag	Kirchensteuer	Abzüge Steuer
R	32,92	0,00	9,33	0,00	0,51	0,00	
L	5.921,58	2.889,47	1.291,33	809,00	71,02	0,00	1.372,19

	SV-Brutto	davon Einmalbezug	KV-Beitrag	PV-Beitrag	RV-Beitrag	AV-Beitrag	Abzüge SV
R	33,94	0,00	2,78	0,42	3,33	0,51	
L	5.957,99	2.889,47	488,56	72,99	583,88	89,37	1.241,84

	ZVK-Brutto	ZVK-Umlage	davon Sonder-Umlage	ZVK-Steuer	ZVK-SOLZ	ZVK-KIST	
R	32,47	1,45	0,00	0,00	0,00	0,00	
L	5.841,54	262,87	0,00	17,90	0,98	1,25	

Urlaub		R=RÜCKRECHNUNGSMONATE / L=LAUFENDER MONAT					Netto
	Lfd. Monat U. Tg / Z. Tg	Tarif U. Tg / Z. Tg	Gen. ges. U. Tg / Z. Tg	Rest U. Tg	Rest AZV		3.374,16
Lfd. Jahr							Persönliche Be-/Abzüge
davon Vorjahr							-140,00

Bankverbindung				Auszahlung
Bank			Konto-Nummer	
Volksbank Bonn, BLZ 123 456 78			1234 567 890	3.234,16

Jahressummen						
Gesamtbrutto	Steuerbrutto	davon Einmalbezüge St.	Lohnsteuer	Solidaritätszuschlag	Kirchensteuer	Gesamtabzüge Steuer
38.628,13	36.278,96	3.889,64	6.124,37	336,81	0,00	6.461,18
SV-Brutto	davon Einmalbezüge SV	KV-Beitrag	PV-Beitrag	RV-Beitrag	AV-Beitrag	Gesamtabzüge SV
36.679,49	3.184,96	3.005,42	449,31	3.649,63	549,43	7.653,79
ZVK-Brutto	ZVK-Umlage	davon Sonder-Umlage	ZVK-Steuer	ZVK-SOLZ	ZVK-KIST	Hinzurechn. SV aus ZVK
36.641,24	1.648,85	0,00	196,90	10,78	13,75	1.065,10

Schaubild 10.2: Verdienstabrechnung nach dem TVÖD-VKA-Vergütungssystem – Beispiel

Betriebliches Vorschlagswesen

Der Arbeitgeber kann ein betriebliches Vorschlagswesen einrichten, um von seinen Beschäftigten Anregungen zu bekommen, wie der Betrieb wirtschaftlicher und menschengerechter geführt werden kann. In Deutschland wurde das betriebliche Vorschlagswesen (BVW) bereits 1872 von Alfred Krupp (Essen) begründet. Für Vorschläge zahlt der Arbeitgeber eine Prämie, wenn sie im Betrieb umgesetzt wurden und den gewünschten Nutzen erbracht haben. Der Prämiensatz liegt im Durchschnitt bei 15 % bis 30 % der Einsparungen im ersten Jahr.

LITERATUR
www.
hartmut-
genz.de/
pdfs/Ideen-
management.
pdf

AUFGABEN

1. Wie hoch ist der Beitrag eines Arbeitnehmers zur gesetzlichen Unfallversicherung?

2. Was ist der Bruttolohn?

3. Welche Abzüge vom Bruttolohn sind obligatorisch, welche kommen je nach Fall hinzu?

4. Welches der nachfolgend genannten Elemente gehört nicht in die Struktur des BAT?
   a) Grundvergütung   d) Prämie
   b) allgemeine Zulage e) Provision
   c) Ortszuschlag

5. Welcher der nachfolgend genannten Faktoren spielt bei der Ermittlung der Grundvergütung im BAT keine Rolle?
   a) Alter
   b) Tätigkeit
   c) Familienstand

6. Welche Faktoren bestimmen das Gehalt nach dem TVöD?

7. Der Arbeiter Rudi Rastlos erhält für 38,5 Stunden in der Woche 1.500,00 €. Wie nennt sich sein Entgelt?

8. Die Krankenschwester Marion Mehl erhält für 38,5 Stunden in der Woche 2.500,00 €. Wie nennt sich ihr Entgelt?

9. Warum gelten die meisten der in Tabelle 10.2 aufgeführten Gesetze für alle Betriebe?

10. Betrachten Sie die folgenden Fälle und berechnen Sie
    – das steuerpflichtige Entgelt;
    – das sozialversicherungspflichtige Entgelt;
    – die Summe aus Lohnsteuer, Kirchensteuer und Solidaritätszuschlag;
    – den Arbeitnehmeranteil zur Sozialversicherung (Beitragssatz zur KV: 13,4 %, im Übrigen aktuelle Beitragssätze);
    – das Nettoentgelt;
    – den Auszahlungsbetrag;
    – gegebenenfalls den Jahresurlaubsanspruch.
    a) Gabi Gütig, 33 Jahre, arbeitet als Krankenschwester im Stadtkrankenhaus in Saarbrücken. Zu ihren Aufgaben gehört es, die Station der chirurgischen Abteilung zu leiten, dafür erhält sie ein Bruttoentgelt von 2.800,00 €. Aufgrund ihrer Leitungsfunktion arbeitet sie nicht an Feiertagen und Wochenenden, deshalb erhält sie keine weiteren Zuschläge. Sie hat ein Kind und ist verheiratet. Frau Gütig ist evangelisch,

in Steuerklasse III eingestuft und erhält den Kinderfreibetrag. Sie erhält eine monatliche Leistungszulage von 200,00 €. Frau Gütig nimmt die vermögenswirksamen Leistungen in Anspruch, ihre Sparrate beträgt 40,00 €, ihr Arbeitgeber schießt 6,65 € zu. In ihre Steuerkarte hat Frau Gütig einen jährlichen Freibetrag von 2.400,00 € eintragen lassen.

b) Lukas Lieb, 30 Jahre, arbeitet als Altenpfleger im Seniorenstift der Stadt Hannover. Zu seinen Aufgaben gehört es, das Heim zu leiten, dafür erhält er ein Bruttoentgelt von 3.750,00 €. Aufgrund seiner Leitungsfunktion arbeitet er nicht an Feiertagen und Wochenenden, deshalb erhält er keine Zeitzuschläge. Er hat kein Kind, ist ledig und konfessionslos. Er erhält eine monatliche Leistungszulage von 250,00 €. Herr Lieb nimmt die vermögenswirksamen Leistungen in Anspruch, seine Sparrate beträgt 13,30 €, für die er vom Arbeitgeber einen Zuschuss von 6,65 € erhält. Herr Lieb hat einen jährlichen Freibetrag von 600,00 € in seine Steuerkarte eintragen lassen.

c) Klaus Kräftig, 22 Jahre, ist als Krankenpfleger im Klinikum der Stadt Greifswald beschäftigt. Nach einer Krebserkrankung hat er eine Schwerbehinderung mit einem GdB von 80. Für seine Arbeit in der Intensivstation erhält er ein Bruttoentgelt von 2.900,00 €. Aufgrund

Behindertenrecht, SGB IX:
bundesrecht.juris.de/sgb_9/index.html

seiner Tätigkeit erhält er eine Wechselschichtzulage von 100,00 €. Er hat kein Kind und ist ledig. Seine Konfession ist katholisch. Herr Kräftig nimmt die vermögenswirksamen Leistungen in Anspruch, seine Sparrate beträgt 13,30 €, für die er vom Arbeitgeber einen Zuschuss von 6,65 € erhält. In seine Steuerkarte hat Herr Kräftig einen jährlichen Freibetrag von 1.200,00 € eintragen lassen. Sein Urlaubsanspruch richtet sich nach dem Bundesurlaubsgesetz. Die Zahl der wöchentlichen Arbeitstage beträgt fünf.

d) Sarah Sensibel, 57 Jahre, ist als Chefärztin im Krankenhaus Am Rande der Stadt in Bonn beschäftigt. Für ihre Arbeit erhält sie ein Bruttoentgelt von 6.800,00 €. Sie hat zwei Kinder und ist verheiratet, ihr Mann arbeitet nicht, ist aber bei der AOK Rhein-

www.lohn1.de

land familienversichert. Sie ist katholisch. Frau Sensibel nimmt die vermögenswirksamen Leistungen in Anspruch, ihre Sparrate beträgt 40,00 €, für die sie vom Arbeitgeber einen Zuschuss von 6,65 € erhält. Frau Sensibel hat einen jährlichen Freibetrag von 720,00 € in ihre Steuerkarte eintragen lassen.

Hinweise:

▶ Die Kirchensteuer wird auf die Lohn-/Einkommensteuerschuld erhoben. Sie beträgt je nach Bundesland 8 % oder 9 %. Sie unterliegt der Kappung, das heißt, sie ist auf einen bestimmten Höchstsatz des zu versteuernden Ein-

www.nettoeinkommen.de/kirche.htm

kommens begrenzt. Der Kappungssatz beträgt je nach Bundesland 3 %, 3,5 % oder 4 %.

▶ Seit dem 1. Juli 2005 gilt neben dem bisherigen Beitragssatz zur Krankenversicherung ein Zusatzbeitragssatz von 0,9 %. Den danach bemessenen Zusatzbeitrag hat der Versicherte alleine zu tragen.

11. Berechnen Sie die gesetzlichen Sozialversicherungsabgaben auf die folgenden Angestellengehälter. Gehen Sie dazu davon aus, dass die Bezieher ledig und kinderlos sind und in einem der alten Bundesländer leben.

Gehalt (€)	RV (€)	KV (13,4 %)	PV (ohne Zusatzbeitrag €)	PV (inkl. Zusatzbeitrag €)	AV (€)
1.500,00	?	?	?	?	?
2.550,00					
3.939,00					
6.500,00					

Bitte nicht im Buch ausfüllen.

12. Nennen Sie die wichtigste Neuerung seit dem 1. Januar 2005 für kinderlose Beschäftigte im Rahmen der Sozialversicherung.

10.5 Personalführung

BASISWISSEN
Personalführung
Kapitel 6,
Abschnitt
6.4.4

In vielen Betrieben im Gesundheitswesen wird der kooperative Führungsstil bevorzugt. Dies hängt sicherlich mit dem Aufgabengebiet und den Einsatzgebieten des Gesundheitswesens zusammen. Gerade hier ist der zwischenmenschliche Kontakt so bedeutend wie in kaum einem anderen Wirtschaftsbereich. Die Art und Weise der Mitarbeiterführung wirkt sich auch auf den Umgang der Beschäftigten mit den Kunden/Patienten aus. Nur zufriedene Mitarbeiter schaffen zufriedene Kunden.

AUFGABEN

1. Was ist der Unterschied zwischen Direktorial- und Kollegialprinzip?

2. Nennen Sie drei Führungsstile.

10.6 Personalentwicklung

BASISWISSEN
Personalentwicklung
Kapitel 6,
Abschnitt
6.4.5

Die Personalentwicklung ist im Gesundheitswesen von überragender Bedeutung, da die Untersuchungs- und Behandlungsmethoden sich ständig verändern. Die Beschäftigten müssen sich den wechselnden Anforderungen stellen und an Fort- und Weiterbildungsmaßnahmen teilnehmen, um ihr berufliches Wissen und ihre beruflichen Fähigkeiten zu erneuern und auszubauen.

Im Gesundheitswesen und vor allem in den Krankenhäusern stellt das Personal den größten Kostenfaktor dar. Nach Angaben des Statistischen Bundesamtes machen die jährlichen Personalkosten in den Krankenhäusern rund 70 % der Gesamtkosten aus. Dies unterstreicht, wie wichtig ein gutes Personalentwicklungskonzept ist. Es beugt einem Mangel an medizinischen ebenso wie nichtmedizinischen Fachkräften in allen Funktionsbereichen des Krankenhauses vor. Außerdem trägt es zur Verbesserung des Betriebsklimas bei: Die Beschäftigten sehen sich als Teil des Ganzen und als Teil des Teams. Dies mindert die Fluktuation und damit einhergehende Verluste von Know-how.

Jeder Beschäftigte hat ein Recht auf Fort- und Weiterbildung. Die Rechtsgrundlage ist das Arbeitnehmerweiterbildungsgesetz (AWbG). Dieses Gesetz regelt die Freistellung von Arbeitnehmern zum Zweck der beruflichen und politischen Weiterbildung. Wie der einzelne Beschäftigte dieses Recht wahrnimmt, liegt in seinem eigenen Ermessen.

> **Fortbildung** umfasst die Teilnahme an Bildungsveranstaltungen zum Erwerb von Wissen und Fähigkeiten, die geeignet sind, die berufliche Leistungsfähigkeit zu sichern oder zu steigern.

Fortbildungen werden im Betrieb oder Unternehmen angeboten und erstrecken sich über Zeiträume von Stunden bis zu mehreren Tagen. Die Themen sind nicht zwingend mit der fachlichen Tätigkeit oder dem Berufsfeld des Beschäftigten verbunden.

Beispiel ▶ Fortbildungsveranstaltungen

Vorträge oder Seminare zu den Themen Stressbewältigung am Arbeitsplatz, individuelle Arbeitsorganisation oder Mitarbeiterführung sind für die berufliche Weiterentwicklung ebenso wichtig wie Kurse zu den Themen Supervision im Umgang mit schwierigen Patienten, Lagerungsarten nach Bobarth oder Coaching für Führungskräfte.

> **Weiterbildung** umfasst die Teilnahme an Bildungsveranstaltungen mit dem Ziel, die bisherige Tätigkeit oder das bisherige Berufsfeld zu erweitern.

Veranstaltungen zur Weiterbildung dauern in der Regel Wochen, Monate oder Jahre und können zum Teil nur außerhalb des eigenen Unternehmens wahrgenommen werden, da der Arbeitgeber meist nicht über die nötigen Fachreferenten verfügt. Die Teilnahme an Weiterbildungsmaßnahmen ist in der Regel Voraussetzung für einen beruflichen und/oder finanziellen Aufstieg.

Beispiel

Fachweiterbildungen für Mitarbeiter des Pflegepersonals sind Weiterbildungen, die der Spezialisierung dienen, wie etwa der Pflege auf der Intensivstation oder in der Psychiatrie.

AUFGABEN

1. Was verstehen Sie unter Personalentwicklung?

2. Welches Instrument gehört nicht zu den Instrumenten der Personalentwicklung?
   a) Jobcenter
   b) Jobenrichment
   c) Jobrotation

5624248

11 Investitionen finanzieren

Zum Einstieg

Klara Klug ist im dritten Ausbildungsjahr und steht kurz vor ihrer Abschlussprüfung. Die letzte Abteilung, in der sie eingesetzt werden soll, befasst sich mit allen Finanzvorhaben. Klara erhält von ihrer Ausbilderin Rosi Richtig die wichtigsten Informationen, die zu diesem Aufgabengebiet gehören. Unter anderem erfährt sie, dass Krankenhäuser unter bestimmten Voraussetzungen (Krankenhausplan) einen Rechtsanspruch auf öffentliche Finanzierung ihrer Investitionen haben, dass aber trotzdem die Investitionsfördermittel aus den öffentlichen Töpfen nicht beliebig verteilt werden können. Klara hatte zuvor Bedenken, ob sie sich mit den Themen Investition und Finanzierung hinreichend auskennt, um effektiv in dieser Abteilung arbeiten zu können. Frau Richtig hat ihr Mut gemacht und nun freut sich Klara, ihr Wissen umsetzen zu können.

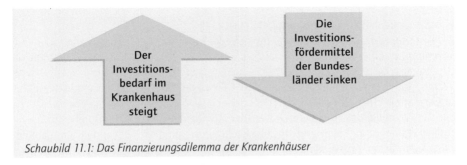

Schaubild 11.1: Das Finanzierungsdilemma der Krankenhäuser

Leider stehen dem steigenden Investitionsbedarf der Krankenhäuser immer weniger Fördermittel der Bundesländer gegenüber (Schaubild 11.1). Das bedeutet, dass die Krankenhäuser Investitionen immer öfter aus eigenen Mitteln oder durch Kredite finanzieren müssen. Doch sind sie dazu angesichts ihrer angespannten finanziellen Situation in der Lage? Es ist unabdingbar, dass Möglichkeiten gefunden werden, um die Betriebskostenfinanzierung mit dem rechtlichen Rahmen der Investitionsfinanzierung, der Krankenhausplanung und die Förderungsrealität in Übereinstimmung zu bringen.

11.1 Förderung von Krankenhäusern und Pflegeeinrichtungen

Zum Einstieg

Die 78-jährige rüstige Rentnerin Frau Murmel nimmt wöchentlich am Seniorentanz der Arbeiterwohlfahrt in Bonn teil. Beim letzten Mal ist sie so unglücklich gestürzt, dass sie sich einen Oberschenkelhalsbruch und eine Hirnblutung zugezogen hat. Nach der Akutversorgung im Krankenhaus (Operation des Oberschenkelhalsbruchs und Ausräumung der Hirnblutung) fällt Frau Murmel ins Wachkoma.

> **Das therapeutische Team der Inneren Abteilung des Krankenhauses Am Rande der Stadt muss nach drei Wochen überlegen, wie Frau Murmel weiterhin versorgt werden kann, da die Ärzte keine Besserung ihres Zustandes erwarten. Frau Murmel hat keine Angehörigen, die sie professionell pflegen können. Sie muss dauerhaft stationär gepflegt werden, deshalb wird sie zunächst in die hauseigene Kurzzeitpflegestation des Krankenhauses verlegt, wo sie so lange bleiben wird, bis sie einen Pflegeplatz im städtischen Pflegeheim der Stadt Bonn erhält.**
>
> ▶ Welche Förderungsmöglichkeiten existieren für Krankenhäuser und Pflegeheime?
> ▶ Welche gesetzlichen Bestimmungen liegen der Förderung von Krankenhäusern und Pflegeheimen zugrunde?
> ▶ Was sind Ersatzinvestitionen im Gesundheitswesen?
> ▶ Was sind Neuinvestitionen im Gesundheitswesen?

Die rechtlichen Grundlagen der Finanzierung von Krankenhäusern, Rehabilitationskliniken und Kurkliniken sind

▶ das Krankenhausfinanzierungsgesetz (KHG),

▶ die Bundespflegesatzverordnung (BPflV)/das Krankenhausentgeltgesetz (KHEntgG),

▶ die Krankenhausbuchführungsverordnung (KHBV),

▶ die Abgrenzungsverordnung (AbgrV).

Die KHBV regelt das Rechnungswesen der Krankenhäuser, zum Beispiel die Besonderheiten der von der steuerrechtlichen Rechnungslegung abweichenden Verbuchung außerordentlicher Aufwendungen und Erträge im Krankenhaus, die durch gewährte Fördermittel entstehen. In der AbgrV werden die laut § 17 Abs. 4 Nr. 1 KHG im Pflegesatz nicht zu berücksichtigenden Investitionskosten von den pflegesatzfähigen Kosten abgegrenzt.

11.1.1 Das System der dualen Finanzierung

Das Krankenhausfinanzierungsgesetz (KHG) von 1972 ist die bedeutendste rechtliche Grundlage für die Krankenhausplanung und -finanzierung. Mit diesem Gesetz wurde das System der dualen Krankenhausfinanzierung eingeführt. Demgemäß haben die in den Krankenhausplänen enthaltenen Krankenhäuser eine doppelte Finanzierungsgrundlage: Die Investitionskosten werden im Wege der öffentlichen Förderung, die laufenden Betriebskosten werden von den Patienten oder deren Krankenkassen oder -versicherungen abgedeckt. Krankenhäuser, die nicht im Krankenhausplan vermerkt sind, wie zum Beispiel Rehabilitationskliniken, finanzieren ihre Ausgaben allein über Pflegesätze. Diese müssen folglich unter Berücksichtigung der Investitionskosten kalkuliert werden.

Schaubild 11.2 zeigt, wie sich die Finanzierung der laufenden Kosten seit 1993 verändert hat.

	Vor 1993	1993	1996	ab 2003
Gesetz	Diverse	Gesundheits-strukturgesetz (GSG)	Bundespflegesatzver-ordnung 1995 (BPflV 1995)	Fallpau-schalengesetz
Überwiegende Entgeltformen	Allgemeiner Pflegesatz	Allgemeiner Pflegesatz	Fallpauschalen, Sonder-entgelte, fachabteilungs-spezifische Pflegesätze, Basispflegesatz	DRG-basierte Fallpauschalen
Budget	flexibel	fest	flexibel	flexibel
Inkrafttreten		1. Jan. 1993	1. Jan. 1995 optional 1. Jan. 1996 verbindlich	

Schaubild 11.2: Gesetzliche Entwicklung der Finanzierung der Betriebskosten

Das KHG soll eine bedarfsgerechte Versorgung der Bürger mit leistungsfähigen, eigenverantwortlich wirtschaftenden Krankenhäusern garantieren und dies zu sozial tragbaren Pflegesätzen (§ 1 KHG). Die Verwirklichung dieser Ziele liegt in der Obhut der Länder, die dazu eigene Krankenhauspläne und Investitionsprogramme aufstellen und dabei auch die Folgekosten (im Hinblick auf die Auswirkungen auf die Pflegesätze) berücksichtigen müssen (§ 6 Abs. 1 KHG). Ist ein Krankenhaus für mehr als ein Bundesland zuständig, so muss die Krankenhausplanung zwischen den beteiligten Ländern abgestimmt werden (§ 6 Abs. 2 KHG).

Die Krankenhauspläne der Bundesländer sind in Versorgungsgebiete unterteilt und umfassen die für eine bedarfsgerechte Versorgung der Bevölkerung erforderlichen Krankenhäuser, insbesondere nach

▶ Leistungsstufe,

▶ Standort,

▶ Fachrichtungen,

▶ Zahl der Planbetten,

sowie die als bedarfsgerecht angesehen und mit den Krankenhäusern notwendigerweise verbundenen Ausbildungsstätten (§ 2 Nr. 1 a KHG). Fachkrankenhäuser und besondere zentrale Krankenhauseinrichtungen können von den allgemeinen Krankenhausplänen ausgenommen werden. Das Versorgungssystem als Ganzes umfasst die Akutversorgung und die Nachsorge in Krankenhäusern.

Beispiel ▶ Krankenhausplan für das Berliner Charité

Tabelle 11.1 gibt einen Auszug aus dem Krankenhausplan der Berliner Senatsverwaltung für Gesundheit, Soziales und Verbraucherschutz für das Charité – Universitätsmedizin Berlin wieder.

Fachabteilung	Krankenhausbetten		
	Ist 1.1.2010 (ordn.-beh. genehmigt)	Umsetzung Plan-fortschreibung 2006	Krankenhaus-plan 2010
Augenheilkunde	112	99	112
Chirurgie	623	596	623
Frauenheilkunde und Geburtshilfe	268	235	268
Hals-Nasen-Ohren-Heilkunde	106	98	106
Haut- und Geschlechtskrankheiten	98	91	98
Innere Medizin	909	838	909
Kinder- und Jugendheilkunde	256	234	256
Kinder- und Jugendpsychiatrie und -psychotherapie	30	30	38
Mund- und Kiefer-Gesichtschirurgie	70	70	70
Neurochirurgie	99	99	99
Neurologie	140	117	140
Nuklearmedizin	16	16	16
Psychiatrie und Psychotherapie	178	170	170
Psychosomatische Medizin und Psychotherapie	30	30	30
Strahlentherapie	72	69	72
Urologie	109	102	109
Sonstige Fachbereiche	90	90	98
Betten insgesamt	**3 213**	**2 991**	**3 213**

Tabelle 11.1: Auszug aus dem Krankenhausplan für das Charité Berlin

Quelle: Website der Stadt Berlin, www.berlin.de/imperia/md/content/sen-gesundheit/krankenhauswesen/doku-mente/gesamttext_stand_29_10_2010_v03.pdf, S. 98; abgerufen am 2. November 2011.

Die Krankenhausplanung muss mit den pflegerischen Leistungserfordernissen nach den Bestimmungen des Elften Buches des Sozialgesetzbuchs (SGB XI) abgestimmt werden (§ 6 Abs. 3 KHG), die in § 28 SGB XI aufgelistet sind (siehe auch Lernfeld 8, Abschnitt 8.4.2). Dadurch werden die Krankenhäuser von den Pflegefällen entlastet, denn die Pflege wird in selbstständigen Pflegeeinrichtungen oder nach dem Modell der ambulanten Pflege organisiert. Der Pflegeaufwand wird durch die Pflegeversicherung abgedeckt (§ 6 Abs. 3 KHG).

5624252

Beispiel ▶ Finanzierung von Pflegeleistungen

Die Pflegeleistung von Frau Murmel wird von der Pflegeversicherung übernommen, die vorausgegangene Akutversorgung hat das Krankenhaus mit der Krankenversicherung abgerechnet. Für Frau Murmel spielt es keine Rolle, wer die Kosten für ihre Leistungen übernimmt. Hauptsache ist, sie bleibt weiterhin gut versorgt.

Schaubild 11.3 illustriert die Krankenhausplanung am Beispiel des Landes Nordrhein-Westfalen.

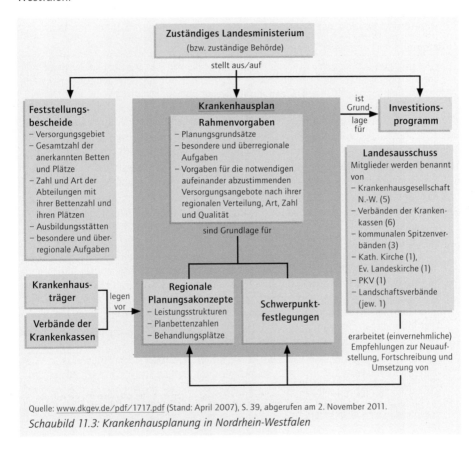

Quelle: www.dkgev.de/pdf/1717.pdf (Stand: April 2007), S. 39, abgerufen am 2. November 2011.

Schaubild 11.3: Krankenhausplanung in Nordrhein-Westfalen

11.1.2 Neu- und Ersatzinvestitionen

Eine **Neuinvestition** ist eine Investition, die zur Errichtung eines neuen Krankenhauses oder einer neuen Abteilung sowie zu deren Erstausstattung oder zur Wiederbeschaffung von langfristigen Anlagegütern vorgenommen wird.

Neuinvestitionen können in Krankenhäusern über die Einzelförderung nach § 9 Abs. 1 und 2 KHG finanziell gefördert werden.

Beispiel ▶ Neuinvestition im Krankenhaus

Das Krankenhaus Am Rande der Stadt möchte eine neue Abteilung „TCM" (Traditionelle Chinesische Medizin) eröffnen. Die Anschaffung der Einrichtungsgegenstände für die neue Abteilung ist eine Neuinvestition.

Eine **Ersatzinvestition** oder Ersatzbeschaffung ist eine Investition, die ein abgenutztes Anlagegut, das aus dem Produktionsbetrieb ausgesondert wurde, ersetzt.

Ersatzinvestitionen von Krankenhäusern können über die Pauschalförderung (§ 9 Abs. 3 KHG) gefördert werden, wenn ihre Nutzungsdauer weniger als 15 Jahre beträgt.

Beispiel ▶ Ersatzinvestition im Krankenhaus

In der Röntgenabteilung des Krankenhauses Am Rande der Stadt werden die ausgedienten Röntgenapparate nach fünf Jahren gegen neue, moderne Röntgengeräte ausgetauscht. Die Anschaffung der neuen Geräte ist eine Ersatzinvestition.

BASISWISSEN
Investitions-
arten
Kapitel 4,
Abschnitt
4.3.1

Die in den Krankenhausplan ihres Bundeslandes aufgenommen Krankenhäuser haben nach § 8 Abs. 1 KHG Anspruch auf Investitionsförderung. Dabei wird zwischen der Einzelförderung nach § 9 Abs. 1 und 2 KHG und der Pauschalförderung nach § 9 Absatz 3 KHG unterschieden. Die bundeseinheitlichen Grundsätze der Investitionsförderung laut KHG sind im Anhang wiedergegeben. Die Details der Investitionsförderung werden in den Krankenhausgesetzen der Bundesländer geregelt (siehe auch hierzu im Anhang das Beispiel des Krankenhausgesetzes für das Bundesland Nordrhein-Westfalen).

Beispiel ▶ Einzel- und Pauschalförderung

▶ Die Einzelförderung gemäß § 21 KHG Nordrhein-Westfalen ist die Förderung der Investitionen für den Neubau, Umbau oder Erweiterungsbau eines Krankenhauses (Errichtung) inklusive der Erstausstattung mit den für den Betrieb des Krankenhauses notwendigen Anlagegütern, für die Wiederbeschaffung von Anlagegütern mit einer durchschnittlichen Nutzungsdauer von über 15 Jahren und für die Ergänzung von Anlagegütern, die erheblich über die übliche Anpassung (§ 9 Abs. 4 KHG) hinausgeht, die im Rahmen der zur Verfügung stehenden Haushaltsmittel gefördert wird.

▶ Die Pauschalförderung gemäß § 25 KHG Nordrhein-Westfalen ist die Förderung der Wiederbeschaffung von kurzfristigen Anlagegütern, von kleinen Investitionsmaßnahmen und von Investitionen zur Erhaltung oder Wiederherstellung von Anlagegütern. Die Höhe der Förderung ist von der im Feststellungsbescheid festgesetzten Ist-Bettenzahl abhängig und ändert sich nach Maßgabe von Anpassungen des Feststellungsbescheides.

Im Feststellungsbescheid für ein Krankenhaus (auch Planbettenbescheid genannt) sind die Aufgabenstellung des Krankenhauses, die Art und Anzahl der Fachabteilungen und die Versorgungsschwerpunkte sowie die Zahl der Krankenhausbetten (Planbetten) und deren Aufteilung auf die einzelnen Fachrichtungen zusammengefasst. Er konkretisiert den Versorgungsauftrag, aufgrund dessen das Krankenhaus in den Landeskrankenhausplan aufgenommen wurde, ist Voraussetzung für die öffentliche Förderung der Investitionskosten durch das Land und für die Finanzierung der Betriebskosten durch die gesetzlichen Krankenkassen.

Tabelle 11.2 fasst die Entwicklung der KHG-Investitionsfördermittel von 1991 bis 2010 zusammen. Die Ansätze basieren auf den jeweiligen, öffentlich zugänglichen, jährlichen

Haushaltsansätzen der Länder (ohne Verpflichtungsermächtigungen für die Folgejahre).
Nicht mitberücksichtigt wurden

▶ Investitionsmittel der Hochschulkliniken,

▶ Investitionsmittel der Vertragskrankenhäuser,

▶ Eigenmittel der Plankrankenhäuser,

▶ Mittel zur Restfinanzierung noch nicht ausfinanzierter Maßnahmen sowie

▶ Finanzierung von Zins und Tilgung noch offener Darlehensbeträge.

Einige Bundesländer – darunter etwa Niedersachsen und Schleswig-Holstein – bedienen sich zunehmend des Instruments der Darlehensfinanzierung. Die Höhe der hier
ausgewiesenen Haushaltsansätze stimmt deshalb nicht zwangsläufig mit der Höhe der
Mittel überein, die den Krankenhäusern im jeweiligen Jahr tatsächlich zu Investitions-
zwecken zur Verfügung stehen.

	KHG-Fördermittel			
	in Mio. €		Reale Veränderung ggü.	
	1991	*2010*	*1991*	*Vorjahr*
Baden-Württemberg	325,80	337,00	3,4	− 0,9
Bayern	664,68	500,00	− 24,8	0,0
Berlin*	258,71	84,11	− 70,6	− 23,6
Brandenburg	210,50	104,30	− 50,5	− 6,5
Bremen	37,17	36,78	− 1,0	11,0
Hamburg	70,05	100,37	43,3	− 2,2
Hessen	182,02	262,89	44,4	0,0
Mecklenburg-Vorpommern	212,99	68,74	− 67,7	− 5,9
Niedersachsen	207,99	279,18	34,2	− 1,4
Nordrhein-Westfalen	649,44	493,00	− 24,1	− 2,6
Rheinland-Pfalz	133,65	121,80	− 8,9	0,0
Saarland	39,63	38,25	− 3,5	69,0
Sachsen	306,78	94,60	− 69,2	00
Sachsen-Anhalt	173,84	70,90	− 59,2	− 11,3
Schleswig-Holstein	69,02	95,48	38,3	1,7
Thüringen	129,00	134,20	4,0	7,1
Deutschland	**3.640,96**	**2.821,60**	**− 22,5**	**− 1,4**

* Werte für Berlin für die Jahre 1994 und 2010.

Quelle: Website der deutschen Krankenhausgesellschaft, www. dkgev.de, Rubrik „Geschäftsbereiche"/„Finanzierung &
Planung"/„Diverses"/„KHG-Investitionsförderung im Jahr 2010"; Pdf-Dokument, direkter Link: www.dkgev.de/
dkg.php/cat/56/aid/8278; abgerufen am 2. November 2011.

Tabelle 11.2: KHG-Investitionsfördermittel 1991 und 2010

Die 16 Bundesländer stellten im Jahr 2010 insgesamt rund 2,82 Mrd. € zur Investitionsförderung nach § 9 KHG bereit. Der Gesamtbetrag setzt sich aus den Einzel- und den Pauschalförderungen zusammen. Zwischen den Bundesländern variiert nicht nur die Höhe der Fördermittel, sondern auch deren Verteilung auf die Pauschal- und die Einzelförderung sehr stark.

AUFGABEN

1. Was ist eine Investition?

2. Was bedeutet duale Finanzierung im Krankenhaus?

3. Welchen Zweck hat das Krankenhausfinanzierungsgesetz?

4. Welche Bestimmungen umfasst das Elfte Buch des Sozialgesetzbuches (SGB XI)?

5. Recherchieren Sie im Internet oder in sonstiger geeigneter Literatur, wer die Investitionspauschale in Pflegeheimen zahlt und was damit finanziert wird.

6. Welche Kategorien der Investitionsförderung unterscheidet das KHG?

7. Vergleichen Sie die Pauschal- und die Einzelförderung aus der Sicht des Krankenhauses.

8. Was ist ein Investitionsgut?

9. Erklären Sie den Unterschied zwischen Sachinvestitionen, Finanzinvestitionen und immateriellen Investitionen und nennen Sie jeweils ein Beispiel.

10. Erläutern Sie den Zusammenhang zwischen Investition und Finanzierung.

11. Welche Arten von Investitionen werden je nach dem Anlass der Investition unterschieden?

> **BASISWISSEN**
> Grundlagen der Investitionsrechnung
> Kapitel 4, Abschnitt 4.3.2

12. Welche Verfahren der Investitionsrechnung kennen Sie?

13. Warum wird eine Investitionsrechnung durchgeführt?

14. Erklären und beurteilen Sie die Kostenvergleichsrechnung.

15. Was ist der Unterschied zwischen einer Rentabilitätsrechnung und dem Return on Investment (ROI)?

16. Was ist der Return on Investment (ROI) und zu welchem Zweck wird er berechnet?

17. Erläutern Sie den Unterschied zwischen der statischen und der dynamischen Investitionsrechnung.

18. Wie ist der interne Zinsfuß definiert? Was besagt er?

19. Was ist ein Investitionsplan?

> **BASISWISSEN**
> Investitionsplanung
> Kapitel 4. Abschnitt 4.3.3

20. Nennen Sie die fünf Phasen der Investitionsplanung.

22. Was ist eine Ersatzinvestition?

22. Was ist eine Neuinvestition?

5624256

11.2 Eigen- und Fremdfinanzierung

▶ Welche Bedeutung hat die Eigenfinanzierung im Gesundheitswesen?
▶ Wie wird im Gesundheitswesen fremdfinanziert?

Die im vorhergehenden Abschnitt angesprochenen Investitionsfördermittel gemäß § 9 KHG sind weder eindeutig als Eigen- noch als Fremdkapital einzuordnen. Sie nehmen vielmehr eine Zwitterstellung ein. Dahinter stehen die folgenden Überlegungen: Da Eigenkapital dem Unternehmen unbefristet, zinslos und nicht zweckgebunden zur Verfügung steht, die Fördermittel jedoch für genau definierte Investitionsvorhaben gewährt werden, kann ein Rückzahlungsanspruch entstehen, wenn der Förderzweck nicht erfüllt wird. Auf der anderen Seite steht Fremdkapital dem Unternehmen nur befristet und gegen die Zahlung von Zinsen zur Verfügung, Fördermittel werden demgegenüber generell unbefristet und zinslos gewährt.

BASISWISSEN
Finanzierungs-
formen
Kapitel 4,
Abschnitt
4.2.1

Die Leistungserbringer im Gesundheitswesen finanzieren ihre laufende Tätigkeit aus mehreren Quellen:

▶ Ihre Leistungen werden von den Krankenversicherungen vergütet.

▶ Für einen Teil der Leistungen muss der Patient selbst aufkommen.

▶ Bestimmte Leistungen, die in erster Linie im allgemeinen Interesse des Staates liegen, werden aus Steuermitteln finanziert. Dies gilt zum Beispiel für Leistungen rund um die Schwangerschaft, Mutterschaftsgeld oder Krankengeld bei Betreuung eines erkrankten Kindes. Diese wurden durch das GKV-Modernisierungsgesetz aus dem Katalog der Leistungen ausgesondert, die über die Krankenversicherungsbeiträge finanziert werden.

Eigenfinanzierung bedeutet im Gesundheitswesen wie in jedem Unternehmen, dass Investitionen aus selbst erwirtschafteten Geldern finanziert werden. Krankenhäuser haben jedoch nur eingeschränkte Möglichkeiten, Überschüsse zu erwirtschaften, da sie die Preise für den größten Teil ihrer Leistungen (ausgenommen für etwaige Wahl- und Zusatzleistungen, siehe Lernfeld 6, Abschnitt 6.4) nicht selbst bestimmen. Die Vergütung für die Grundleistungen wird vielmehr im Rahmen der Pflegesatzverhandlungen oder über die DRG-Pauschalen festgelegt.

BASISWISSEN
Eigen- und
Fremd-
finanzierung
Kapitel 4,
Abschnitt
4.2.1

Unternehmen, auch diejenigen im Gesundheitswesen, können jedoch nur fortbestehen, wenn der Zugang von flüssigen Mitteln (Geldern) langfristig den Abgang von flüssigen Mitteln deckt. Der Mittelzufluss wird als Finanzierung bezeichnet, die Verwendung der Mittel im Unternehmen als Investition. Ist der Mittelbedarf kurzfristig größer als der Mittelzufluss aufgrund der regulären Einnahmen der Einrichtung, so muss der überschießende Teil durch die Zuführung von neuen Eigenmitteln oder durch die Aufnahme von Fremdkapital abgedeckt werden. Neue Eigenmittel können Beispielsweise durch die Vergabe von Beteiligungen, die Einbindung von Stiftungen oder durch Zuwendungen von Fördervereinen aufgebracht werden. Die Fremdfinanzierung von Investitionen erfolgt beispielsweise über Kredite oder Leasingverträge. In der Bilanz des Krankenhauses werden durch die Aufnahme von Krediten Mittel von den KHG-Sonderposten (siehe dazu Lernfeld 3, Abschnitt 3.4.1) zu den Verbindlichkeiten umgeschichtet. Kredite belasten die Leistungserbringer mit zusätzlichen Kosten (Kreditzinsen), wodurch die knappen Budgets noch weiter belastet werden.

AUFGABEN

BASISWISSEN
Finanzplanung
Kapitel 4,
Abschnitt
4.3.4

1. Definieren Sie den Begriff Finanzplanung.

2. Wie wird die Finanzplanung unter dem Aspekt „Zeit" unterschieden?

3. Was ist Gegenstand der betrieblichen Finanzierung?

4. Nennen Sie Formen der Eigenfinanzierung.

5. Unterscheiden Sie die Begriffe Liquiditätsplan, kurzfristiger Finanzplan und Kapitalbindungsplan.

6. Welches sind die wesentlichen Merkmale der Eigenfinanzierung?

BASISWISSEN
Besondere
Finanzierungs-
quellen
Kapitel 4,
Abschnitt
4.2.2

7. Nennen Sie besondere Finanzierungsquellen.

8. Welches sind die wesentlichen Merkmale der Fremdfinanzierung?

9. Nennen Sie Formen der Fremdfinanzierung.

10. Was ist Factoring?

11. Was ist Sponsoring?

BASISWISSEN
Kredite
Kapitel 4,
Abschnitt
4.2.3

12. Was sind Kapitalbewegungen?

13. Nennen Sie mindestens drei der vier gesetzlichen Grundlagen der Finanzierung von Krankenhäusern, Rehabilitationskliniken und Kurkliniken.

14. Zählen die Fördermittel nach dem KHG zum Eigen- oder zum Fremdkapital?

11.3 Liquiditätsgrade

Zum Einstieg

Die Geschäftsführung möchte eine Aufstellung über die Liquiditätssituation des Krankenhauses Am Rande der Stadt haben. Frank Flüssig, Ausbilder in der Abteilung Controlling, möchte gerne, dass der Auszubildende Gerrit Günstig mit ihm gemeinsam die Kennzahlen ermittelt, die in der Aufstellung enthalten sein sollen. Er informiert Gerrit über die wichtigsten Zusammenhänge. Gerrit hat schon zuvor zu diesem Thema eine Menge gelernt und ist gespannt darauf, seine Kenntnisse in der Praxis anzuwenden.

▶ Wie lässt sich die Liquiditätssituation beschreiben?

▶ Was sagen Liquiditätskennzahlen aus?

▶ Warum muss ein Krankenhaus liquide sein?

Ist ein Unternehmen fähig, seinen Zahlungsverpflichtungen termingerecht nachzukommen, dann ist es liquide. Als liquide Mittel gelten Kassenbestände, Bankguthaben und Schecks sowie Wechsel, kurzfristig fällige Forderungen und leicht veräußer- oder beleihbare Vermögensgegenstände. Die Liquidität wird in Grade beziehungsweise Ordnungen unterteilt, die sich auf den Zeitraum beziehen, in dem die Verpflichtungen fällig werden (siehe dazu Lernfeld 3, Abschnitt 3.7.2).

Mangelnde Liquidität zählt zu der häufigsten Ursachen für Unternehmenszusammenbrüche. Liquiditätskrisen treten häufig sehr überraschend ein, besonders wenn ein Unternehmen keine hinreichende Liquiditätsplanung betreibt. Droht die Zahlungsunfähigkeit, so werden zur Rettung nur noch die allerwichtigsten Verpflichtungen beglichen, zum Beispiel werden Skontomöglichkeiten nicht ausgenutzt, Geschäftskonten über die Kreditlinie hinaus überzogen oder Löhne nicht pünktlich ausgezahlt. Dieses Verhalten setzt einen Teufelskreis in Gang: Es führt zu einer Verschlechterung der Bonität, die ihrerseits die Liquidität weiter gefährdet und im Extremfall schließlich in der totalen Zahlungsunfähigkeit endet.

Andererseits zieht eine zu hohe Liquidität Rentabilitätseinbußen nach sich. Hortet ein Unternehmen seine Gelder, so kann es alle Zahlungsverpflichtungen erfüllen, verzichtet aber mindestens auf die übliche Verzinsung überschüssiger Mittel oder verliert durch die allgemeine Inflation sogar einen Teil seines Vermögens.

Liquiditätsreserven in durchdachter Höhe sind auch im Krankenhaus unverzichtbar, da beispielsweise für unvorhergesehene Käufe (Ersatzteile, Neuanschaffungen von medizinischen Geräten) kurzfristig und unbürokratisch jederzeit Geld zur Verfügung stehen muss.

AUFGABEN

1. Was bedeutet Liquidität?

2. Die Aktivseite einer Bilanz wird grundsätzlich nach dem Grad der Liquidität des Vermögens geordnet. Bringen Sie die unten genannten Vermögensbestandteile in die richtige Reihenfolge. Beginnen Sie mit der Position, die den höchsten Liquiditätsgrad aufweist.

   a) Fuhrpark
   b) Kassenbestand
   c) Gebäude
   d) Forderungen aus Lieferungen und Leistungen
   e) Büro- und Geschäftsausstattung

3. Warum wird die aus der Bilanz errechnete Liquidität mit Vorsicht behandelt?

4. Welche Angaben sind notwendig, um sich eine genauere Vorstellung von der Liquidität eines Unternehmens bilden zu können?

5. Nennen Sie Maßnahmen, die die Liquidität eines Unternehmens verbessern.

6. Warum ist eine Liquiditätsplanung im Krankenhaus wichtig?

7. Wie sieht eine Liquiditätsplanung aus?

8. Welche Ursachen gibt es für eine angespannte Liquidität? Nennen Sie Beispiele.

11.4 Leasing

Zum Einstieg

Im Krankenhaus Am Rande der Stadt sollen Fahrzeuge für den neu eingerichteten ambulanten Pflegedienst angeschafft werden. Der Auszubildende Kai Kritisch soll ein Konzept erarbeiten, das darstellt, wie diese Anschaffung aussehen soll. Er fragt zunächst seinen Ausbilder Tim Tüchtig, ob es eine bestimmte Automarke sein solle. Herr Tüchtig meint, dass diese Entscheidung von den Angeboten der Autohändler abhängen solle. Also macht sich Tim daran, verschiedene Händler zu kontaktieren, um Angebote für Klein-Pkws einzuholen. Er bittet die Händler, ein Angebot für Leasingfahrzeuge zu erstellen.

▶ Was ist Leasing?

▶ Gibt es Leasingangebote im Gesundheitswesen?

▶ Welche Produkte werden im Gesundheitswesen geleast?

BASISWISSEN
Leasing –
Miete statt
Kauf
Kapitel 4,
Abschnitt
4.2.2

Für die moderne Medizin ist es praktisch undenkbar, auf moderne Technologien zu verzichten, weil Patienten immer nach dem neuesten Stand von Wissenschaft und Technik versorgt werden möchten. Diese Anforderungen kosten viel Geld. Der Investitionsbedarf in der Gesundheitsbranche ist enorm, da medizinische Geräte im Zug des wissenschaftlichen und technischen Fortschritts immer teurer werden. Andererseits ist auch unzeitgemäße Technik kostspielig, denn sie bedeutet den Verzicht auf schnellere Arbeitsprozesse und Qualitätsverbesserungen. Gleichzeitig kämpft die Gesundheitsbranche immer häufiger mit Finanzproblemen. Finanzierungslösungen wie Leasing, Miete oder Mietkauf setzen sich deshalb auch im Gesundheitswesen immer stärker durch, da sie helfen, den Bestand an langfristig gebundenen Mitteln zu verringern. Ärzte und Krankenhäuser leasen immer öfter ihre speziellen Geräte.

Die Entscheidung für Leasing und gegen einen Kauf fällt meist aufgrund von finanziellen Erwägungen. Leasing schont die Liquidität, allerdings macht sie eine Bonitätsprüfung, wie sie vor einer Kreditentscheidung von der Bank durchgeführt wird, nicht überflüssig. Das Leasing von Medizingeräten wie Beispielsweise Computertomografen bietet jedoch, abgesehen von der größeren Liquidität, noch andere Vorteile: Der Leasingnehmer ist immer auf dem neuesten Stand der Technik, da er nach Ablauf des Leasingvertrags, dessen Laufzeit in der Regel vier Jahre nicht überschreitet, ein neues Gerät bestellen kann. Zudem stellt der Leasinggeber seinem Kunden für die monatliche Leasinggebühr oft nicht nur das Gerät zur Verfügung, sondern übernimmt auch Zusatzleistungen wie Reparatur und Wartung. So fallen keine Zusatzkosten an, falls das Gerät einmal nicht funktioniert.

In den vergangenen Jahren sind die Finanzierungsprobleme im Gesundheitswesen drastisch gewachsen. Während die Kosten für medizinische Geräte und Personal anstiegen, wurden die Budgets sukzessive beschnitten. Deshalb ist für Krankenhäuser auch das Sale-and-lease-back-Verfahren interessant. Hier wird zum Beispiel das gesamte Gebäude an einen Investor verkauft und im gleichen Zug vom Krankenhausträger geleast. Diese Lösung kommt allerdings nur für private Krankenhäuser infrage. Für öffentliche Krankenhäuser ist sie nicht gangbar, da deren Investitionen durch die Bundesländer finanziert werden und der Förderanspruch beim Verkauf des ganzen Gebäudes verloren geht. Anders stellt sich die Situation bei bereits vorhandenen medizinischen Geräten (Röntgengeräten, Ultraschallapparaten und Operationstischen) dar. Hier werden Sale-and-lease-back-Geschäfte eingesetzt, um die finanzielle Lage zu entspannen.

AUFGABEN

1. Was bedeutet Leasing?

2. Wann wurde Leasing erstmalig angewendet?

3. Wer hat Leasing erstmalig praktiziert? Welche Produkte waren Gegenstand?

4. Nennen Sie mindestens drei Vorteile für einen Leasingnehmer.

5. Welche Nachteile hat der Leasingnehmer gegenüber einem Eigentümer?

6. Was bedeutet indirektes Leasing?

7. Was ist direktes Leasing?

8. Veranschaulichen Sie die Zusammenhänge beim indirekten Leasing mithilfe einer grafischen Darstellung.

9. Was ist operatives Leasing?

10. Erklären Sie die mit „Sale and lease back" bezeichnete Sonderform des Leasings.

11. Nennen Sie Wirtschaftsgüter im Gesundheitswesen, bei denen Leasing angewendet wird.

12. Warum wird das Sale-and-lease-back-Verfahren gerade für Gebäude im Gesundheitswesen oft nicht angewendet?

13. Wird das Sale-and-lease-back-Verfahren bei neuen Geräten angewendet?

11.5   Kreditkostenvergleich

Zum Einstieg

Klara Klugs Ausbilderin Frau Richtig findet, dass ihre Auszubildende schon einen sehr guten Überblick über das Thema „Investitionen und deren Finanzierung" gewonnen hat. Deshalb betraut sie Klara mit der Aufgabe, einen Vergleich der Kreditkosten von mehreren Kreditinstituten durchführen, denn das Krankenhaus plant eine neue Investition von 30.000,00 €. Klara freut sich, dass sie zu diesem Projekt beitragen kann, indem sie die Bedingungen zu seiner Finanzierung erforscht.

▶ Welche Möglichkeiten der Kreditnahme gibt es?

▶ Wie werden Kreditangebote miteinander verglichen?

▶ Welche besonderen Kredite werden im Gesundheitswesen angewendet?

Jeder Kredit hat seinen Preis, allerdings kann ein Kreditnehmer Kosten einsparen, wenn er sich zuvor über die Kreditbedingungen verschiedener Anbieter informiert.

BASISWISSEN
Kredite
Kapitel 4,
Abschnitt
4.2.3

Zu den Kreditkosten gehören alle Kosten, die für einen Kredit anfallen, das heißt Zinskosten, Bearbeitungsgebühren und eventuell auch Kosten einer Restschuldversicherung. Die Höhe der Kreditkosten ist in erster Linie vom Zinssatz des Kredites abhängig. Die Restschuldversicherung übernimmt beim Tod des Versicherungsnehmers die Restverbindlichkeit, gelegentlich auch das Risiko der Arbeitslosigkeit. Sie wird ähnlich wie die Bearbeitungs- und etwaige Vermittlungsgebühren über den Kredit mitfinanziert, die mit ihr verbundenen Kosten sollten jedoch stets gesondert ausgewiesen sein.

Bei größeren Investitionen ist es immer sinnvoll, einen Angebotsvergleich durchzuführen. Angebotsvergleiche lassen sich auch auf Kreditkosten anwenden. Nachdem die Angebote von mindestens zwei Kreditinstituten eingeholt wurden, werden die jeweiligen Konditionen nach einheitlichen Kriterien bewertet und die Angebote anschließend in eine Rangfolge gebracht. Wichtig ist hier in erster Linie der effektive Jahreszins, denn nur diesem liegen alle Kosten zugrunde, die über die gesamte Laufzeit hinweg anfallen. Die Kreditinstitute sind verpflichtet, den effektiven Jahreszins anzugeben, wenn sie ein Kreditangebot abgeben.

www.ratenkredit-vergleich.de

Beispiel ▶ Kreditkostenvergleich

Der ambulante Pflegedienst des Krankenhauses Am Rande der Stadt möchte seinen Fuhrpark um ein behindertengerechtes Auto mit Rampe erweitern. Diese Investition soll über einen Ratenkredit finanziert werden. Das Auto soll 25.000,00 € kosten. Der Kredit soll nach Ablauf von fünf Jahren vollständig getilgt sein. Der Einkäufer Herr Günstig holt Angebote bei fünf Banken ein. Anhand der in den Angeboten ausgewiesenen Effektivzinsen kann er die Angebote unmittelbar in eine Tabelle einsortieren, aus der hervorgeht, dass die ABC-Bank die besten Bedingungen bietet.

	Anbieter	Effektivzins	Monatliche Rate	Tilgung und Zinsen über die ges. Laufzeit
1	ABC-Bank	4,50 %	465,05 €	27.903,05 €
2	XYZ-Bank	5,45 %	475,44 €	28.526,18 €
3	Bank West	5,50 %	475,99 €	28.559,11 €
4	Bank Bonn	5,85 %	479,83 €	28.789,58 €
5	Kredit Heinz Hai	7,45 %	497,48 €	29.848,58 €

AUFGABEN

1. Was bedeutet der Begriff Zins?

2. Erklären Sie den Begriff Tilgung.

3. Was sind die Hauptpflichten des Kreditnehmers?

4. Wann ist ein Unternehmen kreditwürdig?

5. Was ist eine Kreditsicherheit?

6. Welche Formen des kurzfristigen Kredits kennen Sie?

7. Grenzen Sie den Bankkredit vom Kredit aufgrund von wirtschaftlichen Leistungen ab.

8. Welche Kredite aufgrund von wirtschaftlicher Leistungen sind Ihnen bekannt?

9. Wofür steht die Abkürzung „Schufa"?

10. Was ist eine Kreditlinie?

11. Ist der Tilgungsanteil bei einem Kredit immer starr, das heißt während der Kreditlaufzeit immer gleich hoch?

12. Welche Formen des langfristigen Kredits kennen Sie?

13. Warum wird eine Restschuldversicherung abgeschlossen?

14. Warum ist der Effektivzins das wichtigste Kriterium bei einem Kreditvergleich?

11.6 Gemeinnützigkeit

Zum Einstieg

Das Krankenhaus Am Rande der Stadt ist eine gemeinnützige GmbH. Verena Vorsicht ist neue Auszubildende in der Abteilung Personal und Recht. Schon als sie seinerzeit ihre Bewerbung an das Krankenhaus schrieb, war ihr der Zusatz bei der Adresse aufgefallen. Sie konnte sich aber nicht erklären, was sich dahinter verbirgt. Deshalb nutzt sie ihren Einsatz in der Abteilung, um sich bei ihrem Ausbilder Bruno Brav zu erkundigen. Herr Brav ist erfreut, dass Verena sich Gedanken macht und mit solchen Fragen zu ihm kommt, denn er hat schon oft erlebt, dass Auszubildende anfänglich zurückhaltend und unsicher sind.

▶ Was bedeutet der Begriff Gemeinnützigkeit?

▶ Welche Einrichtungen im Gesundheitswesen sind gemeinnützig?

▶ Welche Vorteile hat ein Krankenhaus, wenn es gemeinnützig ist?

▶ Wer prüft die Gemeinnützigkeit?

▶ Werden die Leistungen eines Krankenhauses, die unter dem Siegel der Gemeinnützigkeit erbracht werden, besteuert?

> Die **Gemeinnützigkeit** einer Körperschaft wird in § 52 Abs. 1 Abgabenordnung wie folgt definiert: „Eine Körperschaft verfolgt gemeinnützige Zwecke, wenn ihre Tätigkeit darauf gerichtet ist, die Allgemeinheit auf materiellem, geistigem oder sittlichem Gebiet selbstlos zu fördern."

Die Gemeinnützigkeit ist ein Tatbestand des Steuerrechts, der durch das zuständige Finanzamt geprüft wird. Erkennt das Finanzamt eine Institution als gemeinnützig an, so hat dies zur Folge, dass sie von der Körperschaftsteuer- und der Gewerbesteuerpflicht befreit wird. Einen weiteren Vorteil bietet die Möglichkeit, für Spenden Zuwendungsbestätigungen auszustellen, die den Spender berechtigen, seine Spende als Sonderausgabe bei der Steuererklärung geltend zu machen. Weiterhin sind gemeinnützige Einrichtungen unabhängig von ihrer Rechtsform von der Umsatzsteuer befreit (§ 12 Abs. 2 Nr. 8 UStG), sie müssen also keine Umsatzsteuer (Mehrwertsteuer) auf die Entgelte für ihre Leistungen abführen, können allerdings auch gezahlte Umsatzsteuer, die zum Beispiel beim Einkauf von Gütern oder Dienstleistungen anfällt, nicht als Vorsteuer abziehen.

Einrichtungen, die von Trägern der kirchlichen und freien Wohlfahrtspflege, Kirchenge-meinden, gemeinnützigen Stiftungen oder Vereinen unterhalten werden, werden auch als freigemeinnützig bezeichnet.

Zur Anerkennung der Gemeinnützigkeit müssen die folgenden Voraussetzungen erfüllt sein:

1. Die Körperschaft muss gemeinnützige, mildtätige oder kirchliche Zwecke verfolgen.

2. Der Zweck muss selbstlos, ausschließlich und unmittelbar verfolgt werden.

3. Alle Voraussetzungen der Steuerbegünstigung müssen aus der Satzung ersichtlich sein. Die Satzung muss auch die Art der Zweckverwirklichung angeben.

4. Die Satzung muss eine Regelung enthalten, die sicherstellt, dass das Vermögen der Körperschaft bei Auflösung oder Wegfall der steuerbegünstigten Zwecke auch zu-künftig für steuerbegünstigte Zwecke verwendet wird (sogenannte Anfallklausel).

5. Die tatsächliche Geschäftsführung muss der Satzung entsprechen.

Bei der Gründung einer gemeinnützigen Kör-perschaft sollte die Satzung frühzeitig mit dem Finanzamt abgestimmt werden. Nach der Grün-dung kann beim Finanzamt ein Antrag auf Aus-stellung einer vorläufigen Bescheinigung über

bundesrecht.juris.de/ao_1977/index.html

die Steuerbegünstigung gestellt werden. Die Voraussetzungen für die Steuerbegünsti-gung prüft das Finanzamt nur rückwirkend. Im Durchschnitt erfolgt diese Prüfung alle drei Jahre. Der Freistellungsbescheid wird ebenfalls rückwirkend erteilt. Er gilt für mehrere Jahre und berechtigt offiziell zur Ausstellung von Zuwendungsbestätigungen.

AUFGABEN

1. Welche gesetzlichen Bestimmungen liegen der steuerlichen Begünstigung gemeinnüt-ziger Organisationen zugrunde?

2. Wann gilt eine Körperschaft als gemeinnützig?

3. Wie und wie oft prüft das Finanzamt, ob die Voraussetzungen für die Steuerbegünsti-gung tatsächlich vorliegen?

4. Wie lange gilt der vom Finanzamt ausgestellte Freistellungsbescheid?

5. Welche Voraussetzungen müssen für die Anerkennung als steuerbegünstigte Körper-schaft erfüllt sein?

6. Was besagt die Anfallklausel?

7. Wofür wird die Körperschaftsteuer erhoben?

8. Wer oder was trägt die Bezeichnung „freigemeinnützig"?

9. Was ist eine Satzung?

10. Wie viel Umsatzsteuer müssen gemeinnützige Einrichtungen abführen?

11. Sind gemeinnützige Einrichtungen berechtigt, vom Finanzamt die Erstattung der von ihnen gezahlten Umsatzsteuer zu verlangen?

Anhang

Kontenrahmen laut Anlage 4 der KHBV

Konten-klasse	Konten-gruppe	Konten-untergruppe		Erläuterung
0				**Kontenklasse 0**
				Ausstehende Einlagen, Anlagevermögen
	00			Ausstehende Einlagen auf das gezeichnete/festgesetzte Kapital
	01			Grundstücke und grundstücksgleiche Rechte mit Betriebsbauten
		010		Bebaute Grundstücke
		011		Betriebsbauten
		012		Außenanlagen
	02			frei
	03			Grundstücke und grundstücksgleiche Rechte mit Wohnbauten
		030		Bebaute Grundstücke
		031		Wohnbauten
		032		Außenanlagen
	04			Grundstücke und grundstücksgleiche Rechte ohne Bauten
	05			Bauten auf fremden Grundstücken
		050		Betriebsbauten
		051		frei
		052		Wohnbauten
		053		Außenanlagen
	06			Technische Anlagen
		060		in Betriebsbauten
		061		frei
		062		in Wohnbauten
		063		in Außenanlagen
	07			Einrichtungen und Ausstattungen
		070		in Betriebsbauten
		071		frei
		072		in Wohnbauten
		076		Gebrauchsgüter
			0761	Wiederbeschaffte, geringwertige Gebrauchsgüter (mit Anschaffungs- oder Herstellungskosten ohne Umsatzsteuer von mehr als 150,00 € bis zu 1.000,00 €)
			0762	Wiederbeschaffte Gebrauchsgüter mit Anschaffungs- oder Herstellungskosten ohne Umsatzsteuer von mehr als 410,00 €
		077		Festwerte in Betriebsbauten
		078		frei
		079		Festwerte in Wohnbauten
	08			Anlagen im Bau und Anzahlungen auf Anlagen
		080		Betriebsbauten
		081		frei
		082		Wohnbauten

Konten-klasse	Konten-gruppe	Konten-untergruppe	Erläuterung
	09		Immaterielle Vermögensgegenstände, Beteiligungen und andere Finanzanlagen
		090	Immaterielle Vermögensgegenstände
		091	Geleistete Anzahlungen auf immaterielle Vermögensgegenstände
		092	Anteile an verbundenen Unternehmen*
		093	Ausleihungen an verbundene Unternehmen*
		094	Beteiligungen
		095	Ausleihungen an Unternehmen, mit denen ein Beteiligungsverhältnis besteht*
		096	Wertpapiere des Anlagevermögens
		097	Sonstige Finanzanlagen
1			**Kontenklasse 1**
			Umlaufvermögen, Rechnungsabgrenzung
	10		Vorräte
		100	Vorräte an Lebensmitteln
		101	Vorräte des medizinischen Bedarfs
		102	Vorräte an Betriebsstoffen
		103	Vorräte des Wirtschaftsbedarfs
		104	Vorräte des Verwaltungsbedarfs
		105	Sonstige Roh-, Hilfs- und Betriebsstoffe
		106	Unfertige Erzeugnisse, unfertige Leistungen
		107	Fertige Erzeugnisse, Waren
	11		Geleistete Anzahlungen (soweit nicht in Kontengruppe 08 auszuweisen)
	12		Forderungen aus Lieferungen und Leistungen
	13		Schecks, Kassenbestand, Bundesbank- und Postgiroguthaben, Guthaben bei Kreditinstituten
	14		Wertpapiere des Umlaufvermögens
		140	Anteile an verbundenen Unternehmen*
	15		Forderungen nach dem Krankenhausfinanzierungsrecht
		150	Forderungen nach dem KHG
		151	Forderungen nach der Bundespflegesatzverordnung
	16		Sonstige Vermögensgegenstände
		160	Forderungen an Gesellschafter bzw. den Krankenhausträger
		161	Forderungen gegen verbundene Unternehmen*
		162	Forderungen gegen Unternehmen, mit denen ein Beteiligungsverhältnis besteht*
		163	Andere sonstige Vermögensgegenstände
	17		Rechnungsabgrenzung
		170	Disagio
		171	Andere Abgrenzungsposten
	18		Ausgleichsposten nach dem KHG
		180	Ausgleichsposten aus Darlehensförderung

266

Konten-klasse	Konten-gruppe	Konten-untergruppe		Erläuterung
		181		Ausgleichsposten für Eigenmittelförderung
	19			frei
2				**Kontenklasse 2**
				Eigenkapital, Sonderposten, Rückstellungen
	20			Eigenkapital
		200		Gezeichnetes/festgesetztes Kapital
		201		Kapitalrücklagen
		202		Gewinnrücklagen
		203		Gewinnvortrag/Verlustvortrag
		204		Jahresüberschuss/Jahresfehlbetrag
	21			Sonderposten aus Zuwendungen Dritter
	22			Sonderposten aus Fördermitteln nach dem KHG
	23			Sonderposten aus Zuweisungen und Zuschüssen der öffentlichen Hand
	24			Ausgleichsposten aus Darlehensförderung
	27			Pensionsrückstellungen
	28			Andere Rückstellungen
		280		Steuerrückstellungen
		281		Sonstige Rückstellungen
	29			frei
3				**Kontenklasse 3**
				Verbindlichkeiten, Rechnungsabgrenzung
	30			frei für spätere Entwicklungen
	31			frei für spätere Entwicklungen
	32			Verbindlichkeiten aus Lieferungen und Leistungen
	33			Verbindlichkeiten aus der Annahme gezogener Wechsel und der Ausstellung eigener Wechsel
	34			Verbindlichkeiten gegenüber Kreditinstituten
	35			Verbindlichkeiten nach dem Krankenhausfinanzierungsrecht
		350		Verbindlichkeiten nach dem KHG
		351		Verbindlichkeiten nach der Bundespflegesatzverordnung
	36			Erhaltene Anzahlungen
	37			Sonstige Verbindlichkeiten
		370		Verbindlichkeiten gegenüber Gesellschaftern bzw. dem Krankenhausträger
		371		Verbindlichkeiten aus sonstigen Zuwendungen zur Finanzierung des Sachanlagevermögens
		372		Verbindlichkeiten gegenüber verbundenen Unternehmen*
		373		Verbindlichkeiten gegenüber Unternehmen, mit denen ein Beteiligungsverhältnis besteht*
		374		Andere sonstige Verbindlichkeiten
	38			Rechnungsabgrenzung
	39			frei

Kontenrahmen laut Anlage 4 der KHBV

Konten-klasse	Konten-gruppe	Konten-untergruppe		Erläuterung
4				**Kontenklasse 4**
				Betriebliche Erträge
	40			Erlöse aus Krankenhausleistungen
		400		Erlöse aus tagesgleichen Pflegesätzen
			4001	Erlöse aus Basispflegesatz, vollstationär
			4003	Erlöse aus Abteilungspflegesätzen, vollstationär
			4004	Erlöse aus Abteilungspflegesätzen, teilstationär
			4005	Erlöse aus Pflegesätzen für besondere Einrichtungen, vollstationär
			4006	Erlöse aus Pflegesätzen für besondere Einrichtungen, teilstationär
		401		Erlöse aus Fallpauschalen und Sonderentgelten
			4010	Erlöse aus Fallpauschalen
			4011	Erlöse aus Sonderentgelten
		402		Erlöse aus vor- und nachstationärer Behandlung
			4020	Erlöse aus vorstat. Behandlung nach § 115 a SGB V
			4021	Erlöse aus nachstat. Behandlung nach § 115 a SGB V
		403		Erlöse aus Ausbildungskostenumlage
		404		Ausgleichsbeträge nach BPflV
		405		Zuschlag nach § 18 b KHG
	41			Erlöse aus Wahlleistungen
		410		Erlöse aus wahlärztlichen Leistungen
		411		Erlöse aus gesondert berechneter Unterkunft
		413		Erlöse aus sonstigen nichtärztlichen Wahlleistungen
	42			Erlöse aus ambulanten Leistungen des Krankenhauses
		420		Erlöse aus Krankenhausambulanzen
		421		Erlöse aus Chefarztambulanzen einschließl. Sachkosten
		422		Erlöse aus ambulanten Operationen nach § 115 b SGB V
	43			Nutzungsentgelte (Kostenerstattung und Vorteilsausgleich) und sonstige Abgaben der Ärzte
		430		Nutzungsentgelte für wahlärztliche Leistungen
		431		Nutzungsentgelte für von Ärzten berechnete ambulante ärztliche Leistungen
		433		Nutzungsentgelte der Belegärzte
		434		Nutzungsentgelte für Gutachtertätigkeit u. Ä.
		435		Nutzungsentgelte für die anteilige Abschreibung medizinisch-technischer Großgeräte
	44			Rückvergütungen, Vergütungen und Sachbezüge
		440		Erstattungen des Personals für freie Station
		441		Erstattungen des Personals für Unterkunft
		442		Erstattungen des Personals für Verpflegung
		443		Erstattungen des Personals für sonstige Leistungen
	45			Erträge aus Hilfs- und Nebenbetrieben, Notarztdienst
		450		aus Hilfsbetrieben
		451		aus Nebenbetrieben

Konten-klasse	Konten-gruppe	Konten-untergruppe		Erläuterung
		452		aus der Bereitstellung von Krankenhausärzten für den Notarztdienst
	46			Erträge aus Fördermitteln nach dem KHG
		460		Fördermittel, die zu passivieren sind
		461		Sonstige Fördermittel
	47			Zuweisungen und Zuschüsse der öffentlichen Hand sowie Zuwendungen Dritter
		470		Zuweisungen und Zuschüsse der öffentlichen Hand zur Finanzierung von Investitionen (soweit nicht unter 46)
		471		Zuwendungen Dritter zur Finanzierung von Investitionen
		472		Zuweisungen und Zuschüsse der öffentlichen Hand zur Finanzierung laufender Aufwendungen
		473		Zuwendungen Dritter zur Finanzierung laufender Aufwendungen
	48			Erträge aus der Einstellung von Ausgleichsposten aus Darlehensförderung und für Eigenmittelförderung
	49			Erträge aus der Auflösung von Sonderposten, Verbindlichkeiten nach dem KHG und Ausgleichsposten aus Darlehensförderung
		490		aus der Auflösung von Sonderposten aus Fördermitteln nach dem KHG, zweckentsprechend verwendet
		491		aus der Auflösung von Sonderposten aus Zuweisungen und Zuschüssen der öffentlichen Hand
		492		aus der Auflösung von Ausgleichsposten aus Darlehensförderung
5				**Kontenklasse 5**
				Andere Erträge
	50			Erträge aus Beteiligungen und anderen Finanzanlagen
		500		Erträge aus Beteiligungen
			5000	Erträge aus Beteiligungen an verbundenen Unternehmen*
		501		Erträge aus anderen Finanzanlagen
			5010	Erträge aus anderen Finanzanlagen in verbundenen Unternehmen*
	51			Sonstige Zinsen und ähnliche Erträge
		510		Sonstige Zinsen und ähnliche Erträge aus verbundenen Unternehmen*
	52			Erträge aus dem Abgang von Gegenständen des Anlagevermögens und aus Zuschreibungen zu Gegenständen des Anlagevermögens
		520		Sachanlagevermögen
		521		Finanzanlagevermögen
			5210	Finanzanlagen in verbundenen Unternehmen*
	53			frei
	54			Erträge aus der Auflösung von Rückstellungen
	55			Bestandsveränderungen und andere aktivierte Eigenleistungen
		550		Bestandsveränderungen der fertigen und unfertigen Erzeugnisse
		551		Bestandsveränderungen der unfertigen Leistungen
		552		Andere aktivierte Eigenleistungen
	56			frei

Konten-klasse	Konten-gruppe	Konten-untergruppe		Erläuterung
	57			Sonstige ordentliche Erträge
	58			Erträge aus Ausgleichsbeträgen für frühere Geschäftsjahre
	59			Übrige Erträge
		590		Außerordentliche Erträge
		591		Periodenfremde Erträge
		592		Spenden und ähnliche Zuwendungen
6				**Kontenklasse 6**
				Aufwendungen
	60			Löhne und Gehälter
			6000	Ärztlicher Dienst
			6001	Pflegedienst
			6002	Medizinisch-technischer Dienst
			6003	Funktionsdienst
			6004	Klinisches Hauspersonal
			6005	Wirtschafts- und Versorgungsdienst
			6006	Technischer Dienst
			6007	Verwaltungsdienst
			6008	Sonderdienste
			6010	Personal der Ausbildungsstätten
			6011	Sonstiges Personal
			6012	Nicht zurechenbare Personalkosten
	61			Gesetzliche Sozialabgaben (Aufteilung wie 6000–6012)
	62			Aufwendungen für Altersversorgung (Aufteilung wie 6000–6012)
	63			Aufwendungen für Beihilfen und Unterstützungen (Aufteilung wie 6000–6012)
	64			Sonstige Personalaufwendungen (Aufteilung wie 6000–6012)
	65			Lebensmittel und bezogene Leistungen
		650		Lebensmittel
		651		Bezogene Leistungen
	66			Medizinischer Bedarf
			6600	Arzneimittel (außer Implantate und Dialysebedarf)
			6601	Kosten der Lieferapotheke
			6602	Blut, Blutkonserven und Blutplasma
			6603	Verbandmittel, Heil- und Hilfsmittel
			6604	Ärztliches und pflegerisches Verbrauchsmaterial, Instrumente
			6606	Narkose- und sonstiger OP-Bedarf
			6607	Bedarf für Röntgen- und Nuklearmedizin
			6608	Laborbedarf
			6609	Untersuchungen in fremden Instituten
			6610	Bedarf für EKG, EEG, Sonografie
			6611	Bedarf der physikalischen Therapie
			6612	Apothekenbedarf, Desinfektionsmaterial
			6613	Implantate

Konten-klasse	Konten-gruppe	Konten-untergruppe		Erläuterung
			6614	Transplantate
			6615	Dialysebedarf
			6616	Kosten für Krankentransporte (soweit nicht Durchlaufposten)
			6617	Sonstiger medizinischer Bedarf
			6618	Honorare für nicht im Krankenhaus angestellte Ärzte
	67			Wasser, Energie, Brennstoffe
	68			Wirtschaftsbedarf
		680		Materialaufwendungen
		681		Bezogene Leistungen
	69			Verwaltungsbedarf
7				**Kontenklasse 7**
				Aufwendungen
	70			Aufwendungen für zentrale Dienstleistungen
		700		Zentraler Verwaltungsdienst
		701		Zentraler Gemeinschaftsdienst
	71			Wiederbeschaffte Gebrauchsgüter (soweit Festwerte gebildet wurden)
	72			Instandhaltung
		720		Pflegesatzfähige Instandhaltung
			7200	Instandhaltung im Sinne des § 17 Abs. 4 b Satz 2 KHG, soweit nicht gefördert
			7201	Instandhaltung Medizintechnik
			7202	Instandhaltung Sonstiges
		721		Nicht aktivierungsfähige, nach dem KHG geförderte Maßnahmen
	73			Steuern, Abgaben, Versicherungen
		730		Steuern
		731		Sonstige Abgaben
		732		Versicherungen
	74			Zinsen und ähnliche Aufwendungen
		740		Zinsen und ähnliche Aufwendungen für Betriebsmittelkredite
		741		Zinsen und ähnliche Aufwendungen an verbundene Unternehmen
		742		Zinsen und ähnliche Aufwendungen für sonstiges Fremdkapital
	75			Auflösung von Ausgleichsposten und Zuführungen der Fördermittel nach dem KHG zu Sonderposten oder Verbindlichkeiten
		750		Auflösung des Ausgleichspostens aus Darlehensförderung
		751		Auflösung des Ausgleichspostens für Eigenmittelförderung
		752		Zuführungen der Fördermittel nach dem KHG zu Sonderposten oder Verbindlichkeiten
		753		Zuführung zu Ausgleichsposten aus Darlehensförderung
		754		Zuführung von Zuweisungen oder Zuschüssen der öffentlichen Hand zu Sonderposten oder Verbindlichkeiten (soweit nicht unter KUGr. 752)

Konten-klasse	Konten-gruppe	Konten-untergruppe		Erläuterung
		755		Zuführung der Nutzungsentgelte aus anteiligen Abschreibungen medizinisch-technischer Großgeräte zu Verbindlichkeiten nach dem KHG
	76			Abschreibungen
		760		Abschreibungen auf immaterielle Vermögensgegenstände
		761		Abschreibungen auf Sachanlagen
			7610	Abschreibungen auf wiederbeschaffte Gebrauchsgüter
		762		Abschreibungen auf Finanzanlagen und auf Wertpapiere des Umlaufvermögens
		763		Abschreibungen auf Forderungen
		764		Abschreibungen auf sonstige Vermögensgegenstände
		765		Abschreibungen auf Vermögensgegenstände des Umlaufvermögens, soweit diese die im Krankenhaus üblichen Abschreibungen überschreiten
	77			Aufwendungen für die Nutzung von Anlagegütern nach § 9 Abs. 2 Nr. 1 KHG
	78			Sonstige ordentliche Aufwendungen
		781		Sachaufwand der Ausbildungsstätten
		782		Sonstiges
			7821	Aufwendungen aus Ausbildungsstätten-Umlage nach § 15 Abs. 3 BPflV
	79			Übrige Aufwendungen
		790		Aufwendungen aus Ausgleichsbeträgen für frühere Geschäftsjahre
		791		Aufwendungen aus dem Abgang von Gegenständen des Anlagevermögens
		792		Außerordentliche Aufwendungen
		793		Periodenfremde Aufwendungen
		794		Spenden und ähnliche Aufwendungen
8				**Kontenklasse 8**
	80			frei
	81			frei
	82			frei
	83			frei
	84			frei
	85			Eröffnungs- und Abschlusskonten
	86			Abgrenzung der Erträge, die nicht in die Kostenrechnung eingehen
	87			Abgrenzung der Aufwendungen, die nicht in die Kostenrechnung eingehen
	88			Kalkulatorische Kosten
	89			frei

* Nur für Kapitalgesellschaften

Kontenrahmen laut Anlage 4 der PBV

Konten-klasse	Konten-gruppe	Konten-untergruppe	Erläuterung
0			**Kontenklasse 0**
	00		Ausstehende Einlagen, Anlagevermögen
			Ausstehende Einlagen auf das gezeichnete oder festgesetzte Kapital
	01		Grundstücke und grundstücksgleiche Rechte
		010	Bebaute Grundstücke
		011	Betriebsbauten
		012	Außenanlagen
	02		Grundstücke und grundstücksgleiche Rechte mit Wohnbauten
		020	Bebaute Grundstücke
		021	Wohnbauten
		022	Außenanlagen
	03		Grundstücke und grundstücksgleiche Rechte ohne Bauten
	04		Bauten auf fremden Grundstücken
		040	Betriebsbauten
		041	Wohnbauten
		042	Außenanlagen
	05		Technische Anlagen
		050	in Betriebsbauten
		051	in Wohnbauten
		052	in Außenanlagen
	06		Einrichtung und Ausstattung
		060	in Betriebsbauten
		061	in Wohnbauten
		062	in Außenanlagen
		063	Fahrzeuge
		064	Geringwertige Wirtschaftsgüter (GWG)
		065	Festwerte in Betriebsbauten
		066	Festwerte in Wohnbauten
	07		Anlagen im Bau, Anzahlungen auf Anlagen
		070	Betriebsbauten
		071	Wohnbauten
	08		Immaterielle Vermögensgegenstände, Beteiligungen und andere Finanzanlagen
		080	Immaterielle Anlagegüter
		081	Anteile an verbundenen Unternehmen*
		082	Ausleihungen an verbundene Unternehmern*
		083	Beteiligungen
		084	Ausleihungen an Unternehmen, mit denen ein Beteiligungsver-hältnis besteht*
		085	Wertpapiere des Anlagevermögens
		086	Sonstige Finanzanlagen

Kontenrahmen laut Anlage 4 der PBV

Konten-klasse	Konten-gruppe	Konten-untergruppe		Erläuterung
1				**Kontenklasse 1**
				Umlaufvermögen, Rechnungsabgrenzung
	10			Vorräte
		101		Roh-, Hilfs- und Betriebsstoffe
		102		Geleistete Anzahlungen
	11			Forderungen aus, geleistete Anzahlungen auf Lieferungen und Leistungen
	12			Kassenbestand, Guthaben bei Kreditinstituten und Schecks
	13			Wertpapiere des Umlaufvermögens
	14			Forderungen aus öffentlicher Förderung
	15			Forderungen aus nichtöffentlicher Förderung
	16			Sonstige Vermögensgegenstände
		160		Forderungen an Gesellschafter oder Träger der Pflegeeinrichtung
		161		Forderungen gegen verbundene Unternehmen*
		162		Forderungen gegen Unternehmen, mit denen ein Beteiligungs-verhältnis besteht*
		163		Vorsteuer
		164		Sonstiges
	17			Ausgleichsposten
		171		Ausgleichsposten aus Darlehensförderung
		172		Ausgleichsposten für Eigenmittelförderung
	18			Rechnungsabgrenzung
	19			Bilanzverlust
2				**Kontenklasse 2**
				Eigenkapital, Sonderposten, Rückstellungen
	20			Eigenkapital
		200		Gezeichnetes/gewährtes Kapital
		201		Kapitalrücklagen
		202		Gewinnrücklagen
		203		Gewinnvortrag/Verlustvortrag
		204		Jahresüberschuss/Jahresfehlbetrag
	21			Sonderposten aus öffentlichen Fördermitteln für Investitionen
	22			Sonderposten aus nichtöffentlicher Förderung für Investitionen
	23			Ausgleichsposten aus Darlehensförderung
	24			Rückstellungen
		240		Pensionsrückstellungen
		241		Steuerrückstellungen
		242		Urlaubsrückstellungen
		243		Sonstige Rückstellungen
3				**Kontenklasse 3**
				Verbindlichkeiten, Rechnungsabgrenzung
	30			Verbindlichkeiten aus Lieferungen und Leistungen
	31			Verbindlichkeiten gegenüber Kreditinstituten

Konten-klasse	Konten-gruppe	Konten-untergruppe		Erläuterung
	32			Verbindlichkeiten aus öffentlicher Förderung
	33			Verbindlichkeiten aus nicht-öffentlicher Förderung
	34			Erhaltene Anzahlungen
	35			Sonstige Verbindlichkeiten
		350		gegenüber Mitarbeitern
		351		gegenüber Sozialversicherungsträgern
		352		gegenüber Finanzbehörden
		353		gegenüber Bewohnern
		354		Verbindlichkeiten gegenüber Gesellschafter oder dem Träger der Einrichtung
		355		Verbindlichkeiten gegenüber verbundenen Unternehmen*
		356		Verbindlichkeiten gegenüber Unternehmen, mit denen ein Beteiligungsverhältnis besteht*
		357		Sonstige Verbindlichkeiten
	36			Umsatzsteuer
	37			Verwahrgeldkonto
	38			Rechnungsabgrenzung
	39			frei
4				**Kontenklasse 4**
				Betriebliche Erträge
	40			Erträge aus ambulanten Pflegeleistungen
		400		Erträge aus Pflegeleistungen: Pflegestufe I
			4000	Pflegekasse
			4001	Sozialhilfeträger
			4002	Selbstzahler
			4003	Übrige
		401		Erträge aus Pflegeleistungen: Pflegestufe II
			4010	Pflegekasse
			4011	Sozialhilfeträger
			4012	Selbstzahler
			4013	Übrige
		402		Erträge aus Pflegeleistungen: Pflegestufe III
			4020	Pflegekasse
			4021	Sozialhilfeträger
			4022	Selbstzahler
			4023	Übrige
		403		Erträge aus Pflegeleistungen: Härtefälle
			4030	Pflegekasse
			4031	Sozialhilfeträger
			4032	Selbstzahler
			4033	Übrige
		404		Erträge aufgrund häuslicher Pflege bei Verhinderung der Pflegeperson
		405		Erträge aufgrund von Regelungen über Pflegehilfsmittel

Konten-klasse	Konten-gruppe	Konten-untergruppe		Erläuterung
		406		Sonstige Erträge
	41			Erträge aus teilstationären Pflegeleistungen
		410		Erträge aus Pflegeleistungen: Pflegeklasse I
			4100	Pflegekasse
			4101	Sozialhilfeträger
			4102	Selbstzahler
			4103	Übrige
		411		Erträge aus Pflegeleistungen: Pflegeklasse II
			4110	Pflegekasse
			4111	Sozialhilfeträger
			4112	Selbstzahler
			4113	Übrige
		412		Erträge aus Pflegeleistungen: Pflegeklasse III
			4120	Pflegekasse
			4121	Sozialhilfeträger
			4122	Selbstzahler
			4123	Übrige
		413		Erträge aus Unterkunft und Verpflegung
		414		Erträge aus Zusatzleistungen: Pflege
		415		Erträge aus Zusatzleistungen: Unterkunft und Verpflegung
		416		Erträge aus Transportleistungen
		417		Erträge aufgrund von Regelungen über Pflegehilfsmittel
		418		Sonstige Erträge
	42			Erträge aus vollstationären Pflegeleistungen
		420		Erträge aus Pflegeleistungen: Pflegeklasse I
			4200	Pflegekasse
			4201	Sozialhilfeträger
			4202	Selbstzahler
			4203	Übrige
		421		Erträge aus Pflegeleistungen: Pflegeklasse II
			4210	Pflegekasse
			4211	Sozialhilfeträger
			4212	Selbstzahler
			4213	Übrige
		422		Erträge aus Pflegeleistungen: Pflegeklasse III
			4220	Pflegekasse
			4221	Sozialhilfeträger
			4222	Selbstzahler
			4223	Übrige
		423		Erträge aus Pflegeleistungen: Härtefälle
			4230	Pflegekasse
			4231	Sozialhilfeträger
			4232	Selbstzahler
			4233	Übrige

5624276

Konten-klasse	Konten-gruppe	Konten-untergruppe		Erläuterung
		424		Erträge aus Unterkunft und Verpflegung
		425		Erträge aus Zusatzleistungen: Pflege
		426		Erträge aus Zusatzleistungen: Unterkunft und Verpflegung
		427		Erträge aufgrund von Regelungen über Pflegehilfsmittel
		428		Sonstige Erträge
	43			Erträge aus Leistungen der Kurzzeitpflege
		430		Erträge aus Pflegeleistungen: Pflegeklasse I
			4300	Pflegekasse
			4301	Sozialhilfeträger
			4302	Selbstzahler
			4303	Übrige
		431		Erträge aus Pflegeleistungen: Pflegeklasse II
			4310	Pflegekasse
			4311	Sozialhilfeträger
			4312	Selbstzahler
			4313	Übrige
		432		Erträge aus Pflegeleistungen: Pflegeklasse III
			4320	Pflegekasse
			4321	Sozialhilfeträger
			4322	Selbstzahler
			4323	Übrige
		433		Erträge aus Unterkunft und Verpflegung
		434		Erträge aus Zusatzleistungen: Pflege
		435		Erträge aus Zusatzleistungen: Unterkunft und Verpflegung
		436		Erträge aufgrund von Regelungen über Pflegehilfsmittel
		437		Sonstige Erträge
	44			Zuweisungen und Zuschüsse zu Betriebskosten
		440		für ambulante Pflegeleistungen
		441		für teilstationäre Pflegeleistungen
		442		für vollstationäre Pflegeleistungen
		443		für Leistungen der Kurzzeitpflege
	45			Erträge aus öffentlicher Förderung für Investitionen
		450		in ambulanten Pflegeeinrichtungen
		451		in teilstationären Pflegeeinrichtungen
		452		in vollstationären Pflegeeinrichtungen
		453		in Einrichtungen der Kurzzeitpflege
	46			Erträge aus nicht-öffentlicher Förderung für Investitionen
		460		in ambulanten Pflegeeinrichtungen
		461		in teilstationären Pflegeeinrichtungen
		462		in vollstationären Pflegeeinrichtungen
		463		in Einrichtungen der Kurzzeitpflege
		464		Erträge aus gesonderter Berechnung von Investitionsaufwendungen gegenüber Pflegebedürftigen (§ 82 Abs. 3 und 4 SGB XI)
	47			Erträge aus der Auflösung von Sonderposten

Kontenrahmen laut Anlage 4 der PBV

Konten-klasse	Konten-gruppe	Konten-untergruppe	Erläuterung
	48	470	bei ambulanten Pflegeeinrichtungen
		471	bei teilstationären Pflegeeinrichtungen
		472	bei vollstationären Pflegeeinrichtungen
		473	bei Einrichtungen der Kurzzeitpflege
			Rückvergütungen, Erstattungen, Sachbezüge, Erträge aus Sonderrechnungen
		480	Erstattungen des Personals für freie Station
		481	Erstattungen des Personals für Unterkunft
		482	Erstattungen des Personals für Verpflegung
		483	Sonstige Erstattungen
		484	Erträge aus Hilfsbetrieben
		485	Erträge aus Nebenbetrieben
		486	Erträge aus Betriebskostenzuschüssen für sonstige ambulante Leistungen (außerhalb des SGB XI)
		487	Erträge aus der Erstattung von Ausgleichsposten aus Darlehens- und Eigenmittelförderung
		488	Sonstige Erträge aus Sonderrechnungen
	49		frei
5			**Kontenklasse 5**
	50		Andere Erträge
			Erträge aus Beteiligungen und Finanzanlagen
		500	Erträge aus Beteiligungen an verbundenen Unternehmen*
		501	Erträge aus anderen Beteiligungen
		502	Erträge aus Finanzanlagen in verbundenen Unternehmen*
		503	Erträge aus anderen Finanzanlagen
	51		Zinsen und ähnliche Erträge
		510	Zinsen und ähnliche Beträge aus verbundenen Unternehmen*
		511	Zinsen für Einlagen bei Kreditinstituten
		512	Zinsen aus Wertpapieren des Umlaufvermögens
		513	Zinsen für Forderungen
		514	Sonstige Zinsen und ähnliche Erträge
	52		Erträge aus dem Abgang von Gegenständen des Anlagevermögens und aus Zuschreibungen zu Gegenständen des Anlagevermögens
	53		Erträge aus der Auflösung von Rückstellungen
	54		Bestandsveränderungen, aktivierte Eigenleistungen
		540	Erhöhung oder Verminderung des Bestandes an fertigen und unfertigen Erzeugnissen oder Leistungen
		541	Andere aktivierte Eigenleistungen
	55		Sonstige ordentliche Erträge
	56		Außerordentliche Erträge
		560	Periodenfremde Erträge
		561	Spenden und ähnliche Zuwendungen
		562	Sonstige außerordentliche Erträge
	57		frei
	58		frei

Konten-klasse	Konten-gruppe	Konten-untergruppe		Erläuterung
	59			frei
6				**Kontenklasse 6**
				Aufwendungen
	60			Löhne und Gehälter
		600		Leitung der Pflegeeinrichtung
		601		Pflegedienst
		602		Hauswirtschaftlicher Dienst
		603		Verwaltungsdienst
		604		Technischer Dienst
		605		Sonstige Dienste
	61			Gesetzliche Sozialabgaben (Aufteilung wie 600 bis 605)
	62			Altersversorgung (Aufteilung wie 600 bis 605)
	63			Beihilfen und Unterstützungen (Aufteilung wie 600 bis 605)
	64			Sonstige Personalaufwendungen (Aufteilung wie 600 bis 605)
	65			Lebensmittel
	66			Aufwendungen für Zusatzleistungen
	67			Wasser, Energie, Brennstoffe
	68			Wirtschaftsbedarf/Verwaltungsbedarf
		680		Materialaufwendungen
			6800	Eigenfinanzierung
			6801	Finanzierung nach Landesrecht
		681		Bezogene Leistungen
		682		Büromaterial
		683		Telefon
		684		Sonstiger Verwaltungsbedarf
		685		Aufwendungen für zentrale Dienstleistungen
	69			frei
7				**Kontenklasse 7**
				Weitere Aufwendungen
	70			Aufwendungen für Verbrauchsgüter gemäß § 82 Abs. 2 Nr. 1 2. Halbsatz SGB XI (soweit nicht in anderen Konten verbucht)
	71			Steuern, Abgaben, Versicherungen
		710		Steuern
		711		Abgaben
		712		Versicherungen
	72			Zinsen und ähnliche Aufwendungen
		720		Zinsen für Betriebsmittelkredite
		721		Zinsen für langfristige Darlehen
		722		Sonstige Zinsen
		723		Sonstige Aufwendungen
	73			Sachaufwendungen für Hilfs- und Nebenbetriebe
	74			Zuführung von Fördermitteln zu Sonderposten oder Verbindlich-keiten

Kontenrahmen laut Anlage 4 der PBV

Konten-klasse	Konten-gruppe	Konten-untergruppe	Erläuterung
		740	Zuführung von öffentlichen Fördermitteln zu Sonderposten oder Verbindlichkeiten
		741	Zuführung von nicht-öffentlichen Zuwendungen zu Sonderposten oder Verbindlichkeiten
	75		Abschreibungen
		750	Abschreibungen auf immaterielle Vermögensgegenstände
		751	Abschreibungen auf Sachanlagen
		752	Abschreibungen auf Finanzanlagen und Wertpapiere des Umlaufvermögens
		753	Abschreibungen auf Forderungen
		754	Abschreibungen auf sonstige Vermögensgegenstände
	76		Mieten, Pacht, Leasing
	77		Aufwendungen für Instandhaltung und Instandsetzung, sonstige ordentliche Aufwendungen
		771	Aufwendungen für Instandhaltung und Instandsetzung
		772	Sonstige ordentliche Aufwendungen
	78		Außerordentliche Aufwendungen
		780	Aufwendungen aus dem Abgang von Gegenständen des Anlagevermögens
		781	Periodenfremde Aufwendungen
		782	Spenden und ähnliche Aufwendungen
		783	Aufwendungen für Verbandsumlagen
		784	Aufwendungen aus der Zuführung zu Ausgleichsposten aus Darlehensförderung
		785	Sonstige außerordentliche Aufwendungen
	79		frei
8			**Kontenklasse 8**
			Eröffnungs- und Abschlusskonten
	80		frei
	81		frei
	82		frei
	83		frei
	84		frei
	85		Eröffnungs- und Abschlusskonten
	86		Abgrenzung der Erträge, die nicht in die Kostenrechnung eingehen
	87		Abgrenzung der Aufwendungen, die nicht in die Kostenrechnung eingehen
	88		Kalkulatorische Kosten
	89		frei
* Ausweis dieser Posten nur bei Kapitalgesellschaften			

Glossar medizinischer Fachbegriffe

Abduktoren	Richtung: abspreizend
Adduktoren	Richtung: anziehend
afferent	Richtung: zuführend
Akkommodation	Anpassung
akut	plötzlich
Alveolen	Lungenbläschen
Aminosäuren	Eiweiße
Anämie	Blutarmut
Anatomie	Aufschneiden
Antagonist	Gegenspieler
anterior	Richtung: der vordere
Aorta	Hauptschlagader
Appendix vermiformes	Wurmfortsatz
Arteria	Arterien
ascendens	Richtung: aufsteigend
Atrium	Vorhof
benigne	gutartig
Biopsie	Gewebeprobenentnahme
Bronchien	Verästelungen der Luftröhre
BSG/BKS/BKSG	Blutsenkungsgeschwindigkeit
Bulbus oculi	Augapfel
Bursae synoviales	Schleimbeutel
Caecum	Blinddarm
Carcinom, Karzinom	bösartige Zellvermehrung
caudal	Richtung: schwanzwärts
cere-	zum Gehirn gehörig (Vorsilbe)
Cerebellum	Kleinhirn
Cerebrum	Großhirn
cervical	zum Hals gehörend
Chromosom	Erbkörperchen
chronisch	über einen längeren Zeitraum
Chylus	Lymphe des Darms
Clavicula	Schlüsselbein
coccygeal	zum Steißbein gehörend
Colon	Dickdarm
Computertomografie	Schichtaufnahme
Conjunctiva	Bindehaut
Cor	Herz
Corpus	Körper
cranial	Richtung: kopfwärts
Derma, Cutis	Haut
descendens	Richtung: absteigend
dexter	Richtung: rechts
Di-	Zwei- (Vorsilbe)
Diabetes mellitus	Erkrankung mit Insulindefizit
Dialyse	Blutwäsche
Diaphragma	Zwerchfell
Diastole	Erschlaffungsphase des Herzens
Diffusion	Gas-/Flüssigkeitsaustausch
Digiti	die Finger
distal	Richtung: vom Rumpf weg
dorsal	Richtung: nach dem Rücken hin liegend
Ductus	Gang

Ductus choledochus	Gallengang
Duodenum	Zwölffingerdarm
efferent	Richtung: wegführend
endo-	von innen, innwändig (Vorsilbe)
endokrin	nach innen abgebende Enzyme
Enzym	Ferment
epi-	Ober- (Vorsilbe)
Erythrozyten	rote Blutkörperchen
ex-	aus, heraus, Ent- (Vorsilbe)
exo-	von außen, außerhalb (Vorsilbe)
exokrin	nach außen abgebend Enzyme
Extensoren	Strecker
extra	zusätzlich
Femur	Oberschenkel
Fibula	Wadenbein
Flexoren	Beuger
fungizid	Pilze abtötend
Gaster, Ventriculus, Stomac	Magen
Genetik	Erblehre
Glandula	Drüse
Glandula thyroidea	Schilddrüse
Glossa lingua	Zunge
Glukose	Zucker
Glycerin	Fettsäuren
häm-	Vorsilbe zu Blut
Hämolyse	Zerfall der Erythrozyten
Hepar	Leber
Hernie	Weichteilbruch
Hetero-	Vorsilbe, für vielseitig
Hilus, Hili	Pforte, Pforten
Histologie	Die Lehre von den (Fein-)Geweben
homo-	Vorsilbe, für gleich sein
Humerus	Oberarm
hyper-	Vorsilbe, für zu viel
hypo-	zu wenig (Vorsilbe)
Hypophyse	Hirnanhangsdrüse
Ileum	Krummdarm
Infektion	Ansteckung
inferior	Richtung: unterhalb
Infusion	Einfließen lassen von Flüssigkeiten
Injektion	Einstich in den Körper
Innervation	Anregung
inter-	zwischen (Vorsilbe)
Intestinum tenue	Dünndarm
intra-	innerhalb, innen (Vorsilbe)
Iris	Regenbogenhaut
isometrisch	gleicher Länge
isotonisch	gleicher Konzentration
itis	Entzündung (Nachsilbe)

Glossar medizinischer Fachbegriffe

Jejunum	Leerdarm
Kapillaren	Haargefäße
Karzinom	bösartiger Tumor
Kollateralkreislauf	Umgehungskreislauf
Kontraktion	Zusammenziehung/Anspannung
Koronargefäße	Herzkranzgefäße
Kurvatur	Biegung
Laktose	Milchzucker
Langerhans'sche Inseln	Insulin produzierende Zellen der Pankreas
Larynx	Kehlkopf
lateral	Richtung: gegen die Seite (seitlich nach außen)
Lavage	Waschung
Leukozyten	weiße Blutkörperchen
Ligamentum	Band
Lingua, Glossa	Zunge
Lipide	Fette
Liquor	Hirn- und Rückenmarksflüssigkeit
Lobus	Lappen
lumbal	Richtung: zur Lende gehörend
Lumen	Lichtung, Gefäßdurchmesser
Lymphe	milchig-weiße Flüssigkeit
Lymphknoten	Sammelpunkte der Lymphgefäße
major	groß, oben, mehr
makro	groß (Vorsilbe)
maligne	bösartig
Mandibula	Unterkiefer
Maxilla	Oberkiefer
medial	Richtung: gegen die Mitte
Mediastinum	Mittelfellraum
Meiose	Reifeteilung
mikro-	klein, gering, niedrig (Vorsilbe)
minor	klein
Mitose	Zellteilung
mono	einfach
Morbidität	Krankheitsrate
Morbus	Krankheit
Morphologie	die Lehre von den Formen und Konstruktionen der Lebewesen
Mortalität	Tötungsrate
Mucosa	Schleimhaut
mukös	zähflüssig, schleimartig
Musculus	Muskel
Myokard	Herzmuskelschicht
Nervus	Nerv
neuro-	die Nerven betreffend (Vorsilbe)
Nukleus	Kern
Ödem	Wasseransammlung
Oesophagus	Speiseröhre

oligo-	wenig, klein (Vorsilbe)
oral	den Mund betreffend
Os (Wortbestandteil)	Knochen
Os coxae	Hüftbein
Osmose	Diffusion durch eine halbdurchlässige Membran
Ossifikation	Verknöcherung
Ovarien	Eierstöcke
Pacemaker	Schrittmacher
Pankreas	Bauchspeicheldrüse
Parathyroidea	Nebenschilddrüsen
parietal	Richtung: seitlich
Patella	Kniescheibe
Pathologie	die Lehre von den krankhaften Veränderungen
-penie	Zellverminderung (Nachsilbe)
peri-	am Rande, in der Umgebung (Vorsilbe)
Peripherie	Richtung: Umgebung
Peristaltik	Bewegung des Darms
peritoneal	das Bauchfell betreffend
Peritoneum	Bauchfell
Phagozytose	Fähigkeit von Zellen, fressen zu können
Phobie	Angst
Physiologie	die Lehre von den normalen Lebensvorgängen
Plazenta	Mutterkuchen
Plexus	Geflecht
poly-	viel, mehrfach (Vorsilbe)
Pons	Brücke
posterior	Richtung: hinter
Pronatoren	Einwärtsdreher
Proteine	Eiweiße
proximal	Richtung: zum Rumpf hin
Pulmo	Lunge
Pylorus	Pförtner
Radiologie	die Lehre von den Strahlen
Radius	Speiche
Rectum	Mastdarm
relaxieren	erschlaffen
Ren, Nephros	Nieren, Niere
Reservoir	Sammelbehälter
resistent	unempfindlich
Resorption	aufnehmen
Rotatoren	Dreher
sacral	zum Kreuzbein gehörend
Scapula	Schulterblatt
Septum	Scheidewand
serös	eiweißhaltig, dünnflüssig
sinister	links
-skopie	Spiegelung (Nachsilbe)
Sonografie	Ultraschalluntersuchung
Sphincter	Schließmuskel
Splen	Milz
-statisch	wachstumshemmend (Nachsilbe)

Sternum	Brustbein
sub-	unter (Vorsilbe)
superior	Richtung: oberhalb
Supinatoren	Auswärtsdreher
Symptom	Krankheitsanzeichen
Syndrom	Nebeneinander von mindestens drei Symptomen
Synergist	Mitspieler
Systole	Anspannungsphase des Herzmuskels
Tendo	Sehne
Therapie	Behandlung
thoracal	zum Brustkorb gehörend
Thorax	Brustkorb
Thrombozyten	Blutplättchen
Tibia	Schienbein
Tonsillen	Mandeln
Topografie	Lage eines Organs
Trachea	Luftröhre
Transfusion	Übertragung von Blut oder Blutprodukten
Transversum	Richtung: quer verlaufend
Tri-	drei (Vorsilbe)

Tunica adventitia	Außenschicht der Eingeweide
Ulna	Elle
Ureter	Harnleiter
Uretra	Harnröhre
Uterus	Gebärmutter
Valva	Klappe
Vasodilatation	Gefäßerweiterung
Vena	Vene
Vena cava	Hohlvene
Vena portae	Pfortader
ventral	nach dem Bauch hin liegend
Ventrikel	Kammer
Vesica fellea	Gallenblase
Viren	Erregergruppe
Volumen	Inhalt eines Gefäßes
-**z**id	abtötend (Nachsilbe)
ZNS	Zentrales Nervensystem
Zytologie	die Lehre von den Zellen
-zytose	Zellvermehrung (Nachsilbe)

Der Kostenstellenrahmen gemäß KHBV (Anlage 5)

90	**Gemeinsame Kostenstellen**
900	Gebäude einschließlich Grundstück und Außenanlagen
901	Leitung und Verwaltung des Krankenhauses
902	Werkstätten
903	Nebenbetriebe
904	Personaleinrichtungen (für den Betrieb des Krankenhauses unerlässlich)
905	Aus-, Fort- und Weiterbildung
906	Sozialdienst, Patientenbetreuung
907	frei
908	frei
909	frei
91	**Versorgungseinrichtungen**
910	Speisenversorgung
911	Wäscheversorgung
912	Zentraler Reinigungsdienst
913	Versorgung mit Energie, Wasser, Brennstoffen
914	Innerbetriebliche Transporte
915	frei
916	frei
917	Apotheke/Arzneimittelausgabestelle (ohne Herstellung)
918	Zentrale Sterilisation
919	frei

92	**Medizinische Institutionen**
920	Röntgendiagnostik und -therapie
921	Nukleardiagnostik und -therapie
922	Laboratorien
923	Funktionsdiagnostik
924	Sonstige diagnostische Einrichtungen
925	Anästhesie, OP-Einrichtungen und Kreißzimmer
926	Physikalische Therapie
927	Sonstige therapeutische Einrichtungen
928	Pathologie
929	Ambulanzen
93–95	**Pflegefachbereiche – Normalpflege**
930	Allgemeine Kostenstelle
931	Allgemeine Innere Medizin
932	Geriatrie
933	Kardiologie
934	Allgemeine Nephrologie
935	Hämodialyse/künstliche Niere (alternativ 962)
936	Gastroenterologie
937	Pädiatrie
938	Kinderkardiologie
939	Infektion
940	Lungen- und Bronchialheilkunde
941	Allgemeine Chirurgie

942	Unfallchirurgie		962	Intensivbehandlung
943	Kinderchirurgie		963	frei
944	Endoprothetik		964	Intensivmedizin
945	Gefäßchirurgie		965	Minimalpflege
946	Handchirurgie		966	Nachsorge
947	Plastische Chirurgie		967	Halbstationäre Leistungen – Tageskliniken
948	Thoraxchirurgie			
949	Herzchirurgie		968	Halbstationäre Leistungen – Nachtkliniken
950	Urologie			
951	Orthopädie		969	Chronisch- und Langzeitkranke
952	Neurochirurgie			
953	Gynäkologie		**97**	**Sonstige Einrichtungen**
954	HNO und Augen		970	Personaleinrichtungen (für den Betrieb des Krankenhauses nicht unerlässlich)
955	Neurologie			
956	Psychiatrie		971	Ausbildung
957	Radiologie		972	Forschung und Lehre
958	Dermatologie und Venerologie		973–979	frei
959	Zahn- und Kieferheilkunde, Mund- und Kieferchirurgie			
			98	**Ausgliederungen**
			980	Ambulanzen
96	**Pflegefachbereiche – abweichende Pflegeintensität**		981	Hilfs- und Nebenbetriebe
			982–989	frei
960	Allgemeine Kostenstelle			
961	Intensivüberwachung		**99**	**frei**

Grundsätze der Investitionsförderung des KHG

§ 8 Voraussetzungen der Förderung

(1) Die Krankenhäuser haben nach Maßgabe dieses Gesetzes Anspruch auf Förderung, soweit und solange sie in den Krankenhausplan eines Landes und bei Investitionen nach § 9 Abs. 1 Nr. 1 in das Investitionsprogramm aufgenommen sind. Die zuständige Landesbehörde und der Krankenhausträger können für ein Investitionsvorhaben nach § 9 Abs. 1 eine nur teilweise Förderung mit Restfinanzierung durch den Krankenhausträger vereinbaren; Einvernehmen mit den Landesverbänden der Krankenkassen, den Verbänden der Ersatzkassen und den Vertragsparteien nach § 18 Abs. 2 ist anzustreben. Die Aufnahme oder Nichtaufnahme in den Krankenhausplan wird durch Bescheid festgestellt. Gegen den Bescheid ist der Verwaltungsrechtsweg gegeben.

(2) Ein Anspruch auf Feststellung der Aufnahme in den Krankenhausplan und in das Investitionsprogramm besteht nicht. Bei notwendiger Auswahl zwischen mehreren Krankenhäusern entscheidet die zuständige Landesbehörde unter Berücksichtigung der öffentlichen Interessen und der Vielfalt der Krankenhausträger nach pflichtgemäßem Ermessen, welches Krankenhaus den Zielen der Krankenhausplanung des Landes am besten gerecht wird.

(3) Für die in § 2 Nr. 1 a genannten Ausbildungsstätten gelten die Vorschriften dieses Abschnitts entsprechend.

§ 9 Fördertatbestände

(1) Die Länder fördern auf Antrag des Krankenhausträgers Investitionskosten, die entstehen insbesondere

1. für die Errichtung von Krankenhäusern einschließlich der Erstausstattung mit den für den Krankenhausbetrieb notwendigen Anlagegütern,

2. für die Wiederbeschaffung von Anlagegütern mit einer durchschnittlichen Nutzungsdauer von mehr als drei Jahren.

(2) Die Länder bewilligen auf Antrag des Krankenhausträgers ferner Fördermittel

1. für die Nutzung von Anlagegütern, soweit sie mit Zustimmung der zuständigen Landesbehörde erfolgt,

2. für Anlaufkosten, für Umstellungskosten bei innerbetrieblichen Änderungen sowie für Erwerb, Erschließung, Miete und Pacht von Grundstücken, soweit ohne die Förderung die Aufnahme oder Fortführung des Krankenhausbetriebs gefährdet wäre,

3. für Lasten aus Darlehen, die vor der Aufnahme des Krankenhauses in den Krankenhausplan für förderungsfähige Investitionskosten aufgenommen worden sind,

4. als Ausgleich für die Abnutzung von Anlagegütern, soweit sie mit Eigenmitteln des Krankenhausträgers beschafft worden sind und bei Beginn der Förderung nach diesem Gesetz vorhanden waren,

5. zur Erleichterung der Schließung von Krankenhäusern,

6. zur Umstellung von Krankenhäusern oder Krankenhausabteilungen auf andere Aufgaben, insbesondere zu ihrer Umwidmung in Pflegeeinrichtungen oder selbstständige, organisatorisch und wirtschaftlich vom Krankenhaus getrennte Pflegeabteilungen.

(3) Die Länder fördern die Wiederbeschaffung kurzfristiger Anlagegüter sowie kleine bauliche Maßnahmen durch feste jährliche Pauschalbeträge, mit denen das Krankenhaus im Rahmen der Zweckbindung der Fördermittel frei wirtschaften kann; § 10 bleibt unberührt. Die Pauschalbeträge sollen nicht ausschließlich nach der Zahl der in den Krankenhausplan aufgenommenen Betten bemessen werden. Sie sind in regelmäßigen Abständen an die Kostenentwicklung anzupassen.

(3 a) Der vom Land bewilligte Gesamtbetrag der laufenden und der beiden folgenden Jahrespauschalen nach Absatz 3 steht dem Krankenhaus unabhängig von einer Verringerung der tatsächlichen Bettenzahl zu, soweit die Verringerung auf einer Vereinbarung des Krankenhausträgers mit den Landesverbänden der Krankenkassen und den Verbänden der Ersatzkassen nach § 109 Abs. 1 Satz 4 oder 5 des Fünften Buches Sozialgesetzbuch be-

ruht und ein Fünftel der Planbetten nicht übersteigt. § 6 Abs. 3 bleibt unberührt.

(4) Wiederbeschaffung im Sinne dieses Gesetzes ist auch die Ergänzung von Anlagegütern, soweit diese nicht über die übliche Anpassung der vorhandenen Anlagegüter an die medizinische und technische Entwicklung wesentlich hinausgeht.

(5) Die Fördermittel sind nach Maßgabe dieses Gesetzes und des Landesrechts so zu bemessen, dass sie die förderungsfähigen und unter Beachtung betriebswirtschaftlicher Grundsätze notwendigen Investitionskosten decken.

§ 10 (weggefallen)

§ 11 Landesrechtliche Vorschriften über die Förderung

Das Nähere zur Förderung wird durch Landesrecht bestimmt. Dabei kann auch geregelt werden, dass Krankenhäuser bei der Ausbildung von Ärzten und sonstigen Fachkräften des Gesundheitswesens besondere Aufgaben zu übernehmen haben; soweit hierdurch zusätzliche Sach- und Personalkosten entstehen, ist ihre Finanzierung zu gewährleisten.

Auszug aus dem KHG des Bundeslandes Nordrhein-Westfalen

Abschnitt III: Krankenhausförderung

§ 19 Förderungsgrundsätze

§ 20 Investitionsprogramm

§ 21 Einzelförderung

§ 22 Umfang der Einzelförderung

§ 23 Anlauf- und Umstellungskosten sowie Grundstückskosten

§ 24 Bewilligung der Einzelförderung, Zuschussformen

§ 25 Pauschale Förderung

§ 26 Besondere Beträge

§ 27 Förderung der Nutzung von Anlagegütern

§ 28 Förderung von Kapitaldienstbelastungen

§ 29 Ausgleich für Eigenmittel

§ 30 Ausgleichsleistungen bei Einstellung oder Einengung des Krankenhausbetriebes

§ 31 Rückforderung von Fördermitteln

§ 32 Investitionsverträge

§ 19 Förderungsgrundsätze

(1) Investitionskosten von Krankenhäusern werden nach dem Krankenhausfinanzierungsgesetz und den Vorschriften dieses Abschnitts auf Antrag gefördert. Dies gilt auch für notwendigerweise mit einem Krankenhaus verbundene Ausbildungsstätten (§ 2 Nr. 1 a KHG).

(2) Krankenhäuser werden nicht gefördert, soweit für die Investitionen Versicherungsleistungen gewährt werden oder bei Abschluss verkehrsüblicher Versicherungen hätten gewährt werden können. Das Gleiche gilt, wenn eine Investitionsmaßnahme durch unterlassene Wartung und Instandhaltung notwendig geworden ist.

(3) Fördermittel dürfen nur nach Maßgabe des Bewilligungsbescheides und im Rahmen der Aufgabenstellung des Krankenhauses nach den Feststellungen im Krankenhausplan verwendet werden.

(4) Bei Krankenhäusern, die ohne Zustimmung der zuständigen Behörde von den Feststellungen des Krankenhausplans abweichen oder durch Verträge planwidrige Angebote an sich binden, können Förderungen ganz oder teilweise versagt werden.

Sachwortverzeichnis

Abgrenzungsverordnung
(AbgrV) 250
Ablauforganisation 10
Abrechnungsperiode 48
Abschreibungen 51 f.
Administrierte Preise 79 f.
Akkordlohn 238
Aktiva 43
Aktivseite 64
Ambulante Einrichtungen 16
Ambulante Operation 120
Ambulante Versorgung 163
AMPreisV,
s. Arzneimittelpreisverordnung
Angebotskalkulation 124
Angebotsvergleich 96
– quantitativer 96
Anschlussheilbehandlung 197
Arbeitnehmerschutz 236
Arbeitnehmerweiterbildungsgesetz
(AWbG) 247
Arbeitsformen 32
Arbeitsrechtliche
Bestimmungen 235
Arbeitsteilung 36
Arbeitsvertrag 101, 236
Arzneimittel, Besteuerung 83
Arzneimittelpreisverordnung
(AMPreisV) 80
Ärztegesellschaft 78
Aufbauorganisation 10 ff.
Aufbewahrungsfristen 135
Aufbewahrungspflicht 135
Ausbildungsordnung 27
Außenbeziehungen 36
AWbG, *s. Arbeitnehmer-
weiterbildungsgesetz*

BAB, *s. Betriebsabrechnungsbogen*
Barliquidität 58
Basisfallwert 177
BAT, *s. Bundesangestelltentarif*
Bedarfsanalyse 92 f.
Behandlung
– ambulante 120
– teilstationäre 119
– vollstationäre 118
– vor- und nachstationäre 119
Behandlungsfehler 132
Behandlungspflege 16
Behandlungsvertrag 129
Beitragswesen 18
Belegarzt 118
Benchmarking 224

Berufe im Gesundheitswesen
– medizinische 29
– nichtmedizinische 29
Berufsausbildung
im Gesundheitswesen 27
Berufsgenossenschaft 19
Beschaffungsplanung 92
Beschaffungsprozess 98
Beschwerdemanagement 91, 127
Bestandsveränderungen 45
Bestimmungsrecht
über den Körper 129
Betrieblicher Prozess,
s. Geschäftsprozess
Betriebliches
Vorschlagswesen 245
Betriebsabrechnungsbogen
(BAB) 206
– mehrstufiger 209
Betriebserkundung 20, 24
– Checkliste 24
Betriebsrallye 20
Bettenbedarf, Bestimmung 115
Beweislastumkehr 228
Bewertungsvereinfachungs-
verfahren 40
Bezugsgrößenkalkulation 212
Bezugsquellenermittlung 94 f.
BGB, *s. Bürgerliches Gesetzbuch*
Bilanz 39, 43 ff.
Bilanzstichtag 40
Bilanzwirkungen 45
Bonusprogramm 163
BPflV,
s. Bundespflegesatzverordnung
Bruttoentgelt 238
Budgetierung 173, 222 f.
Bundesangestelltentarif
(BAT) 239
Bundesdatenschutzgesetz
(BDSG) 24, 141
Bundespflegesatzverordnung
(BPflV) 251
Bundesseuchengesetz 142
Bürgerliches Gesetzbuch
(BGB) 24

Case-Mix-Index 184
Cashflow 58
Chirurg 15
Chronikerprogramm 163, 165
Controlling 57, 218 f.
– betriebwirtschaftliches 219
– medizinisches 219

Datenschutzpflichten 148
Datenträgeraustausch 153
Datentransfer 150 f.
Datenübermittlung 152 f.
Debitor 105
Debitorenbuchhaltung 105 f.
Deckungsbeitrag
– krankenhausbezogener 215
Deckungsbeitragsrechnung 215
Deklaration von Lissabon 129
Deutscher Berufsverband für
Pflegeberufe e. V. (DBfK) 194
Deutsche Rentenversicherung
(DRV) 18
Deutsche Rentenversicherung
Knappschaft-Bahn-See 18
Deutsches Institut für Medizinische
Dokumentation und Informati-
on (DIMDI) 175
Deutsches Institut für Normung
(DIN) 99
Dezentrale Versorgungsstruktur 107
DFÜ-Verfahren 150, 153
Diagnosis Related Groups
(DRG) 176
Diagnostik 15
Dienstvertrag 101, 120
DIMDI, *s. Deutsches Institut für
Medizinische Dokumentation und
Information*
DIN EN ISO 9001:2008 227
DIN 5008 99
Direktvertrag 160
Dokumentation, medizinische 140
Dokumentationspflicht 134 f.
Dokumentationssystem 140
Doppelte Buchführung 41
DRG, *s. Diagnosis Related Groups*
DRG-Budget 177, 185
DRG-Fallpauschalensystem 177 f.
Duale Ausbildung 27

EBM, *s. Einheitlicher Bewertungs-
maßstab*
EBM 2011 170
EDIFACT 153
Eigenbeteiligung 84, 126
Eigenfinanzierung 257
Eigenkapitalrendite 59
Eigenmittelförderung 65
Eigenverantwortung 160 f.
Eingetragener Verein 9
Einheitlicher Bewertungsmaßstab
(EBM) 79, 169

Einsparpotenzial   107
Einteilung von Therapien   15
Einzelförderung   253 f., 256
Einzelkosten   215
Einzelprojekt   32 f.
Einzelunternehmen   9
elektronische
    Gesundheitskarte   167 f.
elektronische Marktplätze   95
Entgeltberechnung   238
Entsorgungsvorschriften   110
Erfolg   48 f.
Erfolgskonten   48
Erfolgsneutralität   51
Erfolgspotenzial   58
Ergebnis   49
Erlösbudget   173, 176 f.
Eröffnungsbilanz   50
Ersatzinvestitionen   253 f.
EVA-Prinzip   144

Fallkostenkalkulation   215
Feedback   23
Fehler-DRG   178
Finanzbuchhaltung   105 f., 203 f.
Fördermittel   50 f., 249
Forderungsmanagement   106
Fortbildung   248
Fremdfinanzierung   257
Fristen der Aufbewahrung   42 f.
Frontalunterricht   32
Führungsstil   20
    – autoritärer   20
    – kooperativer   20
    – Laisser-faire   20

Gebietsarzt   9
Gebührenordnung für Ärzte
    (GOÄ)   79, 122, 169, 171
Gefahrensymbole   111
Gehaltsberechnung   240, 243 f.
Geldpolitik   77
Gemeinkosten   203, 206 ff.
gemeinnützige Gesellschaft mit
    beschränkter Haftung
    (gGmbH)   8
Gemeinnützigkeit   8, 263 f.
Gemeinschaftspraxis   9, 78
Gesamtkapitalrendite   59
Geschäftsbrief   99
Geschäftsfähigkeit   100
Geschäftsprozesse   36 ff., 201
Geschäftsvorfall   45
    – erfolgsunwirksamer   48
    – erfolgswirksamer   48

Gesellschaft bürgerlichen Rechts
    (GbR)   9
Gesellschafterversammlung   57
Gesellschaft mit beschränkter
    Haftung (GmbH)   8
Gesetzlicher Vertreter   100
Gesundheits-Modernisierungs-Ge-
    setz (GMG)   80
Gesundheitssektor   14, 77
    – Gewicht und Struktur   81 f.
Gesundheitsstrukturgesetz   234
Gesundheitswesen
    – Berufe im   29
    – Berufsausbildung im   29
    – Kooperationen im   27, 78 f.
Gewinn- und Verlustrechnung
    (GuV-Rechnung)   42, 61
gGmbH, s. gemeinnützige Gesell-
    schaft mit beschränkter Haftung
GMG, s. Gesundheitsmodernisie-
    rungsgesetz
GOÄ, s. Gebührenordnung für Ärzte
Grad der Behinderung   238 f.
Grenzverweildauer   183
Grouper-Software   182
Grundgesetz   157, 240
Grundleistungen   14, 118
Grundpflege   16
Grundsätze ordnungsgemäßer
    Buchführung   40 ff.
Grundversorgung   114
Gruppendynamische Prozesse   20
GuV-Rechnung, s. Gewinn- und
    Verlustrechnung
Gynäkologe   15

Haftung   128, 132–134, 138 f.
Hämatologe   15
Handelsbrief   99
Handelsgesetzbuch (HGB)   40
Handlungsorientiertes Lernen   32 f.
Hauptdiagnosegruppen   177
Hauptkostenstelle   206
Hausarztsystem   162 f.
Heilmittelwerbegesetz (HWG)   87
Herstellkosten   207
HGB, s. Handelsgesetzbuch
Hygienevorschriften   110

ICD-10, s. International
    Statistical Classification of
    Diseases
IGeL, s. individuelle
    Gesundheitsleistungen
Imagebroschüre   87

Individualsoftware   145 f.
Individuelle Gesundheitsleistungen
    (IGeL)   79 f., 123 f.
Informationsfluss   12
Informations- und
    Kommunikationssysteme   144
Institutionskennzeichen   151
Integrierte Versorgung (IV)   163 f.
International Council of Nurses
    (ICN)   194
International Statistical Classifica-
    tion of Diseases (ICD)   175
Internetauftritt   20, 87
Internist   15
Inventarpflichten   40
Inventur   40
    - permanente   40
Inventurfristen   40
Investitionsbedarf   249, 260
Investitionsfördermittel   249,
    254 ff., 257
Investitionsgüter   44
Investitionsprogramm   251
IV, s. integrierte Versorgung

JArbSchG, s. Jugendarbeitsschutz-
    gesetz
Jahresabschluss   57
Jahresabschlussanalyse   57 f.
Jahresergebnis   56
Jugendarbeitsschutzgesetz
    (JArbSchG)   24

Kardiologe   15
Kaufvertrag   101
Kennzahlen   58, 207, 221
Kernprozess   39
KHBV, s. Krankenhausbuchfüh-
    rungsverordnung
KHEntgG, s. Krankenhausentgelt-
    gesetz
KHG, s. Krankenhausfinanzierungs-
    gesetz
KIS, s. Krankenhaus-Informations-
    System
Kollektivvertrag   160
Kommunikation   32, 145
Kommunikationsformen   86
Kommunikationsmittel   86
Komorbidität   179, 182
Konfliktmanagement   91, 127 f.
Kontengliederung   42
Kontenklasse   41 f.
Kontenplan   41 f.
Kontenrahmen   41

Konvergenzphase   176, 185
Kooperation   27
Kooperation
   im Gesundheitswesen   78
Körperschaft
   des öffentlichen Rechts   9
Kostenartenrechnung   202 ff.
Kostengewicht   183
Kostenrechnung   201
Kostenstelle   201, 206
Kostenstellenplan   206
Kostenstellenrahmen   206
Kostenstellenrechnung   206
Kostenträger   196, 211 f.
Kostenträgerrechnung   201, 206,
   210 f.
Kostenträgerverschlüsselung
   154–156
Kosten- und
   Leistungsrechnung   201
Krankenakte   134
Krankenhaus   117
Krankenhausarzt   118
Krankenhausbuchführungsverord-
   nung (KHBV)   39 ff., 250
Krankenhausentgeltgesetz
   (KHEntgG)   204, 250
Krankenhausfinanzierungsgesetz
   (KHG)   24, 173, 250 f.
Krankenhaushygiene   113
Krankenhausinfektionen   113
Krankenhaus-Informations-System
   (KIS)   53, 147 ff., 232
Krankenhausleistungen   117
Krankenhausplan   249
Krankenhausvertrag   128 f.
Krankenkassenleistungen   161
Krankenversichertenkarte
   (KVK)   163
Krankenversicherung   81 f.
   – Ausgaben   82
Kreditkostenvergleich   261 f.
Kreditor   105
Kreditorenbuchhaltung   105
Kreislaufwirtschafts- und Abfall-
   gesetz (KrW-/AbfG)   110
KTQ   229
KTQ-Katalog   229
Kundenbindungskonzepte   125 f.
Kundenzufriedenheit   127
Kur   196
Kurklinik   198
Kurwesen   196
KVK, s. Krankenversichertenkarte
Lager   107

Lagerkennziffern   108 f.
Lagerlogistik   108
Lagerwirtschaft   106
Landwirtschaftliche
   Alterskassen   18
Leasing   260
Leistungsabrechnung   159 f., 173,
   188, 196
Leistungslohn   238
Leistungsprogramm   92
Leistungs- und Kalkulationsauf-
   stellung (LKA)   204
Leitfragen   24
Lernformen   32
Liquidität   58 f.
Liquiditätsgrade   258
Liquiditätskennzahlen   258 f.
Liquiditätskrise   259
Logistik   107

Marketinginstrumente   86
Marketingmix   91
Marktsegmentanalyse   84
Marktwirtschaft   72
Materialintensität   60
Maximalprinzip   37
Maximalversorgung   116 f.
MBO, s. Musterberufsordnung
   für Ärzte
MDK, s. Medizinischer Dienst der
   Krankenversicherung
Medizinischer Dienst der Kranken-
   versicherung (MDK)   18, 140,
   142
Mitarbeiterhaftung   138 f.
Musterberufsordnung für Ärzte
   (MBO)   88 f.
Musterbilanz   61
Mutterschutzgesetz
   MuSchG)   24

Nebenkostenstelle   206
Neuinvestitionen   253 f.
Nonprofit-Organisation (NPO)   8
Nonprofit-Unternehmen   8
Nordsieck, F.   39

Öffentlicher Dienst   236
Ökonomisches Prinzip   73
Onkologe   15
Operations- und Prozeduren-
   schlüssel   176
Ortszuschlag   240 f.
Over-the-Counter-Präparat
   (OTC-Präparat)   83, 85

Partnergesellschaft   9 f.
Passiva   43
Passivseite   65
Patientenumfrage   93
Patientenzufriedenheit   93
Pauschalförderung   254, 256
PBV, s. Pflegebuchführungs-
   verordnung
Personalbedarf   234
Personalbedarfsplanung   234
Personaleinsatzplanung   234
Personalentwicklung   247
Personalentwicklungs-
   konzept   247
Personalführung   247
Personalintensität   60
Personalmanagement   234
Personalwirtschaft   233
Pflegeaufwandskategorien   235
Pflegebuchführungsverordnung
   (PBV)   40
Pflegecontrolling   221
Pflegediagnose   194
Pflegegutachten   16
Pflegeleistungen   188
Pflege-Personal-Regelung
   (PPR)   234
Pflegestufen   191
Pflege und Versorgung   14
Pflegeversicherung   16, 188, 238
PPR, s. Pflege-Personal-Regelung
Prämienlohn   238
Präsentation   20 f.
Prävention   14
   – primäre   14
   – sekundäre   14
   – tertiäre   14
Praxisgemeinschaft   9, 78
Preisbildung   73
Preisgestaltung   79
Privatliquidation   171 f.
Produktfamilie   85
Promotion   21
Prozesskette   38
Prozessmanagement   39

Qualitätsmanagement   226, 228 f.
Qualitätssicherung   216, 219, 221

Rechnungsabgrenzung   49 f.
Rechtsfähigkeit   100
Rechtsformen von
   Unternehmen   9
Referat   21

5624288